MARTINA
LEIBOVICI-MÜHLBERGER

LIEBESGLÜCK

Auf der Suche nach dem Leben vor dem Tod
Eine Geschichte, die Ihr Leben verändern wird

MARTINA
LEIBOVICI-MÜHLBERGER

LIEBESGLÜCK

AUF DER SUCHE NACH DEM LEBEN
VOR DEM TOD

EINE GESCHICHTE, DIE IHR LEBEN
VERÄNDERN WIRD

Inhalt

Liebesglück – Auf der Suche nach dem Leben vor dem Tod

Die Liebe ist das große gestaltende Prinzip des Universums, das alles zusammenhält. Sie folgt stets der Lebendigkeit, die sich im Spannungsfeld der Anforderung immer neu und unerwartet gestaltet. Doch ist für die Liebe, die sich Kontrolle und Vorhersage entzieht, noch Platz in diesem Jahrtausend? Die neue Welt exponentieller Technologien wird von künstlicher Intelligenz und Algorithmen verwaltet, der Mensch in einen globalen Maschinenorganismus eingegliedert. Die Protagonisten Katharina und Stefan, die mit ihren Lebenswunden ringen, umkreisen das Thema sehr unterschiedlich und doch auch wieder sehr gleich.

Stefan gibt vor, mit der Liebe abgeschlossen zu haben und Genuss sowie Selbstinszenierung in der Geschlechterbeziehung leben zu wollen. Katharina verteidigt ein reines selbstgestaltendes Liebesmodell, weit jenseits gesellschaftlicher Konventionen. Doch wie ist es wirklich? Sind sie Wächter der Liebe einer lebendigen Welt oder beide schon längst von ihren Ängsten zerfressene Vertreter des neuen wagnisbefreiten, sterilen Lebensansatzes?

Unterschiedliche Menschen, jeder mit seiner persönlichen Facette einer Interpretation des großen Themas der Liebe, streifen den Entwicklungsweg des Paares. Und auch Katharinas Ex-Liebhaber trägt mit seiner fundamentalistischen Interpretation des Themas bei, die Geschichte in dramatischer Weise zu entwickeln.

Die Konfrontation der beiden Liebenden, ihr Scheitern oder das Gelingen ihrer Begegnung, scheint synonym für den derzeit in der Welt stattfindenden entscheidenden Kampf zwischen liberalem Humanismus und technologischem Transhumanismus.

Am Ende entscheidet der Leser durch seine persönliche, aus eigener Selbstmächtigkeit und Liebesfähigkeit begründete Leseart die Interpretation und den Ausgang der Geschichte wie den der Welt.

Ein Vorwort oder auch eine Gebrauchsanleitung für dieses Buch

In meinem Leben kaufte ich schon eine Menge Sachbücher. Manche davon las ich auch, viel mehr legte ich jedoch wieder weg, so wie es übrigens die meisten Menschen tun. Spätestens nach dem zweiten Kapitel hatte ich genug von der Lektüre – und das, obwohl die Bücher im Inhaltsverzeichnis allesamt thematisch logisch nachvollziehbar waren und oft massenweise kluge Ratschläge enthielten, die heute Tipps heißen. Wenigstens hatten die Verlage, Autorinnen und Autoren etwas von meiner Kaufentscheidung.

Außer Sachbüchern gingen auch schon eine Menge Romane durch meine Finger. Weil sie mich, entweder durch ihre Geschichte oder die spezielle Art, Sprache zu verwenden, fesseln konnten, las ich sie häufig auch zu Ende. Die meisten von ihnen sollten mich nur für kurze Zeit unterhalten und ich vergaß sie schnell wieder.

Ich selbst schrieb schon ein paar Sachbücher zu Themen, die mir in den letzten Jahren auf dem Herzen lagen, und über Dinge, die mir wichtig erschienen. Also hielt ich das Genre des Sachbuches für angemessen, um meine Anliegen rechtschaffen in die richtige Form zu gießen.

Menschen, die meine Bücher lesen und mir dann schreiben, sind mir besonders wichtig. Sie kennen mich nicht, sind nicht langjährige, höfliche Bekannte oder unterstützende Freunde, sondern im besten Sinne Fremde und objektiv. Sie nehmen meine Publikationen zur Hand, zeigen sich interessiert und offen, aber gleichzeitig auch als Kritiker und Richter.

Wenn sie mir nach ihrer Lektüre Rückmeldung geben und ihre Leseeindrücke schildern, empfinde ich das als besondere Wertschätzung. Natürlich auch, wenn es sich um Kritik handelt.

Da ich ja Sachbücher schreibe, bin ich davon ausgegangen, dass jene Leserinnen und Leser, die mit mir in Dialog treten, die intellektuelle Ebene rationaler Auseinandersetzung zum Sachthema suchen. Das liegt eigentlich auf der Hand. Die Sache ist allerdings etwas komplexer, wie ich feststellen musste.

Die meisten, die mir Briefe und E-Mails schicken oder mich anrufen, erzählen mir, was sie in meinem Buch *berührt* und sie damit zum Nachdenken über die von mir geäußerten Überlegungen oder Thesen veranlasst hat. Manchen gelingt durch dieses *Berührt-Werden* darüber hinaus auch die Rückverbindung zu sich selbst, zu ihrem eigenen Leben. Und manchmal kommt es sogar zur Entwicklung *gefühlter Einsicht,* die die einzig wirksame Basis für Selbstveränderung ist.

Man möchte annehmen, dass es die Kraft der Argumente, die klar gefügte, logische Deduktion zur Sache ist, die dieses *Berührt-Werden* auszulösen vermag. Zumindest war dies meine Annahme. Doch damit lag ich ziemlich falsch.

Ich musste feststellen, dass meinen sorgfältig gezimmerten Versuchen, ein Thema mit stimmiger Argumentation und intellektueller Redlichkeit in lesbarer Form abzuhandeln, mehr der Stellenwert einer logischen „Verpackung" zukam. Man kauft ja schließlich auch wirklich gar nichts ohne Schachtel, Tüte oder zumindest Packpapier ein.

Als der eigentliche Inhalt, als *das, was berührt,* wurden jedoch die zahlreichen Fallgeschichten erlebt. An diese konnte meine Leserschaft anknüpfen, sich selbst in Teilaspekten wiedererkennen und den eigenen Faden weiterspinnen.

Ich gebe zu, dass meine Fallbeispiele belletristisch anmuten, denn Sprache so einzusetzen, dass sich als atmosphärische Verdichtung ein mit Tiefenschärfe herausgearbeitetes, präzises Gemälde der Situation ergibt, ist meine Leidenschaft. Trotzdem hatte *ich* sie bislang als erläuterndes Beiwerk eingestuft.

Mit meiner Fehleinschätzung, die Fallgeschichten *nur* als untergeordnete Illustrationen zu sehen, bin ich dem Diktat der Konvention aufgesessen. Ich wollte mich regelgerecht einnorden, habe die rationale Überlegung und die Deduktion ins Zentrum gestellt, um ein ordentliches Sachbuch zu schreiben.

Meine Leserinnen und Leser haben mich belehrt und ermutigt, über den Schüsselrand hinwegzublicken, den Rahmen des Üblichen zu sprengen. Das Resultat ist ein Sachbuch, das als eine Geschichte, vielleicht sogar stark märchenhaft erzählt wird und sich in einen reflektierenden Rahmen eingebettet findet.

Als ich mich entschied, über die Sperrzäune der Kategorien hinwegklettern zu wollen, durfte ich feststellen, dass ich mich dabei eigentlich in guter Gesellschaft befinde. Schon Aristoteles hat der gespielten Handlung der Geschichte den Chor als allwissenden Kommentator, als ein vermittelndes Element beigestellt – etwas, das die Szene und die Zuschauer zusammenbringt. Durch das Durchleben von Jammer und Rührung, Schrecken und Schauder, Mitleid und Furcht sollte das Publikum eine Katharsis, also die Reinigung und Läuterung der Seele erleben.

Etwas genereller und moderner betrachtet könnte man also davon sprechen, dass durch das beobachtende Lesen einer Geschichte die durch Spiegelneuronen vermittelte Fähigkeit zur Identifikation sowie zum inneren, fantasierten Probehandeln angeregt wird. Die dabei entstehende Emotion trägt die eigentliche Schlüsselrolle für den Prozess des „Lernens", wie dies der Neurobiologe Gerald Hüther oft betont. Dem reflektierenden Rahmen, der als intellektuelle Barrieren getarnte Widerstände einreißt, kommt dabei die alte Funktion des Chors zu, der Szene und Zuschauer zusammenbringt.

In meiner Arbeit als Psychotherapeutin habe ich überdies bemerkt, dass es für viele Klientinnen und Klienten einfacher ist, die eigene Struktur in Form einer Fallgeschichte gespiegelt zu bekommen. Dies bietet die Möglichkeit zur „sachten Identifikation", wie ich es nenne, die eine ertragbare Annäherung an den eigenen Leidenszustand bewirkt. Es ist, als würde die Analogie der eigenen Misere in der Fallgeschichte eine virtuelle Kameradschaft bewirken und damit das nagende Einsamkeitsgefühl des Leidenden dämpfen, während der positive Ausgang in meinen Fallgeschichten Mut und Hoffnung einflößt, sich der eigenen notwendigen Weiterentwicklung zu stellen.

Wer im vorliegenden Buch einen flink zu lesenden, leicht konsumierbaren Roman sucht, wird enttäuscht werden, denn tiefes Empfinden braucht Entwicklung und Bewährung. Ebenso wenig bietet dieses Werk die durchdeklinierte, sachliche Aufarbeitung zum Thema Liebe oder Ratschläge einer Ärztin und Psychotherapeutin, wie man sie anderswo findet. Vielmehr ist es eine langsame Geschichte, denn die Liebe reicht bis zum Urgrund unseres Seins, dem man sich nicht mit oberflächlicher Hast, sondern mit bedächtiger Ruhe und feinsinniger Achtsamkeit nähern muss.

Damit kommen wir zur Gebrauchsanweisung für dieses Buch. Natürlich können Sie, werte Leserin, werter Leser, sofort nach hinten zum zwölften Kapitel blättern, um dort die vermeintliche Auflösung für das Verhalten der beiden Hauptprotagonisten abzuholen. Auf solche Weise könnte es auch gelingen, sich Überblick über die Handlung sowie die damit verbundenen Intentionen der Geschichte zu verschaffen, ohne sich den Reflexionsanstößen und der Wirkung aussetzen zu müssen, die von der sachten und mäandrisch dahinlaufenden Entwicklung jener Paar-Beziehung ausgehen. Vielleicht ließe sich damit auch die Sinnhaftigkeit und Funktion der dritten Schlüsselperson in ihrer brüskierenden, ja verstörend brutalen Zeichnung, die wie ein scharfer Splitter schmerzhaft, ja fast anachronistisch im Fleisch der Geschichte steckt, auch von vornherein schon verstehen. Dies wäre freilich der Weg der Ängstlichkeit, die alle Ihren Überzeugungen zugrunde liegenden Denkfiguren nicht gefährden will.

Doch ich rate zu Mut, nein, zu noch viel mehr: Nehmen Sie die Haltung von vorbereitungsfreier Erwartungslosigkeit ein. Versuchen Sie sich unbefangen und vorbehaltlos dem Entdecken hinzugeben, ganz so, wie es die großen Abenteurer früherer Jahrhunderte in festem Glauben an sich selbst vermochten. Seien Sie bereit, Ihrer eigenen Liebes(un)fähigkeit schonungslos zu begegnen, statt auf ein Gegenüber den Schatten ihrer Erwartungen zu projizieren. Dann werden Sie eine Ahnung vom tiefen Wesen der Liebe erspüren, denn so gelingt die Liebe und kann, jeder Macht zu forderndem Zwang entkleidet, ihre Stärke entfalten. Lassen Sie sich also in den ersten elf Kapiteln einfach von der Geschichte tragen und achten Sie dabei auf Ihre Gefühle, Stimmungen, Gedanken, Erinnerungen, Ihre Ablehnung oder Zustimmung, auftretende Langeweile, verschämte oder offene Erregung, Traurigkeit, Wut, Peinlichkeit oder ein freies, öffnendes Empfinden in Ihrer Brust.

Wer also bereit ist, sich dem Strom der Entwicklungen hinzugeben, sich in seinem Fühlen einzulassen und Gefallen finden kann am reflektierenden Rahmen der Beweisführung der These, dass die Liebe das große gestaltende Prinzip des Universums ist, der könnte hier fündig werden.

Und sollte die Lektüre meines Buches Sie dazu anregen, sich dergestalt mit Ihrer eigenen Liebesfähigkeit auseinanderzusetzen und diese zu stärken oder gar erst zu entdecken, so wäre dies mein größter Lohn.

Prolog

Katharina und Stefan heißen eigentlich Odysseus und Penelope, ja *sind* im Grunde Odysseus und Penelope, denn der große Baumeister des Universums hat uns in allen Legenden, Mythologien und weisen Büchern, die unser Kohlenwasserstoffhirn bisher ersinnen konnte, einen feinen roten Faden der Erkenntnis gelegt. Diese mag sich jenem eröffnen, der mit reinem Herzen denkt und mit klarem Kopf fühlt. Trotzdem wäre es wahrscheinlich befremdlich für moderne Leserinnen und Leser, jene Namen vorzufinden, weswegen Katharina und Stefan hier diesen Faden ausrollen.

Odysseus war der Sohn des Laërtes, aber es könnte auch Sisyphos sein Vater gewesen sein, was ja immerhin seinen Hang zu Schwierigem erklären würde. Als seine Mutter ist unbestritten Antikleia überliefert, denn die Mutterschaft ist untrüglich.

Was uns an Odysseus jedoch interessiert, ist seine psychische Struktur, sein Charakter, wie man seinerzeit zu sagen pflegte, als man noch selbstverantwortlich durchs Leben ging. Er ist eindeutig als klug anzusprechen, vielleicht trifft es schlau sogar besser, so wie er von Homer beschrieben wird. Eventuell könnte man ihn sogar für ein Schlitzohr halten, aber das ist dann eher den Umständen geschuldet. Mut und Führung sind ihm ebenso zuzuschreiben, denn diesen Mann hat es nicht nur in die wüstesten Gegenden der damaligen Welt verschlagen, sondern als geborener Grenzgänger treibt er sich sogar am Eingang des Totenreichs umher.

Was allerdings an Odysseus so herausragend und ungewöhnlich ist, doch verborgen bleibt, lässt man sich von seinem lauten Bubentum blenden, ist sein ungewöhnlicher Familiensinn. Zuerst gibt er Wahnsinn vor, um seine Frau und den neugeborenen Sohn nicht verlassen zu müssen, und das zu einer Zeit, in der Draufhauen so ziemlich die ehrenvollste Beschäftigung für Männer war. Dann ist es letztendlich er, der fähig ist, die langen zehn Kriegsjahre vor Troja mit einer List zu einem Ende zu bringen, um endlich heimkehren zu können. Und in den folgenden zehn langen Jahren der Odyssee besteht er Abenteuer um Abenteuer, immer mit Kompass auf Ithaka, Frau und Kind, wobei Kirke nicht nur Zauberin, sondern auch eine bemerkenswerte Frau gewesen sein soll. Sie hätte ihn gerne bei sich behalten.

Ein ganzer Mann, dieser König von Ithaka, und gleichzeitig ein echter Romantiker, der das Ehebett selbst aus einem Olivenbaum gehauen, ja das Ehegemach darum erbaut hat. Das soll ihm einmal einer nachmachen, und über einen, der das ganze Schlafzimmer um das Bett herumbaut, braucht man weiter nicht mehr viel zu sagen …

Was uns zur Fragestellung bringt, wer wohl diese *Penelope* sein kann, für die ein Mann solchen Aufwand betreibt. Das fängt schon mit der Brautwerbung an. Angeblich musste Odysseus einen Wettlauf siegreich bestehen, um ihre Hand zu gewinnen. Vielleicht gelang es ihm aber auch durch eine List, in Tyndareos, Penelopes Onkel, einen Fürsprecher zu erlangen. Man weiß das nicht so genau.

Ihre Mutter war Periboia und somit eine Najade, also eine Nymphe. Penelope hatte wahrscheinlich vieles ihrer Mutter in sich, der als Naturgottheit Schönheit, Verbundenheit mit den Naturgeistern, Sensitivität und Fast-Unsterblichkeit samt ewiger Jugend gegeben waren. Jedenfalls ist sie durch ihr unermüdliches Warten auf Odysseus zum Sinnbild der treuen Ehefrau geworden. Sie muss allerdings auch eine Frau von großem Eigensinn und Kraft gewesen sein, was wohl auf ihre spartanische Herkunft und Erziehung zurückging. Bereits kurz nach ihrer Heirat hat sie ihrem eigenen Vater die kalte Schulter gezeigt. Stattdessen ist sie Odysseus, der ihr dies listig freistellte, nach Ithaka gefolgt.

Dass diese Frau wusste, was sie wollte, hatte sie dann redlich Zeit, in den nächsten zwanzig Jahren zu beweisen, um Hof und Kind allein zusammenzuhalten und gegen die andrängende Schar der Freier oder verräterisches Gesinde zu verteidigen.

Zuerst kam ihr diese Idee mit dem Weben des Totentuches für ihren übrigens in bester Gesundheit stehenden Schwiegervater. Sie webte tagsüber an der Akzeptanz, dass Odysseus nicht mehr zurückkehren würde, und trennte das fertiggestellte Stück in der Freiheit nächtlichen Sehnens wieder auf.

Als man dies entdeckte, ersann sie eine neue Probe, wissend, dass niemand außer dem wahren Odysseus seinen auf Ithaka verbliebenen Bogen würde spannen und den Pfeil durch zwölf Axtlöcher würde schießen können. Welch schöne Metapher!

Aber sie ist auch misstrauisch, diese Penelope, am allermeisten gegen sich selbst. Selbst als der geliebte Mann endlich heimkehrt, will sie sich nicht, von ihrer Sehnsucht verleitet, an ihm täuschen und hüllt sich in Kühle. Erst als er sich wissend zum intimsten Geheimnis ihres Schlafgemachs erweist, ergibt sie sich in seine Arme … und es muss wunderbar gewesen sein.

~ I ~

In der Nacht hatte es geschneit. Als Katharina den Vorhang ihres Schlafzimmers am frühen Morgen zur Seite schob, lag eine weiße, mehrere Finger hohe Decke über allem. Es war noch dämmrig und würde es, wie der Blick auf den schiefergrauen Himmel nahelegte, mit Ausnahme einer kleinen Zeitsichel während der Mittagsstunden wohl auch den ganzen Tag bleiben. Der Schneemantel verlieh den Konturen der verschachtelten Hinterhöfe dieser Jahrhundertwendehäuser mit ihren streitsüchtig angeflanschten modernen Balkonen, die von schlauen Immobilienmaklern als Grünoasen bezeichnet wurden, und dem runden Dutzend Schornsteinen eine ungewohnte Weichheit.

Am meisten schien es Katharina jedoch so, als würde der Schnee eine Stille und unerwartete Langsamkeit zulassen. Diesmal müsste das Aufwachen nicht mit der gewohnten Hast und der wie ein Fiedelbogen gespannten Ausrichtung auf den kommenden Tag erfolgen, sondern durfte als ein Prozess der langsamen Lösung aus der nächtlichen Verinnerlichung der Seele ablaufen. Vielleicht war es deswegen, dass sie plötzlich wieder an Stefan dachte. Das erste Mal seit vielen Wochen, wie ihr auffiel.

Sie erinnerte sich an Zeiten, in denen der Gedanke an ihn ihr ständiger Begleiter, ja eine schmerzvolle Besessenheit gewesen war. Und dann, als sie der Notwendigkeit ihrer Entscheidung, sich zurückzuziehen, nicht mehr hatte ausweichen können, waren Zeiten aushöhlender Trauer und Sinnlosigkeit zu durchleiden gewesen.

Befriedigt stellte sie fest, dass der Gedanke an Stefan jetzt nahezu gefühlsbefreit in einem akademischen Kokon und damit in seinem analytischen Sarkophag ruhte. Es fühlte sich heute fast genauso an wie irgendeine andere Erinnerung eines bewältigten und integrierten Erlebnisses ihres Lebens, vor allem ohne jeden Stachel eines Schmerzes.

Die Bitterkeit, die sie empfunden hatte, nachdem ihr klar geworden war, dass die trostlose Unhöflichkeit und demonstrative Oberflächlichkeit Ausdruck seiner Angst vor der Selbstherausforderung waren, die jeder echten Begegnung innewohnt, hatte sich längst in sentimentale Akzeptanz verwandelt. Sie hatte seinem Sich-selbst-Beschämen, dem Verlust an Eleganz seiner sinnlichen Männlichkeit und jener ohnmächtigen Transformation seines Umgangs mit ihr in Rüpelhaftigkeit ein klares Ende gesetzt. Dass Stefan all dies nicht verstanden hatte und widerstandslos im Kosmos des Vergangenen verschwunden war, hatte ihr die Richtigkeit ihres Handelns noch mehr bestätigt.

Sie war also wirklich im tieferen Sinn des Satzes mit ihm fertig. Das plötzliche Aufblitzen der Erinnerung an ihn war allein dieser Schneeruhe zu verdanken, die das frei schwebende Bewusstsein wie einen Scheinwerfer über die inneren Weiten der Seelenlandschaft hatte gleiten lassen und diesen alten Geröllbrocken kurz angeleuchtet hatte.

Katharina duschte und kleidete sich in eine jener eleganten, austauschbaren Panzerungen, die ihren Kleiderschrank bevölkerten – bereitwillig überstreifbare Identitäten, die dem Zweck dienten, ihre Professionalität zu unterstreichen. Daraufhin trug sie Gesichtscreme auf und schlüpfte mit dem raschen Minimalismus einer geübten Hand in ihr geschminktes Tagesgesicht. Alles folgte einem über Jahre trainierten Ritual: ein Ballett aus Gewohnheiten und Abläufen, ein äußeres Korsett und jene Oberfläche, die gemeinsam mit einem ermunternden Gesichtsausdruck ihrem jeweiligen Gegenüber jene Projektionsfläche erwartbarer Erwartungen eines Ankommen-Könnens bot, derentwegen sie sie aufsuchten.

Für sie selbst fühlte es sich viel mehr wie eine Schutzschicht an, ein Schild, der ihren weichen inneren Kern abschirmen sollte. Anschließend drückte sie sich ihren Morgenespresso aus der flinken Kaffeemaschine und aß ihr übliches Frühstück: eine Scheibe Schwarzbrot, zur Hälfte mit Käse, zur anderen mit Honig, auch dies eine jahrelang geübte Gewohnheit lächerlich wärmender Gleichförmigkeit.

Der Praxistag war wie immer, anfordernd, aufregend, ein zähes Ringen mit den vielgestaltigen Dämonen, die die Weltbilder ihrer Klienten bevölkerten. Ihr schien es, als würde sich in all den unterschiedlichen Geschichten immer wieder dieselbe Melodie in endloser Schleife neu inszenieren, die eines aufreibenden Kampfes um die Zuversicht, dass die Welt ein guter Platz wäre, mit anderen Worten: der Glaube an die Liebe.

Für den Abend hatte sie ein Treffen mit ihrem Verleger geplant. Sie waren miteinander in einem jener verstaubten Cafés an der Grenze zur Innenstadt verabredet, in die neuerdings bedauerlicherweise dank Internetlotsung nun auch Touristen vordrangen.

Für den kurzen Weg von der Praxis nahm sie ein Taxi. Es war wärmer geworden. Der Himmel mochte zwar noch Flocken schenken, doch auf der Windschutzscheibe schlugen sie als wässrige, zerrinnende Kleckse auf, die die Scheibenwischer monoton ins Abseits beförderten.

Der Fahrer schien ihr sehr groß und ernst, sein dichter Bart unterstrich dies noch. Er war in seinen späten Vierzigern, schätzte Katharina. Der dicke blaue Strich auf dem Navi führte das Kommando. Es war wenig Verkehr. Katharina kannte den Weg. „Fahren Sie diese Straße einfach weiter geradeaus“, versuchte sie den Fahrer entgegen der umständlichen Wegweisung auf dem Navi zu überzeugen. Doch der Angesprochene folgte unbeeindruckt der Linienführung des Geräts. „Sattelite kennt besten Weg."

Seine Aussprache trug den fremdländischen Akzent der Bemühung eines Menschen, der in einer anderen Heimat aufgewachsen sein musste. „Vielleicht Stau", setzte er nach.

Die Straße war nahezu leer gewesen. Katharina resignierte. Menschliche Erfahrung und Einschätzung schienen im Vergleich zum Wahrheitsanspruch von Hochtechnologie bedeutungslos geworden zu sein.

Im Radio wurde in den Nachrichten von einem Mord berichtet. Ein achtzehnjähriger Tschetschene hatte seine sechzehnjährige österreichische Freundin nach einem Streit erstochen. Er hatte den Kleiderkasten vor die Zimmertüre geschoben und war durch das ebenerdige Fenster entkommen. Die Mutter hatte einen Nervenzusammenbruch erlitten. Ein weiterer furchtbarer Tropfen in einem zunehmend aufgewühlten Meer pluralistischer, widersprüchlicher Wertvorstellungen. Ausschlachtbares Futter für nationalistische Demagogen, wo doch das Problem viel tiefer lag, die Versäumnisse einer besonnenen Gesellschaftspolitik verantwortlich zeichneten. Die Spaltung der Gesellschaft würde sich immer weiter fortsetzen. Die Aufklärung ist längst vorbei, dachte Katharina.

Der Fahrer begann ein Gespräch mit ihr. Es riss sie aus ihren trüben Gedanken und war ihr willkommen. Er hatte sechs Kinder. Die älteste Tochter würde heuer maturieren und gerne Medizin studieren. Er spulte die Altersangaben seiner weiteren Kinder wie bei einem amtlichen Fragebogen herunter. Das jüngste war zwei Monate.

Seine Frau sei eine gute Ehefrau, wie er anmerkte. Er liebe sie, wobei Katharina nicht klar war, was genau er damit meinte. Er sei zehn Jahre älter als sie, achtundvierzig, wie er hinzufügte. Er stamme aus Russland, eigentlich Tschetschenien, aber der alles zerstörende Krieg vor fünfzehn Jahren habe ihn hierher verschlagen. Er vermisse seine Heimat sehr, die Atmosphäre eben, aber hier habe er ein besseres Leben, für das er sich sehr anstrengen müsse. Katharina gratulierte ihm zu seinen Kindern und seiner guten Frau. Es war das Einzige, das ihr passend erschien.

Das Taxi erreichte endlich das angegebene Café. Sie zahlte und stieg aus. Bevor sie die Wagentüre zuschlug, hatte sie noch den Impuls, ihm zu sagen, dass auch sie Ärztin sei und dass dies sicher auch ein guter Beruf für seine Tochter sein könnte.

Ihr Verleger wartete bereits im Lokal. Er saß in einer der rot gepolsterten Nischen vor einer dampfenden Tasse Kräutertee. Bei jedem Treffen wirkte er noch kachektischer und asketischer und zugleich brennender auf sie. Er hatte sicher wieder abgenommen, so als würde eine unbekannte Macht ihn zunehmend in die Länge ziehen, ausdünnen. Die vollkommene Haarlosigkeit seines knochigen Schädels und sein intensiv sie musternder Blick unterstrichen dies.

Er war ein extremer Typ, ernährte sich seit Jahren nur von irgendeiner tropischen Frucht, fuhr meistens Fahrrad. Er hatte so eine soziale Ader, gab nicht integrierbaren, verhaltensauffälligen Jugendlichen oft Jobs in seinem Verlag, bis sie ihn in den Wahnsinn trieben, und manche von ihnen strandeten sogar vorübergehend als Mitbewohner bei ihm.

Katharina hatte ihn im Verdacht, dass er entweder mit ganz jungen oder aber bereits ziemlich alten Frauen schlafen müsste. Für Ersteres hatte sie Zuträger, Letzteres war nur Vermutung.

In seiner Jugend war er längere Zeit am Gesetzesrand angesiedelt gewesen, irgendwann zum Andenkenverkäufer avanciert. Heute ging er auf den ersten Blick als alternder Bio-Freak durch, aber man hätte ihn auch für einen psychopathischen Serienmörder, der seinen Zenit noch nicht erreicht hatte, halten können. Als Verleger besaß er ein ausgezeichnetes Gespür für die verdeckten Leidenschaften und Ängste seiner Leserschaft.

Katharina schätzte die Gesellschaft ihres Verlegers, dessen Fähigkeit zu intellektueller Auseinandersetzung und sein über alle Grenzen hinwegtänzelndes Hinausdenken, das erlebte existenzielle Herausforderung als Grundlage voraussetzt. Seine Art strahlte eine unterkühlte Erotik für sie aus. Das mochte sie. Es beflügelte sie im Denken und Entwickeln neuer Ideen.

Sie plauderten über mögliche neue Buchprojekte. Sie hatte vor ein paar Jahren angefangen zu schreiben. Ihre Bücher lagen alle in ihrem Fachgebiet. Da es sich dabei um die Seele handelte, war sie ziemlich frei in der Themenwahl.

Eigentlich ging es ihr in allem, was sie schrieb, neben dem Thema in erster Linie um die Sprache. Sprache übte eine unbeherrschbar hypnotische Faszination auf Katharina aus, genauso wie jeder Mann nahezu unmittelbar sinnliche Erregung in ihr auslöste, der imstande war, Worte durch präzise Wahl zu Erkenntnis erzwingenden atmosphärischen Beschreibungen zu verschweißen. Nur hohe Empfindungsstärke verlieh diese Fähigkeit.

Da war er wieder, der Gedanke an Stefan. Ganz unerwartet sprang er sie kurz wie ein übermütiges Geißlein an und war dennoch ein im Hinterhalt ihrer Seele lauernder Räuber ihrer Ruhe. Dieses Spiel mit der Sprache als erotisches Menuett zwischen ihnen hatte bewirkt, dass sie sich ihm stark verbunden gefühlt hatte. Es war sogar viel mehr gewesen. Sie hatte sich seiner Sprachgewalt und dem damit verbundenen Gleichschwingen im Erleben ausgeliefert.

Noch nie zuvor hatte sie ein Mann gleichzeitig so direkt in ihrem innersten Zentrum ansprechen können wie er. Sein Geruch war ihr von Anbeginn vertraut, sein Geschmack Heimat und seine Berührung ließ jede Spannung in ihr schmelzen. Manchmal tauschten sie Blicke aus oder scheinbar harmlose Sätze, die dennoch einen unsichtbaren erotischen Code trugen, und sie fühlte ganz unvermutet die Nässe zwischen ihren Beinen.

Doch sie hatte es beendet, denn es war eine Scharade, ein Manöver gewesen. Er hatte seine Tiefe bekannt, sie damit gelockt, ohne den rückhaltlosen Weg wirklicher Begegnung gehen zu können. Und als sie ihm zu nahegekommen war und ihn herausgefordert hatte, nahm er Zuflucht in verstörende Brutalität und Verhöhnung. Vögeln, kunstfertig und gleichzeitig mit herabgezogenem Visier, die verschlungenen Arabesken von genießender Lust ohne Begegnung und im Nachgang die Kälte eines Geschäftsfalls hielt er im Angebot, gemeinsam mit jener schmählichen Abwertung einer machtvollen Bestimmung des von ihm gewählten Zeitpunkts, an dem sie „dran wäre, es ihr zu besorgen“, denn er allein wollte über ihre Lust bestimmen.

Sie hatte die Angst in seinen Augen gesehen und seine Schwäche. Ihre eigene Überschätzung seiner Stärke hatte sie noch weitaus mehr, ja in einer grundsätzlichen Weise beschämt als die rüde Behandlung.

Sie war ihm treu gewesen, doch nicht aus Gebot, sondern allein aus ihrem eigenen Wollen, ihn so am besten spüren zu können. Schließlich musste sie ihn als einen von seiner Angst vor der Weiblichkeit Besessenen erkennen, der versuchte, diese Angst mit der Eroberung weiblicher Geschlechtsteile in Schach zu halten. Die Hingabe der Frau führte also nicht zu gleichwertiger Begegnung, sondern bedeutete seinen Triumph und ihre Entwertung. Die Erkenntnis war bitter gewesen.

Der Verleger hatte seinen inzwischen abgekühlten Kräutertee ausgetrunken, Katharina ihren Cappuccino. Sie verabredeten sich für ein weiteres Treffen in einigen Wochen, um die möglichen Projekte konkreter zu besprechen. Die Verabschiedung erschien Katharina unerwartet herzlich. Sie schaute ihm nach, wie er mit seinem Fahrrad entschlossen durch den Schneematsch davonpflügte.

Spontan entschloss sie sich, zu Fuß nach Hause zu gehen. Sie brauchte die Bewegung. Die würde ihr guttun, ihr helfen, diese seltsame Unruhe abzugehen, die am Rande ihrer Seelenlandschaft wie eine Partisanenattacke an einem Grenzposten ganz plötzlich aufgeflackert war. Eindeutig stand sie mit dem unvermuteten Auftauchen von Stefan in ihren Gedanken in Zusammenhang.

Sie war doch fertig mit ihm, fragte sie sich kritisch, während sie ihren Seelenspiegel unbarmherzig nach Sehnsucht, Bitterkeit oder verkrustetem Schmerz abtastete. Nein, kein Faden eines ziehenden Schmerzes, keine gallige Bitterkeit in der Kehle, stellte sie befriedigt fest, aber Sehnsucht in der Brust und in ihren Armen, die umfangen, ihren Kopf an eine Brust legen und in kurzer Stille ankommen wollten. Aber das alles galt nicht mehr ihm. Es war ein namen- und gesichtsloses Gegenüber, dem ihr Sehnen galt.

Der Schneeregen hatte aufgehört. Katharina blickte nach oben in das nachtschwarze Himmelsstück, das sich zwischen den Häuserfronten der Straße auftat. Ein paar sehr weiße Sterne fielen ihr heute auf. Es war in der Zwischenzeit nun wieder kalt geworden, ganz der winterlichen Jahreszeit entsprechend.

Katharina zog ihren Mantel dichter um sich, schlug den Pelzkragen gegen den Wind hoch und schritt entschlossen aus. Die Pfützen begannen zu frieren. Das Licht der Straßenlampen zauberte auf den zarten Eiskristallgebilden an den Rändern glitzernde Reflexionen. Sie fühlte, wie der Boden unter ihr stellenweise rutschig wurde. Ob ihr Verleger wohl sturzfrei angekommen war? Sie musste bei dem Bild seiner spinnenartig an sein dürres Fahrrad geklammerten, dahinschlingernden Gestalt unvermutet lächeln.

Erste pflichtbewusste Hausmeister, zumeist in Jogginganzügen und einer mürrisch übergeworfenen Parka, kreuzten ihren Weg, um Sand auf den ihnen zugeteilten Gehsteigabschnitten zu streuen. Ein Räumfahrzeug fuhr mit Getöse durch die Straße. Das orange Drehlicht tanzte wie ein Irrlicht an ihr vorbei.

Durchfroren erreichte Katharina etwas später ihre Innenstadtwohnung. Als sie kurz danach unter der dampfenden Dusche stand und den wärmenden Wasserstrahl mit neuer dankbarer Bewusstheit genoss, wurde ihr wieder einmal bewusst, wie sehr die menschliche Wahrnehmung auf der Diskrimination von Unterschieden aufgebaut und wie sehr Menschen in ihrer Bewertung damit manipulierbar waren. Der Tag fühlte sich nach dem Bad rund und abgeschlossen an. So beschloss sie, früh zu Bett zu gehen.

Er musste angerufen haben, als sie bereits eingeschlafen gewesen war. Sie empfand dies vollkommen ungerechtfertigt, aber dennoch deutlich spürbar, wie einen Eingriff in ihre Privatsphäre. „Stefan 22:44", las sie auf dem Display ihres Handys, das wie ein unermüdlich akkurater Buchhalter jede Regung elektronischer Kommunikation in einer kühlen, unbarmherzigen Listenführung festhielt.

Ihre Reaktion war Freude und Flucht zugleich. Was blieb, war unendliches Herzklopfen, das ihre Brust zu sprengen drohte. Flucht war der eindeutig stärkere Impuls. Sie würde seinen Anruf ihrerseits nicht beantworten. Was könnte er ihr schon zu sagen haben? Wahrscheinlich wollte er einfach mal sondierend nachfragen, wie er es sicherlich bei vielen seiner Frauen tat, um auszuloten, ob sie noch in seinem Besitz wäre. Das war die Sprache aller Unsicheren, die Nachschau halten wollen, ob der einmal besetzte Claim im Notfall noch zur Verfügung stehen würde. Für diesen demütigenden Reigen von Trivialitäten würde sie nicht zu haben sein.

Oder würde er ihr mit quirliger Leichtigkeit erzählen wollen, dass er nun doch wieder eine Frau heiraten würde? Wäre sein Anruf ein verspäteter Racheimpuls? Immerhin hatte sie diese seltsame Begegnung – denn „Beziehung" hätten sie es nie zu nennen gewagt – beendet. Aber er hatte damals überhaupt nichts verstanden, war gänzlich fühllos gewesen. Seine distanzierte Gleichgültigkeit, die aus ihrer Begegnung eine verzichtbare Banalität gemacht hatte, hatte sie geschmerzt. Doch ihre Trauer hatte viel mehr seinem Leben und seiner Unmöglichkeit, die ihm innewohnende Tiefe gestaltend zu leben, gegolten als ihrem eigenen Verlust.

Ja, resümierte sie, es wäre sehr wahrscheinlich, dass er ihr von seiner bevorstehenden Heirat erzählen wollte, wie sicher vielen anderen Frauen auch. Denn Katharina war genauso nie mehr als irgendeine gewesen, und die immer wiederkehrenden feinen Doppeldeutigkeiten der Besonderheit zwischen ihnen auch nur raffinierte Manöver. Außerdem würde eine Heirat seinem Muster entsprechen, der Oszillation zwischen vermeintlicher Freiheit und ergebener Resignation!

Der Gedanke gab ihr dennoch einen Stich. Es half nichts, sich vorzustellen, dass dies seine übliche Kapitulation vor dem Leben wäre und gleichzeitig ein weiterer Beweis dafür, dass sie richtig gehandelt, die Abwendung von ihm als einzig richtigen Schritt erkannt und vollzogen hatte.

Nein, sie würde ihn nicht zurückrufen, um sich einem oberflächlichen „Wollte nur mal nachfragen, was du so treibst und wie es dir geht" und beiläufig nachgeschobenem „Ich heirate jetzt übrigens ein braves Mädel" auszusetzen.

Sie hatte das Buch mit seinem Namen zugeschlagen, und so sollte es bleiben. Immerhin, auch wenn er dies nicht wusste und nur Instrument dafür gewesen war, hatte sich an die vergangene Begegnung mit ihm vor mehr als drei Jahren eine totale, eine existenzielle Krise geknüpft.

Trotzdem wickelte Katharina den folgenden Praxisalltag in ungewohnter Unruhe ab. Dieser Mangel an notwendiger Selbstdisziplin verärgerte sie.

Sie hob bereits beim zweiten Läuten ab. Eigentlich hob es ab. In den verbleibenden Bruchteilen von Sekunden, bevor sie seine Stimme erkannte, die sie so schmelzend berühren konnte, gelang es ihr gerade noch, in eine Rüstung bereiter abwehrender Kälte zu schlüpfen und das Visier ihrer Seele zuzuklappen.

Er hielt sich jedoch nicht auf, kam gleich zur Sache, so als würden nicht mehr als drei Jahre zwischen ihrem letzten Kontakt liegen, und spulte seinen Lebensfaden seit ihrem Kontaktabbruch flink und mit ungewohnter, fast schmerzender Offenheit vor ihr ab.

Er war damals unmittelbar in eine Beziehung gestolpert, eine, die ihm nicht guttun würde, wie er von Beginn an wusste. „Dabei war sie ein nettes Mädchen, Juristin, gerade mal sechsunddreißig Jahre alt", beschrieb er ihr. Katharina spürte den heißen Schmerz der zwei Jahrzehnte, die sie von dieser Frau trennten. Wie einen scharfen Schnitt fühlte sie die damit verbundene Bloßstellung, geglaubt zu haben, in einer Gesellschaft, die patriarchalen Denkmustern gehorchte, ihm mehr bedeutet zu haben, als sich allein ihre Verfügbarkeit zu beweisen. Ein Peitschenhieb der Disziplinierung, der nur in wirklicher Begegnung in seiner eigenen Lächerlichkeit zu entlarven war.

Rückhaltlos offenbarte Stefan Katharina die Systematik des Niedergangs dieser Beziehung. Wie er das brave Mädel betrogen hatte, wie er die Enge der von ihr geforderten Häuslichkeit nicht ertragen konnte, wie seine Lebensfreude stranguliert und Langeweile gewichen war und gleichzeitig Angst vor Trennung und Einsamkeit Besitz von ihm ergriffen hatten.

Ihr Kinderwunsch hatte ihn beängstigt, ihre Bereitschaft, ihn seinetwillen aufzugeben, fassungslos werden lassen, ihr unbedingter Wille, sich ihm und dieser Beziehung zu opfern, Panik bewirkt.

Er war, wie in allen seinen Ehen und definierten Beziehungen zuvor, mit seiner eigenen Unmöglichkeit, in gesetztem Rahmen zu leben, konfrontiert worden. Regulierungen und Erwartungen des gesetzten legitimen Kodex hatten seine Lebenskraft aufgezehrt.

Sein Körper hatte ihn sodann an seine Grenze geführt, das an ihn gerichtete Verlangen, entlang der gesellschaftlich geforderten Norm zu funktionieren, als persönliche Unmöglichkeit zu erkennen. Seine Geschlechtsorgane gehorchten nicht. Ein Nierenstein, eine beharrliche Prostataentzündung, hartnäckige sexuelle Unlust, die von einer verstörenden trockenen Ejakulation begleitet wurde, eine schmerzhafte Beckengelenksverspannung und Depressionen waren die Mahnmale des Niedergangs gewesen.

Vor drei Monaten hatte er die Beziehung und damit die an ihn gestellten Erwartungen gekündigt. Seine körperlichen Beschwerden hatten deutlich nachgelassen.

Wie Seele und Körper miteinander verschaltet waren, erschien ihm schier unglaublich. Aber auch in diesem Bereich hatte er einiges dazugelernt. Er ging nun seit mehr als zwei Jahren in Psychotherapie.

Das traf sie wie ein Schlag. Mit dem Mann, den sie vor drei Jahren gekannt hatte, war kritische Selbstreflexion nicht in Einklang zu bringen.

Der alte Schmerz traf sie so vollständig und unvorbereitet, wie sie es nie für möglich gehalten hatte. So bewusst, so klar, so offen spürend in der Rückbindung zu sich selbst, wie er ihr jetzt in diesem Moment in seinem Monolog entgegentrat, hatte sie Stefan damals vergeblich ersehnt. Es schien, als wäre das Panzerschloss vor seiner Seele aufgebrochen und gewährte nun Ausblick auf die Weite seiner inneren Landschaft.

Er sagte, es gehe ihm beschissen, sogar vollkommen beschissen.

Sie erzählte ihm, dass auch sie vor drei Monaten ihre Beziehung beendet hatte. Irgendwie schien ihr das passend, obwohl sie nicht wusste, warum.

„Wir durchleben gerade dasselbe“, meinte er in einem Ton, als wäre diese Synchronizität selbstverständlich. Sie schwieg dazu.

„Wir finden einander immer wieder“, fuhr er fort, „wie verschränkte Teilchen.“

Das gab ihr einen Stich und rief alte Erinnerungen ab. Immer wenn sie damals innerlich von ihm Distanz genommen hatte, war sein Signal gekommen und hatte sie in geheimnisvoller Weise aufs Neue verbunden.

„Ich war vollkommen zu damals in ‚unserer Zeit‘, vollkommen getrennt von mir“, gab er offen zu, um danach unvermutet zur Nachfrage nach ihrem Beziehungsende zu wechseln. Das war sein Stil, den sie hier wiedererkannte, diese raschen unvermuteten Sprünge, mit denen er einen ungedeckt erwischte.

Sie erzählte ihm in kurzen Sätzen von der Enttäuschung ihrer letzten Beziehung.

„Ziemlich ähnlich, wo wir da in den letzten Jahren durchgegangen sind“, merkte er an, als sie geendet hatte. „Verschränkte Teilchen eben.“

Einen Moment lachten sie und Katharina fühlte sich so frei, leicht und angekommen auf dieser kleinen Insel des Augenblicks. Sie waren wie zwei Raumfahrer, die im unendlichen lautlosen Universum umhertaumelten und einander dennoch magisch immer wieder an den Händen fassen konnten.

„Wir müssen einander wieder treffen, ich muss dir viel erzählen“, legte er dann fest. Sein Ton war jetzt leicht, besonnen und fast geschäftlich, wenn nicht die Schwingung seiner Stimme eine zuverlässige Vibration in Katharinas Innerem ausgelöst hätte. Aber das könnte auch allein an ihr liegen, überlegte sie noch lange nach dem Gespräch.

Die nächsten Tage erfüllten sie mit Zwietracht mit sich selbst. Wie kam es, dass er ihre so sichere Panzerung der Gewissheit, dass jede wirkliche Begegnung mit ihm unmöglich war, ganz spielerisch mit diesem einen Gespräch hatte durchbrechen können?

Für jene erbärmliche Schar patriarchaler Männer, die anstandslos und vielleicht sogar mit lächerlichem Stolz ungeachtet ihrer eigenen Körperlichkeit zwanzig Jahre jüngere Frauen zu Spielgefährtinnen nahmen, hatte sie doch nur Verachtung übrig. Eine ganze Generation von Lebenserfahrung und Reife zwischen sich und eine Partnerin schieben zu müssen war ihr immer als eine Entlarvung der puren Angst vor echter Begegnung erschienen. Sie hatte sich nie geirrt. Was sollte sie also mit ihm?

Und was diese, seine neue Bewusstheit anging, so war ihr kaum sichere Stabilität zuzutrauen. Dass er in seine bewährten Muster gewohnter Oberflächlichkeit zurückfinden würde, wäre weitaus wahrscheinlicher. Eine weitere biografische Karussellrunde wäre schließlich kurzweiliger, als den mühevollen Weg eines wirklichen inneren Umbaus zu bestreiten.

Mädels dafür gab es genug. Und sein Charme würde noch für ein paar Jahre reichen.

Das Buch mit seinem Namen war doch zu und sollte es auch für immer bleiben, selbst wenn sie sich an Zeiten erinnerte, zu denen in ihren Kniekehlen beim Tonfall seiner Stimme ein Zittern lief und sich wie in einem Uhrwerk eine Unruhe in ihrem Unterbauch abzuspulen begann.

Und was wollte *er* überhaupt von ihr? Sollte sie ein Trostpflaster, eine Überbrückungshilfe bis zur nächsten Frau mit straffem Busen und Schenkeln werden oder war es noch schlimmer? Wollte er sie nun als „gute Freundin" anwerben? Wollte er sie als bereitwilligen Eimer für das Erbrochene seines Seelenschrotts nutzen? Immerhin zählte sie bekannterweise zu den besten Therapeuten der Stadt.

Der Panzer, den Katharina vor ihrer Seele hochzog, wurde von Tag zu Tag solider und sicherer.

Eine Woche später musste sie nach Frankfurt am Main fliegen, um einen Vortrag zu halten. Sie freute sich auf den Vortrag und hasste die Reise dorthin. Schon der quälende Weg zum Flughafen durch den Abendstau drückte auf ihre Stimmung.

Eindeutig zog sie es vor, noch mit der letzten Maschine anzureisen, als mit unausgeschlafenen, schlecht rasierten und scheinbar wichtigen Geschäften entgegenfliegenden Männertrauben in der allerersten Frühmaschine zu sitzen.

Viel zu dünnhäutig, diagnostizierte sie sich wieder einmal selbst. Ein Eindruck, der mit dem zunehmenden Überfremdungsgefühl in den nüchternen Weiten des Flughafengebäudes immer dichter wurde. Jetzt war auch noch ein weiterer Terminal hinzugebaut und leider auch schon in Betrieb genommen worden. Ein Gefühl von solider Aussichtslosigkeit beschlich sie auf dem unendlich anmutenden Marsch zum Abflugsteig.

Transportbänder, die einem überirdische Bedeutsamkeit zu verleihen schienen, wenn man sich auf ihnen schnellen Schritts weiterbewegte und alle nebenher Gehenden leichtfüßig überholte, wechselten mit Zwischenstreifen eines spiegelnden Granitbodens. Glas und Stahl, Anzeigetafeln mit springenden Zeilen der abfliegenden Maschinen und der ihnen zugeordneten Gates bildeten ein Orchester tadellos funktionaler Architektur. Katharina empfand diese durchmechanisierte präzise Organisation menschlicher Reisetätigkeit als beängstigend. Es war, als würden die Menschen hier selbst zu einer zu verwaltenden Sache werden. Nirgendwo sonst trafen so viele Reisende in steter gespannter Bewegung gleichzeitig aufeinander, ohne sich wechselseitig persönlich wahrzunehmen, um dann in kurzfristiger lungernder Teilnahmslosigkeit am Reisegate auszuharren, wo ihre Durchschleusung erfolgen sollte. Entmenscht, schoss es Katharina durch den Kopf, als sie sich endlich am richtigen Gate befand. Erschöpft von den Eindrücken ließ sie sich auf dem letzten noch freien Sitz einer schwarzledernen Bankreihe nieder.

Wir sind nicht mehr Reisende, bloß noch Werkstücke auf einem Förderband, die ihrer Verpackung und Verschickung nach den Gesetzmäßigkeiten eines übergeordneten Steuersystems entgegentreiben, dachte Katharina. Neben ihr saß ein junger schlaksiger Schwarzer, sorgfältig auf Gangster-Rapper-Look getrimmt, der unaufhörlich mit einem Bein in raschem Rhythmus wippte. Die Frau auf der anderen Seite wirkte mit ihrem funktional-faden Auftreten dagegen wie eine farblose Grundschullehrerin. Wären wir Versandgegenstände auf einem Band der Logistikzentrale eines jener Internetunternehmen, so wäre der Rapper ein Vibrator und die Lehrerin ein Küchengerät, ein Toaster oder eine Waffelmaschine vielleicht, entschied Katharina. Und sie selbst? Wahrscheinlich ein Feuerlöscher, auch wenn sie sich lieber als Flammenwerfer in dieser Szenerie gesehen hätte.

Der junge Schwarze schien ernsthaft erkältet. Er nieste immer wieder und schniefte unaufhörlich. Katharina ging das Geräusch gehörig auf die Nerven.

Gerade in diesem Moment brummte ihr Handy. Sie hatte es auf lautlos gestellt. Es gelang ihr, es noch zeitgerecht aus ihrer Tasche zu fischen, bevor der Anruf auf ihre Box umgeleitet wurde. Der rasche Blick auf die Namensanzeige auf dem Display und seine Stimme genügten, um plötzlichen Aufruhr in ihr zum Ausbruch zu bringen, ganz so, als würde ein tief verborgener Vulkan sich unvermutet melden, um aus seinem Inneren eine Ladung feuriger Lava in den nachtschwarzen ruhigen Himmel zu schleudern.

Stefan wollte sich, wie schon letztens angekündigt, verabreden. Möglichst bald, wenn sie könne. Seine Stimme klang etwas drängend, ja geradezu unruhig.

Ihr gefiel es, dies als interessiert zu deuten. Trotzdem reagierte sie verhalten. Sie erklärte ihm die Lage, dass sie gerade am Terminal auf ihren Abflug nach Frankfurt warte, um dort einen Vortrag zu halten. Er fragte nichts dazu nach. Auch diesmal fiel ihr auf, dass er kaum fähig war, Anteilnahme und Interesse an den Lebensabläufen anderer Menschen zu zeigen.

Aber er wollte wissen, wann sie wieder zurück sein würde. Morgen Abend, mit der Spätmaschine, versicherte sie. Und weil dies Freitag sein würde und zu spät für ein „sinnvolles Treffen“, wie er es nannte, verabredete er sich, bevor sie sich noch zu einem Gefühl der Ablehnung hatte durchringen können, mit ihr für Sonntagabend, da sie samstags noch einen nicht verschiebbaren Abendtermin einer wohltätigen Organisation einhalten musste.

Stefan schien ein wenig enttäuscht, dass es erst Sonntag möglich wäre, und das schmeichelte ihr, wie sie vor sich selbst zugeben musste.

Das Gespräch war kurz, denn die Lautsprecheransage wies die Passagiere an, sich zum Einstieg bereit zu halten. Es gab aber auch nichts mehr zu sagen. Als sie aufstand, fühlte sie zum ersten Mal, wie eine heiße Welle sie durchlief. Sie führte es auf das Gespräch mit Stefan zurück.

Als Katharina das Flugzeug in Frankfurt verließ und die gleiche trostlose, wenngleich von Sicherheitsmaßnahmen befreite Prozedur der endlosen Durchschleusung, diesmal Ausschleusung, hinter sich gebracht hatte, um in der Ankunftshalle mit ähnlich spiegelndem Granitboden wie in ihrem Einstiegsflughafen in einer Art Freiheit zu landen, wusste sie, dass das Hitzegefühl Fieber und nicht Stefans Anruf war.

Vom Schwarzen am Terminal konnte das wohl nicht sein. Aber wahrscheinlich hatten sie beide jetzt auch noch zusätzlich ihre diversen Viren ausgetauscht. Ihr Hals fühlte sich trocken und rau an. Außerdem begann sie sich zunehmend gänzlich elend zu fühlen, wirklich durchgreifend elend und fremd noch dazu. Sie stellte sich vor, dass ihre Chancen auf ein Überleben in diesem Zustand auf ein Minimum gesunken wären, würde sie sich jetzt auf einem der vielen Flüchtlingsrouten befinden, auf denen Menschen unterschiedlicher Volksgruppen aus vielfältigen Gründen gerade unterwegs waren.

Im Unterscheid zu ihnen würde sie es nur vom Flughafen bis in ihr Fünf-Sterne-Hotel, das ihr Auftraggeber für sie vorgesehen hatte, schaffen müssen, und das wäre mit dem Besteigen eines sicher vor dem Eingang wartenden Taxis gefahrlos zu regeln.

Wenig später lag ihr beim Blick aus dem Hotelfenster die nächtlich beleuchtete Skyline Frankfurts zu Füßen. Katharina befand sich, wie es in jedem Prospekt so verheißungsvoll beschrieben wurde, nun mitten im pulsierenden magnetischen Herzen der deutschen Wirtschaft. Auf sie wirkte es mehr wie ein kaltes Utopia.

Eigentlich wurde die ganze Wand von einer von der Decke bis zum Boden reichenden verspiegelten Glasfront eingenommen, was Katharina einen seltsamen Eindruck von Bloßstellung, Objekt von Beobachtung zu sein, vermittelte. Aber chic war es und cool. Zumindest hatte die Internetbeschreibung für jenes Hotel diese Begriffe großzügig verwendet, um Berufsreisenden eine Wohlfühlwelt zu suggerieren, die für modernen Zeitgeist und erfolgreiches Business stand.

Katharina fühlte sich eindeutig anders, nicht wohl, ja sogar beängstigend übel. Dies wurde nicht nur durch die sterile Unpersönlichkeit, die trotz Eleganz und Hochwertigkeit der Einrichtung des Zimmers Trostlosigkeit verströmte, verursacht, sondern zugleich auch durch ein Krankheitsgefühl, das sich nun immer mehr zu solider Gewissheit verdichtete.

Gerade zuvor hatte ihr brennender Blick dem Nachtconcierge die Sinnhaftigkeit seiner Vorschriften bestätigt, als sie ihn um die spezielle Erlaubnis bat, die Fensterverriegelung im Zimmer zu deaktivieren. Bevor er ihrem Ansinnen nachkam und den Hausarbeiter mit seinem flinken Inbusschlüssel zu ihr schickte, hatte er Katharina mit belästigt, wenn nicht sogar feindselig auf sie wirkender Gestik ein Formular zur Unterschrift hingeschoben, auf dem sie die volle und alleinige Verantwortung übernahm, sollte ihre damit demonstrierte Eigenwilligkeit Vorbote sein, sich auf diese Weise das Leben nehmen zu wollen. Alles reduzierte sich heute auf eine Haftungsfrage.

Das Brennen in ihren Augen war jedoch nicht Anzeichen selbstmörderischen Wahnsinns gewesen, sondern eindeutig hohes Fieber, ein untrüglicher Vorbote einer anflutenden Erkrankung der Atemwege. Inzwischen fühlte es sich an, als hätten ihr Hals und die Bronchien in der Brust die Oberfläche einer Käseraspel angenommen, auf der die Luft bei jedem Atemzug nun schmerzhafte Reibung verursachte.

Katharina wandte sich von der Fensterfront ab und öffnete ihren Koffer. Sie spürte dabei Schwindel und musste sich an einer spiegelnden Kommode anhalten. Am hinteren Rand war ein ganzes Paneel von Touch-Sensoren integriert, mit denen sich alle Lichtquellen des Raums in spielerischer Beliebigkeit steuern ließen.

Es wäre besser gewesen, gar nicht zu fliegen. Im Koffer fand Katharina in einer vorausschauend gepackten Toilettentasche ein starkes Grippemittel, das größere Freude in ihr auslöste, als sie ein katholischer Priester empfinden könnte, der in seinem Hotelzimmer in Teheran eine Bibel in der Nachttischlade vorfände.

Entgegen der Empfehlung auf der Packung löste sie zur Sicherheit gleich zwei Säckchen in einem Becher heißen Wassers auf und leerte den Inhalt in einem Zug. Morgen musste sie um zehn Uhr ihren Vortrag für den Kunden, ein großes Versicherungsunternehmen, halten. Rund vierhundert Personen, lauter Vertriebsmitarbeiter, waren geladen, um ihren Ausführungen zu biometrischen Daten und Aspekten der psychosozialen Gesellschaftsentwicklung zu lauschen. Natürlich um daraus Verkaufsargumente für ihre Polizzen von Berufsunfähigkeitsvorsorge bis Pflegeversicherung zu ziehen. Die Grundbotschaft war einfach. Die traditionellen sozialen Netze von Familie und Freunden verloren in einer von Geschwindigkeit, Wandel und persönlicher Beliebigkeit getriebenen rationalen Steigerungsgesellschaft zunehmend an verlässlicher Tragfähigkeit oder lösten sich für den Einzelnen sogar gänzlich auf. Das staatliche Leistungssystem hingegen geriet allmählich an seine Belastungsgrenzen, dünnte sich in seinen Unterstützungen beängstigend aus und beschritt den Weg einer Transformation in eine schmale Basissicherung und Notfallversorgung mit zunehmenden Qualitätseinbußen.

Jeder für sich, lautete eindeutig die Devise, auch wenn alle voll romantischer Sehnsucht von Beziehungsnähe, Geborgenheit und Vollkasko-Rundumsicherheit schwärmten. Das vermeintlich von allen Normzwängen im Lebensentwurf befreite Subjekt fiel in der Konsequenz seiner tatsächlichen Biografie immer mehr auf sich selbst zurück. Das war der Preis für den narzisstischen Individualismus, der ganz nach eigenem Gutdünken und Wahl den Pinsel der Lebensgestaltung in die zahlreichen Farbtöpfe pluralistischer Werte tauchen konnte, um ein einzigartiges, sich persönlich installierendes Lebensgemälde zu gestalten.

Sie würde diese Trends und bereits eingetretenen Entwicklungen mit zahlreichen Zahlen und auflockernden Bildern belegen und mit leichtfüßigen, humoristisch anmutenden Falldarstellungen persönlicher Lebensabstürze als Zerrbilder des Optimierungs- und Freiheitswahns ausmalen.

Niemand schien übrigens mehr zu wissen, was den Unterschied zwischen Freiheit und Beliebigkeit ausmachte.

Sie verstand es, einen Inhalt unterhaltsam zu bringen. Deswegen wurde sie gerne gebucht, auch hier in Deutschland. Aber trotzdem blieb es harter Stoff, dieser Fahrplan einer drohenden sozialen Apokalypse.

Als es ihr endlich nach mehreren Versuchen gelang, doch noch alle Lichtquellen des Zimmers zugleich zu löschen, erinnerte sie sich, dass sie in der Kindheit in bedrängten Situationen immer gebetet hatte. Das schien ihr aber doch etwas zu abwegig.

Am nächsten Morgen fühlte sie sich nicht besser, ganz im Gegenteil. Erstmals befiel sie Panik vor dem Tag und ihrem Auftritt. Das Reibeisen in ihrem Hals und der Brust schien jetzt auch noch in Flammen zu stehen. Vielleicht hätte sie doch beten sollen. Sie nahm nochmals zwei Säckchen des Grippemittels und hoffte inständig auf die Wirkung.

Ihr Vortrag fand in einem jener architektonischen Stahl- und Glasgebilde statt, die mit ihrer funktionalen Architektur zugleich bedrohliche Effizienz der in ihnen Arbeitenden wie siegesgewisse Größenfantasien suggerierten.

Gemeinsam mit dem schneidigen hochdeutschen Akzent der ihr zugeteilten Veranstaltungsassistentin und ihrem aushöhlenden Krankheitsgefühl wirkte das Ganze auf Katharina gänzlich einschüchternd und damit vollkommen unpassend zu dem ihr zugeordneten Status. Sie war hier die hochbezahlte Expertin. Die Show gehörte ihr und wurde im Gegenzug auch von ihr erwartet. Ein kurzes Sehnsuchtsgefühl nach den gewohnten Altwiener Ringstraßenbauten und dem buckeligen Kopfsteinpflaster der vertrauten Innenstadtgassen gönnte sie sich dennoch, ehe sie ihre Schultern straffte und sich der Begleitung der jungen Frau überließ.

Diese war bereits mit einer völlig unangebrachten freudigen Lebendigkeit quer durch die Eingangshalle, die mit einer obligaten undeutbaren, aber imposanten Kunstinstallation bestückt war, auf sie zugeeilt, als sich Katharina aus dem Taxi quälte. Sie fand sie sofort unsympathisch. Ihre Dienstbeflissenheit eines Jagdhunds, der apportieren möchte, irritierte Katharina. Das enthusiastische Geschnatter, mit dem sie Österreichern Charme, Tiefsinnigkeit und Witz zuordnete, verärgerte sie.

Der Tagungssaal nahm fast die gesamte oberste Etage ein und war rundum verglast. Die vierhundert Vertriebspartner und sonstigen Mitarbeiter erwiesen sich als nüchternes, nachdenkliches und folgsam mitschreibendes Publikum mit begrenztem Humorverständnis, jedoch rascher Schlussfolgerungsbereitschaft zur Systematik der sozialen Vergröberung. Die nachfolgende Diskussion gestaltete sich entsprechend erwartbar und dauerte gerade so lange, bis Katharina merkte, dass das Grippemittel in seiner Wirksamkeit eindeutig nachließ.

Im Taxi zum Flughafen schien das Fieber wieder rapide anzusteigen. Gleichzeitig fühlte sie zunehmende Atemnot. Das Fremde lastete plötzlich besonders auf ihr. Sie wollte nur mehr heim.

Ihr fiel ein, wie Stefan in ihrem ersten langen Gespräch seine Entdeckung der Einheit von Seele und Körper mit so viel begeisterter Verwunderung erwähnt hatte. Sie war eine erwachsene, reisegeübte, selbstständige Frau. Auch Erfolg und soziale Anerkennung waren ihr nicht vorenthalten. Gerade eben hatte sie wieder von mehr als vierhundert Menschen Applaus erhalten. Dennoch reichten ein paar Grippeviren, Fieber und das Gefühl, ihre Lunge wäre zunehmend ein nasser Schwamm, in dem der Pegel von Flüssigkeit kontinuierlich ansteige, um solide Panik und den dringenden Wunsch nach der schützenden Geborgenheit von „zu Hause“ auszulösen.

Irgendwie schaffte sie es bis zum Gate. Nach einem Telefonat mit einem Freund und Kollegen wusste sie, dass sie nach der Landung sofort zu ihm ins Krankenhaus fahren müsste. Als Zweiten rief sie Stefan an, um ihr kommendes Treffen abzusagen. Sie erlebte ihn nicht wirklich besorgt, aber deutlich über die Absage enttäuscht. Er ersuchte sie allerdings höflich, ihn zu informieren und auf dem Laufenden zu halten, wie es ihr gehe. Das Gespräch war sehr kurz gewesen. Katharina fühlte sich sehr leer, aber das Fieber war tatsächlich sehr hoch.

Die Diagnose erwies sich als eindeutig, die notwendige Infusionstherapie ebenso, ihr Krankenhausaufenthalt für die nächsten Tage unvermeidbar. Ihr Kollege, ein Internist, zog lieber noch einen Lungenfacharzt hinzu, der seine Besorgnis ausdrückte.

„Du hast viel zu lang gewartet. Diese Reise nach Deutschland war eine Kamikaze-Aktion“, hatte ihr Kollege, der vor vielen Jahren während des Studiums einmal auch ihr Liebhaber gewesen war, kopfschüttelnd angemerkt. Er kannte sie von damals und ihre Unnachgiebigkeit hatte sich nicht geändert.

Nun laborierte sie an einer bösen Lungenentzündung, ihre Atemkapazität war drastisch eingeschränkt. Der Pulmologe zeigte ihr die Flüssigkeitssicheln und Entzündungsherde auf dem Röntgenbild, das sie auf ein weißes Skelett mit Organkonturen und wolkigen Verschattungen in unterschiedlichen Grautönen reduzierte.

Sie genoss die Besorgnis des ärztlichen Kollegen und die Umsorgung des Pflegepersonals in ihrem Sonderklassezimmer sowie die Ernsthaftigkeit ihrer Erkrankung, die durch die direkt in ihre Venen gepumpten Infusionslösungen noch unterstrichen wurde.

Es wirkte wie ein nun kraftvoll verordnetes Anhalten in ihrem Leben – etwas, von dem sie lange schon gefühlt hatte, dass es notwendig gewesen wäre. Doch bislang war sie dem ausgewichen, hatte ihrer anflutenden

Furcht nachgegeben und war unter dem Vorwand ihrer zahlreichen Verpflichtungen immer geflüchtet.

Jetzt lag sie hier in diesem Krankenbett, das seine Funktion durch schnittiges, jede Technik dezent versteckendes Design verbergen wollte, und in einem Gartenzimmer, das eher einer Fünf-Sterne-Hotelkette als einem Spital zuzuordnen gewesen wäre.

Diese Stille, die es bedeutete, dass der Terror ihres Terminplaners außer Kraft gesetzt war, ließ ihr Inneres machtvoll laut werden. Sie musste sich nun der Rekapitulation der Ereignisse und Entwicklungen der letzten Jahre anvertrauen und darauf setzen, das Ergebnis aushalten zu können.

Das Ganze hatte auch mit Stefans neuerlichem Erscheinen in ihrem Leben zu tun. Dessen war sie sich sicher. Sie fühlte als tiefe Gewissheit, dass sein unvermutetes Auftreten eine Mechanik im verborgenen Schaltwerk ihres Lebensfundaments angestoßen hatte. Es erinnerte sie an Abenteuerfilme, wo durch das Betätigen kleiner verborgener Hebel oder das Einfügen unwesentlich wirkender Schlüsselsteine in ein geheimnisvolles archaisches Felspuzzle oft eine machtvolle Dynamik der Offenlegung eines seit tiefster Vorzeit gehüteten Tempelschatzes bewirkt wurde.

Aber zuerst musste sie rekapitulieren und klaren, freien Herzens sein. Auch das war eine wesentliche Lektion von Indiana Jones und all jenen, die im Gegensatz zu den von Gier Getriebenen ihr Ziel erreichten.

Zur vergangenen Begegnung mit Stefan vor drei Jahren fiel Katharina das Bild eines in kunstvoller Verschraubung aufgeschichteten Jenga-Turms ein. Stefan war damals jenes obenauf gelegte Hölzchen gewesen, das ihren Lebensturm in bedenkliche Schwankungen versetzt hatte. Gleichzeitig hatte die Überkreuzung ihrer Lebenslinien für Katharina eine existenzielle Auseinandersetzung geboten und ihr im Druck der Herausforderung abverlangt, die Hölzchen an ihrer Lebensbasis gänzlich neu zu ordnen.

Er war unwissendes Instrument dafür gewesen, ein blinder Schauspieler mit einem ihm auf den Leib geschriebenen Text, der gleichzeitig den tatsächlichen Inhalt des Stücks, in dem er spielte, nicht kannte. Doch das waren sie wahrscheinlich alle füreinander auf dieser Lebensbühne: blinde Schauspieler.

Ihre eigene Ehe war damals erst vor wenigen Monaten auf dem nüchternen Schreibtisch einer unbeteiligten Richterin nach fünfundzwanzig Jahren geschieden worden. Die Banalität und Schäbigkeit des kleinen Bezirksgerichts und der Handlung im Besonderen hatte Katharina gleichermaßen verstört wie empört. Als wären fünfundzwanzig Jahre Ehe nicht der Wucht einer großen Inszenierung im Abgang würdig gewesen. Stattdessen hatte es nur leise Einigkeit gegeben.

Geblieben war ihr dieses Gefühl der Scham, das sich im Anschluss immer mehr verdichtet als nachgelassen hatte und im Alltagsleben als eine Empfindung seltsamer Schutzlosigkeit zunehmend zu einer Begleitung geworden war.

Stefan war also im denkbar ungünstigsten Moment in Katharinas Leben getreten. Eigentlich war es kein bewusstes Auftreten gewesen, sondern hatte sich mehr wie ein Streifschuss angefühlt, der einen sanft an der Weiche trifft. Nur ein feiner, süßer, ja ästhetischer Blutfaden schlängelte sich harmlos auf warmer Haut und führte dennoch unaufhaltsam im Inneren zum Ausbluten.

Die so enttäuschende Begegnung mit Stefan – das hatte sich bereits in den ersten nachfolgenden Wochen angebahnt – hatte sie gezwungen, zum tiefsten, dunkelsten Seelengrund ihres Seins hinabzusteigen. Denn der Tod ihres Vaters, des mächtigsten Repräsentanten männlicher Prägung in ihr, dem Stefan so ähnlich war, hatte einen kaum auszuhaltenden Feuersturm in ihr ausgelöst.

Es war sehr knapp gewesen, tatsächlich existenziell. In einer Nacht war sie unendlich lange hoch oben in einer offenen Fensternische des mittelalterlichen Turms eines kleinen Dorfes in der Toskana gesessen. Aus den weit unter ihr liegenden Gässchen waren übermütiges Lachen und die Geräusche von feiernden Menschen wie schmerzvolle Nadelspitzen zu ihr heraufgedrungen. Über ihr war die sternenvolle Stille eines südländischen, nachtschwarzen Himmels gelegen.

Einsamkeit, Schmerz, das Gefühl von ewiger Ausgeschlossenheit und erlittener Seelenkälte hatten sich für einen winzigen Moment in einer kristallklaren Sehnsucht nach einer Vorwärtsbewegung verdichtet, bevor sie in tiefem Erschrecken in sich zusammengebrochen war, ihre eigene

Seelenstarre loslassen konnte und ihre zukünftige Befreiung zu fühlen glaubte.

Wenige Wochen danach hatte sie gerade hier in der Toskana jenen Mann kennengelernt, von dem sie sich nun vor wenigen Monaten getrennt hatte. Er hatte sich als eine weitere düstere Lektion dafür entpuppt, dass rückhaltlose Liebe zwischen den Geschlechtern wohl nur eine Traumgestalt blieb.

Katharina lächelte bitter in sich hinein. Und das Ganze nach zig Jahren eigener Analyse. Aber wahrscheinlich brauchte Heilung die Durchwanderung des eigenen Lebens und konnte nicht wirklich von der analytischen Couch aus bewältigt werden. Ähnlich, wie die Aufarbeitung der Aufzeichnungen des Flugsimulators nur zum Erkennen von Fehlern führte. Wirklich fliegen konnte man damit aber noch immer nicht.

Umso mehr war sie gut beraten, die Finger von Stefan zu lassen. Er hatte seine Rolle in ihrem Leben bereits gespielt. Sein Part lag in einem lang vergangenen, abgeschlossenen Kapitel, in dem wirklich nichts mehr offen sein sollte. Ihre Erkrankung war gerade recht gekommen, hatte sie vor einem Aufnehmen des Fadens mit ihm bewahrt. Sie würde ein neuerliches Treffen mit ihm ablehnen.

Plötzlich leuchtete der Schirm ihres Handys auf. „Wo bist du?", las sie. Es war Stefan. Sie wusste nicht warum, doch sie nahm ihr Mobiltelefon zur Hand und schrieb Stefan in einem Drang, als wäre sie machtvoll ferngesteuert, dass sie wegen einer Lungenentzündung für die nächsten Tage im Krankenhaus aufgenommen sei. Sie teilte ihm auch den Namen der Privatanstalt, in der sie lag, mit.

In weniger als einer Minute kam seine Antwort. Auch wenn es unwahrscheinlich war, schien es, als hätte er auf ihre Nachricht gewartet. Er textete ihr, dass er sie besuchen wollte. Damit hatte sie nicht gerechnet. Katharina merkte, wie Panik sie ergriff. Stefan in dieser Schutzlosigkeit ihrer Erkrankung zu begegnen, ganz ohne die Panzerung ihrer präsentablen Öffentlichkeitsoberfläche, war viel zu nahe für sie.

Sie schrieb ihm etwas scherzhaft, dass sie sich wenig präsentabel und ansprechend als Gesprächspartnerin fühle und mit ihrer derzeitigen Lungenkapazität auch wenig durchhaltefähig wäre, doch er ließ ihre Einwürfe mit insistierendem Drängen unbeachtet. Seine Bemerkung, sie seien über Äußerlichkeiten nun wohl hinweg, fühlte sich so warm an, als würde plötzlich jene Ebene von Intimität zwischen ihnen herrschen, die sie damals als möglich zwischen ihnen gespürt, aber vergeblich ersehnt hatte.

Vielleicht war er heute tatsächlich ein anderer. Schließlich meinte sie kokett, dass sie hier im Krankenhaus die nächsten Tage sowieso nicht vor ihm Reißaus nehmen könne und es seine Verantwortung sei, wenn er einem bleichen, abgezehrten, schwer hustenden und an Infusionen hängendem Zerrbild der Frau, die er vor drei Jahren gekannt hatte, begegnen wolle. Er versprach, zu kommen.

Die nächsten Tage vergingen, ohne dass sie etwas von ihm hörte oder er auftauchte. Bei jedem Klopfen an ihrer Tür fühlte sie, wie sich ein Adrenalinschwall in ihr ausbreitete und sie in einem raschen, wie sich schützen wollenden Reflex die Bettdecke hochzog.

Die ersten drei Tage waren eindeutig von Erleichterungsgefühlen geprägt, wenn nachfolgend jemand vom sorgenden Pflegepersonal oder einer der Ärzte im Türrahmen erschien. Katharina wollte gerne, dass sie sich wieder kräftiger, weniger angeschlagen und schutzlos fühlte, wenn sie Stefan erstmals wieder begegnen würde. Vielleicht nahm er ja mit seinem Warten sogar gerade darauf Rücksicht.

Am vierten Tag fühlte sie sich tatsächlich besser. Das Fieber war nun konstant gefallen. Sie war sogar bereits wieder soweit gestärkt, dass sie ihrer Oberflächenpanzerung aus Lidstrich und gewaschenem Haar Aufmerksamkeit schenkte. Nun konnte er kommen.

Das wäre jetzt sogar der beste Zeitpunkt. Das Rücksicht gebietende Leiden zeigte sich noch ausreichend durch den mit Mulltupfern verpflasterten Venenzugang an ihrem Unterarm, doch alles Abstoß- oder Ekelerregende, das vorwiegend als abgestandene Ausdünstung und Schlaffheit des Körpers mit einer schwereren Krankheit einherging, war bereits wieder sicher zurückgedrängt.

Am fünften Tag wurde sie unruhig, am sechsten spürte sie unabweislich Enttäuschung, obwohl sie deswegen über sich selbst verärgert war.

Am siebenten war sie wütend auf Stefan und seine Unzuverlässigkeit. Ihre Entlassung war für den nächsten Tag vorgesehen.

Die Routine der medizinischen Absicherung verlangte noch nach einem Kontrollröntgen. Die Röntgenabteilung lag im Erdgeschoß. Katharina schnappte sich die Zuweisung und machte sich selbstverständlich ohne den lächerlichen Eskorte-Service durch eine Schwesternschülerin, die üblicherweise die Patienten fürsorglich auf jedem Gang zu einer Untersuchung begleitete, auf den Weg.

Als Ärztin war die Krankenanstalt ihr natürliches Habitat und ihr Verhalten eine bemühte Demonstration ihres Ringens um ihr so fragiles Autonomiegefühl. Aber das hatten alle auf der Station Diensttuenden längst begriffen und ihr Begleitung diesmal gar nicht mehr angeboten.

Auf dem Rückweg begegnete ihr im Spitalslift einer ihrer ehemaligen Patienten. Er stieg gemeinsam mit zwei Frauen und zwei jungen Männern ein. Er erkannte Katharina in ihrem eigenen Patientenlook mit einer Krankenmappe unterm Arm nicht, sah einfach über sie hinweg. Sie hatte ihn sofort bemerkt.

Dass sie in ihm kein Wiedererkennen auslöste, verärgerte sie in völlig unangemessener und übermäßig heftiger Art, schließlich war er eine weitaus auffälligere Erscheinung als sie selbst. Ihn merkte man sich eben. Mit seinem schwarzglänzenden, schweren schulterlangen Haar wirkte er wie ein verschlissener, aus dem Leim gegangener Indianer: Ein riesiger Kerl, aufgemotzt mit Ledergilet, Westernhemd, Lederbändern und Silberschmuck, der so als Lederstrumpf in Präriekleidung durchging.

Daran hatte sich nichts geändert, seit er bei ihr in der Praxis gewesen war. Im Outlook von Winnetou steckte allerdings ein Serbe, einer von der schlimmen Sorte, der einigen Leuten ziemlich böse mitgespielt hatte. Bei einem davon hatte er sich dann verrechnet. An dem hing ein ganzer Clan dran. Die Dimensionen hatte er falsch eingeschätzt. Heftige Angstzustände waren die Folge gewesen, nicht aus Reue, sondern aufgrund seiner Befürchtungen einer ihn treffenden Blutrache durch die Verwandten. Mit seiner Einschätzung war er eigentlich auch ziemlich richtig gelegen.

Nachdem er wegen der verordneten Psychopharmaka keinen mehr hochbekommen hatte, war er auf ihrer Couch gelandet. Das Problem mit seinem Schwanz war ein echter Aufreger für ihn. Als er sie konsultierte, war er sich nicht klar darüber gewesen, ob die vorherigen Angstattacken schlimmer waren oder die Entmannungsgefühle, weil er nicht mehr so vögeln konnte, wie er wollte.

Den Stress der direkten Bedrohung hielt er ja nun mit drei Leibwächtern recht gut in Schach. Die warteten dann zumeist auch wie Chorknaben in ihrem Vorzimmer, wenn er bei ihr war. Das mit dem Vögeln war dagegen ein wirklich vitales Thema für ihn und beinhaltete außerdem handfeste Geschäftsinteressen. Er hatte ja eine ganze Truppe Huren neben seinen sonstigen Tätigkeiten nebenherlaufen und die musste er immer wieder mal drannehmen, wie er Katharina erklärt hatte, um ihnen die Grenzen aufzuzeigen und zu verdeutlichen, zu wem sie gehörten.

Sie hatte das mit dem Vögeln dann mit einer Kurzzeittherapie für ihn „geregelt", in ganz funktioneller Art eben, mehr war bei dem Typen nicht drin.

Aber es hatte geklappt, wie häufig bei schlichten Charakteren, äußerst gut sogar, ganz aus einer naiven Übertragung heraus und der Tatsache, dass sie ihm erzählt hatte, volles Verständnis für seine Situation zu haben, da sie sich in ihrer Jugend eine Zeit lang in Zuhälterkreisen aufgehalten hatte. Einer davon war eine Legende und auch er hatte ihn, als er noch ganz jung im Gewerbe gewesen war, selbst kennengelernt. Diese Gemeinsamkeit hatte zusammen mit den exorbitanten Sitzungskosten sein Vertrauen zu ihr begründet – mit dem Effekt, dass die Therapie griff.

Er war ganz euphorisch gewesen, als er nach ein paar Sitzungen wiederkam und ihr berichtete, dass er mit seinem besten Organ wieder völlig normal konnte, und er vögle wie ein wildgewordener Stier. Wahrscheinlich hatte er auch einiges aufzuholen, um seine Position zu konsolidieren. Er war so begeistert gewesen, dass er ihr angeboten hatte, ihr einen Gefallen tun zu wollen, falls sie etwas zu erledigen hätte. Aber sie hatte niemanden, den sie hätte beseitigt haben wollen – damals nicht.

Und jetzt erkannte sie dieser Idiot nicht. Irgendwie kränkte sie das, kratzte an ihrem Ego, auch wenn sie sich dafür gleichzeitig vollkommen blöd vorkam. Ihr ehemaliger Patient, der vor neuer Lebensfreude strotzende Apachen-Serbe, schien dagegen durch seine unreflektierte Primitivität gegen jeden Selbstzweifel gefeit zu sein.

Sie betrachtete ihn und seine Truppe aus dem Augenwinkel, während der Lift langsam anfuhr. Lederstrumpf war eindeutig das tonangebende Machtzentrum in der kleinen Gruppe.

Die etwas über Vierzigjährige schien seine Frau zu sein und war reich mit auffallenden Goldketten behängt und grell geschminkt. Unter einem Leopardenprint-T-Shirt wölbten sich zwei melonenähnliche, vollkommen steif wirkende Brüste wie eine Drohung. Ihr enger schwarzer Rock war eindeutig mehr als eine Nummer zu eng und beim Einsteigen in den Lift hatten die hochhackigen, schwarzledernen Pumps durch den Gang ihrer Trägerin die solide Vulgarität ihrer Gesamterscheinung besiegelt.

Neben ihr stand eine unscheinbare, unsicher wirkende Frau, die von der Geburtsurkunde her wohl knapp über sechzig sein musste, obwohl ihre Vergreisung nicht zu übersehen war. Sie wirkte wie eine verschreckte, über Jahrzehnte ausgelaugte Putzfrau und musste wohl die Mutter der jüngeren sein.

Der Apachen-Serbe schenkte den beiden Männern eindeutig mehr Beachtung. Der jüngere war sicher sein Sohn. Er wirkte, obwohl bereits hoch aufgeschossen, neben ihm fast noch wie ein Junge, einer von der Sorte, die den mangelnden Inhalt einer Aussage durch Imponiergehabe ersetzen wollten. Er lag damit zumindest eindeutig auf der Wohlgefallenslinie seines Vaters. Der andere war ein paar Jahre älter und schien noch nicht lange zur Familie zu gehören. Beipflichtende, diensteilige Zustimmung prägte seine Haltung, die Bemühung eines Unsicheren, der dazugehören will.

Dem Gespräch war zu entnehmen, dass die Familie auf dem Weg zur Geburtenstation, zur Tochter Lederstrumpfs war. Der machte einen zotigen Witz, indem er die Tatsache, dass es sich um einen männlichen Enkel handelte, mit der sexuellen Technik seiner Produktion in Zusammenhang setzte, wobei er dem Schwiegersohn auf die Schulter klopfte. Jener lachte auffallend laut mit.

Die unerschütterliche Selbstsicherheit, mit der ihr früherer Patient Hof hielt, nahm Katharina unerwartet persönlich, vielleicht gerade deswegen, weil sie in die schützende Schlichtheit seiner psychischen Struktur hatte Einblick nehmen können.

Alles war so deutlich und beneidenswert einfach für ihn, jede seiner Entscheidungen oder Handlungen lag so simpel vor ihm. Die Welt war ein vollkommen überblickbares Gebilde, seine Zielsetzungen deutlich und richtig, solange sein Schwanz funktionierte. Nie gäbe es einen Anlass, sich selbst oder die Sinnhaftigkeit seines Tuns zu hinterfragen. Sein Schwanz musste stehen und seine Umgebung subordiniert werden, Frauen eben in anderer Art und Weise als Männer.

Das war sein Gesetz, *das* Gesetz, welches er seit frühester Jugend erkannt hatte und es mit der ruhigen Gewissheit eines Menschen befolgte, der meinte, ein Naturgesetz in Händen zu halten.

Und genau so würde er sich in seiner Biografie weiterbewegen, zwischen seinen Huren und seinen Immobilienprojekten, die mal mehr, mal weniger mit einem kriminellen Anstrich versehen waren.

Der Erfolg schien ihm recht zu geben. Immerhin lag seine Tochter als Wöchnerin jetzt nicht mehr in einem Mehrbettzimmer eines Schwerpunktkrankenhauses in einem Arbeiterbezirk, sondern sein Enkel residierte bereits im Klassezimmer mit Gartenblick. In der Tiefgarage der Privatklinik hatte er sicher einen jener hochmotorisierten Geländewagen mit schwarzverspiegelten Glasscheiben stehen, und sein Weibchen steckte in einer Fünftausend-Euro-Ausrüstung. Was die Titten gekostet hatten, ganz zu schweigen.

Er würde einfach immer so weitermachen. Nie käme ihm ein Zweifel. Und dann, wenn es an der Zeit wäre, würde er auch vollkommen ruhig die Geschäfte in die Hände seines Sohnes legen. Möglicherweise würde er sich ein Anwesen zulegen, vielleicht auch in seiner Heimat in Serbien, und auf die Jagd gehen.

Ein Weilchen würden die Mädchen, die er vögelte, immer jünger werden müssen, ehe er nur mehr auf die Jagd gehen und schrittweise zu der letzten, der oralen und damit kulinarischen Periode seines Lebens zurückkehren würde. In seinem Fall würde er mehr der Fülle als der sorgfältigen Auswahl von Speisen und Getränken Aufmerksamkeit schenken und daraus enorme Befriedigung ziehen.

Sein Leben wäre rund, satt und ohne nachtschwarze Beängstigung, für eine Sinnfrage nicht ausreichend Beantwortung gefunden zu haben. Nie hätte ihn die Liebe gestreift, aber sie würde ihm auch nie fehlen.

Aus den Sitzungen mit ihm wusste Katharina, dass er als Jugendlicher – er war wohl so alt gewesen wie sein Sohn jetzt – bei einigen Massakern und Folterungen im Ex-Jugoslawienkrieg Zeuge gewesen war.

Manche Dinge verlangen eben nach klaren Entscheidungen. Da bleibt kein Raum für Philosophie, wenn der nackte Herzschlag über das Leben entscheidet.

Seine Kindheit war ebenfalls von der üblichen Gewalt primitiver patriarchaler und sozialer Verhältnisse geprägt gewesen. Zwischen den Welten von Mann und Frau hatte das Nutzungsrecht gewaltet.

Am Ende würde wohl seine Familie mit angemessener Ehrfurcht um sein Totenbett versammelt sein und ihm den großen Abgang ermöglichen, selbst wenn im Hintergrund bereits die ersten Fehden späterer blutiger Erbschaftsstreitigkeiten aufflackerten. Er würde also prächtig und sicher, auf jeden Fall ohne quälende Selbsthinterfragung auf seiner Bühne durch sein Leben kommen.

Für einen Moment beneidete Katharina den Apachen-Serben unsäglich und die Verachtung für sein Lebensmodell kam ihr wie die Entlarvung der eigenen Schwäche vor. Denn würde sie sich je so leicht und von jedem Selbstzweifel ungebrochen durch ihr Leben bewegen können?

Der Glaskäfig des Lifts hielt in ihrem Stockwerk. Katharina stieg aus und grinste ihn, einem plötzlichen bösartigen Impuls folgend, auffällig an. Erwartungsgemäß irritierte ihn dies mächtig. Vielleicht wurde ihm jetzt seine Unaufmerksamkeit siedend heiß bewusst.

Sie spürte ein atavistisches Befriedigungsgefühl. Er hatte sie als ältere Frau einfach übersehen, hatte sich täuschen lassen, war nicht wachsam gewesen, und dabei hätte sie doch ein gedungener Mörder von einer jener Familien sein können, die ihm Blutrache geschworen hatten.

Während Lederstrumpf mit seiner Sippe samt goldbehangenem Weibchen weiterfuhr, blickte er ihr durch die Glaswände des Liftkäfigs viel zu lange nach. Er wirkte entgeistert und versuchte, plötzlich sichtlich unruhig, Katharina in seinem Erinnerungsspeicher einzuordnen.

Ich hätte ihn freundlich ansprechen sollen, statt diese blöde Nummer abzuziehen, schoss es Katharina durch den Kopf, während sie den langen Flur auf der Station bis zu ihrem Zimmer vorging. Die Szene im Lift kam ihr plötzlich seltsam unwirklich vor, so als müsse sie nachträglich feststellen, dass sie sich in ihrem Verhalten kurz selbst entglitten war.

Warum benehme ich mich so seltsam? Die allgemeine Ungeborgenheit hat wohl auch mich erfasst, resümierte sie sauer. Die Kruste meiner Selbstbewusstheit scheint sehr dünn. Ich verschwimme mir leicht und drohe viel zu rasch im Abfluss meiner eigenen Lebensunsicherheit zu verschwinden. Und dann befällt mich giftgrüner Neid nach lindernder Oberflächlichkeit, so als gäbe es einen Weg zurück in die Unbewusstheit.

Das Einzige, was sie versöhnte, war, dass sie zumindest ihren Job gut gemacht hatte und Lederstrumpf durch ihre Intervention wohl nach wie vor wie ein junger Gott vögeln müsste. Diese Annahme schien, seinem großspurigen Auftreten nach, durchwegs Berechtigung zu haben.

Als Katharina in ihr Zimmer kam, waren die Putzfrauen bereits damit beschäftigt, das Bett abzuziehen und dem Raum die geforderte sauber-sterile Empfangsatmosphäre für den nächsten Patienten zu verleihen.

Sie nickte ihnen zu und bedeutete, dass sie sich durch sie nicht stören lassen sollten. Kurz spürte sie ihre Enttäuschung, dass Stefan während ihres Krankenhausaufenthalts nicht aufgetaucht war. Eigentlich war es Beschämung über die Feststellung ihrer Enttäuschung darüber.

Selbst jetzt, wo sie innerlich emotionale Distanz gehalten und nicht mehr als ein verhaltenes Interesse für ein mögliches Treffen mit ihm zugelassen hatte, war es ihm gelungen, über irgendeine schlecht versiegelte Seitenpforte in ihrem Gefühlsleben unangenehme Resonanz provozieren zu können.

Es war seine genauso wirre wie virtuose Oszillation zwischen Nähe und Distanz im Kommunikationsverhalten gemeinsam mit der Unvorhersagbarkeit, ob intime Anteilnahme oder vollkommene Abwendung den nächsten Moment bestimmen würde, die diese Wirkung hervorriefen.

In Zukunft würde sie viel mehr bei sich bleiben, entschied sie entschlossen, als sie ihre Sachen packte und das Krankenzimmer räumte. Es war ihr in den vergangenen acht Tagen als ein Schutzraum erschienen, den sie nun mit fester Entschlossenheit verließ, sich selbst in ihrem Leben neuen Raum geben zu wollen.

Mit der Liebe würde sie nun unerbittlich umgehen, zuallererst mit sich selbst, und alle Versuche zurückweisen, sich selbst zu korrumpieren. Es müsste sein, auch wenn dies bedeutete, allein im Kosmos zu segeln und jener manchmal fast mit spürbarem Schmerz einhergehende Wunsch, ein Gegenüber umfangen zu wollen und mit dem Herzschlag des anderen am Ohr auf dessen Brust zu ruhen, unerfüllbar bliebe. Sie würde einfach grundsätzlich nicht mehr zur Verfügung stehen. Diese eine Lektion hatte sie wohl noch benötigt. Es sollte die letzte gewesen sein.

Der freundliche Portier, der so gerne einen weißen Mantel trug und sich damit sicher als Arzt fühlte, verabschiedete sie herzlich, als sie diesmal in ziviler Kleidung an ihm vorbei und auf den Ausgang zuging. Als sie auf die Straße trat und den kurzen Weg zum Taxi mit ihrer Tasche in der Hand zurücklegte, fiel ihr mit großer Intensität und Bewusstheit die Frische der Luft auf. Die Wintersonne schien ihr nicht mehr so bleich wie vor einer Woche. Für einen köstlichen Moment fühlte sie sich glücklich.

Ich werde mich nur mehr mit drahtigen, gesundheitsbewussten, zähen Freundinnen umgeben. Das ist essenziell in dieser Altersgruppe, denn ich will nicht in absehbarer Zeit mein Leben mit Krankenhausbesuchen ausgefüllt wissen, dachte sie und gab dem Taxifahrer die Zieladresse an.

II

Die nächsten sechs Wochen vergingen äußerlich in der routinierten Weise ihres gewohnten Lebensflusses. Von Stefan hörte sie natürlich nichts. Seine beiden Anrufe und die wenigen Nachrichten, die er rund um seine unerfüllte Ankündigung, sie im Krankenhaus zu besuchen, an sie verschickt hatte, verblassten zu geisterhaften Erscheinungen. Sie erschienen ihr zunehmend unwirklicher, wie akustische oder optische Täuschungen, selbst wenn sie die Gespräche mit Stefan genau in Erinnerung behalten hatte und sich auf ihrem Handy-Display seine Worte und Emojis abrufen ließen.

Trotzdem hatte sich Grundlegendes für Katharina verändert. Sie wunderte sich am Rand ihres Bewusstseins, dass sie sich mehrmals ertappte, wie sie in den kurzen Ordinationspausen Videos von Jungkatzen aufrief und mit der Idee zu spielen begann, sich eine zuzulegen.

Wieder lag ein langer, erfüllter Praxistag beinahe abgeschlossen hinter ihr. Erst in mehr als einer Stunde würde ihr heute letzter Patient eintreffen. Eine außerplanmäßige Krisensitzung, um die er dringlich gebeten hatte, stand auf dem Programm. Er war im Bankenwesen tätig und arbeitete lange. Weil sie Grund hatte, die Ernsthaftigkeit seines Strebens nach unbarmherziger Selbstreflexion als gesichert anzunehmen, hatte sie sich zu der so kurzfristigen wie späten Terminvergabe verleiten lassen.

Sie hatte genügend Zeit und gönnte sich ein paar Minuten Stille, die eigentlich ein Nachklingen des bisherigen Tages waren, um die Notizen zu ihren heutigen Patienten, die sie heimlich „alle meine Lieben" nannte, durchzugehen.

Jeder von ihnen musste bereit sein, sich hart zu fordern, diese Vivisektion der Seele auf ihrer Couch anzustreben. Wehleidige und solche, die in konspirativer Symbiose ihren Obolus zahlen wollten, um sich besser in ihren Störungen einnisten und die eigene Abwehr perfektionieren zu können, vertrieb sie freundlich, aber mit bestimmter Unnachgiebigkeit sehr rasch. Denn sie betrachtete es als ein Privileg ihrer Seniorität, sich nur mehr Freude in ihrer Arbeit gönnen zu wollen.

Fremdenführer in den Katakomben des Kindheitsschreckens mit dem aufgespannten Rettungsschirm eines lebenslangen Opferstatus und muntere, zuversichtliche Einrichtungsexperten, die sich mit einem neuen Wandanstrich im Seelengebäude ihrer Patienten zufriedengaben oder sich selbst nicht mehr zutrauten, gab es zuhauf. Dort waren jene, die Stoff für ihren Small Talk oder die Rechtfertigung ihrer Misere suchten, gut aufgehoben.

Gemeinsam mit ihren exorbitanten Honoraren hatte dies dazu geführt, dass sich eine schillernde Klientel der sogenannten intellektuellen gesellschaftlichen Spitze aus Hochfinanz, Industrie, Politik und Kunst ihre Klinke in die Hand gab.

Therapie war nichts für Feiglinge, fand Katharina, weder aufseiten des Klienten noch auf der des Therapeuten. Es war allein die Beziehung, die zu heilen vermochte. Dafür musste man bereit sein, sich auszusetzen, sein Bestes zu geben. Das betraf beide Partner dieses Prozesses.

Katharina bewunderte die großen alten Meister ihrer Kunst, die Begründer von Schulen, ihre Rückhaltlosigkeit und Radikalität in der Entwicklung ihrer Gedanken und Erkenntnisse. Obwohl es ihnen ein Leichtes hätte sein können, einen umjubelten Platz in etablierter Position einzunehmen, hatten sie oft das Wagnis unternommen, die Symptome und Leiden ihrer Patienten an der hinterfragenden spannungsgeladenen Grenzlinie zwischen Gesellschaft und Individuum zu deuten. Um ihrem inneren Auftrag folgen zu können, waren sie dabei vielfach genötigt gewesen, das Risiko einzugehen, traditionell anerkannte und in der Wissenschaftsgemeinschaft respektierte Wege zu verlassen.

Interaktion und Beziehung mit ihrem Patienten waren ihnen dabei Leuchtturm und Verführung in einem gewesen, eine Herausforderung, der es sich mit Kraft und Herzensklarheit zu stellen galt. Nicht alle waren erfolgreich gewesen. Man musste wachsam sein, zuallererst auf sich selbst, so schwer das manchmal auch sein konnte.

Katharina beschloss, dass es an der Zeit wäre, einen baldigen Termin mit ihrem Supervisor zu vereinbaren. Er war bereits in seinen Achtzigern und hatte sie über nahezu vier Jahrzehnte in wechselnder Intensität begleitet, seit sie als Teenager an der Wende zu den Achtzigerjahren, vollkommen aufgerissen von der Tiefe ihres Fühlens, vorübergehend in seiner Praxis gestrandet war.

Sie hatten sogar eine kurze sexuelle Beziehung unterhalten, sich einander intim offenbart, was sich in ihrem Fall entgegen jedem Standeskodex auf die gemeinsame Arbeit nur förderlich ausgewirkt hatte. Katharina ging ihren Kalender durch und schrieb ihrem Supervisor eine SMS mit möglichen Terminanfragen. Er würde ihr sicher erst morgen antworten, denn er unterwarf sich keiner Tyrannei elektronischer Medien. Darin war er zuverlässig.

Katharina legte die Blätter mit ihren Aufzeichnungen auf den Stapel anderer Notizen, der bereits mehrere Zentimeter maß. Sie müsste ihre Assistentin wieder mit der Aufarbeitung und Einordnung beauftragen. Niemand anderer als sie selbst konnte mit ihren Festhaltungen aus den Therapiestunden etwas Sinnvolles anfangen. Einzelne Worte, manchmal Wortgruppen, äußerst selten ein gefügter Satz, wechselten mit Zeichnungen oder Mustern und scheinbar wahllos sich überkreuzenden Strichen. Für sie selbst aber waren es präzise Anagramme der Sitzung, ihres Inhalts, der Übertragungsbeziehung sowie der eigenen Stimmung und Gegenübertragung, verdichtete Bilder, die in ihrem Inneren eine intensive Auferstehung der einzelnen Sitzung bewirkten. Den Gesetzen der Wissenschaftlichkeit und Sozialversicherung entsprachen sie allerdings ganz sicher nicht.

Weit unten fuhr der Bus in seinem monotonen Abendrhythmus durch die Geschäftsstraße, in der sie ihre Praxis hatte. Seit dieser Abschnitt der Straße, die unmittelbar ein paar Dutzend Meter weiter vorne in einen der traditionell größten Einkaufsboulevards mündete, genauso wie dieser ebenfalls zur Begegnungszone erklärt worden war, drang das Geräusch des kräftigen Motors mit neuer Intensität in ihr Praxiszimmer.

Früher hatte man den Menschen im Begriff der Fußgängerzone zumindest noch überlassen, was sie zu Fuß hinaustrieb, und ihnen keine Weisung gegeben.

Draußen war es stockdunkel und kalt. Der Winter wollte noch immer nicht weichen. Katharina warf erneut einen Blick auf ihre Armbanduhr. Es war noch Zeit bis zum Eintreffen dieses so beeindruckend erfolgreichen und dabei gleichzeitig von so existenzieller Fragilität in seiner Gefühlslandschaft beherrschten Mannes, der ihr Patient war. Ein Strahlemann auf dem öffentlichen Parkett, der wie eine Chimäre zu zerfallen drohte, sobald der Scheinwerfer ausgeknipst wurde. Es schien, als hielte ihn nur der äußere Applaus als Kitt zusammen.

Katharina seufzte. Die Kindheit schweißt uns nur allzu oft eine Brille auf, durch die wir die Welt mit allerlei Monstern bevölkert sehen. Und dann gestalten wir unsere eigene Welt nach dieser Vorlage. Therapie war der Versuch, dem Blick auf die Welt und auf sich selbst Freiheit zu geben.

Zu Hause wartete heute niemand. Ihre jüngste Tochter übernachtete bei einer Freundin. Sie würde also auch nach dem Termin keine Eile haben. Es gab Zeit für sie selbst. Der Abend gehörte ihr.

Katharina überließ sich ihren Gedanken, die ziellos wie freigelassene Jagdhunde durch ihre Seelenlandschaft streiften. Plötzlich fiel ihr die Trennung von ihrem vergangenen Liebhaber wieder ein, den sie in einem Dorf in der Toskana kennengelernt hatte. Die Beziehung zu ihm war der letzte Höhepunkt eines seit Langem an der Lebenslinie der Liebe verlaufenden Prozesses gewesen, in dem Glauben und Hoffnungslosigkeit miteinander gerungen hatten.

In magisch anmutender Weise hatte sich dann gerade er, der ideal für die rückhaltlos offen und in totalem Bekenntnis geführte Begegnung erschien, als größtmögliche Herausforderung ihrer Liebeskraft erwiesen. Es war am Ende nicht leicht gewesen, den notwendigen Schnitt und Abschluss in der Beziehung zu ihm zu setzen. Viel schwerer, als der rasche Abgleich im Gespräch mit Stefan hätte vermuten lassen. Sie hatte es heruntergespielt, wie ihr eben wieder bewusst wurde. Den ganzen Herbst über hatte er sie noch verfolgt, ja sogar bedroht. Es war, als könnte er ihr Gehen einfach nicht wahrhaben, als hätte sie gegen ein, nein: *sein* Naturgesetz verstoßen. Allein diese Erfahrung ließ es klug erscheinen, derartige Verstrickungen der Gefühle in Zukunft nicht mehr zuzulassen.

Sie hatte ihn in ganz unmittelbarer animalischer Art geliebt, seinen breiten Brustkorb und die schweren Arme, unter deren immer gebräunter Haut sich die Muskulatur wie Schiffstaue zu verknoten schien. Die Konturierung seines Körpers war martialisch, jene eines Mannes, der daran gewohnt war, seinen Leib mit Kraft einzusetzen.

Als sie ihn kennengelernt hatte, trug er dicke, verfilzte Rastalocken, die ihm weit über die Schultern bis zum mittleren Rücken hinabfielen. Sein Gesicht war kantig, sein Blick intelligent, wachsam und so dunkel wie seine Vergangenheit. Er hatte nie viel preisgegeben, sich in Schweigen gehüllt und nur eröffnet, dass die Grausamkeit des Lebens, das ihm seine Liebe geraubt hatte, der Wendepunkt gewesen war. Katharina respektierte das Geheimnis, das ihn umgab, ja es gefiel ihr sogar, denn es schien ihr, dass ihre Begegnung damit noch viel mehr im Brennspiegel einer Bewährung im Augenblick angesiedelt wäre. Er war, was Katharina sehr schätzte, hoch belesen und trotz seines wilden Aussehens von eleganter Umgangsform, bewegte sich in Fragen von Kunst und Kultur mit sicherer Geläufigkeit und sprach mit Katharina in ihrer Muttersprache oder je nach Laune auch Englisch. Auch sein Italienisch war perfekt.

Irgendwann war er also von irgendwo hierhergekommen, um sich als trotzige Antwort auf das Schicksal als Gelegenheitsarbeiter in dem toskanischen Dorf niederzulassen. „Ich lebe am Rande der Welt", hatte er sich Katharina vorgestellt und seine damit verbundene Freiheit beschrieben. „Ich bin nur mehr dem Augenblick, mir selbst und der Liebe verpflichtet." Seine Radikalität hatte sie beeindruckt und fast eingeschüchtert. „Warum gerade hier?", hatte sie ihn dann gefragt. „Das Licht ist das Entscheidende hier", hatte er ihr mit gedämpfter Stimme geantwortet, „das Licht, das hier alles aus sich heraus zum Strahlen bringt. Es wirkt hier seit Jahrhunderten, wenn man seine Wirkung spüren kann. Es ist magisch." Das Licht war magisch hier in der Toskana. Dem konnte Katharina auch aus eigenem Erkennen zustimmen. Und es passte zu ihm, spiegelte ihn perfekt, denn auch er war magisch, verstand die magische Inszenierung ihrer Beziehung so sehr, dass sie ihn bei sich sogar so nannte.

Seine Leidenschaftlichkeit war obszön. Oft, wenn sie ihn nackt vor sich stehen sah, tauchte das Bild eines griechischen Satyrs vor ihr auf. In diesem Jahrtausend spielte er lieber die Rolle des Bad Boys. Er spielte sie gut, sogar ausgezeichnet, war ein Erotomane und hatte eine Vorliebe für Lederriemen und Seile. Er rauchte mehr Joints als sie Zigaretten. Wahrscheinlich brauchte er das Zeug wirklich, hätte seine starke Triebhaftigkeit sonst wohl nicht zu handhaben gewusst.

Äußerlich kamen sie aus vollkommen verschiedenen Welten, jeder aus einem Kosmos, der dem anderen nicht entfernter hätte sein können. Er war Lebenskünstler, sie in vielfacher Weise in gefügter gesellschaftlicher Position. Nichts schien sie zu verbinden. Und dennoch formte eine starke, jenseits jeden Verständnisses liegende Erotik eine feste Brücke zwischen ihnen, auf der sie einander wie zu einem Duell trafen.

Kein Mann hatte es je geschafft, sie mit seiner erotischen Forderung so niederzuringen, an die Grenze ihres Vermögens zu bringen. Er war pornografisch in seiner Haltung, hemmungslos mit Selbstverständnis und scheute Vulgarität nicht, alles in einem Ausmaß, das sie fassungslos sein ließ, und einer Intensität, die sie erschöpfte. Er nahm sie für Stunden und in den Nächten, bis der Tag schon wieder graute, bis sie in einem Gefühl der Auflösung zu zerfallen glaubte.

Er erzwang ihren Orgasmus als sein kontrolliertes Werk über ihre Ohnmacht, bis sie ihn nicht mehr zurückhalten konnte. Die dabei aus ihr schießende Nässe trank er begierig. Er war dabei wie ein Tier an einem Wasserloch, ganz hingegeben und versunken, schamlos gierig und unschuldig zugleich.

Seine Inszenierungen waren billig, doch es kümmerte ihn nicht. Er liebte es, ihr hohe Stiefel oder aber besonders hochhackige Sandalen anzulegen, schwarze Netzstrümpfe und Korsagen und ihr geheimnisvolle Augenmasken überzuziehen. So wollte er sie vor sich stehen sehen, ihr ans Geschlecht fassen, es spreizen und die Lust in ihr entfachen.

Manchmal wollte er sie auch mit Lederriemen und Seilen binden. Er war dabei weder elegant noch zart, mehr konzentriert arbeitend und äußerst effektiv, wenn dabei jener schmale Raum an minimaler Beweglichkeit, den er ihr ließ, ein lustvolles Einschneiden bewirkte.

Oft hatten sie versucht, mit milder Zärtlichkeit und Liebkosung miteinander zu schlafen, und doch hatten sie dabei ganz unvermutet die wild hervorbrechende Urkraft unweigerlich aneinander entfacht, so als würde ihrer beider immer heftiger werdender Atmen als ein über ihnen liegendes Gesetz das Feuer eines unvermeidbaren neuerlichen Ringens miteinander anfachen.

Die erotische Begegnung war der Brennpunkt ihrer Beziehung, das Feld, auf dem sie versuchten, die Tiefe der Geschlechtsrolle des anderen auszuloten, sich einander rückhaltlos zu geben und die Basis des Vertrauens, ihre so große Unterschiedlichkeit außerhalb dieses magischen Raumes leben zu können.

Katharina und der magische Liebhaber hatten mit der Verführung seiner männlichen Kraft und dem dieser Kraft innewohnenden Wunsch zur Dominanz zugunsten ihres weiblichen Sehnens nach einer von ihr gewünschten Unterwerfung lustvoll gespielt und sie immer weiter vorgetrieben. Seine Dominanz und ihre Unterwerfung waren zugleich der Gestaltwerdung wie Anbetung ihrer beider Lust unterstellt.

Doch dann war es zu viel geworden. Die dabei notwendige Hingabe an die Beziehung löste in ihm mächtig aufschießende Verlustängste aus. Seine Fantasien über Katharinas Macht, sich von ihm abwenden zu können, hatten ihn in zunehmend bittergallige Spannung versetzt, sodass er anfing, sie abzuwerten und zu bekämpfen.

In Wirklichkeit war bereits damals das Ende besiegelt gewesen, denn er hielt die Anforderung vertrauensvollen Liebens nicht aus und nahm Zuflucht in sein Machtstreben über sie. Ein Vertrauensmangel – sein Vertrauensmangel in sich selbst – war der Grund dafür. Eine unsichtbare Mechanik der Zerstörung hatte sich im Untergrund langsam in Gang gesetzt. Er war zu schwach gewesen, sich rückhaltlos der Liebe auszuliefern.

Und sie? War er mit seiner Einschätzung, sie letztendlich lieber beherrschen als lieben zu wollen, so falsch gelegen? Das fragte sie sich heute zum ersten Mal. Hatte er denn Grund gehabt, auf ihre Seelenkraft zu vertrauen? Er hatte ihrem Körper den Orgasmus abzuringen vermocht, doch ihre Seele hatte sich in Unberührbarkeit für ihn entzogen. Vielleicht hatte etwas in ihm das gespürt. Sie hatte ihm lächelnd jede geforderte Unterwerfung gewähren können und war trotzdem unerreichbar. *Sie* war offenbar nicht ehrlich gewesen, denn er war nicht der Mann, der sie in ihrem innersten Kern berühren konnte.

Ihre Begegnung war also nie mehr als ein Machtspiel gewesen, beide hatten sie versagt und waren zu schwach gewesen, es anzusprechen. Im Kern hatte die übliche bürgerliche Konvention eines zähen Machtverteilungskriegs geherrscht.

Was folgte, war ein sie beide entwürdigendes Schauspiel. Er fing an, sie zu demütigen und zu verletzen, trachtete danach, sie bloßzustellen und zu kränken, ihr zu zeigen, dass sie nicht wichtig wäre und er ihr gefügtes, erfolgreiches Leben verachte.

An ihrer Verwirrung und Fassungslosigkeit, wenn er sie wegen einer Nichtigkeit oder auch grundlos, einfach im unerklärten und nicht hinterfragbaren Wechsel seiner Stimmung wie Dreck behandelte, sich abwandte und jedes Gespräch verweigerte, versuchte er seine Stärke und Macht über sie wiederzufinden.

Überall und unsichtbar lauernd konnte ein Grund für ein tiefes, tagelang zehrendes und quälendes Zerwürfnis liegen. Erst wenn er meinte, dass sie in jene Hoffnungslosigkeit verfiel, die einem zerfleischenden Schmerz folgt, sobald der existenzielle Seelengrund berührt wurde, würdigte er sie, gestärkt durch die Wirksamkeit seiner Willkür, ihr demütigende Gewalt antun zu können, seines Blickes, umschloss sie mit seinen Armen und zog sie wieder an seine Brust.

Dabei wusste er nicht, dass sie seine Struktur studierte, seinen mangelnden Glauben an die gelebte Gleichmächtigkeit von Mann und Frau, der doch nur Spiegel ihres eigenen Unvermögens war.

Als sie nach einigen Malen der Wiederholung die Erbärmlichkeit des Musters und seine sich in ihrer vermeintlichen Folterung ausdrückende Schwäche erkannte, war es für sie vorbei.

Dominanz und Unterwerfung hatten sich als Denkmodelle einer stabilen Konstruktion eines simplen Machtgefüges, eines Oben und Unten offenbart, jedoch nicht als Ausdruck eines dynamischen Durchgangsmoments zweier gleichmächtiger Partner. Denn gleichmächtige Partner können auf die Bedürfnisse der Situation reagieren und sie gestalten. Dabei übernehmen sie wahlweise nach ihrer besten Eignung und naturgegebenen Prinzipien die jeweilige Rolle des Moments. Gerade deswegen hatten sie einander nicht wirklich zu berühren vermocht.

Doch warum hatte sie nie jemanden getroffen, mit dem dieses reine selbstgestaltende Lieben in Gleichmächtigkeit möglich war? – Es lag wohl an ihr selbst, sprang sie sofort die Antwort an. Es war sinnlos, im Nachhinein jedem Mann, mit dem sie in Beziehung trat, die Unfähigkeit zu lieben vorzuwerfen. Katharina ließ sich schließlich darauf ein. Schon allein deswegen war er viel mehr als ein Antagonist ihres eigenen Unvermögens zu sehen.

Aber vielleicht war am Ende all ihre Sehnsucht von gleichwertiger Partnerschaft auch nur ein vollkommen verstiegener Traum. Einer, der gerade einmal in den großen Literaturdramen seinen Raum beanspruchen konnte, doch in der Lebenspraxis dieser Gesellschaft völlig unrealisierbar war.

Das Bild von Stefan tauchte für den Bruchteil einer Sekunde in ihrem Inneren auf, doch sie verscheuchte es energisch. Er war sicher der Letzte in Sachen Liebe. Gerade eben hatte er doch wieder ein eindrucksvolles Beispiel seines unzuverlässigen, ja sogar unhöflichen Scharadenspiels geliefert. Er war ein Chamäleon, das jedes Gegenüber täuschen wollte, um daraus sein Vergnügen zu ziehen, und im Inneren gänzlich hohl.

Katharina verspürte, wie plötzlich brennende Bitterkeit in der Tiefe ihrer Brust und Tränen aufstiegen. Egal woran es lag, es tat einfach weh, von der äußeren Realität des Faktischen als naive Fantastin belehrt zu werden. Sie zog sich eines der wie Spinnweben zarten Papiertaschentücher aus der Box, die dienstfertig auf einem niedrigen Tischchen zwischen ihrem und dem Fauteuil ihrer Klienten stand.

Oft ist es so, dass die Oberfläche gänzlich unberührt erscheint, und dennoch wirkt in der Tiefe eine mächtige Kraft. Und nur dort offenbart sich die im Erdinneren durch unterirdische Flüsse, Magmaströme und tektonische Mächte geformte Landschaft in ihrer dynamischen Existenz, wo ein Vulkanausbruch plötzlich Lava ans Tageslicht befördert oder heiße Quellen nach außen treten.

Dieser Moment war jetzt. Denn wenn sie ehrlich zu sich selbst war, so musste sie nun hier an diesem Winterabend, eingehüllt in den Schutzkokon ihres eigenen Therapiezimmers, zugeben, dass sich die Sache mit der Liebe für sie irgendwie als gelaufen anfühlte. Plötzlich fühlte sie sich unendlich müde und ernüchtert. Es war vorbei. Ganz klar und ungeschminkt stand es auf einmal fest für sie. Es war wohl Zeit, erwachsen zu werden und sich von der Geschlechterliebe zu verabschieden. Vielleicht war dies der richtige Schritt im Entwicklungszyklus der Lebensphasen, dessen Gesamtheit nur die wenigsten früherer Generationen überhaupt hatten erleben dürfen. Möglicherweise lag die eigentliche Aufgabe des Älterwerdens darin, die Liebe zwischen Mann und Frau abzuschließen, sich zu emanzipieren. Es gab so viel anderes, auf das man sein Streben und Liebesgefühle ausrichten konnte, das sich mit Sorgfalt verfolgen ließ. Es sollte ihr nicht so schwerfallen, versuchte Katharina sich selbst zuzusprechen. Sie war an vielem interessiert.

Künftig würde sie also nicht unerbittlich sein, wie sie es noch wenige Wochen zuvor bei ihrer Entlassung aus dem Spital für sich formuliert hatte, sondern es würde keine Zukunft mehr geben.

Sie hatte es in all ihrer Beschäftigung gar nicht gemerkt. Doch diese Erkenntnis war unsichtbar vor ihr selbst und wohl im Untergrund ihrer Seele gereift, bis sie an diesem Abend an die Oberfläche durchbrach. Es war dennoch ein resignatives Gefühl, das ihre Brust mit erstarrender Kälte erfüllte, wenngleich sie es vor sich selbst herunterzuspielen trachtete. Für eine neuerliche Enttäuschung hatte sie keine Kraft mehr. Und auch ihre so heftige Reaktion auf Stefans erneute Kontaktnahme erschien ihr in der analytischen Obduktion ihrer Gefühlslandschaft dieses Abends nun viel mehr den letzten verzweifelten Atemzügen eines totgeweihten Patienten zu gleichen, der seiner Realität noch nicht vollends ins Auge blicken konnte.

Das Schellen der Türglocke riss sie ganz plötzlich aus ihren trüben Gedanken. Katharina straffte sich. Ein wenig fühlte es sich an, als würde das Alarmsignal auf einer Feuerwehrwache einen Einsatz fordern. Sie liebte das. Und es kam ihr gerade recht. Jetzt galt es, sich selbst ganz zu vergessen und mit gespannten Sinnen vollkommen präsent und in der Anforderung der Situation zu sein.

Ihr Klient hatte dies heute auch bitter nötig. Als er ihr gegenüber in einem der tiefen grünen Lederfauteuils versank, wirkte er gestrandet, ein Ertrinkender, der sich durch die Wellen eines Lebensunwetters an die Küste ihrer Praxis durchgekämpft hatte.

„Sie hat es ihm gesagt", stieß er sofort heiser mit einer Atemlosigkeit und einer Erschöpfung hervor, als wäre er Kilometer geschwommen. Katharina fragte sich, ob er wohl die fünf Stockwerke zu ihrer Praxis hinaufgelaufen wäre. Andernfalls schien es angezeigt, sich Sorgen zu machen. Die Psychovegetative Mitreaktion zu seinem Seelenzustand war beachtlich. Dabei war er doch für normal eine so beeindruckende Erscheinung. Groß, trotz seiner fünfundfünfzig Jahre, die den meisten Männern einen

Bauchansatz bescherten, schlank, ja athletisch, zog er in jeder Gesellschaft die meisten Blicke sofort auf sich. Seine hohe Stirn und die lebendige Wachheit seines Mienenspiels unterstrichen seine Intelligenz. Das volle, von wenigen Silbersträhnen durchzogene dunkle Haar ließ ihn jünger wirken. Er war begehrenswert für viele Frauen und konnte dennoch selbst nur ganz bestimmte und immer bedürftige als Partnerin wählen. Dabei stand er unter einem Wiederholungszwang, ausgelöst von der Prägung durch seine Mutter, die als schwache Frau unter der Beziehung zu ihrem Ehemann gelitten hatte.

Heute saß ihr ein gänzlich anderer Mann gegenüber. Er wirkte fahrig, rastlos, sein Blick trug ein scharfes, angstvolles Leuchten, während er die Lehnen des Fauteuils umklammerte. Katharina entging nicht, dass seine Handflächen wohl schweißnass sein mussten. Schon bei der Begrüßung war ihr dies aufgefallen. Der ganze Mann schien sich in einem existenziell bedrohten Alarmzustand zu befinden.

Katharina kam das Bild eines brennenden Hauses. Eingeschlossen von den Flammen stand der Mann hoch oben am Fensterbrett. „Sie hat es ihm gesagt", wiederholte Katharina langsam und in sanft fragendem Ton, wobei sie ihn scharf beobachtete.

Er war kurz wie in unendlicher Müdigkeit in sich zusammengesunken, sein Blick wirkte stumpf, in einem imaginären Abgrund seines Inneren eingerastet. Katharinas Worte holten ihn und das Brennen der panischen Bedrohtheit in seinen Augen wieder zurück.

„Sie hat es ihm gesagt und er hat gedroht, ihr die Kinder wegzunehmen. Sie hat Angst. Sie war als Jugendliche depressiv und deswegen einmal kurz in einem Krankenhaus. Nach dem zweiten Kind hatte sie eine Wochenbettdepression. Er hat sie ausgelacht und gemeint, sie solle funktionieren, denn ein Gerichtsverfahren stünde sie sicher nicht durch." Er brach ab.

Katharina ließ ihm Zeit, fühlte, dass seine bisherigen Worte nur die Bühne für das eigentliche Drama richteten.

„Sie hat mir gesagt, dass sie es einfach nicht schafft. Sie bleibt bei ihm, wegen der Kinder. Es ist aus!" Seine Stimme war bei seinem letzten Satz tonlos, mechanisch geworden – ein Bemühen, sein Fühlen abzuspalten.

Trotzdem stand diese Wendung in seiner Beziehung wie ein unverrückbarer Felsmonolith eines ihn zerschmetternden Urteils jetzt in ihrer Praxis zwischen ihnen. Wie konnte sie ihn nur dazu bringen, den Meißel der Zuversicht auszupacken, fragte sich Katharina.

Diesen Ausgang seiner Liaison hatte sie vorausgesehen. Lediglich ein paar weitere Wochen hätte sie noch vermutet, dass die Beziehung halten könnte. Der Umgebungsdruck war zu stark geworden, die Frau, für Katharina vorhersehbar, emotional eingebrochen.

Gleichzeitig hatte sich damit eine weitere gleichförmige Perle in der Kette seines Beziehungslebens manifestiert, die ihre Entsprechung in seiner frühen Mutter-Kind-Beziehung fand, mit einer Mutter, die ihr eigenes Ehedrama mit dem verständnisvollen Sohn als Ersatzspieler zu lösen getrachtet hatte. Überall Missbrauch – Katharina seufzte innerlich, während sie dem Mann eilfertig die Box mit den Papiertaschentüchern reichte.

In magischer Exklusivität formierte sich dieses Muster der appellierenden, aber ihn letztendlich auf unterschiedliche Weise scheitern lassenden Frau immer wieder.

Aber vielleicht hatte diese Frau auch Instinkt oder zumindest Glück, denn Phasen ausschweifender leerer Promiskuität, in denen Abwertung und Demütigung der Frau im Vordergrund standen, waren bisher immer dann gefolgt, sobald er sich der eroberten Frau sicher wähnte. Dann wurde die Bühne für den ewig repetitiven zweiten Akt seines persönlichen Lebensdramas gerichtet: jenen der Rache an seiner Mutter, die ihn nie losgelassen hatte.

Es würden wohl noch einige Meilen therapeutischer Arbeit vor ihnen liegen, bis ihm die Erschließung einer reiferen Liebesfähigkeit jenseits seiner unsichtbaren, aber so bestimmenden Marionettenfäden seines Grundtraumas möglich sein könnte, dachte Katharina am Ende der Sitzung. Dieser Gedanke kam ihr heute erstmals routinemäßig wie ein technisches aufgetragenes Therapieprogramm vor, ganz so, als würde er von ihrem Herzen nicht mehr mitgetragen werden.

Als er schließlich für den Moment getröstet und etwas gefasster, mit der Rettungsinsel eines blassrosafarbenen Zettels für die nächste Terminvereinbarung in Händen gegangen war, fühlte Katharina seine Schwere als tiefen Nachhall einer Frage in ihrem Ordinationszimmer. Es schien ihr, als hätte er hier ein Grundproblem abgestellt, das nun nach Lösung drängte, ein Problem, das alle anging, auch sie selbst.

Sie drehte das Licht der Stehlampe herunter und setzte sich zurück an ihren Schreibtisch. In diesem schummrigen Halbdunkel ließ sich gut sinnieren, konnten Denken und Fühlen zueinander finden. Ihre Überlegungen wanderten zurück zum Patienten. Seine Krise war heftig. Daran war nicht zu rütteln.

Aber was hatte sie nur für eine lächerliche Scharade mit ihrem Patienten gerade eben veranstaltet, fragte sie sich nun bitter. Sie hatte die blanke Angst, den Abgrund seiner gefühlten Sinnleere in seinen Augen gesehen. Das hatte sie erschreckt und verführt zugleich.

Deswegen hatte sie versucht, ihm jene Grundgeborgenheit zu vermitteln, die imstande war, ihm die Welt letztendlich doch als guten Ort glaubwürdig zu machen. Ihre Anstrengung war also darauf ausgerichtet gewesen, ihm eine nährende Mutter zu sein, zumindest jetzt. Gerade sie. Fast hätte sie zynisch aufgelacht.

Sie, die mit der Liebe abgeschlossen hatte, die selbst dieser Kälte in der Brust, die sich aus der Einschnürung des Herzens speiste, erlegen war, hatte ihn mit falscher Zuversicht getäuscht.

Wir haben eine ganze Gesellschaft auf dem Prinzip der Lieblosigkeit gebaut, dachte Katharina. Das hätte ich ihm sagen sollen. Das wäre wahrhafter gewesen. Das Unbehagen in der Kultur war mehr als berechtigt, wurden doch Nähe, Wärme und Zuwendung je nach gerade gängiger Mode und Ideologie von Anbeginn an rationiert, der kaum geborene Mensch bereits nach wohlmeinenden Wissenschaftskriterien bewertet, eingeordnet und kategorisiert.

Kaum einer erfuhr dieses bedingungslose Angenommensein, das als magischer Terminus eines unerschütterlichen Urvertrauens unverzichtbar durch die Fachliteratur geisterte.

Ihr Patient hatte sicher nicht ausreichend aus diesem Brunnen der Grundgeborgenheit trinken können. Sie selbst ganz sicher auch nicht. Aber wer konnte das von sich schon wirklich behaupten?

Die meisten Lauten und besonders selbstsicher Wirkenden kämpften sogar noch viel härter mit ihren inneren Dämonen, wurden zu Taktierern und Machiavellisten, verstrickt in elende Machtkämpfe.

Diese ängstlich-zweifelnde Ungeborgenheit war jederzeit lauernd bereit, zum Sprung anzusetzen. Es half auch nicht, die fragile Ansiedelung neben dem Abgrund von Angst und Depression kunstvoll mit vorgegebener Wichtigkeit zu bemänteln. Nur allzu oft und unvermutet schlug dann das Lackmuspapier des Lebens auf ätzend feuerrot um.

Katharinas Blick lief gewohnheitsmäßig über die Rücken an Rücken dicht gedrängt auf den honorigen Stellagen hockenden Bücher mit ihren Fachtiteln, die nahezu geschlossen zwei Wände ihrer Praxis einnahmen. Von „bedingungslosem Angenommen-Werden“ oder „unconditional love“, was für sich genommen schon als Hörbild Sehnsucht auslösen konnte, war da auf Tausenden Seiten zu lesen. Sie merkte, wie sich ihre Finger krümmten und sich unvermutet zu Fäusten schlossen.

Alles eine Fiktion, ein unerfülltes Wunschbild, Träume von einem Menschenbild, das doch eine ganz andere Welt geschaffen hätte, dachte Katharina. Sie fühlte ohnmächtige Wut und Verzweiflung, ein inneres Rasen, das sich aus Leere und Einsamkeit speiste und einem Gefühl von erlebtem Betrug zu entspringen schien.

Am liebsten wäre sie aufgestanden, hätte die Bücher aus ihren bequemen Stellagen geworfen und die Seiten zerrissen.

Wir haben eine wahnsinnige Welt geschaffen, überlegte sie weiter. Die Menschen haben schon lange ihren inneren Kompass verloren. So sie je einen hatten, ergänzte sie ihren Gedanken bitter. Auf den Trümmern von Hexenverbrennungen, Aberglaube und Willkür hat unsere Globalisierungsgesellschaft ein mechanistisch-materialistisches Weltbild als scheinbar einzig vertrauenswürdige Antwort gezimmert. Und wie würde es weitergehen?

Die zunehmende Verteilungsungerechtigkeit hatte Sprengpotenzial, den Globus sozial auseinanderzureißen. Von jeder ethischen Überlegung befreit, bastelten die Transhumanisten im Silicon Valley unter dem neuen Zweckdienlichkeitsdogma bereits an der neuen Superrasse Mensch:

einem Organismus, der jede Berührungsangst mit der Maschine verloren hatte und mit ihr zur Optimierung verschmolz. Der Rest der Menschheit fiel dann wohl sehr bald unter die Verzichtbaren.

War es in einer allein vom Rationalismus geprägten Welt, in der empathisches Sein zunehmend zurückgedrängt wurde, überhaupt noch sinnvoll, mit einem Patienten an seiner Liebesfähigkeit zu arbeiten?

Zweckdienlichkeit und Rentabilität, Haftungsabklärung und Kontrolle waren die Richtungen der neuen Windrose dieses Menschenbildes. Aber gleichzeitig schien es nicht zu funktionieren. Denn noch nie zuvor waren Depression und emotionales Ausbrennen so raumfüllend wie heute, und dies gerade im reichsten Teil der globalen Gesellschaft.

Hier lief doch etwas furchtbar falsch. Die Glücksversprechungen der Steigerungsgesellschaft klangen hohl.

Wir haben tatsächlich eine wahnsinnige Welt geschaffen, dachte Katharina erneut.

Sie fühlte eine starke Unruhe in sich, so wie immer, wenn intensive Gedankenprozesse sie ergriffen hatten. Das Denken in ihr brauchte Raum und Bewegung, ihre eigene Bewegung.

Katharina stand auf und ging ziellos durch ihre Praxis, verrichtete kleine mechanische Aufräumarbeiten, die mehr der Abfuhr ihrer inneren Spannung dienten, als Ordnung zu schaffen. Hier fehlte etwas Substanzielles in der Gleichung einer eingebetteten Lebendigkeit, spürte sie ganz deutlich.

Grundgeborgenheit, Lebenszufriedenheit, Sinnfindung. Alles schien im Innersten doch irgendwie mit der Liebesfähigkeit verbunden, ja von ihr abhängig zu sein.

Alles was sie in ihrem eigenen Leben je erreicht hatte, jede Position, Ehrung oder Ding, das unverkennbar Status repräsentierte, war nur von kurzem Wert gewesen, hatte ihr nur ein spärliches Gefühl von Zufriedenheit geben können.

Wärmende Geborgenheit und beständiges Vertrauen in ihre Zukunft waren hingegen immer mit geteilten Momenten mit anderen nahen Menschen in Zusammenhang gestanden. Nur sie begründeten das Gefühl eines nachhaltigen Gesehen- und Akzeptiert-Werdens. Und Liebesbeziehungen vermittelten darüber hinaus das beglückende Erleben, einen wohlwollenden Spiegel und ersehnte Zugehörigkeit gefunden zu haben.

Schließlich fand sie sich in ihrer dunklen Teeküche wieder.

Das metallische Klacken der Sekundenanzeige des kleinen Emailweckers, der in einer Ecke der Arbeitsplatte mit lauter Selbstverständlichkeit knotzte, sprang sie bösartig an. Heute wirkte es, als würde er ihre Lebenszeit wie einen sinnlos verstreichenden Countdown hinunterzählen. Der Sekundenzeiger schien hämisch ihre Unfähigkeit zu skandieren. Ich werde die Batterien nicht ersetzen, beschloss Katharina düster, wie zur Verteidigung.

Dann setzte das dunkle Brummen des Kühlschranks ein und erfüllte den Raum mit gegensätzlicher, gewährender Gelassenheit. Katharina öffnete seine Tür und das weißblaue Licht im Inneren gab den Blick auf die Regale seines Tabernakelschreines frei.

In der Gemüselade fand sie einen einzelnen glänzendroten Apfel. Sie rieb ihn etwas ab und biss hinein. Er knackte hörbar und schmeckte saftig, etwas säuerlich und gleichzeitig süß.

Ist das die Mischung der Erkenntnis, fragte sie sich, süß und sauer zugleich? Und dann fielen die Teile des Puzzles an ihren richtigen Platz, um ein gefügtes Bild des Ganzen zu ergeben.

Jener Moment der Erkenntnis ist, auch wenn er in einen Rahmen gänzlicher Alltagsbanalität eingebettet ist, immer ein großer, durchgreifend erhebender, so als trete man aus dem üblichen Sein heraus.

In diesem Fall drehte Katharina gedankenverloren das abgenagte Kerngehäuse des Apfels zwischen den Fingern an seinem Stiel, bevor sie es in den Schlund des Mülleimers warf, als sie die Sicherheit des Wissens traf und sich in ihr formulierte: Es brauchte einfach mehr als einen rationalen Zugang, ein gefühltes empathisches Fundament sicheren Fühlens, dass alles gut und eingebettet in ein wärmendes großes Ganzes sei, um nicht an der eigenen erkennbaren Endlichkeit zu zerbrechen, um zur rückhaltlosen Akzeptanz und Umarmung des eigenen Lebens, der gegebenen Alterung und Sterblichkeit bereit sein zu können.

Die Liebe war eben unverzichtbar in der Gleichung der Menschennatur. Wer sich der Liebe versagte, der wurde zum lebenden Toten.

Wegen unserer Verletzbarkeit als Einzelne sind wir aus dieser Notwendigkeit heraus als hochsoziale Säugetiere konstruiert und auf ein Gegenüber geprägt. Wir sind radikal sozial, stellte Katharina für sich fest. Damit wird die Liebe der große Vermittler zwischen den Menschen, ihrer Welt und der aus ihrer Bewusstseinsfähigkeit geborenen Reflexion von Sein und Sinn. Liebe ist als sozialer Mörtel der bedeutendste Baustoff des Universums, um den Menschenkörper, der diese Erde bevölkert, zu immer höherer Komplexität voranschreiten lassen zu können. Verdienst und Sinn des Menschen kann es nur sein, seine Liebesfähigkeit entlang dem eigenen Vermögen und mit sich ringend weiterzuentwickeln. Nur hierin konnten sich Sinn und Ruhe finden.

Katharina merkte, dass sie tief und langsam ausatmete. Sie fühlte vollkommene, sichere Ruhe, die mit dem Wissen um eine das eigene Leben nun machtvoll steuernde Erkenntnis einhergeht.

Nein, sie würde nicht aufgeben, sich nicht ergeben! Sie konnte es gar nicht. Aufgeben würde bedeuten, Ängsten und Zweifeln zu erliegen. Damit würde sie sich dem riesigen Heer dieser lebenden Toten eingliedern, jener, die sich mit Konsum und Beschäftigung möglichst fühllos durch den Abreißkalender ihres eigenen Lebens zu schmuggeln versuchten.

Das war das wirkliche Böse, dieser Verlust an Liebesfähigkeit, der die Menschen in biestige, feige, missgünstige oder gar grausame Wesen verwandelte.

Nein, sie musste diesen Kampf mit ihren eigenen Ängsten aufnehmen. Für sich und alle Menschen um sich herum. Auch für ihren Patienten, wenn sie für sich selbst glaubwürdig als Therapeutin sein wollte. Andernfalls wäre es besser gewesen, bereits vor drei Jahren, nachdem sie Stefan verlassen und der Tod ihres Vaters das letzte Siegel vor ihrer tiefsten Seelenkammer aufgebrochen hatte, vom Turm zu springen. Im eigenen Vater den zu erkennen, der wegen des selbst erlebten Missbrauchs durch seine Mutter zum Täter an Katharina geworden war, hatte ein derart unerträgliches Vernichtungsgefühl in ihr verursacht, dass für einen einzigen schwachen Moment der Tod als einziges sicheres Mittel gewirkt hatte, um den Schmerz zum Verschwinden zu bringen.

Nur ein plötzlich in ihr aufschießendes Gefühl von Wärme und ein naives Wissen, dass alles gut werden würde, hatten sie zurückgehalten.

Es war der Glaube an die Liebe gewesen. Jetzt war sie sich dessen sicher.

Weder würde sie sich wie viele andere eine Katze anschaffen, mit einem seltenen Hobby, mit dem sich gesellschaftlich punkten ließ, wie etwa Orgelspielen, beginnen, noch eine Flasche Rotwein zu ihrem zukünftigen Abendbegleiter wählen.

Nein, sie wollte sich nicht zunehmend vor dem Leben vermummen, sondern weiter berührbar bleiben.

Doch nur die auf vollkommener Freiheit beruhende Liebesbeziehung in Achtung und Respekt des Partners wollte sie akzeptieren: Denn sie allein war es, die dem Ideal einer bedingungslosen Annahme des Gegenübers im Erwachsenenleben entsprach. Das bedeutete vollkommene Kompromisslosigkeit, in erster Linie mit sich selbst.

Die Liebe durfte nicht mehr Gegenstand von Verwaltungsbestreben sein und mit einem eifersüchtigen Trachten nach Beweisen des eigenen Geliebt-Werdens gleichgesetzt werden. Seltsam, dachte sie, dass gerade jetzt im Zeitalter des Individualismus das Zusammenfinden der Geschlechter von noch viel größerer Erschwernis geprägt erschien, so als würde durch das Wegbrechen erzwungener Struktur und die sich eröffnende Freiheit die bestehende Liebesunfähigkeit gerade noch viel greller angestrahlt.

Ich will nur mehr rein und schlicht lieben, selbst wenn ich damit allein bin, überlegte sie. Und ich will nie mehr einsam sein, ergänzte Katharina. Ich muss mutig sein und mich berühren lassen. Dafür muss ich sorgsam wählen und nur nährende Menschen zulassen, denn der falsche Mensch an meiner Seite bedeutet Einsamkeit! Schreckliche Einsamkeit, und Einsamkeit ist der Zustand aller Verlorenen, jener, die ihre Selbstmächtigkeit aufgegeben oder nie für möglich gehalten haben.

Ein Kompass für ihr Leben schien sich ihr im Thema der Urkraft der Liebe also eröffnet zu haben. Das Wesen des reinen Gefühls, so könnte man es vielleicht auch benennen, und die Hoffnung auf einen Weg, es leben zu können und ihrem Leben Sinn zu geben, ohne mehr Zuflucht in oberflächlich tröstenden, transparenten und nur bedingt tauglichen Ersatzkonstruktionen nehmen zu müssen.

Ein vielleicht sogar lächerlich anmutendes Gefühl, einen Gipfel erklommen zu haben und freien Blick auf die sich unter ihr ausbreitende Landschaft zu genießen, durchströmte sie. Sie fühlte sich frei und leicht, ungeahnt, ja nahezu kindlich unbegründet fröhlich.

Für einen kurzen Moment, als sich ihre Erkenntnis mit ihrer gefühlten Existenz vereinigt, streift ihr Sein die Unmittelbarkeit wirklicher Präsenz, die sonst nur Narren oder Kindern zuteilwird und die uns mit der Ganzheit des Universums für einen Augenblick verbinden kann.

Jene Liebe, die sie als sinnhaftes Prinzip erkennt, hat nichts gemein mit dem, was soziale Normierung zwischen Mann und Frau im jeweilig gültigen Regelwerk vorgibt, sondern sie ist wirklich frei und ohne Argwohn. Für diesen köstlichen Moment liegt alles ganz richtig und in seiner schlichten Naturgesetzmäßigkeit vor ihr. Sie spürt ihre Entschlossenheit und fühlt sich vollkommen glücklich. Alle bösen Geister sind zurückgedrängt, und wie sie es leben wird, muss sie erst das Leben selbst lehren.

Von außen betrachtet ist es ein herrlicher, ein im besten Sinne naiver Moment, dieses Bekenntnis Katharinas zu den Bindungskräften im Universum, in dem doch alles gleichzeitig auseinanderstrebt. Es ist ein großer Moment, ein heiliger in gewissem Sinne, so wie jene ozeanischen Momente, in denen wir für einen Augenblick in der liebevollen Verschmelzung mit einem Gegenüber Auflösung und gleichzeitig Ankommen erleben.

Man sollte also nicht daran rütteln wollen und weder von der traditionellen Physik noch von jener, die über diese weit hinausgeht und den meisten Menschen ohnehin verschlossen bleibt, zuerst noch wissenschaftliche Beweisführung verlangen.

Denn welch größeren Sinn kann es geben, als befähigt zu sein, in der Knechtschaft des Ich-Bewusstseins dieses fragilen Kohlenwasserstofforganismus einen Sinn zu denken, der rationales Denken und empathische

Intuition zu einer Ganzheit subjektiv erlebbarer Wahrheit kosmologischer Dimension verschmilzt? Und sei es auch nur für einen Moment!

Katharina fühlte sich also seltsam munter und gestärkt an diesem Abend, fast mit einem Schuss Wagemut versehen. So beschloss sie, trotz der späteren Abendstunde und weil sie tatsächlich noch keinen Anflug von Müdigkeit bemerkte, zum Fitnesstraining zu gehen.

Das Studio lag unweit ihrer Praxis in einem auf hypermodern renovierten, beeindruckenden Gründerzeithaus, das man zu diesem Zweck in seinem Inneren gänzlich ausgeweidet hatte. Die von der Decke bis zum Boden reichende Glasfront mutete vor allem in der Nacht wie ein clownesker riesiger Mund des Gebäudes an und bot gleichzeitig weiten Überblick über das Treiben auf der zwei Stockwerke darunterliegenden Geschäftsstraße.

Ein Lift brachte Katharina von der Straße direkt in den Rezeptionsbereich. Mit ihrem roten Chip-Band öffnete sie das Drehkreuz, das den Zugang regelte. Der Junge an der Theke, der heute Dienst tat, begrüßte sie unangemessen enthusiastisch, was sie immer noch als etwas grenzüberschreitend empfand. Ihm hatte man wohl bei der Einstellung seine Funktion als Manager des ersten Augenblicks verdeutlicht. Seine Aufgabe bestand darin, nicht nur die Geräte und Mitgliedschaften zu verwalten, sondern auch die Zugehörigkeitsgefühle zur Gemeinde.

Das Fitnesscenter war eine Stätte der modernen Religionsausübung für die Glaubensgemeinschaft „Health & Beauty". Immerhin besser als die ekstatischen Gottesdienste der rasant wachsenden Glaubensgemeinschaft der Kaufsüchtigen in den Einkaufszentren und im Internet, mit der immerhin fast ein Viertel der Bevölkerung liebäugelte, um ihre Depression oder Angststörung im Griff halten zu können.

In Katharinas Fall ging es mehr darum, dass die Banalität ihrer körperlichen Konstruktion depressiv auf die tagelange Bewegungslosigkeit eines akademischen Erwachsenenlebens reagierte. Wer als hyperaktiv konstruiert ist, musste diesem Schicksal Rechnung tragen. Hier im Studio konnte sie nicht nur spüren, dass sie einen Körper hatte, sondern einer war. Das wirkte zuverlässiger auf ihre Stimmung als jedes Benzo.

Wie hatten die Menschen nur ihre Ängste und Sinnlosigkeitsgefühle vor 1960 bewältigt, als Leo Sternbach der Welt Librium schenkte und als Draufgabe später noch Valium? Diese Frage beschäftigte sie immer wieder. Schon 1977 schaffte es Diazepam schließlich, von der Weltgesundheitsorganisation in die Liste der unentbehrlichen Arzneimittel aufgenommen zu werden.

Seltsam, wie bedeutend dieses bicyclische Molekül für die Alltagsbewältigung der Menschheit wurde, eine banale Kondensation eines Benzol- mit einem Diazepinring. Wenn man an historische Synchronizität glaubte, also davon ausging, dass Erfindungen immer zu jenem Zeitpunkt stattfanden, wo die Menschheit in ihrer üblicherweise als Fortschritt bezeichneten Entwicklung dafür bereit war, so konnte man mutmaßen, dass bereits die fröhlichen Eltern der Baby-Boomer in ihrer Wohlstandsbesessenheit den Keim eines systematischen gesellschaftlichen Sinnlosigkeitsgefühls in sich getragen hatten.

Wenig später stand Katharina auf dem Laufband. Dieses war ganz dicht an der Glasfront platziert, sodass man die gesamte Straße überblicken konnte. Nur mehr wenige Leute hielten sich im Studio auf, nahezu alle anderen Laufbänder waren frei. Nur zwei Geräte weiter rechts von ihr mühte sich noch eine verbissen wirkende, pummelige junge Frau ab. Sie schwitzte stark und hatte X-Beine, wodurch ihr Laufen seltsam hilflos wirkte. Sie würde nie schlank werden.

Weiter hinten, in der Tiefe des Studios nahm sie bei den Steppern noch etwas Bewegung wahr. Sonst fanden sich noch ein paar junge Männer mit den verschiedenen Maschinen zum Aufbau einzelner Muskelpartien beschäftigt und zwei weitere trainierten mit Gewichten. Der Drang des Mannes nach herzeigbarer Muskulatur hatte sich eindeutig bis in die heutige Zeit erhalten, selbst wenn es elektrisch betriebenes, auf Fingerdruck steuerbares Werkzeug für jedes Bauvorhaben und alle anderen Lebenslagen gab.

Katharina platzierte ihre drahtlosen Hörer in ihren Ohrmuscheln und rief „ihre“ Musik auf dem Handy auf. Das hatte sie sich von den Jungen abgeschaut, allerdings nicht deren Musik. Led Zeppelin, Deep Purple und Woodkid wollte sie jetzt direkt auf ihr Trommelfell einspielen. Sie war sich selbst so transparent in der Steuerung ihrer Stimmung. Mit „Child in Time", „Highway Star", „Run Boy Run" oder „Iron" gelang es ihr spielend, sich mit der alten Melodie ihrer Kindheit zu verbinden. „Two Steps from Hell" mit seiner epischen Konstruktion von dramatischer Programmmusik eines Heldenmythos traf es am allerbesten, auch wenn sie sich dafür schämte.

Oft hatte sie sich gefragt und geprüft, welcher Richtung dieses Laufen auf dem Band galt, auch wenn es sie auf dem Platz hielt. Immer hatte sie es als eine Bewegung empfunden hin auf ein Ziel, auch wenn sie es nicht benennen konnte, nie als eine Flucht. Sie musste kämpfen, rennen, durchhalten, retten, siegen, sich bewähren. Ihr Großvater hatte sie in einem Mythos zwischen Heldensagen und Indianerkriegen aufgezogen, und als jenen Knaben, den er in ihr hatte sehen und den sie ihm immer hatte beweisen wollen.

Nach wenigen Minuten hatte sie das Gefühl, hinauszulaufen, hoch über der Straße zu schweben und dabei leicht und endlos weiterrennen zu können. Das mussten die Endorphine gemeinsam mit dem beginnenden Sauerstoffmangel sein.

An einer Wand hing ein stummer großformatiger Bildschirm, auf dem in Dauerschleife Eurosport gesendet wurde. Gerade lief die Berichterstattung zu einem Fahrradrennen in Ligurien. Dass es sich um ein Ereignis nationaler Bedeutung handelte, erschloss sich auch ohne Ton. Italien zerbröselte buchstäblich wirtschaftlich, aber begeistert anfeuernde Massen schienen die gesamte Strecke zu säumen. Da wurde wirklich Begeisterung gefühlt. Da kam Beteiligung auf. Der Verlauf der Strecke wurde den Zuschauern anhand eines grafischen Modells, mit Ausgangspunkt und Ziel als äußerst kurvenreich und von steilem Höhenanstieg geprägt, vorgeführt.

Das Ganze wirkte durchwegs nach einer martialischen Folterung der Athleten, die zuerst an der von Palmen gesäumten Küste nahezu genüsslich radelten. Nach und nach drohten sie zunehmend auf den immer steiler werdenden Stücken zu verfallen, wie sich aus den Gesichtern, die verbissenes Durchhalten und Qual ausdrückten, unschwer schließen ließ. Die Streckenführung war also dramaturgisch gewählt, das Kolosseum schien hier einfach über eine Hügelkette gegossen worden zu sein. Mancher fanatische Zuschauer lief ein paar Meter unter leidenschaftlicher Anfeuerung mit dem Athleten mit, bevor er kurzatmig und erschöpft wieder dem Straßenrand zustrebte.

Fußball und Fahrrad – zwei Angelegenheiten, über die sich das italienische Selbstgefühl weitaus mehr zu definieren schien als über die Rechtschaffenheit in der Staatsführung. Auf jeden Fall war die Treue zum jeweiligen Favoriten nachhaltiger fixiert denn zur gewählten Partei.

Als Katharina wieder einen Blick auf den Schirm warf, wurde gerade der Zieleinlauf gesendet. Cäsar konnte als Feldherr nach seinen siegreichen Eroberungsfeldzügen in seinem Streitwagen nicht anders in Rom eingezogen sein als dieser junge Athlet, als er auf seinem minimalistischen Drahtesel die Ziellinie überfuhr. Die vorgestreckte Brust war die des Triumphators, die weit ausgestreckten grüßenden Arme die Schwingen des siegreichen Adlers. In seinem Gesicht mischten sich straffer Stolz und tiefe Bewegtheit über sich selbst. Mit der rechten Faust schlug er sich mehrfach rhythmisch auf die Brust, ein atavistisches Zeichen männlicher Überlegenheit und Macht. Eine Inszenierung von ganz großem fundamentalem Gefühl.

Ob er wohl genauso vollkommen in seiner Hingabe im Moment der Liebe mit seiner Partnerin ist? Wahrscheinlich nicht, beantwortete Katharina ihre Frage. Dass fanatische italienische Radfahrer schon auf Amateurebene (und das ist nahezu jeder) zumeist miese Beziehungen hatten, war eine weit verbreitete, übereinstimmende Einschätzung italienischer Frauen. Sie verbrachten die meiste Zeit auf dem Rad und den Rest in der Bar. Die Partnerin und dann erst die Gattin lösten zumeist sehr bald nur mehr den Reflex „Mama" und „voller Tisch" aus. Katharina kannte selbst einige Frauen, die die Konkurrenz gegen das Fahrrad und gegen ein ewiges Beharren auf einer pubertätsverliebten Flucht ihrer Partner vor familiären Verpflichtungen verloren und das Handtuch geworfen hatten, nachdem sie es satthatten, den großen Jungen mit einer Schüssel dampfender Spaghetti zu empfangen, ehe er wieder in sein Zimmer zu Konsolenspielen oder in die Bar zu den Kumpels abhaute.

Unten auf der Straße schob sich gerade eine Meute von E-Scootern durch ihr Gesichtsfeld. Sie waren alle gleichförmig in schwarze Mäntel gehüllt, was den Eindruck eines geisterhaften Vorbeischwebens der Truppe verstärkte und sie gespenstisch wirken ließ.

Im Auftreten dieser Jedi-Ritter der Ökoindustrie lag etwas Selbstbewusstes, die Haltung jener uniformen Sicherheit, die Adepten der gerade angesagten politischen Korrektheit eigen ist und auf jede eigene Reflexion zu verzichten versteht. Katharina spürte sehr deutlich Wut in sich aufsteigen. Wie die massenweise anfallenden Batterien entsorgt wurden, interessierte dabei keinen.

Daneben zogen die Lieferfahrer auf ihren Fahrrädern vorbei. Die Reiter der unterschiedlichen Ketten mit ihren überdimensionalen, würfelförmigen Rucksäcken, in denen Souvlaki, Pizza oder das jeweilige Thai-Gericht in seinem Styroportresor warmgehalten und zu seiner Verzehrbestimmung CO_2-neutral transportiert wurden, gliederten sich in unterschiedliche Farbcodes. Es war ein beständiger gegenläufiger Strom pinker, grüner und oranger sich abstrampelnder Fahrer, der wie in einem Videospiel zu ihren Füßen vorbeizog. Mit einer Bestellung bei einem der Lieferdienste konnte man wenigstens mit satter Selbstzufriedenheit das Gefühl kultivieren, etwas für die Umwelt getan zu haben, wenn schon nicht für sich selbst, nachdem man sich wieder einmal vollkommen zugefressen hatte.

Die meisten waren junge Männer. Die hoffnungsvolle Gruppe rekrutierte sich aus Studenten, die sich für schlau hielten, mit diesem Job Fitness und Einkommen zu verbinden. Die anderen, die Hoffnungslosen waren jene, die keinen anderen Job mehr bekommen konnten. Der Übergang von den einen zu den anderen geschah oft unmerklich, indem die endlose Zeit von Volontariaten und unbeantworteten Bewerbungen die Resignation vor den Alltagskosten erzwungen hatte.

Wir kochen nicht mehr selbst, dachte Katharina, wir haben uns die Freude der Zubereitung im Namen der Bequemlichkeit und Fülle aus der Hand nehmen lassen. Unser Essen wird einfach angeliefert. Die Entscheidung erfolgt ganz im Moment und nach unserem Geschmack. So gefällt uns das heute, spontan und individuell, mit totaler Wahlfreiheit verbrämt und nach einem Fingerschnippen, das heute durch den Mausklick ersetzt ist, aber das analoge Machtgefühl vermittelt. Alles wird damit zu einer Dienstleistung für uns kleine selbstoptimierte, selbstverliebte Prinzessinnen und Prinzen. Dabei wissen wir nicht, dass wir schrittweise unsere Autonomie verlieren. Es fängt alles beim Essen an. Das ganze Abendland ist bereits in eine orale Regression gefallen.

Katharina beschloss, sich später einen Salat zuzubereiten. Sie würde die Salatblätter selbst waschen und auf die von ihr geschätzte Größe zerkleinern. Abschließend würde sie Radieschen hinzufügen, etwas Schafkäse, gerade so viel, wie sie es mochte und nicht irgendeine Restaurantkette vorgab, schwarze Oliven dazugeben und zwei, drei Tomaten in Scheiben geschnitten, nicht in Spalten oder gar grobe Viertelstücke, wie es jetzt im Namen der Quantitätssuggestion so Mode war. Sie würde schon beim Zubereiten den Geschmack spüren können und die Marinade nach ihrem Gefühl komponieren. Sie wollte der generellen Entmächtigung bereits an der Basis mit Widerstand begegnen.

Nach dem Training ging sie unter die Dusche. Es war ein lang gestreckter, bambusfarben verfliester Raum, in dem ein halbes Dutzend Duschköpfe in einer Reihe nebeneinander montiert waren. Die Anlage erinnerte Katharina an ein Mädchenpensionat.

Zwei Duschköpfe neben ihr stand die Pummelige vom Laufband von vorhin und bürstete gerade mit einem dieser groben Massagehandschuhe hingebungsvoll die Cellulitis ihrer breiten, weichen Oberschenkel. Sie würde wirklich nie schlank werden. Irgendwie wirkte ihr Tun hilflos und erbärmlich zugleich. Sie tat Katharina leid, wenngleich sie gleichzeitig unerklärliche Verachtung für sie spürte. Das musste aus der Härte kommen, die ihr die eigene Existenz als Amateur-Anorektikerin bereits lebenslang abverlangt hatte, denn sie fühlte sich von einem Ganzkörperpräservativ von Sensoren überzogen. Diese vermeldeten siedend heiß und unbarmherzig bereits jede im Grammbereich liegende Gewichtszunahme im Selbstwertzentrum ihrer Existenz.

Vollkommen verrückt, aber ein wirksames Disziplinarinstrument, seit sie in ihre Mädchenjahre getreten war. Und äußerst wirkungsvoll genauso, stellte sie gleichzeitig mit Befriedigung fest. Sie trug noch immer Kleidergröße vierunddreißig. Kein Schwangerschaftsstreifen fand sich auf ihrem Bauch, und in Sachen Cellulitis lag die Dicke neben ihr trotz ihrer Jugend weit abgeschlagen im Feld.

Das heiße Wasser tat Katharina gut, umfing sie wie eine Liebkosung. Wie immer nach dem Sport, wenn sie sich mit ihrem Körper in ganz besonderer Deutlichkeit eins fühlte, spürte sie ein anbrandendes Bewusstsein einer Urkraft, die das Mysterium der Lebendigkeit begründet, und in ihr einen starken erotischen Impuls auslöste. Das Bild eines gesichtslosen Mannes tauchte unvermutet auf. Er befand sich hinter ihr unter der Dusche, umfasste ihre Brüste. Während sie mit übergroßer Deutlichkeit vor sich die einzelnen Tropfen des heißen Wassers auf ihrem Körper auftreffen und sich zu kleinen, sie umfließenden Sturzbächen vereinigen sah, drang er in sie ein und sie liebten einander heftig und lautlos.

Im Umkleideraum begegneten ihr zwei junge Mädchen. Beide trugen einen Sport-Hijab. Er war schwarz, zeigte das bekannte häkchenförmige Firmenlogo einer großen Marke und passte damit genau zu ihrer sonstigen Sportausrüstung. Die Anpassung erfolgte also sehr rasch. Der Markt diktierte unmittelbar.

Für einen Moment spürte Katharina starke Irritation und Unbehagen. Doch durfte sie als aufgeklärte, sich aufgeschlossen empfindende Akademikerin überhaupt so empfinden? Noch dazu, wo in diesem Zeitalter globaler Völkerwanderung jeder zunehmend wie auf der Durchreise wirkte. Vielleicht war sie engstirnig, überlegte sie, während sie die beiden Mädchen verstohlen aus dem Augenwinkel beobachtete. Sie wirkten wie zwei miteinander schnatternde, mit dem üblichen oberflächlichen Kram beschäftigte junge Frauen.

Die eigentliche Frage war, ob der Hijab der beiden jungen Frauen nur ein Ausdruck kultureller Diversität und ihres Schamgefühls oder politische Kampfansage war.

Für sie selbst war das Kopftuch eine ferne Erinnerung der Kindheit und vorwiegend auf den Herbst und das Frühjahr bezogen, wenn es für die warmen Wollmützen des Winters noch oder bereits schon wieder etwas zu warm war, aber eine vorsorgliche Mutter Schutz vor Wind und Kühle verordnet hatte. Im Kirchgang mit älteren weiblichen Verwandten in der kleinen niederösterreichischen Dorfgemeinschaft der Familie ihres Vaters war es auch aufgetaucht, zuverlässig, zumeist schwarz und manchmal mit Spitze an den Rändern, als moralische Forderung des Anstands und Respekts, vor allem bei den langen Litaneien der Rosenkranzgebete an späten Sommernachmittagen.

Katharina seufzte bei sich. Wie schön wäre eine Welt, in der das Kopftuch dieser beiden genauso wie das Dirndl ihrer fernen Kindertage, mit dem sie sich bei Kirtagen so unwahrscheinlich zugehörig zur Dorfjugend gefühlt hatte, einfach Ausdruck der Fülle menschlicher kultureller Diversität wäre. Die Blicke der Burschen auf ihre sprießenden Brüste im Ausschnitt der weißen Spitzenbluse hatte sie genossen. Wie schön wäre es, wenn die hinter der Stirn sitzenden Überzeugungen zuverlässig von offenem Sinn und unvoreingenommener Begegnung getragen wären.

Noch ehe Katharina ihren Überlegungen weiter nachgehen konnte, wurde sie vom plötzlich grell leuchtenden Schirm ihres Handys abgelenkt. Zumindest schien es ihr so, als ob der Schirm gerade besonders hell leuchtete, um ihre Aufmerksamkeit zu erregen. Es war *er*. Nachdem sie das Gerät an sich genommen hatte, hob sie sogleich und ohne Zögern ab. Sie fühlte sich vollkommen ruhig, neutral und ein wenig kalt dabei.

Er kam sofort zur Sache. Hielt sich nicht auf. Seine Stimme klang gedrängt, so als müsse er rasch reden, weil er fürchte, dass ihn der Mut verlassen könnte: „Ich bin damals nicht gekommen, als du im Spital gelegen bist", stellte er fest. Daraufhin schwieg er.

Sie hielt das Schweigen aus, atmete tief und war entschlossen, ihm nicht entgegenzugehen. Nein, das wäre nicht richtig, nicht angemessen, sondern Teil des alten Spiels.

„Bist du da?", fragte er nach. Vielleicht war er auch irritiert, dass sie so klar und abgegrenzt reagierte, er einfach nicht landen konnte. Jetzt musste er raus mit der Wahrheit und dem Grund seines Anrufs, oder es war in dieser Sekunde vorbei. „Ich habe nicht kommen können", eröffnete er seine Rede.

Katharina schwieg noch immer. „Es hat kurz nach unserem letzten Telefonat begonnen und mich nach unserem SMS-Verkehr total erfasst", versuchte er zu erklären. „Ich bin in eine Psychose gerutscht, hat mein Psychiater gemeint. Ich war wie gelähmt, völlig fertig. Es war ein kompletter Zusammenbruch. Wahnsinnige Angst und Unruhe. Ich konnte überhaupt nicht mehr schlafen, nichts mehr tun, war völlig außer mir, voll mit Zwangsgedanken. Mein Psychiater hat mich mit Medikamenten abgefüllt. Ich bin auch jetzt noch total drauf", endete er.

An dieser Stelle wäre es für Katharina ein Leichtes gewesen, mit bedauernder Unverbindlichkeit zu reagieren, um im weiteren Leben diesen Mann zu meiden: Stefan, dessen größte Wahrscheinlichkeit im Bereich eines neuerlichen Manövers, aber ganz sicher nicht in einer mutigen Revision seiner gesamten gelebten Existenz lag.

„Was nimmst du?", fragte sie stattdessen, was ihr völlig unpassend, aber gleichzeitig durch ihren ärztlichen Status genügend legitimiert vorkam. Er spulte eine namhafte Liste von Psychopharmaka herunter. Die lagen als ein Haufen bunter Murmeln, wie für ein Kinderspiel gerichtet, zwischen ihnen. Es ging ihm augenscheinlich wirklich schlecht.

„Und", sagte Katharina dann und war sich nicht sicher, ob ihr Ton fragend oder aufmunternd gemeint war.

„Es geht mir total beschissen, war schon wieder tagelang nicht in der Kanzlei. Die Angst, diese Panikanfälle bringen mich um. Pure Existenzangst, und dabei dieser unsägliche, vollkommen irrationale Schmerz, der mich zerreißt, wie plötzliche Krampfanfälle. Und ich schaffe es derzeit praktisch nicht, allein sein zu können." Er hielt kurz inne.

Das also war der Grund für Stefans Fernbleiben gewesen. Eine plötzlich aufschießende und seine gesamte Lebensbühne machtvoll einnehmende psychotische Episode. Er war sich selbst und seiner Kontrolle völlig entglitten und von der Macht seines Unbewussten überfallen worden. Sein Mangel an Einklang, mit sich selbst zu leben, war aufgebrochen. Die klaffende Differenz zwischen der Tiefe seiner Gefühlswelt und seiner als äußere Haltung gelebten Abwehr durch Oberflächlichkeit hatte sich durch nächtliche Traumbilder und psychosomatische Symptome den Weg bis an die Oberfläche seines Lebensalltags gebahnt.

„Eine psychotische Episode unter laufender Psychotherapie?", fragte sie vorsichtig nach.

Er verstand es als Kritik und versuchte zu erklären: „Wir haben sehr intensiv gearbeitet. Es ist mir deutlich geworden, dass diese Angstzustände immer schon mein Leben bestimmt haben. Alles was ich unternommen habe, war stets davon gelenkt, die Angstgefühle zurückdrängen zu wollen. Mein ganzes Leben wurde von purer Angst geschrieben. Auch wenn ich es nicht hätte benennen können, in sämtlichen Entscheidungen hat sie Regie geführt. Ich bin mein Leben lang eine Marionette der Angst gewesen. Ich hätte eine andere Biografie schreiben können."

Und er hätte sie verdient. Mit seiner Empfindungsstärke und seinen Fähigkeiten hätte er ein lustvoll schaffendes Sein mit ruhigem Stolz entwickeln können, statt so, wie sie ihn erlebt hatte, als lächerlicher promiskuitiver Clown auf hoher professioneller und gesellschaftlicher Ebene umherzutanzen, fand Katharina. Doch sie sagte nichts dazu.

„Die Trennung von dieser Frau war zu viel für mich, obwohl es mich umgebracht hätte, jene Beziehung weiter zu leben." Damit schien er am Ende seiner Analyse angekommen zu sein, setzte jedoch in scherzendem Ton noch nach: „Vielleicht ist ja alles auch nur einfache Chemie, eine falsche Neurotransmittereinstellung in meinem Hirn von Beginn an, irgendein Defekt an den Synapsen und die Botenstoffe treiben mich in den Wahnsinn."

„Ob du dich mit einer biologistisch deterministischen Erklärung abfinden willst, musst du mit dir abmachen", versetzte Katharina unerwartet schroff.

Dass alle Emotion und jedes Fühlen auf kleine Transmittermoleküle und deren Regulierung festgemacht wurden, war zwar neuerdings der letzte Schrei. Dies fügte sich bei näherem Hinsehen ganz hervorragend in die Erkenntnisparadigmen der modernen Gesellschaftslandschaft ein, doch es ging Katharina gänzlich gegen den Strich. Wenn man sich diesem Gedankengebäude überließ, betrat man den Weg der totalen Entmündigung.

„Vielleicht setzt du hier Ursache und Wirkung in die falsche Reihenfolge", setzte sie nach. „Natürlich ist in letzter Konsequenz alles Chemie, doch vielleicht ist diese Chemie die Folge der Lebensweise und der Art des Denkens und es ist besser, dort anzusetzen, um auch die Chemie zu verbessern."

Stefan erwiderte nichts. Natürlich gab es zu diesem Thema vieles zu diskutieren. Katharina war klar, dass dem Thema, das nun auch als Neuropsychoanalyse bis in die letzte Bastion humanistischer Philosophie vorgedrungen war, differenzierte Betrachtung geschuldet war. Doch sie hatte hier schludrig hinwerfen und damit klarstellen wollen, dass sie Feigheit nicht mehr verzeihen würde.

Er schwieg etwas. Sie auch. Die Pause fühlte sich richtig an.

Die beiden Mädchen im Hijab waren in der Zwischenzeit verschwunden. Katharina saß noch immer auf der Bank im Umkleideraum, betrachtete die zwei übereinandergestapelten Reihen von Kästchen mit ihrer künstlichen braunen Holzmaserung und der Nummerierung rund um sich. Sie begann sich zu fragen, wohin dieses seltsame Gespräch führen sollte. Was wollte er?

„Ich möchte, dass wir uns wieder treffen", nahm Stefan den Faden jetzt wieder auf, da ihm augenscheinlich bewusst geworden war, dass Katharina nichts sagen würde. „Ich wollte, dass du weißt, warum ich mich nicht gemeldet habe. Wir schwingen sehr ähnlich. Ich hoffe, dass die Pillen und die Therapie endlich greifen und es mir bald wieder bessergeht. Dann will ich dich sehen."

„Jetzt", sagte Katharina nur, „ich komme jetzt zu dir."

Er versuchte milde Gegenwehr, dass er nicht respektabel, völlig runtergekommen und unrasiert sei und überhaupt nur ein Häufchen Elend.

„Jetzt", hörte sie sich nochmals wiederholen, und ihre Stimme war dabei ganz ruhig und gleichmütig. Sie fühlte sich tatsächlich so – ruhig und gleichmütig.

Wenn er nun mit Nachdruck ablehnen würde, so wäre hier das Ende, und es fühlte sich richtig und beruhigend an, denn dann war ihrer beider Lebensfaden aus zu unterschiedlichem Gewebe gesponnen, um sich sinnvoll miteinander verweben zu können. Sein Name würde endgültig in die Kartei derer, die sie einmal gekannt hatte, abgelegt werden.

Sie spürten es beide, dass es ein entscheidender Moment war, und wenige Minuten später war sie auf dem Weg zu ihrem Wagen in die Garage. Auf der Straße begegnete ihr ein sichtlich verrückter Mann. In der fahrigen, etwas marionettenhaft wirkenden ausgreifenden Art, die für den Durchschnittsmenschen ein erstes Warnsignal zur Meidung von Kontakt bedeutet, bewegte er sich durch die Fußgängerzone. Immer wieder schrie er laut zwei Sätze: „Wo ist der Mann, der die Eier hat, sich aus dem dritten Stock zu stürzen? Ich bin es auch nicht, obwohl ich harte Eier habe!"

Er schien seine Umgebung gar nicht wahrzunehmen, war ganz auf sich selbst und diese Endlosschleife fixiert. Das wirkte skurril, irgendwie lächerlich, aber auch bedrängend, dass nur ein Mangel an Mut die implizit als sinnvoll geforderte Selbsttötung aufhalten konnte.

Als er auf ihrer Höhe war, drehte er sich plötzlich zu ihr, so als würde er aufwachen, um ihr denselben Text ins Gesicht zu schreien. Katharina erschrak. Auch wenn er danach sofort weiterrannte und keinerlei Anstalt machte, Weiteres von ihr zu wollen, fühlte sie sich für einen kurzen Moment bedrängt und in seine Welt hineingezogen.

In diesen Augen war kein Erkennen mehr zu sehen gewesen. Sein Blick hing in den Bildern seines Inneren fest, das Außen war nur ein schemenhafter Rahmen, an dessen Rändern er sich stieß. Das äußerste Ende eines verwirrten Geistes und tatsächlich eine Frage der Neurochemie und vielleicht auch hirnorganischer Prozesse, unbehandelbar ohne Psychopharmaka, wenn überhaupt.

Katharina warf ihre Sporttasche auf den Rücksitz und ließ den Motor an. Es war nicht weit zu Stefan und in wenigen Minuten würde sie ihn nach mehr als drei Jahren wiedersehen. Sie fühlte keine Aufregung mehr. Es war gut, dass sie einander nicht schon vor zwei Monaten getroffen hatten. Jetzt war sie wirklich vollkommen ruhig.

Nie hätte sie ihn früher einfach so getroffen. Ihr Haar war noch zum Sport in einem etwas wirren Knoten hochgesteckt, die Make-up-Reste des Tages sicher bereits verronnen. Einen Lippenstift wollte sie jetzt nicht extra auftragen. Das hätte in Bezug auf das Gesamtbild ihrer etwas nachlässigen, abendlichen Freizeiterscheinung anachronistisch gewirkt, meinte sie.

Das einzige Zugeständnis, das sie sich machte, war ihr Parfum. Sorgfältig hüllte sie sich in ihren Duft ein, nachdem sie vor seinem Haus in der Innenstadt geparkt hatte.

Das Summen der Gegensprechanlage klang unpersönlich und Katharina fand es in der Tonlage abweisend, doch das silberne Tor, das sie immer an einen Seiteneingang zu einem Tresorraum erinnert hatte, öffnete sich sogleich.

Der enge Lift, der diesem ehrwürdigen Gründerzeithaus mit seinen hohen Stockwerken in seinem inneren Kern eingepflanzt worden war, brauchte einige Zeit, bis er das oberste Dachgeschoß erreichte.

Wie in vielen Häusern einer alten repräsentativen Architektur hatte man auch ihm gleichsam die Schädeldecke eröffnet und zwei modern ausgebaute Dachgeschoße mit Terrasse aufgesetzt. Diese war besonders schön. Katharina war einmal oben gewesen und erinnerte sich an die Rundumsicht über die ganze Stadt.

Sie hatte gedacht, dass es sich intim anfühlen müsste, wenn sie dort oben miteinander geschlafen hätten, den Blick auf den Nachthimmel geheftet, als könnte man die Vorgegebenheit der Stadt ausblenden und selbst entscheiden, wo man gerade sei. Sie hätten sich überallhin spüren können. Es war nie dazu gekommen.

Der Lift bremste ab und hielt. Der Blick in den Spiegel, der die obere Hälfte einer Wand der metallverkleideten Kabine einnahm, bestätigte ihr, dass sie gerade sehr naturbelassen aussah. Das Neonlicht war grausam. Aber es war ihr egal. Es gab nur den Weg vorwärts und sie hatte ganz sicher nicht vor, mit einer zwischenzeitlich wahrscheinlich wenigstens Achtunddreißigjährigen zu konkurrieren.

Die ebenfalls silberne Eingangstür war nur angelehnt. Als Katharina eintrat, fiel ihr auf, dass eine andere Frau mittleren Alters ebenfalls da war. Sie hatte jene etwas hängenden, wässrigen Unterlider, die für diese unterwürfigen katholischen Miezen so charakteristisch waren. Das irritierte Katharina für einen Moment. Doch er hatte ja gesagt, dass er es derzeit nicht schaffe, allein zu sein. Wahrscheinlich eine aus seinem Fundus von markierten, hoffnungsvollen weiblichen Wesen, die an der grausamen Fliegenfalle seines Charmes klebten. Jetzt gab sie den aufopfernden Schäferhund.

Stefan kam ihr entgegen. Das Erste, was sie bemerkte, war, wie dünn er aussah. Er wirkte ausgezehrt, so als wäre er in einer der pendelnden Bewegungen seines Gewichts zwischen asketischem Fasten und grenzenlosem Verschlingen im anorektischen Ast hängen geblieben.

Stefan war tatsächlich unrasiert, in einer dennoch erotisch anmutenden Art vernachlässigt und hob in einer kurzen Andeutung ein wenig Arme und Schultern, als fühle er sich peinlich berührt, ihr so entgegenzutreten und wolle sich entschuldigen.

„Ich habe dich gewarnt", sagte er nur. Sie fühlte die Resonanz seiner Stimme in ihrem Brustkorb und tief in ihrem Inneren. Daraufhin umarmten sie einander, standen lange so. Es gab nicht viel zu reden und sie endeten auf seiner Couch, die neu war, wie auch ein fader weißer Wandverbau in jenem Bereich, der als Wohnraum diente. Katharina dachte sich, dass dies wohl auf das organisierende Wirken der Achtunddreißigjährigen zurückgehen musste, die ihren Überblick und Anspruch in nestbauender Absicht in sein Leben eingebracht hatte. In banaler Art fühlte sie Befriedigung über die lieblose Stillosigkeit, in die er gerade noch seine bunt schillernden Seidenkissen hatte hinüberretten können.

Stefan lehnte sich an Katharina, hatte seinen Kopf auf ihre Brust gebettet, wie ein Kind. Sie umfing ihn mit beiden Armen und war einfach da. Die Nähe zwischen ihnen und das Fühlen des Körpers des anderen erzählte ihnen alles und sie verharrten lange so. Es war einfach richtig, ohne Anspruch, ganz im Jetzt, und das, was gebraucht wurde.

Später würde er ihr einmal sagen, dass sie gekommen war und die Regie der ganzen Szene übernommen hatte, so als würden da keine drei Jahre zwischen ihnen liegen, ganz selbstverständlich und ohne Zaudern. Sie streichelte ihn dazwischen, so wie man ein verwirrtes Kind liebkost, das nachts in einem Albtraum gefangen ist, um ihm zu vermitteln, dass es eine andere Welt gibt, in der es sich sicher und geliebt wiederfinden kann. Und auch sie fand in dieser seltsamen Umarmung ein Ankommen.

Viel später, als er ganz entspannt und müde war und glaubte, nun Ruhe zu finden, ging sie. Er stieg die Treppe hinauf zu seinem Schlafzimmer. Die Schäferhündin, die sie die ganze Zeit über vergessen hatte, begleitete sie noch zur Tür.

III

Dieselbe Nacht schlief sie tief und fühlte sich gestärkt, als sie aufwachte, obwohl sie das sichere Gefühl verspürte, dass heftige Träume ihren Schlaf begleitet hatten. Die neuerliche Zusammenkunft mit Stefan nach so langer Zeit hatte sie tief bewegt. Es traf sich ausgezeichnet, dass heute ihr praxisfreier Vormittag war.

Katharina brauchte Zeit, um ihre Empfindungen und Eindrücke zu ordnen. Gestern Abend hatte sie nichts anderes getan, als alles laufen und sich entwickeln zu lassen. Dabei war sie sich selbst blind gefolgt, ohne zu überlegen. Sie hatte die intuitiv von ihr wahrgenommenen Impulse, die sich stimmig angefühlt hatten, umgesetzt, jedoch darauf verzichtet, sie vorher auf deren Angemessenheit oder mögliche Wirkung zu überprüfen. Es war ihr egal gewesen, was die katholische Schäferhündin von ihr denken würde, genauso wie ihr Stefans Urteil gleichgültig erschienen war: nicht aus abwehrender Interesselosigkeit, sondern weil sie nur mehr für unverstellte Offenheit Raum fühlte. Sie wollte bloß noch dort sein, wo sie in ihrem eigenen Sein wirklich passte und angenommen werden konnte.

Katharina drückte sich einen Espresso aus der eilfertigen Kapselmaschine. Zehn Sekunden dauerte der ganze Vorgang, bis das aromatische Gebräu in ihrer dickwandigen Mokkatasse landete und die gewohnte geschmackliche Vorerwartung sich in ihrem Mund wie bei Pawlows Hunden einzustellen begann.

Früher hatte sie eine chromglänzende Hebelmaschine verwendet, die mehrere Minuten aufheizen musste, bevor man das Sieb einspannte, in das man den gemahlenen Kaffee gefüllt hatte, und etwas später unter stetem Druck den silbrigen Arm senkte, während der Kaffee als dichtes, feines teerschwarzes Rinnsal in die Tasse rann.

Die Prozedur mutete rückblickend umständlich an, war mit dem Arbeitstakt – auch ihrem – nicht mehr zu vereinen. Heute regierte der Knopfdruck schlichtweg bei allem, auch beim Genuss. Katharina warf ein Stück Würfelzucker in die Tasse, der zunehmend zerfiel, während sie umrührte.

Stefan war in erbärmlichem Zustand gewesen, elend, abgezehrt. Dennoch hatte sie seine Tiefe noch nie zuvor so unmittelbar sich offenbarend erlebt. Nur wer zu fundamentaler Empfindungsstärke befähigt war, musste auch die existenziellen Abgründe seelischen Leidens ertragen können. Sie hatte sich ihm nahe gefühlt, viel näher in dieser fast mütterlichen und auf jeden Fall freundschaftlichen Umarmung als je zuvor.

Seine Nähe hatte sie mit einem warmen, sich ausdehnenden Gefühl in ihrer Brust erfüllt. Einen Augenblick hatte es sich so angefühlt, als hätte er ihr Herz ganz zart in seiner Hand gehalten.

Vielleicht war das ja der eigentliche Kern ihrer Beziehung zueinander. Und was hieß dies? Würden sie nun Freunde werden? Wäre es besser, er würde dabei bleiben, die triefäugige Schäferhündin weiter zu vögeln, als dass sich auch der erotische Faden mit all seinen möglichen Knoten wieder zwischen ihnen abzuspulen begann? Sehr verhalten hatte sie diesen Sirenengesang auch gestern vernommen, wie einen feinen Windhauch, der gerade einen Schmetterlingsflügel zum Tanzen bringen konnte. Auch das hatte sich echter und in beängstigender Weise noch viel näher angefühlt als mit dem Mann, den sie im Gedächtnis trug.

Katharina war damals im Umgang mit Stefan in ihrer Einschätzung stets gependelt zwischen dem Mann, den sie fühlte, der er kraft seiner Tiefe sein könnte, und jenem, der ihr in der realen Begegnung entgegentrat. Oftmals war sie über die Unmöglichkeit seines Benehmens hinweggegangen und hatte die Lächerlichkeit seiner Handlungen seiner Angst zugeschrieben, bis er in rüden Umgang abgeglitten war und ihre Grenze überschritten hatte.

Für Außenstehende hätten ihre damaligen Konversationen wie inszenierte Filmszenen erotischen Geplänkels und Spannungsaufbaus alter Hollywood-Klassiker ausgesehen. Die Texte waren geschickt, immer doppeldeutig, erotisch provozierend, mit starken, eleganten Gesten und entweder mit einem Glas edlen Rotweins oder Champagners untermalt gewesen. Stefan erwies sich als ein Meister der Inszenierung von großen anbahnenden Szenen, die stets die Besitznahme, das Ringen und die Unterwerfung in sich bargen, und beiläufiger unterkühlter Erotik, was im entscheidenden Moment einen Feuersturm entfachen konnte.

Einmal waren sie auf seiner Couch gesessen. Katharina hatte entspannt die Beine übereinandergeschlagen und ihr Rocksaum war gerade so hochgerutscht, dass dies eine erste Vermutung eines breiten Spitzenbandes zuließ und damit der Fantasie diente, dass sie Strümpfe trug. Mit der freischwebenden Fußspitze, die in halbhohen schwarzen Pumps steckte, hatte sie leicht gewippt.

Stefan hatte Lounge-Musik aufgelegt, das Licht stark gedimmt und stattdessen die Kerzen auf einem mannshohen Leuchter entzündet. Mehrmals hatte er beiläufig, aber zielgerichtet ihren Körper berührt, bevor er ganz eindeutig noch näher rückte.

Sie hatten mit den Gläsern formell angestoßen und er hatte schelmisch grinsend gemeint: „Ich muss Sie warnen, Frau Doktor. Ich bin ein gefährlicher Mann. Ich jage schöne Frauen und sobald ich sie habe, stoße ich sie von der Klippe. Und je stolzer eine Frau ist, desto größer ist das Vergnügen, das es bereitet."

Sie erinnerte sich an ihre prompte Antwort, während sie langsam den Blick durch ein Dachflächenfenster von der Aussicht auf eines des großzügig beleuchteten Wahrzeichen der Stadt zurück zu ihm gelenkt und seine Augen fixiert hatte: „Das trifft sich ausnehmend gut, Herr Doktor, denn ich falle nie, weil ich bereits fliege."

Das war ganz großes Kino gewesen, wie sie es angelegt hatten. Er hätte an dieser Stelle noch „Schau mir in die Augen, Kleines" sagen können. Aber das tat sie ohnedies bereits.

Natürlich hatten sie miteinander geschlafen. Danach war sie rasch gegangen und sie hätte sich etwas benutzt gefühlt, wenn nicht ein inneres Lächeln über ihn, den sie schon damals als einen vor seiner eigenen Tiefe Flüchtigen ahnte, ihre Begleitung gewesen wäre.

Es war angenehm und aufregend, Ingrid Bergman zu spielen, zumindest eine Zeit lang. Doch weil die statische Repetition ohne Entwicklung zur Verflachung führt und die Sprünge in der Inszenierung wie jene in der Glasur eines minderwertigen Tongefäßes sichtbar werden, hatte alles seinen damaligen Lauf nehmen müssen.

Gestern hatte er sich anders angefühlt, auch im erotischen Grundton realer, trotz seiner Schwäche lebendiger.

Katharinas Blick fiel auf die vor ihr stehende Tasse. Sie war in Gedanken versunken gewesen. Der Espresso sollte nicht kalt werden. Sie mochte ihn nur heiß. Sie trank ihn in einem raschen, energischen Zug. Bitter und süß zugleich und stark, eine Formel, die sich für sie auf vieles anwenden ließ.

Sie würde gar nichts tun, beschloss sie. Stefan wusste nun, dass sie da war und bereit, welchen Faden auch immer aufzunehmen. Was blieb, war abzuwarten und sich in Geduld zu üben.

Nach ein paar Tagen meldete er sich. Sie verabredeten sich bei ihm. Er war diesmal etwas gefasster. Ein anderes Mal kam er dann wieder vollkommen aufgelöst bei ihr nach der Praxis vorbei. Eigentlich berichtete er nur, dass er nicht weiterwüsste.

Er wirkte verbraucht, dunkel, viel älter, als er war, die ohnehin markant in seinem Gesicht eingegrabenen Falten noch schärfer. Eigentlich wollte er ihr dies nur sagen und für eine Weile umschlungen stehen. Dann ging er wieder. Ansatzlos und plötzlich, als wäre er getrieben und wusste dennoch nicht, wovon. Sie fühlte sich verzweifelt. Wenn sie ihn hielt und seine Wärme fühlte, betete sie innerlich darum, dass es ihm Kraft geben würde.

Sie wollte ihn nicht mehr für sich, sondern lediglich, dass es ihm wieder gut ging. Jetzt waren sie wohl wirklich Freunde. Er erzählte ihr von vielen Dingen, die sie verletzt und glühende Eifersucht oder Enttäuschung bewirkt hätten, wenn sie nur seine Geliebte und nicht seine Freundin gewesen wäre.

Sie dachte daran, dass die altgriechische Aufspaltung in Philia, Eros und Agape ein wirklich hilfreiches Konzept sei. Denn die Liebe zum Freund, sollte sie tatsächlich rein und pur sein, durfte Kameradschaft und Treue bis in die Selbstaufopferung selbstverständlich verlangen. Das Ertragen der Offenbarungen des Freundes bis auf den Herzensgrund war also Pflicht. Die eigene Sehnsucht musste schweigen.

Sie trafen einander in unregelmäßigen Abständen. Sie ließ ihm die Gestaltungshoheit. Langsam schienen die Medikamente zu greifen und die Psychotherapie ebenfalls. Er ging zweimal die Woche.

Eines Abends, der Frühling hatte endlich mit Sicherheit den Winter durchbrochen und Katharina nur mehr einen dünnen Trenchcoat beim Ausgehen überwerfen müssen, war sie wieder bei Stefan. Sie tranken ein Glas Wein und er erzählte von sich.

Die meisten Gespräche, die sie miteinander führten, handelten von ihm, wie sich Katharina eingestehen musste.

Er hoffte, dass er das „Ding", wie er es nannte, nun besser im Griff hätte, nachdem er in der Psychotherapie für diesen Zustand besinnungslosen, ihn anfallenden Schmerzes, der ihn wie ein Feuersturm aushöhlte, jenen Namen gefunden hatte. „Dabei ist es eigentlich vollkommen unvorstellbar, dass so eine Frau das in mir auslösen kann", meinte er vollkommen entgeistert. „Du könntest es nicht glauben, wenn du sie kennen würdest." Er schüttelte den Kopf, betroffen über sich selbst und die ihm nicht erschließbaren Arabesken seiner Psyche.

Ein starker Stellvertreterreiz seiner Kindheit, nichts weiter und man hing, wenn man keine integrierte Person war, an Marionettenfäden, dachte Katharina. Und ein düsteres Indiz dafür, nicht zu einer freien, selbstbestimmten Beziehungsgestaltung fähig zu sein.

Wenigstens soweit hoffte er nun zu funktionieren, um einen normalen, durchgehenden Tagesablauf bewältigen zu können. Auch die Medikamente wollte er zügig wieder absetzen. Sie verstand ihn und spürte dennoch ein flaues Gefühl.

„Ich habe diese Beziehung bereits gehasst", begann Stefan zu rekapitulieren. „Täglich dachte ich mir in der Kanzlei, dass jetzt wieder so ein nutzloser, fader Abend vor mir liegen würde und ich nicht heim wollte. Dabei war sie ganz okay. Sie war ein braves Mädel, machte bei allem mit. Und sie wollte ein Kind, ein eigenes."

Er wollte das nicht. Die Sache mit einem Kind war ihm ein Grauen. Er hatte sich ja schon um sein erstes Kind nicht wirklich gekümmert. Und in der Konsequenz nahm ihn sein eigener Sohn mit fast dreißig so wenig ernst, dass dieser sich nicht einmal die Mühe gemacht hätte, ihn aktiv zu ignorieren. Bei den unvermeidbaren Familienfeiern sah er einfach über Stefan hinweg. Es hätte auch gar keinen Sinn gehabt, seine Abneigung gegenüber dem Vater verbergen oder überspielen zu wollen.

Für ihren sehnlichen Kinderwunsch waren also nicht die besten Bedingungen gegeben.

„Sie hatte Schwierigkeiten mit meinen Stiefkindern", erklärte er dumpf weiter, „besonders mit meiner Enkelin." Er zeigte Katharina das Bild eines sehr ernst blickenden blonden Kindes, gerade an der Schwelle zum Schuleintritt.

Katharina beobachtete die Lebendigkeit und Wärme, die von ihm Besitz nahmen. Sie betrachtete das Bild auf seinem Handyschirm lange. Er hatte auch noch ein weiteres in einem Rahmen zwischen Stapeln von Büchern stehen. Auch hier ein sehr nachdenklicher Gesichtsausdruck.

Manche Menschen werden schon alt geboren. Mit diesem Kind schwang er, ließ er sich in seinem Fühlen fallen. Im Blick des Mädchens nahm Katharina dieselbe Tiefe und Schwermut wie bei Stefan wahr und auch das zart Musische spiegelte sich in den Zügen seiner Enkelin. Dieses Kind und er waren seelenverwandt. Und natürlich projizierte er sich selbst vollständig auf dieses Kind.

Katharina fühlte kurz, wie Ärger über das „brave Mädel" in ihr hochstieg. Wie hatte diese blöde Schlampe ihm das nehmen wollen und gleichzeitig mit ihm im Bett liegen und in sein Ohr hauchen können, dass sie ihn liebe?

„Nach der Trennung ging es mir sofort besser", setzte Stefan unterdessen nun in lebhaftem Ton fort. „Vor allem die körperlichen Beschwerden waren auf einen Schlag weg. Zack, einfach so." Er schnippte mit den Fingern.

Aber genauso wenig Stefan Beziehungen leben konnte, gelang ihm dies mit Trennungen. „Das Ding", wie er es jetzt nannte, hatte in seiner Psyche Gestalt angenommen und fiel ihn seither unkontrolliert an. Er wollte sie nicht mehr, doch der Gedanke, dass sie gerade in diesem Moment mit einem anderen ins Bett gehen könnte und es damit für immer vorbei wäre, raubte ihm den Verstand.

Der Schmerz, den er empfand, glich einem durchgreifenden Vernichtungsgefühl. Es war ihm bewusst, dass dieses paradoxe Verlustgefühl für seine tiefe Grundkränkung stehen musste, aber das half ihm nicht, zumindest derzeit nicht.

„Ich bin ein Idiot", meinte Stefan zusammenfassend und seine Augen suchten Katharinas.

Da sie gerade aufgestanden war, um nach dem Aschenbecher zu greifen, traf sie sein Blick von schräg unter ihr, was ihn in diesem Augenblick noch kläglicher erscheinen ließ. Katharina spürte Hilflosigkeit. Was konnte sie nur für ihn tun? Nichts, nur da sein, ihm zuhören, versuchen, ihn spüren zu lassen, dass sie an ihn und seine Kraft glaubte, denn er würde viel Kraft brauchen, um die Talsohle des existenziellen Sinnlosigkeitsgefühls durchschreiten zu können, beantwortete sie sich selbst die Frage.

Es war ihr aus Eigenem klar, dass die Berührung der Grundkränkung einen Abstieg in den Hades nach sich zog. Die derart ausgelösten Schmerzen waren existenzieller Natur, die Wellen ihres Auftretens in den ersten Wochen dicht in der Frequenz und hoch im Ausschlag. Ihr Nachlassen brauchte oft aufreibende, erschöpfende Monate. Genau so war es ihr ebenfalls ergangen.

Ob die Lebensaufstellung nach dieser Erfahrung eine balancierte war oder Einrisse und Erschütterung nur tiefer, hing von einem selbst ab. Die Chancen ließen sich schwer einschätzen. Man musste den Blick der Medusa klug meiden, den Erinnyen ins Auge blicken und den Gesang der Sirenen standzuhalten wissen. Die Verführungen, sich mit lautem Tun oder kurzweiliger Ablenkung von der mächtigen, in den Eingeweiden wütenden Einsamkeit abzulenken, die hinter der Grundkränkung lauerte, statt sich ihr zu stellen, waren groß.

Stefan war aufgestanden und zog Katharina nun ganz weich an sich. Sie spürte seinen Atem, der unverkennbar nach dem Tabak seiner Zigarillos roch. Sie mochte den Geruch. Er stand für ihn, war er. Er umarmte sie sanft, doch dann wechselte der Tonfall seiner Berührung. Dieselben Hände auf ihrem Körper und dieselbe Umschlungenheit, wie sie nun Zeichen der Wärme und Freundschaft zwischen ihnen gewesen war, ließen plötzlich zarte Lust entstehen. Sein Mund suchte sehr fein ihre Lippen und seine Zunge berührte die ihre.

Wenn ein Kuss im Herzen seinen Ursprung nimmt und jene magische, sich dem Verstand entziehende Chemie zwischen zwei Menschen besteht, kann die in wechselnder Berührung im Spiel des Kusses entstehende Sinnesreizung eine lustvolle Trance des Verlangens freisetzen.

Daraufhin löste er sich kurz von ihr, wobei er sie noch immer in den Armen hielt. Obwohl ihre Körper nun wieder getrennt waren, fühlte sich der Raum zwischen ihnen an, als wäre er von ihrer gemeinsamen Schwingung erfüllt.

„Schlaf mit mir", sagte Stefan sehr ruhig und ernsthaft. Dabei blickte er ihr vollkommen klar und direkt in die Augen. Als er ihre ängstliche Bestürzung und die Tatsache, dass sie sich dafür vollkommen unvorbereitet wiederfand, in ihren Augen aufflackern sah, wiederholte er es nochmals ganz sanft und deutlich bittend: „Bitte, schlaf mit mir."

Gemeinsam stiegen sie die Treppe zu seinem Schlafzimmer hinauf, wobei sie sich weiter umschlungen hielten, als hätten sie Angst, ansonst einander und den Mut zu verlieren. Stefan zündete zwei Teelichter an und sie spürte sich ganz befangen und ängstlich, und gleichzeitig einen großen Ernst in sich, so als würde etwas Großes vor ihr liegen.

Er kleidete sie langsam und zärtlich aus und als sie für einen Moment nackt vor ihm auf dem Bett lag und seine Augen sie nicht verließen, während er die letzte Kleidung abstreifte, fühlte sie sich für einen Augenblick sehr bloß und sie schämte sich.

Warum wollte er jetzt mit *ihr* schlafen? Meinte er überhaupt sie? Oder war es ein Freundschaftsdienst, den er gerade von ihr begehrte? War es eine erste erotische Regung im Auftauchen aus seinem seelischen Dunkel, die ihn erfasst hatte und ihn einfach wieder als Mann fühlen ließ und die er befriedigen wollte? Eine Bestätigung, dass seine Welt des Geschlechtlichen nicht verloren war?

Und würde er jetzt in sie eindringen und dabei an die andere denken, ihren umso viel älteren Körper mit der Straffheit des Fleisches jener Frau und deren Jugend vergleichen?

Katharina lag vor ihm auf seinem großen weißen Bett wie auf einem Altar. Sie hatte die Arme vor ihrem Körper gekreuzt und auf ihr Geschlecht gelegt, verwirrt von ihren Gedanken und ihrer gleichzeitigen Bereitschaft, in einem Gefühl, so atemlos zu sein, als wäre es das erste Mal für sie.

In seinen Augen meinte sie Milde und Offenheit zu erkennen. Ihr Blick vermaß im Kerzenschein, der alle Konturen weich zeichnete, seinen Körper. Seine Erektion war stark und klar.

Das Gefühl von Angst vor seiner Größe und dem Begehren nach der Lust, die er ihr in der Auslieferung an ihn bereiten würde, überfiel sie bei seinem Anblick in einer von ihrem Bewusstsein besitzergreifenden Weise, die sie, die in ihrem Leben mit vielen Männern geschlafen hatte, sonst nicht kannte.

Dann war er über ihr, spreizte mit Selbstverständlichkeit und genauem Wissen ihre Schamlippen und drang sehr langsam in sie ein. Sie liebten einander sehr bewusst, waren verhalten und dabei sehr unverstellt und neu füreinander.

Nachher lag er zwischen ihren gespreizten Beinen, seinen Kopf auf ihren Bauch knapp unterhalb ihrer Brüste gebettet. Sie streichelte ganz sanft seinen Rücken und hatte noch immer die Empfindung, ihn in sich zu haben, während er schwer auf ihr ruhte und in seiner Entspannung für eine kurze Weile einschlief. Der Druck seines Gewichts auf ihrem Körper verband sich mit dem Beben, das sie noch in ihrer Tiefe spürte. Sie mochte das.

Die nächsten Tage verbrachte sie in einer Pendelbewegung von angestrengter Alltagserfüllung und einer seltsamen wehmütigen Abwesenheit. Mal fühlte sie eine tiefe, unwiderstehlich sanfte und dabei unaufhaltbare Hingezogenheit zu Stefan, in die schmerzliche Melancholie miteingewoben war, mal tadelte sie sich, nachgegeben zu haben, spürte brennende Scham und Bloßstellung, ja tiefe Demütigung im Gedanken daran, vielleicht nur im Freundesdienst der Neuerweckung seiner Sexualfunktion gedient zu haben.

Sie hatte die bisherigen Treffen mit ihm genossen. Die Intensität und feinfühlig analoge Einschätzung des Moments, die beide immer wieder in dichter Komplizenschaft verband, fühlte sich nah und vertraut an. Ohne es sich erklären zu können, schenkte dies Katharina inspirierende Zuversicht für die Begegnung mit Menschen im Allgemeinen.

Bisher war es ihnen gelungen, einander neu und mit einer Gestik vertrauter Freunde, die körperliche Berührung in entspannter Weise miteinschließen, kennenzulernen. Doch nun hatten sie miteinander geschlafen. Es war, als wäre ein Windstoß in ein rotes Glutbett gefahren und hätte plötzlich ein unerwartet aufbrechendes Flammenmeer entfacht. Sie war gänzlich unvorbereitet gewesen, fühlte sich von ihm und sich selbst überfordert. Sie beschloss in der Angelegenheit der Sexualität auf Distanz zu gehen. Zu mächtig erschien ihr die Totalität, die der ehrlichen Begegnung innewohnt, um sich ihr zu diesem Zeitpunkt stellen zu können. Sie wollte sich nicht an den Flammen eines möglichen Strohfeuers verbrennen.

Einige Tage später verabredeten sie miteinander, zusammen ins Kino gehen zu wollen. Das war ihr äußerst recht so, schließlich taten das Paare, aber auch Freunde, und somit fühlte sie sich in ausreichender Deckung. An einem Freitag, als der Film gerade angelaufen war, hatte ihr Büro die Karten bereits organisiert.

Ein feiner Nieselregen fiel aus einem aschgrauen Himmel, der langsam nächtliche Schwärze annahm. Fröstelnd wartete sie am Eingang des Kinos. Unablässig strömten Personen, die zunehmend zielstrebiger und beeilter wirkten, neben Katharina durch den Eingang. Der Werbeblock musste bereits begonnen haben.

Stefan war noch immer nicht da. Ein Kaleidoskop von wechselnden Gefühlen befiel sie. Sorgte sie sich oder war sie ärgerlich und war sein Zuspätkommen, nun nachdem er mit ihr geschlafen hatte, bereits wieder ein Vorzeichen einer uneleganten Unhöflichkeit, die platt warten lässt, um sich selbst Wichtigkeit zu geben? Für derartigen Blödsinn würde sie sicher nicht mehr zur Verfügung stehen.

Da tauchte er ziemlich abgehetzt auf. Er war mit dem Motorrad unterwegs gewesen und hatte dieses wegen des zunehmend heftiger werdenden Regens noch rasch gegen seinen Wagen tauschen müssen. Kurz schämte sich Katharina ihres stachligen Misstrauens, dann tauchten sie in die Dunkelheit des Kinosaals.

Nach dem Film hatte er die Idee, bei einem Würstelstand einzufallen. So wie er es vorschlug, fühlte es sich wie ein Spitzbubenstreich an.

Sofort verwickelte er den Wurstverkäufer, einen dicken Mann, der wie ein abgehalfterter König in seinem grünen abgewetzten Militärparka mit Epauletten und langer grauer Schürze in seinem Stand regierte, in ein intensives, sehr persönliches Gespräch, ganz so, als wären sie alte Bekannte. Wieder einmal fiel Katharina auf, wie sehr Stefan über eine irritierende Fähigkeit verfügte, plötzlich nach Belieben Nähe mit einer Person herzustellen, und wie er es verstand, jede Situation dafür ausgezeichnet zu nutzen.

Mit ihren beiden Papptellern, auf denen die giftig-roten Würste lagen, die der Verkäufer bereits in mundgerechte Stücke vorgeschnitten und mit diversen Saucen flankiert hatte, rückten sie anschließend an den schmalen Tresen an der Seite der Bude.

„Warst du schon öfter hier?", fragte sie ihn, während sie das erste Wurstrund mit einem Miniatur-Holzspieß aufnahm. „Nein", antwortete er kauend, „aber die Wurst ist passabel hier." Dann rückte er ihr noch näher und spießte ungefragt eines der Wursträder von ihrem Pappteller auf, um die mit Käse versetzte Sorte, die sie gewählt hatte, zu kosten.

Gleich darauf steckte er ihr eines von seinen Stücken, garniert mit einer Gurkenscheibe und Kren, in den Mund: „Musst du unbedingt *so* kosten. So sind sie am besten. Was meinst du?"

Er macht es mit mir genauso wie mit dem Budenbetreiber, dachte sie kurz. Die kleine soziale Übergriffigkeit auf ihren Teller und anschließend dieselbe in Gestalt des ungefragten intimen Fütterns, mit dem er etwas mit ihr teilte, waren seine Instrumente.

Seine Handlungen verliefen immer meisterlich an der Grenze zwischen unverfänglich-amikaler Haltung und spezieller Intimität, waren ganz nach Belieben und möglicher Reaktion eines Gegenübers in die eine wie die andere Richtung deutbar und ließen für ihn immer alles offen, obwohl sie in der Wirkung beim Gegenüber Vertrautheit provozieren sollten, eine doppelgesichtige Vertrautheit.

Waren sie bloß gute Freunde, die in lockerem Umgang miteinander eine Wurst teilten, oder drückte er mit seiner Handlungsweise die Nähe eines Geliebten aus? Sprach er sie als Kumpel an oder als Frau?

Sie musste vorsichtig sein, dachte sie, durfte sich nicht verführen lassen. Sie wollte nicht die Rechnung für seine Instabilität zahlen.

Anschließend gingen sie in ein Innenstadtlokal auf einen Drink, wo er dieselbe Szene mit dem Barkeeper veranstaltete und im Handumdrehen aus der Bar sein Wohnzimmer machte. Er gab die Szene des Whiskykenners, der sich in der Suche nach dem Außergewöhnlichen schwertat, bezog virtuos andere Gäste am Tresen in sein Dilemma mit ein und schaffte es im Nu, im Zentrum der Aufmerksamkeit zu stehen, nicht ohne ihr im schummrigen Ambiente gleichzeitig Avancen zu machen. Katharina lächelte in sich hinein. Er verstand es, unterhaltsam zu sein in seinem Spiel des kleinen Buben, der so gerne Al Capone wäre.

Er beeindruckte sie nicht, aber er berührte sie in seiner Angestrengtheit und der Unsicherheit, die dahinter lagen. Sie hätte ihn so gerne einfach in die Arme genommen und gesagt, dass er auch so, ohne all seine Inszenierung großartig sei, immer dann, wenn er ganz bei sich und offen war, dass sie *ihn* mochte, den kleinen Jungen, und der „große Mann", den sie auch in ihm zu erkennen glaubte, so viel besser und entspannter zum Vorschein treten könnte. Das stimmte sie milde und sie willigte ein, als er meinte, dass sie noch bei ihm vorbeischauen könnten.

Sie mochte sein zweistöckiges Innenstadt-Junggesellenapartment, das er sich von der Nestbauerin zurückerobert hatte. Es war sosehr *er*, dass es ihr schwerfiel, sich die Brutalität jener Frau vorzustellen, die sie dazu befähigt hatte, hier einzuziehen. Sie musste wirklich noch sehr unerfahren gewesen sein, um nicht zu verstehen, wie sehr dieses Überstülpen ihres Lebensplans Stefan die Luft zum Atmen geraubt hatte.

Nie hätte Katharina mehr gewollt, als die Nacht oder nahe Stunden mit ihm hier zu verbringen, denn er brauchte seinen Sicherheits- und Rückzugsraum ganz für sich.

Wenn man liebt, ist der Respekt für die Seinsweise des anderen das oberste Gebot, dachte sie bei sich, als sie sich auf dem neuen Sofa mit der weiß-schwarzen Piqué-Polsterung in seinem Wohnzimmer niederließ, während er sich in der schmalen Küche mit dem Öffnen einer Rotweinflasche zu schaffen machte.

Katharina zündete sich eine ihrer exklusiven englischen Zigaretten an, die sie wegen der eleganten blutroten Verpackung und weil sie sie an die glücklichen Jahre ihrer Ehe erinnerten, so liebte.

Auf dem gläsernen Couchtisch vor ihr lagen im Fach unter der Tischplatte verschiedene Stapel von Büchern. Das Exemplar eines derzeit in den Bestsellerlisten laufenden Titels eines gesellschaftskritischen französischen Autors fiel ihr ins Auge und sie begann darin zu blättern: „Sie hatte einen kleinen festen Arsch, der noch dazu immer gut gespült war. Er fand, dass damit hinreichend die Voraussetzungen gegeben waren, von allen ihren drei Löchern, die sie noch dazu bereitwillig anbot, ausgiebig Gebrauch zu machen. Auch an der notwendigen Ausdauer fehlte es ihr nicht."

Katharina hatte die Textstelle laut vorgelesen, während Stefan gerade mit zwei langstieligen, wie riesige Blumenkelche geformten Rotweingläsern hereingekommen war. Er reichte ihr ein Glas und prostete ihr zu. Nachdem er den Wein genießerisch gekostet und kommentiert hatte, begann er die Kerzen zu entzünden, die in dem mannshohen Kandelaber steckten, der in einer Ecke der Dachschräge stand. Daraufhin drehte er das Raumlicht stark herab. „Ich habe das Buch noch nicht gelesen", meinte er. „Aber es klingt gut", ergänzte er mit einem Lächeln.

„Ja, du hast recht", versetzte Katharina nachdenklich und nippte an diesem, wie sie jetzt anmerkte, ausgezeichneten französischen Wein. „Die Verpornografisierung der Sprache klingt gut, aufreizend in ihrer Obszönität und Brüskierung. Die Vulgarisierung rüttelt für einen Moment auf und reizt die schon erschlafften Sinne in einer Gesellschaft, in der alle Tabus längst in die Normalität eingemeindet worden sind.

Was als letzter Reiz noch bleibt, ist, dass die emotionale Erkaltung chic ist, die Versachlichung und Objektivierung hochemotionaler Situationen als modern und cool angesehen wird. Und wenn es von einem kritischen Endzeitphilosophen wie diesem Autor vorgebracht wird, mutieren unter der Deckung von Kritik Obszönität und Instrumentalisierung zu einer Gegenwehr, ja Opposition. Ich hoffe, er hat es so gemeint und seine Leser erkennen das, statt sich nur an seinem Text zu begeilen."

Sie hatte mehr Strenge in ihre Stimme gelegt, als sie gewollt hatte. Stefan, der in der Zwischenzeit eng neben ihr auf dem Sofa saß, nahm ihr das Glas aus der Hand und drückte sie in die Polster, während er sie zu liebkosen begann. „Lassen wir die gut gespülten Arschlöcher beiseite", meinte er mit der ruhigen Stimme eines, der keine Peinlichkeit kennt, „und bleiben wir beim Echten."

„Wir haben uns übernommen", meinte er, während er ihren Rock hochschob, ihre Schenkel streichelte und ihr wieder sehr gerade und klar in die Augen blickte.

„Wir haben uns übernommen", meinte er nochmals, öffnete die obersten Knöpfe ihrer Bluse und erfasste ihre Brust mit seiner Hand. Er küsste Katharina lang und leidenschaftlich, um sich wieder von ihr zu lösen und aufzustehen.

Danach machte er sich an seiner beeindruckenden Stereoanlage zu schaffen, die über sein Handy steuerbar war, bis die Töne von cooler Jazzmusik wie Konvolute von Seifenblasen aus den schlanken, säulenförmigen Lautsprechern quollen.

Auf dem großen Plasmafernseher konnte man den jeweiligen Namen der gerade laufenden Nummer und ihre Abspiellänge lesen. Katharina fand diese archivarische Zugangsweise irgendwie lächerlich, aber das war ebenfalls modern heute.

„Tolles System", meinte er in vollkommen bubenhaft begeisterter Weise, während er an den verschiedenen Klangreglern, die in einem separaten Gerät hausten, herumhantierte.

Sie schwiegen eine Weile. Die Musik füllte den Raum zwischen ihnen.

Der erotische Faden der Situation schien abgerissen zu sein. Dies ließ sie, so halb entkleidet, sich nun seltsam beschämt und bloßgestellt fühlen. Katharina knöpfte ihre Bluse zu und zog den Rock wieder zurecht, nahm einen Schluck Wein und zündete sich eine Zigarette aus dem blutroten Paket an. Sie empfand sich als sehr getrennt von Stefan.

„Aber ich kann es mir vorstellen", hörte sie sich plötzlich sagen.

Er drehte sich von seiner Stereoanlage zu ihr um. „Was?", meinte er und unterstrich seine Frage mit einem auffordernden Blick.

„Ich war heute im Fitnessstudio", begann sie. „Dort war eine junge Schwarze, oder vielleicht war sie auch Inderin. Jedenfalls hatte sie dunkle Haut. Sie trug einen burgunderroten glänzenden Dress und eine sehr martialisch anmutende Gewichtsrolle auf ihren Schultern. Die Braut hat echtes Hardcore-Muskeltraining veranstaltet. Schien mir fanatisch darin.

Jedenfalls war jede Muskelpartie an ihrem Körper herausgearbeitet, wie ziseliert. Ihr Hintern ist vor mir auf- und abgetanzt.

Ich kann es mir vorstellen, dass man diese pralle Lebendigkeit als Mann einfach packen will. Ich habe mich in diese Vorstellung hineinversetzt und wenn ich einen Penis hätte, wäre er angeschwollen und ich hätte sie an ihren Hüften packen und diesen Schwanz zwischen diese straffen, festen Pobacken schieben wollen. Das Tier in mir hätte diesem machtvollen Ruf einfach folgen wollen."

„Aber", sagte er ruhig, „dein Ton, lässt mich ein ‚Aber' erwarten."

„Aber", sie blickte auf und schien aus der Trance des inneren Erinnerungsbildes zu erwachen. „Aber ich würde es nicht tun", meinte sie fest. „Nicht aus moralischen Überlegungen oder aus der Unmöglichkeit der Situation heraus, sondern weil ich heute *alles will.*" Sie blickte ihm fest in die Augen und er hielt ihrem Blick stand. „Ich will das Tier in mir *und* meine Seele im sexuellen Akt Gestalt werden lassen."

„Komm", sagte er daraufhin sanft und gleichzeitig mit einer Aufforderung in seiner Stimme, die jeden Einwand beiseiteschob, und streckte ihr die Hand entgegen. „Lass uns nach oben gehen."

Es war die Wärme seiner Finger, die sich mit den ihren verschränkten, und die sie in ihren eigenen fühlte, die sie ihren Widerstand, mit ihm zu gehen, überwinden ließ. Was wollte er nun von ihr? Er hatte sie erotisch berührt und sie halb entblößt, um sich daraufhin brüsk mit der Alltäglichkeit der technischen Handhabung seiner Stereoanlage von ihr abzuwenden. Heiß und kalt, an sich ziehen und wegstoßen bestimmten seine Kommunikation. Der beständige Wechsel von Nähe und Distanz schien ihm aufgeschweißt. War dies sein großes Thema, den richtigen Abstand nicht finden zu können?

Doch sie gab sich ihm und er ließ ihre Hand nicht los. Sie stiegen, wie ihr schien, verhalten, ja fast verstohlen die Treppe zu seinem Schlafzimmer hinauf, wie zwei Kinder, die sich in dem von ihnen gewählten Spiel nicht sicher sind, ob es erlaubt ist. Dann standen sie vor seinem Bett, das heute mit seinen weißbezogenen üppigen Polstern und der doppelten Bettdecke seltsam groß und unpassend erwachsen wirkte. Sie fühlten ein Zögern, wie eine wechselseitige Frage, was nun geschehen sollte.

Wieder zündete er zwei Teelichter an, die links und rechts vom Betthaupt in rubinroten Behältern steckten. Der sanfte Schein der kleinen Flammen ließ ihren Atem ruhiger gehen und sie selbst Sicherheit in der Gedecktheit der schummrigen Beleuchtung finden.

Sie fühlten sich beide gänzlich ohne Plan, nur auf das Horchen in sich selbst zurückgeworfen und der eigenen Frage ausgeliefert, wie sich der erotische Faden nun neu zwischen ihnen spinnen würde, wenn sie sich ganz ohne Zutun dem überlassen könnten, was sich zwischen ihnen gestalten konnte.

Wieder standen sie für einen Moment da wie zwei Kinder und blickten einander in die Augen, gänzlich unverstellt, so als hätten sie nicht schon ein Leben als Mann oder Frau in ihren Rollen und Erfahrungen hinter sich, sondern als wäre es neu und erst zu entdecken. Katharina dachte an „Ronja Räubertochter“, ein Buch, das sie ihren eigenen Kindern vorgelesen hatte und das ihr für diese Situation jetzt passend erschien.

Dann hob Stefan seine Hand und begann Katharina langsam auszuziehen. Es war ihr, als würde sein unverwandt auf ihr ruhender Blick heute bei jedem Schritt Einverständnis in ihren Augen suchen. Auch sie öffnete die Knöpfe seines Hemds mit bedächtiger Vorsicht, entdeckte den Körper, der unter dem Stoff verborgen lag, ganz neu und so bewusst, dass sie für einen Moment dem unwiderstehlichen Wunsch nachgeben wollte, ihren Kopf an diese neue Brust zu legen, um sein kräftiges Brusthaar an ihrer Wange zu fühlen und seinen Geruch in sich einzusaugen.

Sie ließen sich Zeit und wenn sie plötzlich aufgehört und einfach so stehen geblieben wären, verschlungen in einer unvollständigen Nacktheit und die Berührung des anderen spürend, so wäre es auch in Ordnung gewesen. Denn sie hatten beide ihr erprobtes routiniertes Skriptbuch des sexuellen Akts beiseitegelegt für diesen Versuch freier Äußerung einer erotischen Begegnung.

Schließlich hatten sie einander in ihre wechselseitige Nacktheit geholfen und fast schüchtern an sich und aneinander hinabgeblickt, als wären sie überrascht vom eigenen und dem Körper des anderen.

Daraufhin ergriff er die Initiative und zog sie auf das Bett. Für einen Moment dachte sie, dass nun alles seinen üblichen Lauf nehmen würde, er sich über sie erheben und in sie eindringen würde wollen, und sie fühlte eine seltsame Wehmut und enttäuschte Ergebenheit.

Doch er legte sich dicht neben sie und im sich ergebenden Spiel der Berührungen fanden sie sich einander zugewandt und aneinandergeschmiegt. Sie spürten die Haut des anderen diesmal nicht als einen Hintergrund, sondern als die Bühne des eigentlichen Fühlens.

Sein Geschlecht hatte sich aufgerichtet und lag mit festem Druck auf ihrem Unterbauch. Auch Katharina fühlte die Konzentration ihrer Erregung in ihrem eigenen Geschlecht erwachen, als würde eine geheime Kraft wie ein Sog den Blutstrom in ihren Unterbauch saugen.

Sie küssten einander lange, schamlos und zugleich mit der Naivität entdeckender Forscher, weiteten den Kuss von einer auf das Terrain der Münder beschränkten Handlung aus, ließen daraus ein neckendes Lecken und zärtliches Beißen an Hals, Wangen oder jenen sie gerade lockenden Hautpartien des anderen werden. Ermutigt durch die gewonnene Nähe in ihrem Experiment küssten sie einander anschließend an allen erlaubten und auch den verbotensten Stellen ihrer Körper mit fast schwebendem Ertasten ihrer Lippen und auch lüstern eintauchender Sinnlichkeit.

Unendlich lange, ganz ohne Hast und Ziel lag er versenkt in ihr Geschlecht zwischen ihren Beinen und Katharina erfuhr ihren Körper und seine Lust ganz anders in dieser neuen Ziellosigkeit seines liebkosenden Mundes. „Jetzt bist du fast gekommen", sagte er dann sehr ruhig. „Ja, fast", antwortete sie ihm und es berührte und erschreckte sie zugleich, mit welcher Feinfühligkeit er sie lesen konnte.

„Wenn wir beim Wahren bleiben und nicht ein Schmierentheater inszenieren, brauchen wir beide noch Zeit", sprach er weiter, „Zeit, uns intim fühlen zu können." Sie spürte es genauso. Es gab die Ebene der Routine, den geübten Katalog eines mechanistisch reduzierten sexuellen Ablaufschemas, auf das auch der Körper trainiert war und ohne Herz und tieferes Gefühl reagieren konnte, um saubere haushaltstechnische Auswürfe der Entladung zu produzieren. Die Seele fand sich davon nicht wirklich angesprochen.

Dies hier war anders, fühlte sich aus jeder Zelle kommend an, spannte ein sehr persönliches, nur ihnen gehörendes Band zwischen ihnen.

Sie fanden sich ganz ohne Intention, wie zwei im Spiel vertiefte Kinder, die dem Kompass ihrer Neugier und dem Erfahren-Wollen in unwissender Schamlosigkeit folgten.

Inmitten dieser tastenden Ungewissheit, die den folgenden Schritt nur aus dem Erleben des gerade gesetzten zu beziehen vermag, mussten sie sich auch der Aufgabe stellen, das Ende ihres Tuns richtig zu bestimmen. Sie liebten einander vielgestaltig, doch ohne ihre Geschlechter zu vereinen, lange weiter, bis sie, lustsatt und die Finger ineinander verschränkt, ganz eng aneinandergeschmiegt und ohne es gewollt zu haben, gemeinsam in einen erschöpft entspannten, kurzen Schlummer geborgenen Gehalten-Werdens fielen.

Katharina erwachte als Erste. Das Flackern des nahenden Verlöschens eines der Teelichter hatte unruhige Schatten geworfen und ihren leichten Schlaf wohl durchbrochen. Ihr Kopf lag halb auf Stefans Brust und halb schon in seine Armbeuge gegraben. Katharina wunderte sich, wie sie beide so synchron hatten einschlafen können und dass die so verschraubte Position ihrer beider Körper kein Hindernis gewesen war. Stefan schlief noch und in dieser schutzlosen, unverstellten Privatheit des Schlafs, in der sogar der seine jeweiligen Masken und Rollen als Schutzschild hochziehende wache Geist ruht, kam er ihr seltsam jungenhaft und weich vor.

Eine unvergessliche Kinderszene ihrer kleinen Tochter und ihres gleichaltrigen Kameraden fiel ihr plötzlich ein. Beide Kinder waren gerade vierjährig im Hochsommer gemeinsam und nackt in einer flachen Lache warmen Wassers in einer Senke der Terrasse neben dem Pool ihres Hauses in der Toskana gesessen. Das gellende Schreien der mittäglichen Zikaden verbreitete hypnotische Bewegungslosigkeit. Die Stimmung war südlich hitzeschwer und von entspannter, träger Nacktheit, wie sie alle hier.

Plötzlich war dem kleinen Jungen eine prächtige Erektion gelungen, die ihn selbst überraschte und die er in naivem Stolz seiner Spielkameradin zeigte. Ihre Tochter hatte ihn gebannt beobachtet, wie er das große, harte Ding, zu dem sein Penis angeschwollen war, mit schlenkernden

Beckenbewegungen von links nach rechts warf. Beide hatten sie gelacht. Dann war ihr die Idee gekommen, den Zauberpenis selbst untersuchen zu wollen. Ihre Neugier war unverstellt und von wissenschaftlicher Tiefe, ihre Hand ertastete Konsistenz und Bewegbarkeit. Besonders das Vor- und Zurückschieben der Vorhaut über die Eichel schien ein gleichermaßen Einsicht offenbarendes wie unterhaltsames Spiel zu sein.

Danach hatte er ihr seinen Penis wieder aus der Hand genommen, sehr deutlich war die Gestik des Besitzers, und hatte in hohem Bogen und im Abfall seiner Erektion einen goldenen Strahl voll dominantem Stolz angesichts der erzielten Weite gepinkelt.

Das hatte beide Kinder gemeinsam lachen lassen – er mit Stolz und sie mit Bewunderung. Doch ein zitronengelber Falter, der von einem überreifen Pfirsich in der danebenstehenden Schale angezogen worden war, hatte die Aufmerksamkeit der Kinder einen Moment später noch viel mehr in seinen Bann gezogen, das Spiel beendet und so ihre Unschuld bewiesen.

An diese einprägsame Szene musste Katharina denken, als sie sich für einen winzigen Moment als neben dem Bett stehend und auf sie beide niederblickend fühlte.

Schließlich wachte auch Stefan auf. Sie erzählte ihm von ihrer Erinnerung. Er lachte und nannte es „Rückkehr ins Paradies". „So wie wir", fügte er hinzu und begann sich aufzusetzen. Er würde jetzt sicher sofort eine seiner Zigarillos brauchen, war sich Katharina sicher. Nachdem er auf dem Nachttisch keine der an zahlreichen Orten der Wohnung liegenden Metallschachteln gefunden hatte, setzte er sich endgültig auf, um aufzustehen. Er ging nackt über die Treppe hinunter, die unter seinen bloßen Füßen knarrte.

Katharina mochte die selbstsichere Selbstverständlichkeit, mit der er sich in seiner Nacktheit bewegte. Sein Penis war auch im erschlafften Zustand groß und pendelte mit seinem Körper bei jeder Bewegung rege mit. Doch in der Art, mit der Stefan seine Körperlichkeit trug, lag eine vollständig natürliche Schamlosigkeit, die keine sozialisierte Peinlichkeit kannte. Katharina dachte kurz an die Bilder sozialistischer Freikörperkultur, mit denen ihre Generation aufgezogen worden war. Die junge Generation der Gegenwart schien ihr trotz aller Pornografie, Entmystifizierung und Vernüchterung durch Dating-Plattformen und Sextoy-Partys, die die Tupperware-Abende ihrer Mutter abgelöst hatten, sehr viel prüder im Umgang mit der eigenen Nacktheit, wenn sie nicht demonstrativ war.

Sie hörte das Rauschen der Toilette im Untergeschoß und kurz darauf das Knarzen der Stufen, als Stefan wenig später mit der flachen Blechschachtel seiner Zigarillos und zwei nachgefüllten Rotweingläsern wieder nach oben kam. Er gab ihr eines der Gläser, stellte seines auf den Nachttisch und setzte sich gegen das Betthaupt gelehnt ganz nah neben sie. Daraufhin nahm er einen tiefen, genießerischen Zug aus seiner Zigarillo, die er sich zuvor im Untergeschoß angesteckt hatte, und zog Katharina eng an sich. Es war eine liebevolle, weiche Geste von so viel Vertrautheit und Nähe, dass sie den starken Impuls verspürte, sofort gehen zu wollen.

Hielt er mehr aus als sie, er, der ihr zuvor, als sie von seiner Enkelin gesprochen hatten, auch offen verkündet hatte, nur mehr für ein Kind, eben dieses Kind, Liebe empfinden zu wollen? War alles also nur Ausdruck seiner taktierenden Kommunikation, die mit Nähe spielte, wie an der Wurstbude früher am Abend? Oder wusste er selbst nicht, wer er war und was er fühlte?

Darüber dachte sie noch immer nach, als sie ihn wenig später verlassen hatte und in die Geborgenheit ihrer eigenen Innenstadtwohnung zurückgekehrt war. Dieser Abend mit ihm hatte sie bewegt. Denn er hatte den erotischen Faden zwischen ihnen mit großer Vorsicht und Ehrlichkeit aufgenommen. Doch wo sollte das hinführen? Waren sie auf dem Weg, sich ineinander zu verlieben? Katharina fühlte, wie ihr diese Vorstellung Angst bereitete. Der romantischen Beziehung wohnt in dieser Gesellschaft eine die Liebe vernichtende Kraft inne, dachte sie wieder einmal.

Wehmut schnürte ihr die Kehle zu und stimmte sie melancholisch. Wenn das Fühlen zwischen ihnen in eine übliche Form gegossen würde, wüchse wahrscheinlich die Gefahr, dass etwas, das sehr zart und tief in ihr als ein ursprüngliches, reines Liebesgefühl wurzelte, zusammen mit dem Wunsch, bedingungslos angenommen zu werden, schon in den Anfängen zerstört werden würde.

Sie wollte doch nur mehr authentisch und vor allem ohne einschnürende Konventionen, Reglements, Kategorien und Erwartungen lieben. In jenem Moment mit ihm heute, als sie einander außerhalb aller Regulierung liebten, hatte sie dieses schlichte, anspruchslose Lieben auch so fühlen können. Das machte es noch wertvoller und beängstigender. Gleichzeitig durfte sie sich nicht verführen lassen, sich in das Bild von Zusammengehörigkeit, das sie sich in dieser Situation gepinselt hatte, zu verlieben. Noch dazu, wenn es vielleicht nur von einer bedeutungslosen Mechanik bestimmt wurde, der er sich für den rein kurzweiligen Zeitvertreib, den die bereits Resignierten so bitter benötigen, bediente. Wie sollte sie all das sicherstellen? Sie musste vorsichtig und wachsam sein, besonders auf sich selbst.

Nach diesem Abend trafen sie einander mehrere Wochen nicht. Sie hatte äußerst viel zu tun und richtete es magisch so ein, dass sie unabkömmlich war und dies auch glauben konnte. Dies verschaffte ihr wieder Sicherheit und Überblick, wie sie glaubte. Auf jeden Fall wich das Gefühl von Verletzlichkeit und Aufregung, wenn sie an ihn dachte. Sie war der Ansicht, dass damit eine angemessene Besonnenheit einherginge, die sie vor Unüberlegtem schützen und kühlen Kopf bewahren ließe.

Sie sah es als eine Übung von Disziplin, ihn zu meiden, um bewusst bleiben zu können und nicht einer eintrainierten sozialisierten Mechanik der Anziehung zu einem Menschen mit dem im Gefolge stehenden Bataillon von Erwartungen zum Opfer zu fallen.

Eines Abends dann, Mitte der Woche, telefonierten sie miteinander. Stefan wirkte aufgeräumt, was Katharina mit Freude für ihn und der gleichzeitigen Sorge erfüllte, dass er sich vielleicht nun bald wieder vollkommen seiner lauten Jungenart ergeben würde.

Es war ein schwieriger Zeitpunkt, dieser aufsteigende Ast nach einer Krise. Der Schrecken des existenziellen Vernichtungsgefühls steckt einem noch spürbar in den Knochen und nichts liegt näher, als die erste einschießende Energie für die Flucht in Oberflächlichkeit und Selbstdemonstration von Heiterkeit zu verwenden. Mit seinem Repertoire als

Kommunikationsmagier konnte er sicherlich von Neuem stets alle Aufmerksamkeit auf sich lenken und sich dabei gleichzeitig alle Menschen vom Leib halten.

Wusste er, dass er damit die Welt in eine Bühne verwandelte, auf der er nur Wirkung erzielen wollte? War er sich darüber klar, dass er sich damit noch immer als unsicheres Arbeiterkind der Beurteilung eines imaginären Publikums auslieferte, das ihm seine Wichtigkeit bestätigen sollte? Ahnte Stefan, dass ihn dies nicht nur von seinem eigenen Fühlen abtrennte, sondern auch von wirklicher Nähe, und damit seine Energien nutzlos verbrannte? Oder war das gerade seine Methode, die grundsätzliche Existenzangst und die Gefährlichkeit von Menschen unter Kontrolle halten zu können?

Wenn er so flockig und großmäulig vor sich hin plapperte, fand sie ihn etwas langweilig, aber auch süß, denn das Bubenhafte war unverstellt und ehrlich begeistert in ihm und sprach sie genau dort an, wo auch sie mit Hingabe und zahlreichen Schnittverletzungen Pfeile für ihren Indianerbogen geschnitzt und die für Mädchen verbotenen Abenteuerspiele, die alle ein bisschen gefährlich und Mutproben gewesen waren, als Kind erlebt und in ihrem Herzen aufbewahrt hatte.

Für das kommende Wochenende plante Stefan wieder eine seiner Wahnsinnstouren mit dem Motorrad. Drei- oder viertausend Kilometer im Stück wollte er fahren. Es war halbwegs stabiles Wetter für dieses erste Frühsommerwochenende angesagt.

Plötzlich meinte er: „Paris oder Nizza? Kommst du hin?“ Der Satz lag irgendwo auf der Strecke zwischen Scherz und Herausforderung an sie, und dennoch hatte er es geschafft, den Tonfall gleichzeitig so zu wählen, dass an seiner vollkommenen emotionalen Gleichgültigkeit, ob sie kommen würde oder nicht, kein Zweifel bleiben sollte.

„Nizza“, hörte sie sich sagen und fügte rasch, nachdem sie ihren Terminkalender überschlagen hatte, hinzu: „Von Freitag auf Samstag könnte ich, falls nachmittags ein Flug geht.“ Er kam jetzt in Fahrt. Der Streich schien ihm zu gefallen. Er würde es so einrichten, dass er sie am Flughafen in Nizza abholen könnte und sie zusteigen sollte. Sie könnten zwischen Nizza und Monaco umherkurven, und nach ihrer Heimkehr würde er seine Tour fortsetzen. Er schien jetzt aufrichtig begeistert von der Idee. Es war verrückt und fühlte sich trotzdem sehr passend für sie beide an.

Und gleichzeitig lag in diesem Vorhaben eine Herausforderung an sie beide, die Katharina ein dunkles ängstliches Ziehen in den Eingeweiden verursachte, nachdem sie das Gespräch mit ihm beendet und aufgelegt hatte. Sie hatte sich umgehend die Flugmöglichkeiten für Nizza im Internet angesehen und festgestellt, dass es tatsächlich einen äußerst passenden Termin gab.

Sie würden sechsundzwanzig Stunden durchgehend miteinander verbringen und noch dazu in einem gemeinsamen Hotelzimmer übernachten. Das bedeutete ein vollkommen ungedecktes Alltagserleben des anderen, mit Mundgeruch nach dem Schlaf, Zahnputz- und anderen möglichen Geräuschen der biologischen Realität und bedeutungsloser platter Nacktheit im grellen Tageslicht, mit anderen Worten: die Sichtbarkeit der eigenen Banalität.

Dafür hatte Katharina kein Handlungsschema, nur peinliche Beängstigung bei der Hand, wie ihr nun auffiel. Konnte sie sich dergestalt ausliefern? Zur Not könnte sie vollkommen auf Kumpel machen. Oder sollte sie absagen, eine Ausrede finden? Sie hatte versprochen, ihm zu schreiben, wenn sie Genaueres wüsste.

Ihr Büro, das sich über den plötzlichen beruflichen Termin in Nizza wunderte, reservierte das Ticket kommentarlos, und sie schrieb Stefan: „Ankunft Nizza Freitag 14:35“. Das hielt sie für angemessen, denn es hieß ja schließlich Short Message Service und mit jedem Wort mehr fürchtete sie ihre Angst zu entlarven.

So klang es außerdem wie in einem Thriller oder großen Liebesfilm. Auch das schien ihr für den Aufwand passend. Als sie im Flugzeug saß, war ihr nicht klar, ob er wirklich *sie* in Nizza treffen wollte, oder ob er bloß eine Frau wollte, die bereit war, in der Kulisse von Nizza auf ihn zu warten. Aber auch ihr gefiel jetzt in erster Linie das Abenteuer.

Ganz im Unterschied zu den anderen Passagieren, die augenscheinlich auf ein frühsommerlich-touristisches Wochenende an der Côte d'Azur eingestellt waren und dies bereits im Anflug durch entsprechende Sandalen,

Sommeroutfits sowie eine leicht überdrehte Hochstimmung all jener, die auf Spaß gieren, illustrierten, trug Katharina feste Stiefel, eine schwarze Jeans und viel Beklemmung im Bauch. Auch eine Lederjacke hatte sie bei sich. Ihr einziges Gepäckstück war ein schmaler Rucksack, in den sie neben ihren Kosmetikutensilien hochhackige Pumps, die ihrerseits als Behältnis für ihre zusammengerollte schwarze Spitzenunterwäsche dienten, und einen kurzen Rock gestopft hatte. Die Pumps hatten beim Packen sehr anachronistisch angemutet. Irgendwie waren sie so zu liegen gekommen, dass die Heels in den Rücken stachen. Das machte das Ganze noch lächerlicher und sie selbst unsicherer. Sie konnte sich nicht erinnern, je so geflogen zu sein. Warum ließ sie sich auf das Ganze ein?

Als sie sich nach der Landung und dem üblichen Viehtrieb durch das Labyrinth des Flughafengebäudes endlich in der Ankunftshalle ausgespuckt wiederfand, spürte sie, wie so oft in dieser Situation des plötzlichen Aufschlagens an einem neuen Ort, zuerst ein Gefühl unangenehmer Überfremdung.

Fliegen betrachtete sie als eine gänzlich unnatürliche Art zu reisen, einfach unpassend für die Spezies Homo sapiens. Man hatte keine Möglichkeit der Annäherung und des Sich-Einstellens, sondern fand sich plötzlich nach Stunden der sterilen, standardisierten Unverbindlichkeit in eingepferchten Sitzreihen in völliger Fremdheit wieder. Und dann wurde man auch noch von einer Explosion unbekannter Sinneseindrücke erschlagen.

Hier empfand sie es jetzt besonders schlimm, denn sosehr sie auch Ausschau hielt, konnte sie Stefan nirgends in den um sie wie Wildwasserstrudel wütenden Menschenkringeln von Ankommenden und Abholenden entdecken. Er war schlichtweg nicht da!

Einen Moment fühlte sie sich mutlos und dumm, so als wäre sie in eine Falle gegangen, hätte ein sie narrendes Spiel nicht rechtzeitig erkannt.

Saß er jetzt irgendwo und amüsierte sich über ihre leichtgläubige Steuerbarkeit, seinem Fingerschnippen Folge geleistet zu haben? War sie gekommen, um nun hier in Nizza in irgendeinem Hotelzimmer bis morgen allein und gedemütigt auf den endlich sie zurückbefördernden Flug warten zu müssen? War dies eine neue bösartige Facette seines Heiß-kalt-

Spiels? Würde nun in wenigen Minuten eine bedauernde Nachricht, dass er aufgehalten worden wäre oder seine Pläne habe ändern müssen, eintreffen? Wollte er sie demütigen?

So charmant und kavalierhaft seine oberste Panzerschicht auch schillern mochte, unter der Oberfläche wartete eine stark spannungsgeladene, wenn nicht sogar feindselige Haltung gegenüber Frauen.

Es waren nun bereits fast zwanzig Minuten seit der Landung vergangen. Katharina zog ihr Handy aus dem kleinen Seitenfach des Rucksacks und wählte Stefans Nummer. Der Klingelton blieb unbeantwortet. Schließlich sprang die Umleitung auf seinen Kanzleianrufbeantworter an. Man teilte ihr mit, dass das Sekretariat ab Montag neun Uhr wieder besetzt sein würde. Damit wurde die Leitung unterbrochen.

Kurz fühlte Katharina, wie Panik und Wut gemeinsam in ihr aufstiegen. Dann wurde sie wieder ruhig, sehr ruhig und gefasst sogar, denn sie entschied sich, dass es egal war, wenn er hier ein dummes Spiel mit ihr veranstaltet hätte. Es wäre *sein* Spiel und sie dabei sicher nicht seine Spielfigur. Für die wenigen Minuten seit sie angekommen war und ihn nicht angetroffen hatte, war sie vom alten Trauma ihres Vaters, der sie in einer seinem Belieben zugeordneten Mechanik an sich gezogen und von sich gewiesen hatte, überrumpelt worden.

Wenn Stefan genauso funktionierte, wäre es jetzt zu Ende für sie. Die Sicherheit in dieser Entscheidung, zu der sie heute mit ruhig schlagendem Herzen fähig war, fühlte sich beruhigend fest und eindeutig an.

Sie würde sich ein feines Hotelzimmer am Strand nehmen und einen netten Nachmittag und Abend zubringen, ganz mit sich – und diesen seltsamen, von unterschiedlichem Glamour umsponnenen Ort erkunden. Zumindest verdankte sie es ihm, hier zu sein.

Sie trat aus dem Gebäude und fand sich unerwartet im Hochsommer wieder. Das bestätigte nochmals ihre Abneigung zu Flügen. Solches Reisen führte zu disruptiven Situationen. Katharina fand, dass wenigstens die Umstände passen sollten, wenn man das schon auf sich nahm.

Draußen fand sich ein unüberblickbares Gewirr von ausgeschilderten Umleitungen und kompliziert geführten, improvisierten Fahrbahnen. Es schien ein gröberes Gebrechen gegeben zu haben, dem diese Unübersichtlichkeit zuzuschreiben war. Dazwischen liefen Hilfskräfte in roten Warnwesten und einige Polizisten umher und versuchten vergeblich, den sich stauenden Verkehr zu regeln. Die Uniformierten machten heftig von ihren Trillerpfeifen Gebrauch und untermalten ihre Anweisungen mit eckigen, unwirschen Handzeichen und starken Grimassen. War das, was hier geschah, eine Ausnahme oder benahmen sich Südfranzosen einfach so? Hier schien es nicht einmal möglich zu sein, in geordneter Weise ein Taxi zu finden.

Dann spürte sie das Vibrieren ihres Handys, das sie noch immer in der Hand hielt, und vernahm seine Stimme. Er war unmittelbar hier am Flughafen, wie er berichtete, leider zu spät, obwohl er die letzten dreihundert Kilometer ohne Pause durchgefahren war, weil er wegen eines Verkehrsunfalls weiter nördlich ziemlich viel Wartezeit bei einer Sperre verloren hatte. Er kreiste jetzt bereits in der dritten Schlaufe um den Terminal, weil sein Navi die Akutumleitungen hier nicht integriert hatte. Es täte ihm leid, dass sie habe warten müssen, aber die Straßenverhältnisse von halb Frankreich erschienen heute gelinde gesagt wie ein Provisorium. Er klang sehr ehrlich. Sie beschrieb ihm, wo in etwa sie stand. Wieder spürte sie scharfe Scham über ihr Misstrauen.

Wenig später fuhr er vor und hielt vor den Augen der Gendarmen ungeniert an einer verbotenen Stelle. Stefan umarmte Katharina flüchtig und sie beeilte sich, aufzusteigen. Irgendwie fühlte es sich wie in einer Filmszene an. Es war eindeutig wieder ganz großes Kino, eine Inszenierung, die zu ihm passte.

Stefan fuhr seine imposante Maschine mit sichtbar geläufiger Lässigkeit und mit demonstrativem Outfit. Neben einem lächerlichen Ledersturzhelm, der gerade mal die gesetzliche Norm übertölpelte und irgendwo zwischen dem letzten Jahrhundert und der handgenähten Lederverkleidung einer Kartonschale angesiedelt sein musste, trug er eine abgewetzte Vintage-Lederjacke und seine obligate Zigarillo im Mundwinkel.

Er war das genaue Gegenstück zu John Wayne, der langsam gegen den Sonnenuntergang ritt, gewesen, als er auf Katharina mit der noch grellen Frühnachmittagssonne im Rücken zufuhr. Geschickt, als wären er und das Motorrad eine gemeinsam fühlende Einheit und unmittelbar verbunden, kurvte er durch den Umleitungszirkus und sie flogen in Richtung Stadtzentrum.

Katharina erinnerte sich, dass es im Italienischen zwei Begriffe für den Motorradfahrer gab: den Motociclista sowie den Centauro; er war eindeutig Zentaur und eins mit dem Gerät, der ganze Mann verschmolzene Einheit mit der Maschine unter ihm, durchdrungen von den Vibrationen des Motors, die er wie ein beständiges intimes Flüstern seiner Geliebten in sich aufnahm. Im Knotenpunkt seines Beckens lag dann als Schaltstelle dieser Verbindung das eigentliche Befehlszentrum dieses Hybridorganismus Mensch-Maschine.

Sie fühlte sich sofort sicher mit ihm, saß mit gespreizten Beinen hinter ihm und hielt seine Taille umschlungen. Eine sehr unmittelbare, aus den Gegebenheiten und Notwendigkeiten der Situation geborene unspezifische Intimität und körperliche Nähe war dies. Und er griff nach hinten, umfasste ihren Oberschenkel mit seiner lederbehandschuhten Hand und liebkoste sie, was sich seltsam ungelenk durch den dicken Handschuh anfühlte und dabei gleichzeitig die Situation zu einer von sehr spezifischer Intimität und Nähe bestimmten transformierte.

Daraufhin umfasste er ihren Rücken mit einem Griff hinter sie und zog sie noch näher an sich, sodass ihr offenes Geschlecht an seinem Becken lag und sie ihn bei jeder Bodenwelle spürte.

Bei einem Bistro, das an einem übersichtlichen, kreisförmigen Platz lag, der von mächtigen Platanen umstanden war, hielten sie an. Stefan nahm seinen halbkugeligen Helm ab und sie schüttelte ihr blondes Haar aus, nachdem sie es ihm gleichgetan hatte.

„Komm her", sagte er plötzlich mit dieser Mollstimme, die wie die unmittelbare Anbahnung des Geschlechtsakts zwischen zwei bereits entkleideten Liebenden klang. Als sie einen Augenblick zögerte, zog er sie kräftig an sich und umarmte sie mit einem Kuss, als stünden sie nicht gerade auf einem öffentlichen Platz. „Ich habe mich auf dich gefreut", sagte er sehr unverblümt und schlicht. Es klang aufrichtig, oder Katharina wollte es zumindest so hören, wie sie sich Wochen später in der Reprise fragte.

Dann tranken sie einen Cappuccino und Katharina fühlte die Aufregung über die Länge der vor ihnen liegenden gemeinsamen Zeit in sich wüten. Für manche Momente kam sie sich aus lauter Panik ganz von sich selbst abgetrennt vor, bekam einen trockenen Mund und leeren Kopf, hatte Angst, sinnloses Zeug zu stammeln. Als sie ihren Schal fallen ließ, ohne es zu merken, und er ihn ihr mit einem Lächeln aufhob, fühlte sie sich schrecklich ungeschickt und peinlich entlarvt.

Hatte sie jetzt vielleicht etwa schon eine solide Sozialphobie gegenüber Männern entwickelt? Stefan lächelte kontinuierlich und dies verwirrte sie noch mehr. Freute er sich wirklich oder war es Teil seines Spiels? Lächelte er ihr zu oder war er belustigt über ihre schamvolle Unsicherheit, die sie wie ein junges Mädchen, das zum ersten Tanz geht, einfach so aus dem Hinterhalt überfallen hatte? Oder war es gar ein böses Lachen, das ankündigte, dass er sie kleinmachen und bloßstellen würde?

Jetzt wandte er sich praktischen Dingen zu. Es galt ein Zimmer für die Nacht zu organisieren. Sie hatte kurz mit dem Gedanken gespielt, ihr Büro in einem der Nobelhotels von Nizza oder Monte Carlo ein Zimmer reservieren zu lassen, vielleicht im Negresco oder im Palais de la Méditerranée, nicht zu vergessen das Hôtel Hermitage. Und auch das Hôtel de Paris mit seinem unvergleichlichen Ausblick hätte sich recht fein angeboten, wie sie fand. So ein Auftritt würde zu dieser gesamten verrückten Aktion passen: Mit dem Motorrad vergleichsweise rustikal und wild vorfahren, um dann in der abgehobenen Fünf-Sterne-Welt einzuchecken wäre ein effektvollerer Antritt, als im Ferrari vorzufahren. Denn diese Version hatte sie in ihrer ermüdenden Geistlosigkeit bereits vor Langem gelebt.

Sie hätte aus ihrem Rucksack die Pumps und die Spitzenunterwäsche gezogen und sich in der Hotelboutique ein schwarzes Etuikleid gekauft. So ein Teil hatten derartige Hotels seit „Frühstück bei Tiffany" zielsicher und immer bei der Hand. Aber sie hatte es unterlassen, so vorzugehen, war einfach lieber als braves Mädchen gekommen. Für so einen Auftritt hätten sie wirklich miteinander vertraut sein müssen.

Es schien ihm bisher immer so wichtig zu sein, alle Entscheidungsfäden in der Hand zu behalten, dass sie gefürchtet hatte, ihn damit zu überlasten. Vielleicht wäre er böse gewesen über ihren Versuch, hier in seine Regie einzugreifen, oder noch viel schlimmer, hätte mitgemacht und sich dabei unwohl oder gar von ihr überfordert gefühlt. Dann hätte er das Ganze für real genommen und vielleicht sogar befangen reagiert. Und sie wäre furchtbar enttäuscht gewesen, wenn sie den Spaß an der Sache mit ihm nicht hätte teilen können, wenn sie das Stück „zwei Arbeiterkinder, die im Sozialismus den Aufstieg in die Bürgerlichkeit geschafft haben und sich über die Dekadenz der Elite lustig machen", nicht mit ihm gemeinsam hätte geben und genießen können, sondern er das ganze Unterfangen als ernsthaft angesehen und vielleicht auch noch das Service gelobt hätte.

So saß sie lieber vergleichsweise hilflos neben ihm, trank ihren Cappuccino und rauchte ihre erste Zigarette auf französischem Boden, während er über das Online-Portal seines Handys ein Zimmer im Zentrum von Nizza suchte. Das bestätigte sie, dass sie richtig gehandelt hatte, auch wenn es sie etwas wehmütig stimmte. War er nur laut, oder konnte man mit ihm tatsächlich über Grenzen gehen, das pralle Leben, so wie es sich anbot, ausloten?

Schließlich landeten sie tatsächlich im Zentrum und trafen den Vermieter, einen in nachlässig touristische Freundlichkeit gekleideten, unrasierten Mann mittleren Alters vor dem Eingang eines Wohnhauses. Das Zimmer, zu dem sie über einen verschlungenen Gang und eine codegesicherte Eingangstüre fanden, passte mehr zu seinem Vermieter als zu ihren Vorstellungen und war von peinlicher Banalität. Doch es punktete mit einem fantastischen Blick auf den unmittelbar davor gelegenen Platz, auf dem gerade die Aufbauarbeiten einer großen Freilichtbühne für einen Musikauftritt mit metallischem Getöse im Gange waren.

Das Bett war an die Wand gerückt und wirkte durch die dünne Matratze wie ein aufgeschlagenes Ausziehsofa für unerwartet länger bleibende Verwandte. Der billige Kunstdruck eines in Imponiergehabe aufsteigenden Schimmels in bläulichem Mondlicht hing über dem Bett. Nur ein Einhorn mit Strahlenkranz hätte noch erbärmlicher wirken können im Bemühen, Ästhetik und erotische Anregung zu verbinden.

Katharina war sofort klar, dass er wollen würde, dass sie an der Wand schliefe. Das ganze Ambiente hier in seiner zusammengewürfelten Billigkeit war einfach grässlich, auch der Plastikhocker und die Küchenzeile aus Pressspan. Nur der rustikale Holzschreibtisch, der unmittelbar neben dem hohen, alten Fenster stand und ehrlich seine Gebrauchsspuren zeigte, vermittelte ihr einen Eindruck von Solidität und musste wohl einem Trödelladen entstammen.

Stefan fand das Zimmer in Ordnung, hob die besondere Aussicht hervor und gab damit die Entscheidung vor, wie der Chefredakteur die Blattlinie verteidigt. Katharina lächelte. Das schien ihr am unverfänglichsten, und sauber war es zumindest. Oder würde es bald sein, denn während sie das Zimmer begutachteten, machte sich eine ältliche, dicke Putzfrau mit Wischmopp und Lappen zu schaffen.

Das abgezogene Bettzeug lag bereits in einem gräulich-weißen Haufen auf dem Boden. Katharina fühlte für einen Moment Abscheu, mit völlig unbekannten und bereits wieder abgereisten Personen das Bett teilen zu müssen, auch wenn dies zeitversetzt erfolgte.

Die Frau musterte sie taxierend. Katharina meinte aus ihrem Blick lesen zu können, dass sie annahm, sie würden ihre jeweiligen Ehepartner betrügen wollen. Vielleicht war es aber auch das Zimmer, das sie zu dieser Annahme verleitete.

„Hundert Euro", sagte der Zimmervermittler und Stefan zog einen entsprechenden Schein sehr lässig aus seiner Tasche und steckte ihm diesen zu. Jetzt fühlte es sich wirklich wie eine Szene in einem dreckigen Stundenhotel an.

Die dicke Putzfrau war zu der Einsicht gekommen, dass die gesamte Wischmopp-Aktion wohl wenig Sinn hätte, solange sie alle hier herumstünden. Stattdessen griff sie sich das frische Bettzeug. Wenigstens war es weiß.

Was denkt sie nun, wenn sie das Bett bezieht, fragte Katharina sich. Überlegt sie, wie wir uns in diesem von ihr bezogenen Bett lieben werden, oder denkt sie in Kategorien von Ficken oder aber existiert diese Dimension in ihrem Leben gar nicht mehr als assoziative Realität? Katharina fühlte sich durch die Eindeutigkeit der Situation, die durch ihrer beider Anwesenheit erzeugt wurde, bloßgestellt. Die elegante Verleugnung der Offensichtlichkeit der Luxushotels fehlte ihr hier. Mit Geld ließ sich eben Fassade kaufen.

Man versicherte ihnen, dass das Zimmer in einer Stunde fertig sein würde, sie aber bereits jetzt ihr Gepäck abstellen könnten. Das taten sie, und Stefan hatte die Idee zu einer Spritztour hinüber nach Monaco.

Die Küste lag herrlich unter ihnen, als sie wenig später auf der gewundenen Straße durch eine überdimensionale, kitschige Postkarte zu kurven schienen. Weit unten im Golf pflügten die Segeljachten und beeindruckenden Motorboote der sich hier zusammenfindenden Reichen unter der schon rötlichen Spätnachmittagssonne dieses ersten Sommers, und auch ein großes Kreuzfahrtschiff folgte seinem Kurs.

Stefan lenkte sein riesiges „Pferd" mit so demonstrativ übertriebener Lässigkeit, dass sie sich sicher war, er wolle sich damit über sich selbst lustig machen. Sie saß ganz dicht hinter ihm und hielt ihn mit beiden Armen umschlungen. Er hatte sie wieder ganz nah an sich herangezogen, so als wären sie gemeinsam eins mit der Maschine unter ihnen. Er schien das komplexe Zusammenspiel von Straßenverlauf, Oberflächenbedingungen, Witterungs- und Verkehrseinflüssen, der speziellen Reaktionspalette der Maschine in den persönlichen Eigenarten von Beschleunigung, Drehzahlbereich, Schaltung sowie der Antwort seiner eigenen Person auf all diese Reize und Möglichkeiten zu so einer idealen Einheit zu verschmelzen, dass sie glaubte, sie würden einfach durch die ständig wechselnden Kurven fließen.

Dieses Gefühl von absoluter Präzision, das Ideal zu verspüren, gelang ihr fast nie, wenn sie selbst fuhr. Es glich einem rauschartigen Zustand, so als würde man aus sich treten und dabei gleichzeitig völlig bei sich sein. Sie kannte solches nur als rare Momente, die sie erlebte, wenn der aus ihr ohne eigenes Zutun kommende Druck des Schambeins die Regie übernommen hatte. Dann wurde sie selbst zum Schambein und fand sich in einem plötzlichen Gefühl des Einsseins mit der Welt mit nahezu spirituellem Glücksempfinden überschwemmt.

Sie fuhren die Grand-Prix-Strecke ab und hielten vor einem Café im Hafen. Stefan erzählte vieles zu den verschiedenen Rennen, den Wagen, Piloten und den beteiligten Firmen. Er wusste tatsächlich eine Menge. Die meisten seiner Geschichten waren spannend oder haarsträubend, auf jeden Fall besonders und herausragend, auf Effekt ausgerichtet, wie er es immer war. Katharina war mäßig interessiert, hörte jedoch höflich aufmerksam zu.

Männer reden wahrscheinlich so gern über Motorsport, weil sie annehmen, dass die Faszination, die Frauen für die Piloten empfinden, auf sie als Trittbrettfahrer übergehen könnte. Denn die Nähe des Todes, dem sich Rennfahrer beständig aussetzen, verlieh ihnen für normal besondere erotische Anziehungskraft bei Frauen, zumal die Lebendigkeit augenscheinlich am stärksten in ihrer Bedrohung gefühlt werden kann. Katharina ihrerseits war dafür kaum empfänglich. Sie empfand die Rolle als Bewundernde, die Frauen in einer patriarchalen Inszenierung zugewiesen war, als erbärmlich. Sie wäre lieber selbst Rennen gefahren. Katharina sagte ihm dies besser nicht, wie sie fand, aber vielleicht hätte sie es sogar fertiggebracht, ihn ein wenig zu bewundern, wäre er ein Rennfahrer gewesen, dachte sie. Was jedoch das Motorrad anbelangte, gelang es ihr tatsächlich, so etwas wie erotische Hochachtung für ihn zu empfinden, wie sie sich eingestand, während er heftig schwadronierend vor ihr saß und sie ihren Blick zwischen ihm und der hinter ihm schräg geparkten Maschine wandern ließ und dabei merkte, wie sich der Blutfluss in ihrem Becken verdichtete.

Stefan war jetzt dazu übergegangen, schmutzige Witze zu erzählen. Das tat er immer wieder einmal; es waren auch immer wieder dieselben Witze. Er vergaß dies auch immer wieder und sie bemühte sich, jedes Mal von Neuem überrascht zu sein. Seine Vorfreude über die bei ihr auslösbare Mischung von Brüskierung und Komplizenschaft bei Eröffnung der Pointe berührte sie in ihrer Jungenhaftigkeit, in die er dabei verfiel, ganz unmittelbar und mit großer Weichheit. In jener alle scheinheiligen Grenzen von Anstand sprengenden Provokation, die dem dreckigen Witz innewohnt, und seiner gleichzeitigen moralischen Entlarvung des Zuhörers ergab sich eine sehr unmittelbare Verbundenheit zwischen ihnen beiden als Grenzgänger und Herausforderer einer verlogenen Gesellschaftsmoral. Katharina hörte sie also wirklich gern, wenngleich die Pointe für sie in anderem bestand.

Die Sonne war nahezu versunken und sie beschlossen, zurückzukehren und nach einem Abstecher im Zimmer zu Abend zu essen. Plötzlich spürte Katharina wieder starke Befangenheit. Das Zimmer, die Atmosphäre, als Paar hier zu sein, hatte dies ausgelöst. Sie fühlte die Anziehung zu Stefan, doch wie nah konnte sie ihn wirklich ertragen? Es schein ihr viel einfacher, ihn für einen Abend zu treffen und wieder zu verschwinden, als hier die unaufgeregte Normalität einer gemeinsamen Übernachtung in diesem Zimmer zu leben. Es fühlte sich an, als wäre plötzlich nicht nur der glamouröse Auftritt auf der Bühne sichtbar, sondern auch jener Teil des Lampenfiebers und des Sich-Übergebens in der Garderobe. Rasch fischte sie die hochhakigen Pumps aus ihrem Rucksack und schlüpfte in einen schmalen kurzen Rock, ein eng anliegendes, elegantes Seidentop und danach in das angrenzende Badezimmer und ein dezentes Abendgesicht. Mit dem Haar ließ sich durch den Motorradhelm nichts Ernsthaftes in Richtung Frisur anstellen.

Sie aßen im Freien in irgendeinem Straßenlokal in der im Zentrum gelegenen Fußgängerzone. Auch der Abend war an diesem Tag noch sehr warm. Wenn sich Kleidung aus dünnem Stoff auch abends mit einem Wärmeempfinden auf der Haut verbinden ließ, fühlte sich Katharina frei. Es war dies ein durch die Banalität der Ursache für Katharina fast unanständig anmutendes Glücksgefühl, vielleicht durch zahlreiche Sommerempfindungen ihrer so freien Kindheit begründet und tief codiert.

Kurz nachdem sie gegessen hatten und die Getränke bereits halbleer auf dem Tisch zwischen ihnen standen, begann er *damit*. Sie hätte es ihrerseits nie angesprochen.

„Ich frage mich, ob ich mit der Dämonin" – so nannte er die vergangene Nestbauerin – „jetzt bereits völlig fertig bin." Während er sprach, zündete er sich eine seiner obligaten Zigarillos an. Obwohl er in sehr distanziertem Ton gesprochen hatte, glaubte Katharina Skepsis in seiner Stimme vernommen zu haben. „Das ‚Ding' fällt mich nicht mehr an und ich denke nicht mehr sehr oft an sie und daran, dass es zu spät sein könnte. Aber ganz ist es noch nicht vorbei …"

Er schien in ein kurzes Sinnieren oder auch Nachspüren zu fallen, suchte dann jedoch wieder ihren Blick und fragte Katharina ganz unvermutet, so als würde er plötzlich wieder in ihrem gemeinsamen Gespräch auftauchen: „Und du?"

Katharina fühlte die Frage, die auf ihren ehemaligen Liebhaber abzielte, wie einen plötzlichen Überfall durch einen Angreifer, der sie niederzureißen drohte. Sie flüchtete sich ihrerseits in einen verwirrt-unverständigen Gesichtsausdruck: „Was meinst du?", fragte sie und klappte in einem Anfall, Geschäftigkeit vortäuschen zu müssen, ihre blutrote Zigarettenschachtel auf, um ihr eine Zigarette zu entnehmen und sich von ihm Feuer geben zu lassen. Sein Sturmfeuerzeug, das so demonstrativ sexistisch anmutete, dass es sich in seinem Chauvinismus nur selbst parodieren konnte, leuchtete kurz auf. Während Katharina sich ein wenig zur gereichten Flamme vorbeugte, fiel ihr Blick wieder einmal auf das sich auf der Vorderseite des Feuerzeugs befindende Relief einer nackten, in Ketten liegenden knienden Frau.

Stefan seinerseits war sich bewusst, dass sie Zeit zu gewinnen suchte, um wieder ihre Fassung zu finden und einen geschliffenen Kommentar formulieren zu können. Dem kam er zuvor. „Du bist auch noch nicht ganz fertig", attestierte er statt Katharina.

„Ja, du hast recht", gab sie mit einer sie selbst überraschenden dunkel und belegt klingenden Stimme zu. „Er taucht manchmal noch auf. Aber auch nicht viel mehr …" Damit ließen sie das Thema auf sich beruhen.

Katharina war sich nicht sicher, ob sie ehrlich gewesen war. Es stimmte, dass sich die reale Person ihres Liebhabers, dieses ehemaligen Magiers, bereits gut abgelegt im Archiv ihrer Lebensdatenbank befand. Wahrscheinlich war der gesamte Datensatz als Warnung für zukünftige Situationen mit einem roten Reiter markiert. Aber hätte sie Stefan sagen sollen, dass der Schmerz, den sie empfand, ein viel grundlegenderer war, als ihn der Verlust von vergleichsweise wenig gemeinsam verbrachter Lebenszeit rechtfertigte? Hätte sie ihm gestehen sollen, dass sie gerade durch diesen Mann in ihrer Überzeugung und ihrem Verständnis zum Wesen freien Liebens für sich hatte Entwicklung nehmen können wie noch nie zuvor, das Scheitern aber eine hohe Hypothek hinterlassen hatte?

Sie fühlte sich heute vollkommen sicher und kompromisslos, was das Wesen eines wirklich freien, den anderen Menschen annehmenden Liebens bedeutete. Die Konturen einer solchen Begegnung lagen deutlich vor ihr, doch bestand eine reale Chance, dies mit einem anderen Menschen leben zu können? Etwa mit ihm, wo seine Verwundung doch so offensichtlich war? Kam es nur, wie sie sich entschlossen hatte zu glauben, auf die eigene Herzensstärke an – oder war dies ein Hirngespinst, ein hypothetisches Ideal ohne Aussicht auf Realisierbarkeit? Auch wenn sie sich entschlossen hatte zu glauben, so wirkte all dies mit der galligen Schärfe des Zweifels in ihre Begegnung mit Stefan hinein.

Sie verspürte ein Bedürfnis nach Distanz, einen Moment ganz für sich zu sein, und entschuldigte sich, um auf die Toilette zu gehen. Als sie zurückkam, tippte er an seinem Handy. Das war nicht ungewöhnlich, denn er konnte es nicht unterlassen, sich beständig in den Muttermilchstrom von Informationen sowie potenziellen Nachrichten an ihn und somit Rückbestätigungen seiner Bedeutsamkeit einzuklinken.

Sie saß bereits wieder am Tisch und er tippte noch immer. „Ich schreib' gerade einem Freund", meinte er entschuldigend. Nachdem sie ihm zu verstehen gegeben hatte, dass sie kein Problem damit hatte und er ruhig fertigmachen sollte, setzte er fort: „Ich habe soeben geschrieben, dass ich in Nizza bin und eine Mieze extra hierher geflogen ist, damit ich sie vögle." Er hatte einen scherzhaften, neckischen Gesichtsausdruck mit einer ernsthaften Tonlage verbunden.

Und gerade daran entzündete sich Katharinas Ärger, an seinem virtuosen Spiel mit der Doppelbotschaft. Es kostete sie keine Sekunde Nachdenken, denn ihre Wut mobilisierte ihre Wehrhaftigkeit und wendige Schnelligkeit ist eine Tugend im Kampf: „Das trifft sich gut, denn ich habe gerade auf der Toilette einer Freundin die Nachricht gesendet, dass da ein Typ mehr als tausend Kilometer mit seinem Motorrad nach Nizza an den Flughafen fährt, um mich abzuholen, weil ich unbedingt an der Côte d'Azur meinen Cappuccino trinken wollte und ich nicht gern in fremden Taxis sitze."

„Touché", antwortete er mit einem breiten Grinsen. Dann lachten sie beide wie befreit auf.

Sie nahmen noch ein Dessert und jeder einen Espresso. Er mochte ihn stark und bitter, sie stark und etwas süß. Anschließend spazierten sie zurück und mehrere Male ergab es sich, dass er ihre Taille umfasste, während sie gingen oder er ihre Hand nahm. Es waren kleine, unbedeutende

Gesten von Vertrautheit, aber Katharina fühlte sich dadurch ein wenig gewärmt, nachdem sie durch das Gespräch zuvor beim Essen wieder einmal mit diesem kalten Kern, der sich seit der Trennung von ihrem Liebhaber in ihrem Inneren formiert und gegen den sie anzukämpfen hatte, in Berührung gekommen war. Den empfand sie als einen Splitter soliden Vakuums aus unendlicher Leere, gebildet aus einem Spüren von Verlorenheit in der Lautlosigkeit eines kalten Weltalls. Das Gefühl saß irgendwo hinter ihrem Brustbein in der Tiefe. Auch wenn sie meinte, sich des Wesens wahren Liebens heute sicher zu sein, konnte sie nur hoffen, dass es eine Wunde war, die ausheilen würde, und nicht eine bösartige Krankheit, die sich weiter ausbreitete.

An einer Mülltonne blieben sie stehen und Stefan dämpfte den Stummel seiner Zigarre, die er als Abwechslung zu seinen Zigarillos geraucht hatte, an dem dafür vorgesehenen Metallrund so sorgfältig und kontrollierend aus, dass er sich unangenehm lange nicht lösen konnte. Katharina meinte darin mehr als einen Anflug einer Zwangsstörung an ihm erkennen zu müssen. Das ließ ihn, der immer so vordergründig selbstsicher auftrat, für einen Moment sehr verletzlich für sie wirken. Katharina hätte ihn so gerne umarmt und die Kraft gehabt, ihm die Gewissheit geben zu können, dass er einfach weitergehen könnte.

Die beiden hohen Kastenfenster standen beide weit offen, als sie das Zimmer wieder betraten. In der leichten Nachtbrise bauschten sich die weißen dünnen Baumwollvorhänge. Katharina trat an das Fenster, neben dem das alte Tischchen stand, um einen Blick in den Nachthimmel mit dem vollen Mond zu werfen, der mit seinem Schein dem Zimmer eine silbrig glänzende Atmosphäre verlieh.

Draußen auf dem großen Platz waren trotz der späten Stunde immer noch die grellhellen Metallgeräusche des Aufbaus der großen Freiluftbühne zu hören. Das Mondlicht fiel genau auf das über dem Bett hängende Bild. Der auf den Hinterbeinen aufgerichtete kräftige Schimmel schien jetzt, da er von doppeltem Mond beschienen wurde, umso kitschiger.

Stefan nahm sie plötzlich und von hinten. Er war dabei gerade so hart, dass ihre pflichtbewusste, lustvolle Widerständigkeit von sicherer Aussichtslosigkeit begleitet wurde, und ohne ihr Gewalt anzutun. Ihren Rock hatte er zuvor mit einer entschlossenen Geste hochgeschoben, danach mit seiner rechten Hand fest und drängend ihre Pobacke ergriffen und damit gleichzeitig ihr Geschlecht gespreizt, sodass er sein erigiertes Glied mit einer kräftigen Bewegung in ihre Scheide vordringen lassen konnte.

Katharina spürte, wie in Sekundenbruchteilen Erregung in sie schoss und ihr Geschlecht von Nässe überschwemmt wurde. Sie wunderte sich, weshalb dieser Überfall solche Wirkung auf sie haben konnte. Stefan hatte ihren Oberkörper vornüber auf das alte Tischchen gedrängt, war ihr durch ihren blonden Haarschopf mit den Fingern gefahren, hatte kurz mit der Überlegung gespielt, ihren Schopf fester zu packen und sie dann doch lieber am Nacken hinuntergedrückt, nicht fest oder gar beängstigend, aber in einer spielerischen Weise, die Subordination in dieser Gestik von ihr verlangte. Seine Stöße waren kräftig, aber nicht brutal. Katharina spürte ihn so tief, dass nur ein vollkommenes Stillhalten jene Grenze von möglichem Schmerz und sicherer Lust in der Balance halten konnte. Daraufhin drehte er sie auf dem Tischchen auf den Rücken und hieß sie die Beine um ihn zu schlingen, während er nun in ihr mit sehr aufmerksamen Bewegungen tief versank und den Blick ihrer Augen suchte.

Sie liebten einander in der hereinfallenden Sichel des Mondlichts auf dem Tischchen und etwas später auf diesem Bett, das eigentlich ein Ausziehsofa für unerwartet bleibende Verwandte war. Ein paar Stunden später saß sie wieder im Flugzeug, um zurückzufliegen.

IV

Oft fragte sich Katharina, ob es nur primitive Naturgegebenheit war, dass Männer danach trachteten, Frauen zu unterwerfen. Und hatte diese doch unzweifelhaft ungerechte Herrschaft jene Opposition begründet, die den Geschlechterkampf für den Kulturmenschen als unvermeidbare, ja einzig mögliche Konsequenz nach sich gezogen hatte? Dann müssten heute goldene Zeiten erreicht sein. Denn jetzt war man als Frau emanzipiert, hatte die äußeren sichtbaren Zeichen aller Dominanz abgestreift. Das weibliche Vordringen in all jene Sphären der Macht, die Männern früher vorbehalten gewesen waren, konnte als vollzogen gelten.

War die Beziehung zwischen Männern und Frauen damit reicher und beglückender, ja freier geworden? Konnte der Lebensdialog zwischen den Geschlechtern dadurch besser gelingen? Oder wurden Männer und Frauen einander damit, dass sie sich anscheinend immer mehr annäherten, vielleicht nicht sogar zunehmend fremder und noch unerreichbarer?

Es hing wohl alles mit den frühen Elternbeziehungen zusammen, war sie sich sicher. Denn dort erfuhren die Weltbilder stärkste Prägung. Der Junge musste die Aufgabe bewältigen, sich von der übermächtigen, ihn nährenden Mutter zu emanzipieren und der Geschlechtsrolle des Vaters entgegenwachsen. Eine Mutter, die sich dieser Lösung widersetzte, den Jungen an sich band oder ihn abwertete, und ein Vater, der ihn nicht in seiner Männlichkeit bestärkte oder diese selbst als Leuchtturm für den Sohn gar nicht ausreichend entwickelt hatte, waren der Ausgangspunkt eines oftmals lebenslangen trotzigen Kampfs und hierarchischen Unterwerfungswunsches des Sohns gegenüber den Frauen seines Lebens.

Dem Mädchen dagegen wurde offenbar in seinem Entwicklungsweg zur Frau ein weniger anspruchsvoller Weg abverlangt. Es schien, als könne man als Mädchen ohne notwendige Trennung von der allumfassenden Mutter, allein über die Identifikation mit ihr, in die eigene Geschlechtsrolle hinein- und in der Folge vielleicht auch über die Mutter hinauswachsen. Doch diese Betrachtung würde bedeuten, gleichsam die Matrix, in der sich die Geschlechtsrollenentwicklung vollzog, unbeachtet zu lassen. Denn es war der Vater in seiner unbestreitbaren, beeindruckenden Übermächtigkeit, dem sich das kleine Mädchen in liebevollem Begehren, gesehen zu werden, unterwarf. Er musste es als Mädchen bestätigen und freilassen. Der Vater, der die Tochter als seinen Besitz betrachtete, zur Vertrauten oder Spiegelung seines Begehrens machte, legte damit den Grundstein zur Vergiftung ihrer zukünftigen Beziehungen mit Männern, die von Misstrauen und Angst beherrscht wurden. Das musste wohl viele treffen, überlegte Katharina oft am Ende eines langen Praxistages.

Und jetzt, wo Frauen überall waren, auch die Chefetagen und prestigeträchtigen Berufe mit Frauen durchwachsen waren, traditionell Männern vorbehaltene Biotope also abschmolzen wie die Polkappen, wurde diese Thematik mit noch viel größerer Schärfe offenkundig. Es sprang ins Auge, mit welcher Häufigkeit Sexismus und Übergriffigkeit als heulende Korken aus dem Ozean der Medienflut an die Oberfläche schnellten und mit lautstarkem weiblichem Protest abgehandelt wurden. Oftmals mutete die Anklage dabei überzogen an, ein sicheres Zeichen einer brennenden Wunde. Es fiel aber auch auf, zu welcher derben Dreistigkeit sich Männer selbst im öffentlichen Leben hinreißen ließen. Auf Katharina wirkte es wie ein schmachvolles Rückzugsgefecht, in dem jede Untergriffigkeit durch den Positionsverlust gerechtfertigt wird, wenn sogar politische Amtsinhaber Frauen, die jenseits einer ornamentalen Schmuckfunktion an sie herantraten, als „Fucking Bitch" oder „Luder" bezeichneten oder ihnen in selbstentlarvender Angst blasiert attestierten, „auch ein Hirn zu haben".

Und Katharina? Wo stand sie selbst bei diesem Thema? Unterwerfung – allein das Wort zu denken, setzte starke Kräfte und Bilder in ihr frei. Schamvoll wurde sie sich ihrer eigenen Beziehung zu diesem Begriff bewusst, einer lasziv erotischen, so als würde jenes machtvoll singende Ziehen, das von ihrem Geschlecht seinen Ausgang nahm und auf ihren Unterbauch übergriff, einer zielsicheren hermeneutischen Interpretation des tieferen Wesens des Begriffs entsprechen. Aber es galt Nuancen zu bedenken, differenziert hineinzuspüren, wollte sie an den tiefen Grund der Bedeutung hinabsteigen und so das tatsächliche Wesen erfassen.

Der Begriff der Unterwerfung verstand es, sich in ein schillerndes Kleid zu hüllen, einem Vexierbild gleich, das je nach Fokus einmal einer grässlichen, abstoßenden Alten oder aber einem bezaubernden, die Sinne erhebenden Mädchen glich.

Denn nur dort, wo sich die Unterwerfung als Stilelement des genießenden Spiels der Geschlechter manifestierte, konnte sie gleichzeitig die eigene Freiheit repräsentieren. Als Mittel einer strukturierenden Hierarchie in einer Beziehung war sie jedoch ein abscheuliches Zerrbild der eigenen kindlichen Abhängigkeit und der nicht gelungenen frühen Elternbeziehung.

Erst neulich hatte Stefan ihre erotische Unterwerfung zu einer Erkenntnis spendenden Erhöhung befördert. „Ich möchte, dass du nach mir riechst", hatte er gesagt und angesichts ihrer in den Augen sichtbaren Verwirrung mit einem schmalen, keinen Widerstand zulassenden Lächeln ergänzt: „Ich möchte, dass du mein Eau de Toilette trägst."

„Du willst mich markieren", war ihre spontane Antwort gewesen, und sein Blick hatte ihr verraten, dass sie mit ihrer Einschätzung völlig richtiggelegen war.

„Du willst mich besitzen." Er widersprach nicht.

„Am meisten würde es dir gefallen, wenn ich dein Brandzeichen trüge", trieb sie den Gedanken des Besitzes weiter fort. „In mein Fleisch ewig dein Zeichen gebrannt!" Auch jetzt widersprach er nicht. Was für eine absurde, extreme, archaische, erregende Vorstellung.

„Ein winziges Brandmal, dein Siegel auf meiner Haut, getragen als geheimes Bekenntnis, dein Besitz zu sein", dehnte sie die Vorstellung weiter aus. Stefan schwieg. Er sah ihr unablässig und mit großer Aufmerksamkeit in die Augen.

„Du tust es", legte sie fest, „und blickst mir währenddessen genauso fest und unablässig wie jetzt in die Augen. Dann werde ich mich dir ganz still ergeben." Ihre Stimme war jetzt sehr dunkel geworden. „Wir liefern uns beide aneinander aus. Ich nehme dein Zeichen und du das Risiko, dass ich dich wegen Körperverletzung anzeigen könnte und deine Karriere beim Teufel ist." Das Letzte hatte sie in scherzendem Ton hinzugefügt.

Er zog sie an sich und küsste sie am Hals, suchte ihre Lippen in einem tiefen Kuss, von dem Katharina nicht wusste, ob die Erregung, die sie in ihm spürte, die Besiegelung dieser Absicht wäre.

Stefan befand sich in jener dominanten erotischen Stimmung, die Widerspruch und Fügsamkeit zugleich in einem wilden widerstreitenden Ballett in ihr auslöste. Er ließ keinen Zweifel, dass er sie einfach nehmen würde, und überließ ihr nur die Wahl, ob sie sich im flackernden Licht von zwei oder drei Kerzen lieben würden, während sie von seinen selbstverständlichen Bewegungen, die keine Erlaubnis erfragten, bereits entkleidet wurde. Nicht mit Routine, denn sie schliefen aus mannigfachen Gründen nicht sehr häufig miteinander, sondern mit selbstsicherer Gewissheit teilte er ihr Geschlecht mit ruhigen Fingern und liebkoste sie verständnisvoll.

Die Unterwerfung hatte mit diesem kurz danach im Ton einer selbstverständlichen Feststellung geäußerten Satz „Du bist jetzt bereit" begonnen, in den sich ein Anflug von beobachtender Distanz mischte. Sanft und gleichzeitig mit der Kraft einer deutlichen Forderung, die jede Alternative versinken lässt, bevor sie zu einem Gedanken werden könnte, hatte er Katharina auf den Rücken gedreht, sich über sie erhoben und mit einer weichen Bewegung seiner muskulösen Arme, die gerade so viel Kraft zur Anwendung brachten, dass ihre Hüftgelenke sich an der Grenze von Wollen und Nachgeben müssen öffneten, ihre Schenkel weit gespreizt.

Dann hielt er kurz inne, so als würde er damit die Spannung steigern wollen. Ein Moment des gemeinsamen Anhaltens des Atems, der dem nun Folgenden besondere Bewusstheit und Aufmerksamkeit verlieh, ihr nun offenes entblößtes Geschlecht zu einem Altar machte, in den er nun eindringen würde.

Und wie immer hatte Stefan recht behalten, hatte den Takt ihrer erotischen Entwicklung, dieses geheime Uhrwerk, das sich zwischen ihnen machtvoll abspielte, richtig vermessen. Sie fühlte sich tatsächlich bereit und sehnend, ihn aufzunehmen.

Gemessen, als würde er mit großer Ernsthaftigkeit und unter den Blicken einer ehrfurchtsvollen Gemeinde voranschreiten, war er ganz langsam in sie eingedrungen, als würde er jeden Millimeter neu vermessen und kartografieren.

Wenn es ihr in manchen Momenten anfangs noch gelang, ihn zu beobachten, so wirkte er tief versunken, wie in das eigene Empfinden konzentriert, und sie las einen seltsam weichen, von jeder Intention unverstellten Ausdruck in seinen Zügen. Dann wiederum fand sie ihn aufmerksam, sie selbst betrachtend und ihre Lust wie ein Wissenschaftler sein Experiment gestaltend.

Er flüsterte ihr mit dieser ruhigen Stimme, deren Stimmbänder nur zwischen Schamhügeln aufgespannt sein konnten, kleine Obszönitäten zu, die Scham und Erregung als kräftigen Blutfluss in ihrem Unterbauch vereinten.

Sie liebten einander lange und vielgestaltig. Gerade jene Bedächtigkeit und Disziplin, die an diesem Abend über allem zu liegen schienen, ließen sie langsam emporsteigen in diesen seltsamen Zustand der Entrückung, der den sexuellen Akt bisweilen begleitet, wenn jede Umgebung aus der Wahrnehmung verschwindet, so als wäre das Universum nur mehr vom Akt selbst gefüllt. Dort wo die Selbstgestaltung des Moments, an der Kampflinie von kultivierter Seelenkraft und archaischen Mustern, verläuft – am Bioapparat unserer Körperlichkeit –, hatte er sie plötzlich in einem Impuls fester gepackt, nicht brutal, aber so deutlich, dass sich später ein blauer Fleck unter ihrer braunen Haut abzeichnen würde. Es wurde ihr seltsam klar und bewusst, dass er sie in seiner Gewalt hätte. Ihre Lust daran resultierte aus der Eleganz seines Griffs, der die Kraft feinfühlig gerade so dimensionierte, dass es ihr unmöglich wurde, sich aus seiner Fesselung zu lösen, und zugleich jede demütigende Rohheit vermied.

Es war, als würde dies noch deutlicher machen, dass er sie im Geschlecht vollkommen auszufüllen vermochte. Und erst da, in diesem Moment zarter Gewalttätigkeit, als er noch tiefer, als sie es für möglich gehalten hatte, in sie eindrang und sie in ihrer lustvollen Ohnmacht spürte, wie sein Glied ihr Promontorium berührte, wurde sie sich des wahren Wesens der Unterwerfung bewusst.

Er unterwarf sie nicht, sondern sie unterwarf sich ihm.

Er rang ihr die Hingabe ab, die ihr ohne ihn nicht möglich gewesen wäre. Er war gleichsam die äußere Kraft, unter der sie ihre Auslieferung demütig annahm, um die in ihr wachsende Lust zu gebären. Lust und Nähe, Verschmelzung und jener Moment des Einsseins konnten sich nur in dieser gemeinsamen Konspiration zwischen ihrem Sehnen nach Unterwerfung und seiner gehorsamen äußeren Ausführung ihrer Niederringung entwickeln, so als würde sie ihm die dafür notwendige gestaltende Gewalt abverlangen.

Die Gleichmächtigkeit von Mann und Frau wird nicht trotz Dominanz und Unterwerfung, sondern gerade erst durch dieses den Lebensmotor in seinem Takt bestimmende Begriffspaar von Führung und Nachfolge realisierbar. Die Positionen von Mann und Frau wechseln dabei je nach gestellter Anforderung und sind nicht nach dem Geschlecht fix vergeben.

In der erotischen Inszenierung findet sich die kreative Begegnungs- und Entwicklungsebene, die eigenverantwortlich das spielerische Experimentieren in den unterschiedlichen Rollen und deren Bedeutung für die Liebenden ermöglicht. Ein untrennbares schillerndes Tanzpaar, das Führung und Nachfolge in den unterschiedlichen Augenblicken des erfahrenen Lebensalltags im gemeinsamen Wohl, Übereinkommen und nach der geschlechtlichen Eignung immer wieder sinnvoll aufspaltet und neu zusammenfügt. Auf diese Weise sind respektierende Dominanz und selbstbewusste Unterwerfung die Voraussetzung für die lebendige Gleichmächtigkeit und damit die Liebe zwischen Mann und Frau.

Die Macht der Frau ist dabei, dem *richtigen Mann* ihre Unterwerfung aufzutragen, dachte Katharina in diesen Momenten.

„Komm", sagte Stefan nachher mit dieser Stimme, die sie so weich empfand wie den flackernden Schein der beiden fast niedergebrannten Teelichter in ihren roten Glashüllen. Und er legte seinen Arm um sie. Sie schmiegte sich an ihn, in seine Armbeuge, den Kopf auf seiner Brust, erschöpft, benommen, noch in einem Jenseits der Alltagsrealität, wie in Watte eingepackt, und das Nachbeben in ihrem Schoß zog sie nach innen. Sie roch seine Haut, den torfig erdigen Geruch seiner Zigarillos in seinem nahen Atem, und alles war warm und weich und für einen Moment auch wirklich angekommen.

Obwohl sie die Abstände ihrer Treffen sorgfältig so bemaßen, dass ihr jeweiliger gewohnter, individueller Lebensstrom davon in seinem Fluss unmöglich Beeinträchtigung erleiden sollte, sondern sich ihre Zusammenkünfte vielmehr wie kleine verstohlene Diebe einzupassen hatten, nahm ihre Begegnung trotzdem Entwicklung an. Katharina fand dies gleichermaßen beunruhigend wie ermutigend. Gewannen sie Wissen umeinander? Waren sie im Begriff, einander vertraut zu werden, einander zu zähmen? Manchmal musste sie an den kleinen Prinzen denken und an die Lektion, die ihm der Fuchs erteilt hatte, oder an die Sorgsamkeit, die die Rose von ihm erfordert hatte, um ihm begreiflich zu machen, was Lieben bedeuten könnte.

Oder war dies nur Trug und ein einziger heftigerer Windstoß könnte alles, was in zarten, sprachlosen Momenten einander von ihren Körpern mitgeteilt wurde, wie einen farbenprächtigen, aber konturlosen Blätterhaufen hinwegfegen? Denn ihre Körper entwickelten trotz der selbstbestimmten Perioden des Vergessens Gedächtnis voneinander und auch den Wunsch, ineinander vorzudringen und sich tiefer zu eröffnen.

Vielleicht war ja auch der Liebesakt das intimste Gespräch und jede Zelle des Körpers Träger und Mittler der Seele in ihrem Wunsch, sich mitzuteilen und vom anderen zu empfangen.

Sie trafen einander auch manchmal „nur so", dies meist spätabends, und der eine oder andere teilte im Code des anstrengenden zukünftigen Tages oft mit, dass es bei einem Drink oder Imbiss und einem Gespräch bleiben würde.

Das war gut so. Denn hätten sie einander nur in Abständen von zwei oder bisweilen mehreren Wochen getroffen, um einen erotischen Abend zu verbringen, hätte dies ihren Verabredungen im Rahmen gesellschaftlicher Einpassung sehr eindeutig und entwertend den Nimbus einer oberflächlichen sexuellen Affäre zugeschrieben. Das wollten sie scheinbar beide nicht.

So war Katharina also froh über diese Art von unverfänglichen Verabredungen, wenngleich sie zumeist auch gleichzeitig deutliche Sehnsucht nach seiner nackten Haut auf der ihren fühlte. Wieder einmal merkte sie, wie tief gesellschaftliche Normierung wirkte.

An einem jener Abende, schon weit nach zweiundzwanzig Uhr, trat Katharina endlich aus dem äußerst repräsentativen Foyer des herrschaftlichen Gebäudes, in dem sie ein Anwaltstreffen für eine komplizierte Scheidungsverhandlung als letzten heutigen Termin moderiert hatte. Sie wirkte sehr aufgeräumt.

Beide Mandanten waren zu Beginn neben ihren Anwälten wie böse Kinder an der Seite ihrer Eltern gesessen, finster vor sich hin schmollend und bereit, einander verstohlen die Zunge zu zeigen oder unter dem Tisch wenigstens kräftig gegen das Schienbein des andern zu treten. Wenn man sie in ihrer etablierten Feindseligkeit so sah, hätte es niemand je für möglich gehalten, dass die beiden eine Chance gehabt haben sollten, einander freiwillig so nahe zu kommen, um zwei Kinder zu zeugen.

Eine völlig verkommene Liebe, hatte sie zu Beginn gedacht. Die Liebe war tatsächlich unter dem Zepter gesellschaftlicher Reglementierung zu einem unordentlichen Gefühl geworden.

Am Ende ihrer Moderation hatten beide heute geweint. Sie deutlich und laut, und ihr Anwalt hatte ihr mit galantem Griff ein Taschentuch gereicht, er verstohlen. Mit hektischen Bewegungen war er sich immer wieder über die Augen gefahren, die Rötung und einschießende Feuchte zeigten.

Es war um zwei Kinder und unwahrscheinlich viel Geld gegangen. Sie war wie ein Krake auf den Kindern gesessen, er genauso auf dem Zaster. Sie würde die Kinder in der Zukunft ersticken, er an seiner Kohle, wenn es Katharina nicht gelänge, eine Lösung jenseits juristischen Schlagabtauschs zu finden.

Es war ihr geglückt, beide zu den Anfängen ihrer Beziehung rückzuverbinden, den Momenten ihres frühen romantischen Fühlens und zu ihrer Liebe für die Kinder. Das hatte sie schließlich willig werden lassen, an einer sozial gerechten Lösung arbeiten zu wollen, anstatt eine juristisch erstreitbare herbeizuführen. Katharina war wirklich äußerst zufrieden mit dem erzielten Ergebnis, auch die Streitparteien und die beiden Anwälte. Alle fühlten sich als Sieger. Und Katharina fühlte sich glücklich.

Während sie den ganzen Abend hindurch mit der Schlichtung beschäftigt gewesen war, hatte sich ein heftiges Gewitter über der Stadt entladen. Manche der Donnerschläge hatten sich sogar szenisch gut in die Dramaturgie ihrer Moderation eingepasst. Katharina lächelte im Nachhinein.

Jetzt schien die Luft gereinigt zu sein und wirkte erfrischend. Sie tat einen tiefen Atemzug und umschiffte mit ihren feinen, halbhohen schwarzen Pumps eine auf dem Pflaster noch übrig gebliebene Lache.

Es waren nur ein paar Gassen, um zu dem verabredeten Ort zu gelangen. Während sie die kurze Wegstrecke hinübereilte zum Hof, wie der große Platz genannt wurde, wo das imposante Luxushotel ihrer Verabredung lag, fiel ihr auf, dass sie von einer backfischartigen Aufregung und lächerlichen Vorfreude befallen wurde. Das passierte ihr öfter, wenn sie Stefan sehen würde.

Er war bereits vor ihr gekommen und saß in einer jener eleganten lederbestuhlten Fensternischen, die dieser Zigarrenlounge gemeinsam mit ihrer Holztäfelung und den dicken Teppichen eine intime Clubatmosphäre verschafften. Ein Glas mit einer bernsteinfarbenen Flüssigkeit stand vor ihm. Katharina tippte auf Whisky. Sie selbst nahm ein Glas Champagner. Dies schien ihr als Schlusspunkt dieses erfolgreichen Arbeitstages und Auftakt ihres Treffens mit Stefan angemessen.

Er hatte sie nur flüchtig, fast beleidigend beiläufig geküsst, wenngleich ihr das Aufblitzen in seinen Augen, als sie den Raum betreten hatte und sie einander gewahr wurden, nicht entgangen war.

Er schien in seltsamer Stimmung zu sein, ihre Nähe zu suchen und zugleich auf Distanz gehen zu wollen. Er machte Katharina Komplimente und stellte gleichzeitig im Ton sachlicher Überlegungen fest, dass er Frauen nicht mehr an sich heranlassen würde.

Nunmehr schob er sein Bein zwischen ihre Knie und beugte sich nah zu ihrem Gesicht: „Wie ist das mit dem Promontorium, wenn wir miteinander vögeln?" Seine Stimme hatte diesen weichen Sirenenton. G-Moll, dachte sie, die Tonart, die das Trommelfell mit der Seele verbinden kann.

Die Dissonanz der Stimmlage und der Sanftheit seiner Frage zu der Härte der Wortwahl und seines Gesichtsausdrucks verwirrte sie. „Ich spüre dich sehr tief und entlang der ganzen Wirbelsäule", sagte sie dann sehr deutlich. „Und dies löst ein Gefühl aus, mich dir geben zu wollen." Katharina hatte beschlossen, sich nicht von seiner Stimmung irritieren zu lassen, sondern ganz bei sich zu bleiben.

„Weißt du, dass gerade erfolgreiche Frauen extrem darauf stehen, im Bett schlecht behandelt zu werden?" Stefan hatte sein Bein zurückgezogen, sich abrupt nach hinten gelehnt und nun aus dieser neuen Distanz zwischen ihnen gesprochen.

Katharina war nicht ganz klar, ob er mit diesem Satz das Thema wechseln wollte oder meinte, es damit fortzuführen. Sie spürte einen Anflug von Anstrengung in der Konversation. „Sexuelle Gewalttätigkeit als Teil einer sich selbstgestaltenden, gemeinsamen Leidenschaftlichkeit ist vorstellbar“, entgegnete sie mit einem Lächeln und Anflug von betonter Leichtigkeit in der Stimme.

Doch er war heute zu keiner verbindenden Komplizenschaft zu bewegen, wirkte nun stark abgegrenzt, ja kalt und abweisend, wie er sie aus stahlharten Augen und mit gleichzeitig anzüglichem Gesichtsausdruck anblickte.

Katharina zog sich nun ihrerseits in ihre intellektuelle Burg zurück: „Was die Inszenierung um Dominanz und Ohnmacht in ihrer szenischen, lustvollen Gestaltwerdung von Lebendigkeit betrifft, kann ich dir zustimmen“, entgegnete sie. Dabei merkte sie, dass ihre Stimme einen spröden Ton angenommen hatte, denn seine Mimik verriet nun noch deutlicher, dass er nicht gewillt war, das Thema auf sich beruhen zu lassen. „Das Ausloten körperlicher Grenzen und das Spiel um den Schmerz können dabei ein Stilmittel sein; für beide Geschlechter übrigens“, ergänzte sie trocken.

Aber Stefan winkte großspurig ab. „Lass das ganze Psychozeug und die positiven Interpretationen. Frauen stehen simpel darauf, schlecht behandelt zu werden. Das funktioniert prächtig – und über das Bett hinaus. Je schlechter du eine Frau behandelst, desto mehr hängt sie an dir.“ Seine Stimme war nun eisig.

Katharina überkam ein seltsames Gefühl von vollkommener Entblößung. Ihr war, als stünde sie plötzlich nackt und von grellem Scheinwerferlicht angestrahlt vor einer versammelten, sie ausspottenden Menge. Wie konnte er so reden? Woher kam diese plötzliche Kälte? Wahrscheinlich hatte die Medusa seiner Depression wieder machtvoll ihr Haupt erhoben und ihn in diese feindselige, frauenverachtende Stimmung versetzt. Diese primitive, ja gewalttätige Seite an ihm stieß sie ab. Und warum sollte sie das aushalten? Wenn er wenigstens ehrlich zugegeben hätte, dass er sich mies fühlte, statt mit ihr diese Szene hier zu veranstalten.

Doch sie kam nicht dazu, etwas zu entgegnen, denn er nahm den Faden seines Referats bereits wieder auf. „Ich habe fünfundzwanzig Jahre an Ejaculatio praecox gelitten. Du hast keine Ahnung, wie beschissen das ist, wie demütigend sich das anfühlt.“ Die Bitterkeit in seiner Stimme unterstrich seinen Satz eindrucksvoll.

„Und in fünfundzwanzig Sekunden war alles vorbei! Schnapp!" Er schnalzte mit seinen Fingern in der Luft. „Bei der ersten Alten, die mir völlig egal war, hat es prächtig geklappt. Riecht gut, schmeckt gut, fühlt sich gut an. Was braucht es mehr und weiter zur nächsten. Und je uninteressierter ich an der Frau war und je oberflächlicher, je mehr ich sie einfach nur gefickt und gedemütigt habe, desto mehr hat es die Weiber angezogen und sie sind an mir gehangen."

Er nahm einen deutlichen Schluck aus seinem Glas. Auch Katharina nippte, mehr aus Verlegenheit an ihrem Champagnerglas, das sie wie einen Schild zwischen sich und ihn zu bringen trachtete.

Konnte es sein, dass er so kaputt war, sich mit dieser banalen Geschichte zufrieden zu geben? Was sollte sie dann mit ihm? Eine bleierne Wehmütigkeit schien zunehmend auf sie überzugreifen.

„Ich hatte sogar einmal eine Alte, die ist auf diese Behandlung so gestanden, dass ich vier Freunde zum Rudelbumsen mit ihr einladen konnte. Die hat alles mitgemacht. Und weißt du, was das Größte war?" Er blickte Katharina sehr gerade ins Gesicht und sie glaubte nun auf eine harte Maske zu blicken. „Irgendwann war mir dabei schlichtweg fad. Ich habe sie den anderen überlassen und mir stattdessen die Gitarre geschnappt und geübt. Hat mich mehr angemacht als die Nummer mit der Alten. Es war mir vollkommen gleichgültig, dass es ihr die vier in der Zwischenzeit ohne mich ordentlich besorgt haben. Vollkommen", wiederholte er mit einer Kälte in seiner Stimme, die verdeutlichen sollte, dass er über allem gestanden war, ihn nichts berührt hatte.

Dann setzte er nach kurzem Grübeln fort: „Kannst du mir sagen, was die Alte hatte, dass sie sich auf das Ganze eingelassen hat?" Den letzten Satz hatte er Katharina in einer Mischung aus Ekel und Überheblichkeit entgegengeschleudert

Katharina nippte wieder an ihrem Glas. Sie fühlte sich sehr weit weg von Stefan und sehr fremd. „Einen Mangel an Selbstachtung ganz sicher, würde ich sagen", erwiderte sie gemessen und in neutral professionellem Ton, während sie gleichzeitig die Zugbrücke zu ihrer Seele entschlossen hochzog. Denn es war für sie deutlich spürbar, dass er ihr die ganze Geschichte auch als Provokation erzählte.

„Und vielleicht hat sie dich auch geliebt und gemeint, dir dieses Opfer bringen zu müssen. Aber das würde ich als Spekulation ansehen. Es könnte auch sein, dass sie einfach gerne gevögelt hat und sie dich als den Richtigen eingeschätzt hat, ihr dies über deine Freunde zu besorgen, wenn du es nicht alleine gebracht hast." Das war ein kleiner Hieb, aber sie spürte keinerlei Befriedigung dabei.

Katharina fühlte solides Unbehagen und den Wunsch, ihn mit seiner These der schlechten Behandlung von Frauen nicht unhinterfragt zu lassen. „Was allerdings eindeutig und unübersehbar ist, das ist dein grundsätzlich abwertendes Frauenbild. Du hast dir da, mit Verlaub, eine mehr als durchsichtige und infantile Konstruktion gestrickt, mit der du der einen Hälfte der Menschheit den schwarzen Peter a priori zuspielst und daraus eigene Verführungswünsche, Bösartigkeit und Abwertung legitimierst. Du solltest das besser bearbeiten."

Sie war in ihrer Stimme ruhig geblieben, wenngleich es sie viel Mühe kostete, das nun aufbrechende Kaleidoskop wirrer Gefühlssplitter unter Kontrolle zu halten.

„Aber es hat toll funktioniert!", warf Stefan mit Achselzucken ein, um dann plötzlich viel ruhiger in anderer, weitaus verbindlicherer Form ihren Blick zu suchen.

„Und jetzt habe ich gar nichts mehr", erkannte er, „das Herumvögeln funktioniert einfach nicht mehr, reißt mich nicht mehr raus, kann mir nichts mehr geben, obwohl es meine beste Zeit war."

Eine kurze, sehr intensive Stille breitete sich zwischen ihnen aus. Und wenn Stille verbindlich sein kann, so war sie es jetzt. Er war jetzt plötzlich wieder friedlicher.

Wenig später kam der Ober, doch sie wollten beide keinen weiteren Drink mehr. Katharina spürte das dringende Bedürfnis, sich ordnen zu wollen. Formvollendet aufmerksam half Stefan ihr in ihre dünne Jacke. Wieder hatte sie dieses Gefühl von schmerzlicher Fremdheit und spürte die Angst, er könnte in ganz naiver Art ein virtuoses, wenngleich bösartiges Spiel mit ihr treiben, wie jene es tun, denen eine ernsthafte Gewissensfunktion fehlt.

Auf dem Weg hinaus hakte er sich plötzlich bei ihr unter und wies sie auf das große Gemälde im Foyer hin. Es zeigte eine teilweise schneebedeckte Bergszenerie im Hochgebirge, die markante Konfiguration des Großglockners.

„Da müssen wir gemeinsam mit dem Motorrad hin." Er hatte es ganz weich und fast schwärmend gesagt, als wäre es ihm ein wirkliches Anliegen, dieses Erlebnis mit ihr zu teilen.

Während er sprach, zog er sie dicht an sich heran und stieß dabei bereits die große Flügeltür des Eingangsportals nach draußen auf, sodass nicht klar war, ob diese Geste der Nähe einer Bekräftigung des Vorsatzes gelten sollte. Oder wollte Stefan nur galant sicherstellen, dass sie gemeinsam die Türöffnung passieren konnten, ohne sich zu stoßen?

Es hatte wieder angefangen zu regnen. „Ich bringe dich heim, ich stehe gleich um die Ecke", bot Stefan an, während er sich mit dem Aufspannen seines Schirms mühte. Katharina war froh, dass er sie nicht fragte, ob sie ihn heute begleiten würde, denn sie hätte es abgelehnt.

Der Regen klatschte in schweren Tropfen gegen die Windschutzscheibe. Sie schwiegen die kurze Strecke bis zu ihrer Adresse. Katharina fröstelte in ihrer dünnen Jacke. Der Regen hatte eine plötzliche Abkühlung um mehr als fünfzehn Grad gebracht, eine dunkle Kaltwetterfront, die sich in den bisher so warmen Frühsommer schob.

Sie dankte Stefan und küsste ihn rasch, wobei sie den Atem anhielt, um jedes Fühlen zu unterbrechen. Daraufhin stieg sie schnell aus und eilte die wenigen Meter zu ihrem Hauseingang. Als sie sich umdrehte, sah sie seinen schwarzen Wagen, der wie ein gedungener Hai auf sie wirkte, gerade wenden. Die Rücklichter glühten durch den Wasservorhang wie rote Kohlen auf.

Katharina lief die Stockwerke zu ihrer Wohnungstüre, ohne anzuhalten, wie in einer Flucht hinauf. Erst in der Geborgenheit ihrer Wohnung spürte sie, wie die Spannung langsam abfiel. Was hatte dieser Abend bedeutet? War er einfach schlechter Stimmung gewesen, seine Krise wieder von Neuem aufgeflackert? War das Ganze Ausdruck seines eigenen inneren Kampfes? Sie wusste, dass es vieles in seinem Leben gab, das ihm

Schmerz zugefügt und an seiner Herzenskraft gezehrt hatte. Oder hatte er ihr eine Botschaft vermitteln wollen? War es zwischen ihnen zu nahe geworden? Hatte er sich bereits endgültig in ein lächerliches Konzept einer zementierten Frauenverachtung für sein Leben eingemauert und wollte er Katharina den ihr zugewiesenen Platz zeigen?

War die Botschaft: Ich vögle dich! Du riechst gut, schmeckst gut und fühlst dich gut an und alles, was sich intim und nahe zwischen uns anfühlt, ist lediglich Teil einer gelungenen Simulation?

Diese Nacht schlief sie unruhig. Sie wachte unvermutet und schweißgebadet aus einem Albtraum auf. Es war noch dunkel. Sie fühlte sich übel. Sie kam sich vor, als hätte man sie innerlich ausgeschabt. Katharina tastete nach dem Schalter ihrer Nachttischlampe, überlegte es sich jedoch anders, als ihre Hand an das immer bereitgestellte Glas Wasser stieß. Sie griff es sich und leerte es mit einigen kräftigen Schlucken.

Nein, die Dunkelheit war ihr lieber. Sie wollte diesen grässlichen Traum noch rekonstruieren, bevor er wieder in der Tiefe ihres Unbewussten verschwand. Katharina schloss die Augen, atmete tief, spürte, wie sich ihr Herzschlag normalisierte, wie dieses Vernichtungsgefühl, mit dem sie erwacht war, ihrem erwachsenen Wissen um ihre sichere Verankerung im Leben endgültig wich.

Aber war sie denn so sicher verankert? Dieser Abend mit Stefan, sein so brüskierendes Auftreten, mit dem er eine von ihr deutlich gefühlte Wand zwischen sie geschoben hatte, war genug gewesen, um sie zu verwirren.

Erst vor wenigen Wochen hatte sie an diesem besonderen Abend in ihrer Praxis ihre Zweifel überwunden und sich in ihrem Bekenntnis zum Wesen wirklichen Liebens vollkommen sicher gefühlt. Und nun? War Stefan vielleicht einfach nicht der Richtige? Oder mangelte es mehr ihr an Herzenskraft und Vertrauen, um die reine unverstellte Begegnung leben zu können?

Sein gestriges plattes Resümee zur Unmöglichkeit der Liebe zwischen den Geschlechtern spiegelte vielleicht ihre eigene Angst.

Ihr biestiges Misstrauen lungerte doch beständig herum.

Die Traumsequenz formierte sich nun wieder vor ihrem inneren Auge.

Sie befindet sich mit Stefan in einem großen, dunklen Park. Schließlich gelangen sie an eine sehr lateinamerikanisch anmutende Bar. Sie meint Salsa-Musik aus dem Inneren zu vernehmen. Stefan ersucht sie, draußen an einem der Tischchen Platz zu nehmen. Es sind billige Sitzgruppen aus silbrig glänzendem Aluminium. Katharina sitzt ganz allein. Es gibt keine anderen Gäste. Wahrscheinlich ist es bereits spät nach Mitternacht. Stefan verschwindet im Inneren der Bar, um Drinks zu organisieren. Sie ist seltsam allein. Die Dunkelheit des Parks scheint von allen Seiten mit riesenhaften Schatten auf die Lichtinsel des Lokals einbrechen zu wollen.

Sie wartet und fühlt sich wie eingefroren in einem Zeitkristall. Endlich blickt sie auf ihre Armbanduhr und stellt fest, dass er schon für mehr als eine Stunde im Lokal verschwunden ist. Sie fühlt sich verlassen, von ihm im Stich gelassen.

Plötzlich vernimmt sie laute Stimmen aus dem Inneren der Bar. Neugierig tritt sie an ein Fenster, um hineinzuspähen, hält sich dabei jedoch im Schatten. Stefan sitzt an einem der Tische neben dem Tresen. Bei ihm befindet sich eine Frau mit einem kleinen Kind. Die Frau redet heftig und ärgerlich auf ihn ein. Sie scheint ihm Vorwürfe zu machen, ihn abzukanzeln. Stefan duckt sich unter ihrer Kanonade wie ein geschlagener Hund. Schließlich wird die Frau ruhig und berührt seinen Unterarm nun mit einer vertrauten, besitzenden Geste. Stefan wirkt wie ein gescholtener Ehemann, unfähig sich zu verteidigen, seiner zänkischen Ehefrau hilflos ausgeliefert. Er spricht nun unhörbar für Katharina, aber mit großer Intensität und Überzeugung auf die Frau ein, scheint sich zu rechtfertigen und mit zunehmender Beruhigung der Frau wieder an sicherem Terrain zu gewinnen.

Die Frau wirkt nun endgültig besänftigt und lässt sich von Stefan umarmen und küssen, wenngleich mit etwas Zieren und angedeutetem Widerwillen.

Katharina fühlt heiße Scham, Verrat. Sie kann sich nicht verzeihen, in ihm einen Mann von Größe fantasiert zu haben, wo sie ihn gerade als Abbild der Erbärmlichkeit eines ehelichen Betrügers erlebt.

Was hatte sie dazu verleitet, im Schatten eines Zwerges einen Riesen erblicken zu wollen? Wie tief musste nur ihre eigene Sonne stehen, um sich selbst so betrügen zu können? Ihre Scham ist so heiß, dass sie flüchten muss. Der Impuls fühlt sich übermächtig an. Sie läuft ziellos in das Dunkel des Parks hinein, egal wohin, nur weg von hier und diesem Platz ihrer Beschämung und Demütigung. Wie konnte sie sich so von ihm täuschen lassen – wie konnte sie sich selbst so täuschen? Wie einsam und bedürftig musste sie selbst wohl sein, den winselnden Kretin in ihm, der seine Ehefrau und sie gleichzeitig betrog, zu verkennen? Nie mehr will sie ihn sehen.

Sie gelangt an einen schwarzen See. Das Ufer wird von gemauerten grauen Steinstufen gebildet. Das Wasser hat eine seltsam dichte, ölige Konsistenz, wirkt wie schwarzes Quecksilber. Sie läuft auf diesen Stufen den See entlang. Ein riesiger weißer Mond spiegelt sich in der blanken Oberfläche und taucht die Szene in gespenstisches Licht.

Auf einmal steht eine alte, in graubraune Lumpen gekleidete Frau vor ihr, so unvermutet, als wäre sie aus dem Boden aufgetaucht. Sie will Katharina aufhalten, versucht sie am Ärmel festzuhalten und redet auf sie ein, doch stehen zu bleiben.

In diesem Moment vernimmt Katharina das hallende Geräusch rennender Schritte hinter sich. Es ist Stefan, der sie einholen will. Ganz plötzlich wird ihr bewusst, dass jene alte Frau seine Mutter und Komplizin ist. Aber ihm will Katharina ganz sicher nicht mehr begegnen. Sie stößt die Frau zur Seite und rennt weiter.

Doch ihre Schritte scheinen zunehmend einer seltsamen Lähmung zu unterliegen. Ihre Beine werden wie von Klebstoff auf der Unterlage festgehalten, sodass sie jeder Schritt enorme Mühe kostet und nur sehr langsam wie in Zeitlupe erfolgen kann.

Stefan nähert sich ihr unvermeidlich. Als er auf wenige Meter herangekommen ist, ruft er Katharinas Namen. Seine Stimme, diese Stimme, die sich mit ihrem Herz und Unterbauch immer so zielsicher zu verbinden versteht, lässt sie sich umwenden zu ihm.

Sie erträgt seinen Anblick nicht, diese konventionelle Ergebenheit in ein System, das die Lebendigkeit verspottet, weil sie sie aus Feigheit schon lange verraten hat.

Sie will dieses Leben nicht mehr, sie kann diese Enttäuschung nicht ertragen, sie will keine Erklärungen von ihm hören, sich auf kein neues, enttäuschendes Spiel mehr einlassen. Ihre Kraft dafür ist zu Ende.

Langsam spürt sie, wie sie sich aufzulösen beginnt. Sie fühlt die Wehmütigkeit der Endgültigkeit ihrer Verlorenheit, als sie zu Asche zerfällt. Die einzige, elende Befriedigung dabei bleibt, ungreifbar für Stefan auf die Steinstufen niederzurieseln, um sodann von der nächsten anschlagenden Welle in den See gespült zu werden.

Mit dem festen Vorsatz, nicht als Projektionsfläche für Stefans mieses Frauenbild dienen zu wollen, fiel Katharina danach in einen unruhigen Schlummer. Wenn er sich so vor Frauen fürchtete, dass er sie in seinem Erleben zu bedrohlichen Monstern, die seine Freiheit bedrohten, transformieren musste, würde sie dafür nicht die Rechnung zahlen.

Als sie erwachte, fühlte sie sich vollkommen erschlagen. Das Sommermorgenlicht fiel kräftig durch den braunen Samtvorhang ihres Schlafzimmers. Die Fenster gingen nach Osten und sosehr sie die Lichtdurchflutung an den Wintermorgen liebte, sosehr empfand sie diese heute als grausames Anstrahlen des Richtplatzes ihres Lebens.

Längst hatte der Morgen seine Naivität verloren, denn das Licht brachte den Schatten hervor, der bleiern über allem zu liegen schien. Die Dunkelheit der Nacht dürfte dagegen ihren Körper wie eine wärmende Hülle umschmiegt haben. Das Aufwachen bei Licht machte ihr dies heute besonders schmerzhaft spürbar.

Das Bild eines Krustentiers, herausgebrochen aus seiner schützenden Schale, drängte sich ihr auf. So fühlte sie sich, ausgeleuchtet vom unbarmherzigen Andrängen des Tages. Sie wollte sich nicht bewegen, noch nicht, wollte zurücksinken in die warme Dunkelheit. Alles schmerzte, fühlte sich wund an. Ihr ganzer Körper war so weich, noch gänzlich ohne Tonus, schutzlos und verwundbar.

„Diese Welt war ein kalter Ort." Warum fiel ihr nur dieser Scheißsatz ein? Dieser Abend mit Stefan war wohl die Ursache dafür. Doch diesen Satz zu denken bedeutete, ihren Kopf freiwillig auf den Richtblock der mentalen Guillotine mit Namen Resignation zu legen.

Stattdessen war es wohl besser, rasch den bewährten Panzer ihrer Erwachsenheit und Verdienste überzustreifen und auf den Turnierplatz des heutigen Kalenderblatts zu reiten. Wen musste sie heute beeindrucken? Wen musste sie einschüchtern? Wen niederringen? Vor wem sich schützen? Nie schien es ihr möglich, in dieser vertrauenslosen Welt loszulassen.

Schließlich stand sie auf und rettete sich unter die heiße Dusche, drückte sich einen Espresso aus der raschen, fröhlich oberflächlichen Kaffeemaschine und füllte sich mit Zuversicht durch das Anlegen ihres bevorzugten Business-Kostüms als heutigen Streitpanzer. Die Welt musste mit ihr rechnen. Sie gab sich nicht geschlagen.

Was Stefan betraf, war ein konfrontativer Entschluss unter der Wiederbelebung des prächtig dampfenden Duschkopfs entstanden. Sie musste diesem Zustand Klarheit geben.

Wirkliche Begegnung verlangte Kompromisslosigkeit – zuallererst mit sich selbst.

Sie hatte es als inneren Dialog mit ihm gefühlt, während das fast heiße Wasser ihren Körper in beständigem Fluss umspült hatte: „Was ist das zwischen uns?“, würde sie sehr deutlich und damit gleichzeitig unausweichlich zur Debatte stellen. „Es fühlt sich nahe an zwischen uns, sogar intim. Du bewegst dich in meinem Körper mit Selbstverständlichkeit. Dies ist nur angemessen für den, der dies sein Zuhause nennt. Ansonsten bist du ein Dieb, der sich mit List Zutritt verschafft. Ist alles zwischen uns nur Oberfläche oder aber Ausdruck unseres Seins mit all seinen Zweifeln und Nachdenklichkeit? Liegt ihm glaubhaftes Bekenntnis, sich in dieser Begegnung ehrlich herausfordern zu wollen, zugrunde? Dann mag es sein, wie es ist, sich entwickeln aus eigener Kraft, Wahrheit und Erleben. Und wenn du nicht zu mehr taugst, als mit mir zu vögeln, um dich nach dem Sturm der animalischen Besitznahme wieder in deinen Bunker zurückzuziehen und du alles andere bereits für dich aufgegeben hast, dann möchte ich dies auch wissen. Unter deinen Liebkosungen geschieht mir der Höhepunkt. Doch nur deswegen, weil ich mich dir geben will. Ich will wissen, wem ich mich gebe.“

Ja, so würde sie es ansprechen, in ein paar Tagen. Dies schien ihr der richtige Zeitpunkt.

Aber er kam ihr zuvor, denn bereits am übernächsten Tag leuchtete ihr Handydisplay von seinem Anruf auf. Sie war gerade bei einem Abendessen, zu dem sie ihre Mitarbeiter vor den Sommerferien eingeladen hatte, und entschuldigte sich mit entsprechend hinweisender Gestik, während sie aufstand, um sich in einen ruhigeren Teil des großzügig bemessenen Gastgartens zurückzuziehen.

Stefan hatte zuerst einen sehr geschäftlichen Tonfall angeschlagen und hielt sich nicht lange auf, sondern informierte Katharina gleich davon, dass eine in ein paar Wochen geplante gemeinsame Wochenendsommerreise doch nicht zustande kommen könnte.

Am Ende hatte er doch noch in seine Stimme hohes, durch seine Überzogenheit noch viel deutlicher rein pflichtschuldig wirkendes Bedauern gemischt.

Das verärgerte Katharina weit mehr als die Absage. Sollte sie nun die Rolle übernehmen, *ihn* zu bedauern? Sie schwieg hartnäckig.

„Bist du noch dran?“, fragte er in die Stille hinein. Sie atmete hörbar aus und schwieg weiter. „Ich will dir lieber die Wahrheit sagen“, setzte er fort. Katharina spürte, wie abwehrende Spannung ihren Körper durchfloss, so als würde sich jede ihrer Zellen blitzschnell mit einer Verpanzerung vor dem nun Kommenden schützen wollen.

„Ja“, sagte sie nur, sehr um eine neutral wirkende Stimme bemüht.

„Die Dämonin ist zurück“, gestand er. In seiner Stimme mischten sich Zweifel, Aufbruch und nun auch echtes Bedauern.

Katharina hatte sich immer wieder gewundert, wie sehr psychischer Schmerz eine körperliche Entsprechung zuwege bringen konnte. Es fühlte sich an, als wäre kurz in ihrem Inneren ein Flammenwerfer entzündet worden. Das musste ein Krampf des vegetativen Nervensystems vom Beckenraum bis in den Solarplexus sein, der dafür verantwortlich war.

Doch ihr Panzer hielt. Nachdem sie einen tiefen Atemzug genommen hatte, gelang es ihr, ein überraschtes „Ach ja“ über die Lippen zu bringen, in das sich leichter Spott mischte, ohne dass sie es vermeiden wollte.

Das war ihm wohl nicht entgangen. Doch diesmal nahm er, der bei der leichtesten Kritik mit maximaler Feindseligkeit reagierte, es anstandslos hin.

„Normalerweise", fuhr er fort, „hätte ich jetzt wegen des Wochenendtermins irgendeine Geschichte erfunden und mal geschaut, wie es sich mit der Dämonin entwickelt. Aber mit dir wollte ich ehrlich sein. Zu lügen hätte sich zwischen uns falsch angefühlt."

Was wollte er ihr damit sagen? Dass er normalerweise ein schrecklich feiger, arroganter Taktierer war, der sich alles offen halten wollte? Katharina musste wieder an den nächtlichen Albtraum nach ihrem letzten Treffen denken. Und wie war seine demonstrierte Ehrlichkeit ihr gegenüber zu verstehen? Kam ihm die Lüge ihr gegenüber selbstdegradierend vor, weil er tatsächliche Wertschätzung für sie empfand und sie ihm wichtig war? Oder war sie so unbedeutend, dass es ihn keine Überwindung kostete, sie mit der Wahrheit zu konfrontieren?

„Du musst tun, was für dich das Beste ist", meinte sie schließlich sehr kühl und abgegrenzt.

„Wir sollten einander noch treffen", setzte er schnell hinzu, und das „noch", das er verwendet hatte, ließ den Flammenwerfer in ihrem Inneren erneut auflodern. Trotzdem sagte sie zu, als er vorschlug, einander am nächsten Abend zu treffen.

Sie kleidete sich sehr sorgfältig an, nicht für ihn, sondern für sich selbst. Sie wollte sich gut fühlen und in sich zu Hause. Der Treffpunkt lag in einem der noblen Außenbezirke, ganz auf der Höhe einer Kuppe des umgebenden Villenviertels. Der Gastgarten mit seinen alten Kastanien, die die typischen Holztische mit ihren geschwungenen Eisenfüßen und ebensolche Sessel mit einem dichten Blätterdach beschirmten, bot den Ausblick auf den westlichen Teil der großen Stadt mit seinen markanten Gebäuden.

Katharina war wenige Minuten zu spät. Während sie über den knirschenden Kiesbelag zwischen den Tischen vorwärts bis in den hinteren Teil des Gastgartens schritt, hielt sie nach Stefan Ausschau.

Er war nicht da, nirgends zu sehen. Er ließ sie warten oder gar sitzen. War dies bereits Ausdruck seiner zweckorientierten Haltung und ihrer Bedeutungslosigkeit für ihn? Sie war einfach nicht mehr nützlich. Sie fühlte sich entblößt und meinte die abschätzigen Blicke der übrigen, meist in lockere Feierabendkonversation verstrickten Gäste wahrzunehmen.

Katharina hielt nach einem Tisch irgendwo in der Mitte Ausschau. Das schien ihr passend. Sie brauchten keinen intimen, ungestörten Platz mehr. Direkt unter einer buntfarbigen Lichterkette, die zwischen dem Geäst von zwei Kastanien gespannt war, wählte sie einen der Tische aus und setzte sich. Der Stuhl kam ihr heute unerwartet schwer vor. Die Lackierung hatte die Farbe eingetrockneten Bluts, fand Katharina. Auch das passte gut, wie sie fand. „Dreckig Burgund“ benannte sie den Farbton bei sich.

Sie bestellte sich ein Soda-Himbeer und bekam das sprudelnde Getränk in einem klobigen Glashumpen auf einem Papieruntersetzer vorgesetzt. Sie hatte nicht vor, lange zu bleiben oder lange zu warten.

Da kam er, steuerte zielsicher ihren Tisch an und legte seinen lächerlichen, lederbespannten Pappkartonhalbhelm auf den Tisch. Er war mit dem Motorrad hier und hatte Katharina in einer SMS seine Verspätung angekündigt, weil er eine neue Maschine vom Händler zur Testung übernommen und der Papierkram länger gedauert hatte. Sie hatte die Nachricht nicht gelesen.

Mit seinem üblichen Selbstinszenierungsgetue bestellte er einen doppelten Espresso und Mineralwasser bei der Kellnerin, die in Anbetracht seiner Art von Intimität erzeugender Ansprache zumindest eine Freundin seit ewigen Zeiten, wenn nicht ehemalige Geliebte hätte sein müssen.

Heute fand Katharina bei der Beobachtung des Geschehens dies nicht charmant bubenhaft, sondern schlichtweg plump, übergriffig und peinlich. Kurz fragte sie sich, ob er das wohl die nächsten Jahre weiterhin so durchziehen und wie lange er sich dabei wohl glaubwürdig würde vorkommen können.

Manche Männer hielten sich ja auch jenseits der sechzig für unwiderstehlich, selbst wenn sie für die gesamte Umgebung bereits erbärmlich lächerlich wirkten. Es gelang ihnen nicht, von der Jungenhaftigkeit in die volle Männlichkeit zu wachsen. Damit ließ sich der Schatz von ruhiger ernsthafter Lebensfülle in ihrem Auftritt nie heben. Stattdessen blieben sie in pubertärer Fixierung festgefroren.

Doch Katharina stellte mit Befriedigung fest, dass ihr dies jetzt egal war. Sie fühlte sich zuversichtlich distanziert. Zumindest in diesem Moment schien es ihr, als ob ihr Schmerz Einsicht und Beobachtung gewichen sei.

Stefan wirkte fahrig, unsicher, fummelte an einer Blechschachtel mit Zigarillos herum, die sich augenscheinlich schlecht öffnen ließ. Oder war er zittrig? Vielleicht war er auf dem Weg, in einen Rückfall zu schlittern.

Die Kellnerin brachte seinen Kaffee und das Wasser. Beim Erscheinen der jungen Frau hatte er sich gerade aufgesetzt und gestreckt. Sein Verhalten wirkte heute so platt und transparent. Es war, als hätte Katharina die beschönigende Brille auf einmal abgenommen und würde ihn in seiner gesamten Trivialität und dem marionettenhaften Gesteuert-Sein durch seine Strukturen erleben.

Das berührte sie, so wie damals, als er in Nizza so verletzlich gewirkt hatte, weil er sich beim Ausdrücken seiner Zigarre nicht vom Blechrand des Mülleimers hatte trennen können.

„Ich habe irgendwie immer wieder mal mit der Dämonin Nachrichten ausgetauscht", nahm Stefan unvermittelt das Gespräch wieder auf, nachdem es ihm endlich gelungen war, eine Zigarillo aus der Metallschachtel zu befreien und Katharina ihm Feuer gegeben hatte. „Nur so alle paar Wochen, sporadisch eben", fügte er in, wie Katharina fand, unnötig entschuldigendem Ton hinzu. „Einfach so, wie es halt so geht."

Katharina schmunzelte in sich hinein. Das war genau sein Muster, nicht loslassen zu können und auf kleiner Flamme weiter zu kochen. „Und?", sagte sie und merkte selbst, dass ihr Ton amüsiert dabei war.

„Na, ich weiß nicht", setzte er etwas ratlos fort. „Da ist etwas, das ich klären muss." Er fummelte an den Bändern seines Helms herum. „Etwas, das ich nicht verstehe, aber – du verstehst schon – irgendwie verstehen muss."

Katharina nahm einen Schluck des perlenden Himbeer-Sodas. Das war der Geschmack ihrer Kindheit, der Ausflüge mit ihrem Großvater, der sie wie einen Buben behandelt hatte und ihr, wenn sie seine Mutproben und Gewaltmärsche durch den Wienerwald zu seiner Zufriedenheit und ohne jedes Murren absolviert hatte, genau dieses Getränk mit einem Paar Würstel als Medaille seiner erkämpften Achtung spendiert hatte.

Mit Zufriedenheit stellte sie fest, dass sie nach der ersten Attacke bei ihrem Telefonat mit Stefan kein Verlustgefühl mehr spürte. Zumindest war es ihr gelungen, eine solide Wand zwischen sich und ihn zu schieben.

Sie wäre ihm gerne die „gute Mutter" gewesen, an die er nicht glauben konnte, eine, an der er feststellen konnte, dass er nicht verschlungen würde, sondern seine Freiheit Achtung erfuhr. Sie hätte gerne Loslassen und Festhalten, Nähe und Distanz im richtigen Takt ehrlicher Wertschätzung mit ihm entwickelt, doch so war es nicht möglich.

„*Ich* verstehe vollkommen." Ihr Ton war spöttisch, denn sie hatte das „Ich" deutlich betont ausgesprochen.

„Ich spüre, dass es irgendwie falsch ist, und ich weiß auch nicht, was passiert, wenn ich sie treffe, aber ich muss das jetzt herausfinden. Ich wollte ehrlich mit dir sein." Beim letzten Satz hatte er den Kopf gehoben und ihre Augen gesucht.

Als sich ihre Blicke trafen, verspürte sie ein bisschen Wehmut. Doch die Tiefe, die sie in ihm las, rief sie zur Disziplin. Wenn ihr Fühlen für ihn *echt* war, musste *sein Bestes* ihr dringlichstes Anliegen sein und nicht ihre eigenen Wünsche.

Jeder Anflug von Spott oder Arroganz, der Panzerung versprochen hätte, wich von ihr. Stattdessen gelang es ihr, ihm sanft über den Unterarm zu streichen und ihn anzulächeln, während sie sehr ruhig meinte: „Du musst tun, was du für dich glaubst zu brauchen." Sie war stolz, dass ihre Stimme jetzt nicht gezittert hatte.

Die Kellnerin war an ihren Tisch getreten und Katharina gab ihr einen Schein, der sicher ihre Konsumation abdecken würde. Gleichzeitig stand sie auf. Auch er sprang auf, wirkte sichtlich überrumpelt von ihrem raschen Aufbruch. Normalerweise hatte sie ihm die Taktgebung überlassen.

Er begleitete sie zum Wagen. Sie hatte heute das Cabrio genommen. Es fiel ihr auf, dass sein Blick auf ihren Beinen ruhte, als sie diese beim Einsteigen mit langsamer Eleganz in den Wagen zog. Sie küssten einander. Katharina wollte ihre Lippen diesmal lieber hart fühlen. „Ich rufe dich an", meinte er, doch sie ging darüber hinweg.

Auf der Fahrt nach Hause fühlte sie kurz eine sehr intensive Trauer. Er hatte sie wahrscheinlich nur gevögelt, war zu mehr gar nicht fähig. Und sie selbst? Hatte sie sich getäuscht in den intimen Momenten mit ihm? Waren seine Offenheit und Nähe in diesen Augenblicken nur Trug gewesen – oder noch viel schlimmer: War alles nur ihre Projektion? War ihr eigenes

Erleben so fehlgeleitet? Oder hatte *sie* ihm die falschen Signale gegeben und waren sie beide einfach zu schwach, um sich der wirklichen Lebendigkeit selbst gestaltenden Liebens jenseits aller Normen anvertrauen zu können?

V

Es erschien Katharina seltsam unerwartet, dass sie sich in den folgenden Tagen vollkommen ruhig und ausgeglichen, wenngleich von erkenntnistiefer Schwere durchdrungen fühlte. Eine ungewöhnliche Klarheit hatte sie erfasst. Sie meinte ihn und sich, ihre so ungewöhnliche Begegnung und Selbstherausforderung auf dem Turnierplatz des Lebens nun unverstellt zu sehen.

Offen gestand sie sich ein, dass die Anziehung, die sie ihm gegenüber erlebte, rational nicht begründbar war, ja würde sie es versuchen, nur zu Staub zerfallen könnte.

Die genussvolle Aufregung, die er auslösen konnte, die intellektuelle Anregung, weswegen sie ihn bei sich als „ihre Muse" bezeichnete, der starke Wunsch, die in seiner Gegenwart elektrisierende Erotik selbst kleiner, im komplizenhaften Wechselspiel ausgetauschter Gesten leben zu wollen, lagen weit jenseits begründbarer Kausalität. Vielmehr waren sie Ausdruck des Grundprinzips einer Einswerdung, traf man sein korrespondierendes Gegenüber, tiefer begründet als sinnliche Wahrnehmung.

Das sie Verbindende reichte wohl bis in ihre tiefsten Baupläne hinein – jene, die ihre Chemie und so magische Stoffe wie Pheromone bestimmten. Stefan musste dies genauso wie sie empfinden. Ihr gemeinsames interaktives Ballett war von vollkommener Präzision. Er selbst hatte sie beide als eben verschränkte Teilchen bezeichnet. Er war der Mann, dem sie sich vollständig geben könnte.

Doch etwas zu spüren und es leben zu können, konnten zwei verschiedene, füreinander unerreichbare Paralleluniversen sein. Auch das war Katharina klar.

Sollte er sich jetzt entscheiden, seine Zukunft wieder auf die Dämonin auszurichten, musste sie an dieser Stelle zurücktreten und ihn sich selbst überlassen, wenn sie ihn ernst nahm. Respekt war die unbedingte Voraussetzung für ein Lieben in echter Freiheit, selbst wenn dies verlangte, die Unmöglichkeit, es zu leben, anzuerkennen.

Jede eigensüchtige Verwaltungsbestrebung des anderen hätte ihre Begegnung in den üblichen zermahlenden Gesellschaftskanon niedergezwungen.

Katharina sah ihre Aufgabe darin, diese Klarheit aufrechtzuerhalten, für sich selbst zu sorgen und dem frischen Schmerz, getröstet durch diese Erkenntnis, seine Normalität zu geben, um wieder in die Leichtigkeit und Zuversicht eines dankbaren Lebens zu finden. Keine leichte Übung, aber zwischen verschränkten Teilchen lagen ja manchmal auch Tausende trennende Kilometer.

An einem der nächsten Tage war sie mit ihrem Ex-Mann zum Essen verabredet. Er lebte nicht mehr in Europa und hielt sich gerade in der Stadt auf. Es hatte den Anschein, als wäre der Kontinent nach ihrer Scheidung zu eng für sie beide gemeinsam geworden.

Der Praxistag lief an diesem Tag dicht gepackt, wie fast jeder andere auch. Sie würde direkt von der Praxis zum Lokal aufbrechen. In ihrer späten Mittagspause nahm sie deshalb nur einen Espresso mit einem Müsliriegel als Mahlzeit zu sich.

Sie saß in ihrer heimeligen Teeküche und blickte auf den weiten Innenhof dieses Altwiener Geschäftshauses und auf das gegenüberliegende Flachdach.

Auf einer der blockförmigen Säulen der Dacheinfriedung saß ein Taubenpaar, dem es bisher gelungen war, unbemerkt vom stets brummigen Hausmeister in einer Wandnische zu nisten. Katharina sah dies von ihrem Ausguckposten genau. Sie würde sie nicht verraten.

Sie schätzte diese intelligenten Tiere, die nicht nur Menschen an ihren Gesichtern erkennen und Gemälde verschiedenen Malern zuordnen konnten, sondern noch im Zweiten Weltkrieg mit der Überbringung von Eilnachrichten unzähligen Soldaten das Leben gerettet hatten.

Wenn man genau hinsah, war dies aus Liebe gelungen, denn die von ihrem Partner getrennte Taube fliegt unermüdlich und mit hoher Geschwindigkeit, bis sie wieder vereint ist oder auf dem Weg stirbt. Nicht umsonst waren sie also ein Symbol für Frieden und Liebe und verdienten die jetzige Härte ihrer Verfolgung nach Katharinas Empfinden nicht.

Der Täuberich von gegenüber ging unter seinesgleichen mit seinem blaugrün schillernden Brustharnisch und der imposanten Gespreiztheit seines Gangs sicher als Prachtkerl durch. Er umkreiste gerade wieder ausgiebig balzend sein derzeit noch Langeweile zur Schau tragendes Weibchen. Es schien gedankenverloren und gleichzeitig intensiv ins Picken vertieft. Immer dieselbe Nummer. Das konnten die beiden einander doch nicht mehr abnehmen. Sogar Katharina sah, dass das Weibchen immer wieder kleine, aufreizende Spreizungen sowie Unterwerfungsgesten mit dem Schwanz vollführte. Das musste etwa so sein wie bei Frauen, die ihre Schenkel beiläufig auseinanderklappen und daraufhin die Beine wieder überschlagen.

Dann ging alles sehr schnell. Er war über ihr und sie duckte sich folgsam unter seinem flatternden Feldherrngehabe. Katharina zählte langsam, so wie man es zwischen Blitz und Donner tut, um die Entfernung des Gewitters ermessen zu können, und gleichzeitig mit obszöner Beobachtungsfreude.

Er war äußerst schnell heute. In drei Sekunden war er fertig. Maximal dauerte es sieben Sekunden, wie sie von anderen Gelegenheiten der sexuellen Freuden dieses Taubenpaars wusste.

Katharina musste plötzlich schmunzeln. Die Tauben waren jetzt im Schutz ihrer unwiderruflichen Monogamie unmittelbar wieder zu ihren gewohnten Tagesabläufen zurückgekehrt. Sie wirkten vollkommen ruhig, wie sie so in Katharinas Hinterhof ihr volles, pralles Leben mit Leichtigkeit, ohne Zweifel und gelassener Ruhe anlegten.

Leichtigkeit war der Begriff, an dem sie hängen blieb – und sieben Sekunden. Beides schoss ihr zugleich in den Kopf, gemeinsam mit einem Kaleidoskop von sich verwirbelnden Bildern. Sieben Sekunden und Leichtigkeit – gemeinsam hatte das Kraft.

Eine plötzlich aufblitzende Aufregung einer möglichen Einsicht zog sich wie ein Senkblei in die Tiefe ihres Spürens. Wie ungestüme Jagdhunde, die an ihren Leinen reißen, drängten ihre Assoziationen.

Das Leben bündelte sich im Taubenleben auf sieben Sekunden. Einander zu lieben dauerte sieben Sekunden. Doch konnte das Leben auch in sieben Sekunden oder vielleicht sogar drei vorbei sein. Katharinas Mutter war von einem fulminanten Herzinfarkt in weniger als drei Sekunden in eine zum Tode führende Bewusstlosigkeit geworfen worden.

Wie fühlte es sich an, das Leben in derartigen Zeitabschnitten von drei oder sieben Sekunden, als eine Kette von Momenten, deren nächster nicht gesichert war, zu vermessen?

Es verlieh Leichtigkeit, denn der Horizont war nahe. Nicht Oberflächlichkeit, präzisierte sie bei sich sogleich, um das in ihrem inneren Fühlen gerade Gestalt Annehmende genauer fassen zu können.

Eine ernsthafte Leichtigkeit war es, die sie hier meinte, eine, die wirkliche Lebensfülle ermöglichte, weil sie Gewalt und Wucht unberechenbarer Lebendigkeit, die stets auch den Tod miteinschloss, offen entgegenzutreten verstand. Denn erst die Akzeptanz der eigenen Ohnmacht als konstituierenden Bestandteil des Seins brachte die permanente Angst vor Verlust zum Erliegen. Nur so waren gelassene Ruhe und vollkommene Präsenz in der jeweiligen Situation möglich.

Präsenz! Katharinas innerer Scheinwerfer wanderte weiter zu diesem Begriff. Auch ihm war eine aufregende Qualität zuzuschreiben. Und dieses Gefühl kannte sie, vollkommen in der Situation zu sein, keine Trennung mehr zwischen sich und dem Sein zu spüren, die Situation selbst zu sein.

Ihre Erfahrungen mit dem Motorradfahren fielen ihr ein. Ja, in manchen Momenten – hier waren sie wieder, die drei oder sieben Sekunden ihrer Tauben – trat dieses Gefühl mit unerwarteter Wucht auf. Es befiel sie stets unerwartet, war nie erzeugbar und in seinen Komponenten bestimmt davon, sich geben zu können, mit vollkommen gerichteter Aufmerksamkeit im Vertrauen mit sich selbst und in der Verschmelzung mit der Maschine zu sein.

Ein herrlicher, ozeanischer Moment völligen Ankommens und Annehmens des Lebens und gänzlich ohne Angst, obwohl alles in sieben, drei oder noch weniger Sekunden vorbei sein konnte. Und es waren Situationen, die ihr von Leichtigkeit geprägt zu sein schienen.

Man müsste eine Taube sein, dachte Katharina und warf wieder einen Blick zu dem von ihren Überlegungen unbeeindruckt ihren Verrichtungen nachgehenden Taubenpaar.

Sie müsste dazu noch genauer nachdenken und nachspüren, kam sie zu dem Schluss, denn diese Haltung ernsthafter Leichtigkeit in der völligen Präsenz des gegebenen Moments kam ihr gerade für ein Gelingen wirklich freien Liebens als die einzig richtige vor.

Doch das Leuchten des Displays ihres Handys beorderte sie wieder in die Realität ihrer Existenz in der Teeküche ihrer Praxis zurück. Es war „ihr Ex-Mann". Irgendwie hatte sie sich trotz der Jahre, die ihre Scheidung nun schon zurücklag, noch immer nicht daran gewöhnt, ihm diesen Titel zu geben. Es geschah ihr nicht nur bei sich in ihrem inneren Dialog, sondern bisweilen auch in Gesprächen mit Freunden, dass sie von „ihrem Mann" sprach, wenn er Thema wurde.

Er hatte sich eine neue Beziehung zugelegt, aber davon sprach er nicht. Sie bekräftigten den heutigen Treffpunkt und die Uhrzeit ihrer Verabredung. Die Vertrautheit, die sie mit seiner Stimme verband, sprang sie als kurzes intensives Einsamkeitsgefühl an. Dann legte sie auf, streckte ihren Rücken sehr bewusst und gerade durch. Beim Blick auf die Aluminiumwanduhr mit der rasend dahinfließenden Zehntelsekunden-Anzeige stellte Katharina fest, dass ihr noch eine knappe halbe Stunde bis zum ersten Patienten des heute verkürzten Nachmittages blieb.

Sie schlug ihren in braunes Leder gehüllten, das digitale Zeitalter bereits anachronistisch verleugnenden Terminkalender auf, um die vor ihr liegenden Namen mit den jeweiligen Personen und deren Anliegen zu verbinden und die hinter ihr liegenden Stunden, wie es ihre Art war, zu rekapitulieren.

Es war ein besonders langer und anstrengender Vormittag gewesen, einer von jener Sorte, der sie selbst sehr nachdenklich stimmte. Die Zeugenschaft von Leiden und Niedertracht, die der Beruf ihr abverlangte, erschien ihr manchmal über Gebühr an ihrer Kraft zu zehren. Sie verglich sich mit einer Sandburg, die von der andrängenden Flut unterspült zu werden drohte. Vielleicht war sie selbst zu nah am Wasser gebaut.

Stefan fiel ihr wieder ein. An solchen Tagen hatte sie sich danach gesehnt, abends aus diesem Teil ihres Lebens aussteigen zu können. Sie wollte sich in seine Arme flüchten und spüren, dass die Welt auch der Ort pulsierenden Lebens, ein Ort von Nähe, Vertrauen und Lust sein konnte. An ihren gemeinsamen Abenden hatte sie sich auf dem Weg zu ihm oftmals wie Cinderella gefühlt, die unterwegs war zum Ball des Prinzen im königlichen Schloss, voller Freude auf das Fest. Gleichzeitig hatte sie dem unvermeidlichen Glockenschlag in ihrem Inneren entgegengeharrt, der sie wieder in den Sumpf ihres Berufsalltags aus seelischen Verstrickungen und Bösartigkeiten zurückrufen würde.

Den Morgen hatte ihr heute bereits eine Paarberatung vergällt. Ein neuer Patient, dem es wichtig gewesen war, dass ihre Assistentin seine akademische Anrede vermerkte, hatte für sich und seine Gattin einen Doppeltermin reserviert. Als sie den beiden die Türe zu ihrer Praxis geöffnet hatte, war bereits klar gewesen, dass es sich hier nur um einen Florian, Valentin, Paul oder Fridolin handeln konnte. Er war ein Valentin und dieser als Marketingchef eines großen modernen Unternehmens gut in der Mitte seiner Fünfziger angekommen. Er war von jener Sorte von Berufsjugendlichkeit, die trotzig reklamiert, dass ihr endlich die ganz große Inszenierung geliefert werden müsste, ohne die Verantwortung dafür übernehmen zu wollen, dass sie bereits Jahrzehnte mit dem Rücken zur Bühne sitzt.

Natürlich hatte er einen Roller dabei, ein Elektromodell mit faustgroßer Klingel, damit auch alle richtig aufmerken müssten, wenn Valentin an ihnen vorbeisauste. Er trug eine milchkaffeebraune Baseballkappe mit überlangem Schirm, die seinen sich später offenbarenden schütteren Haarwuchs verdeckte, steckte in knielangen grauen Jungenshorts mit trotzig großen, aufgenähten Taschen und dazu passendem jugendlichem T-Shirt. Einer von jenen neuerdings modischen Turnbeuteln, die Katharina noch aus ihrer Schulzeit kannte, hing an überlangen Schnüren wie ein

Rucksack bis über seinen Hintern. In seinen kindlichen Segeltuch-Sneakern, die mit bunten Cartoon-Figuren, Violinschlüsseln, Trommeln und Transistorradios bedruckt waren, latschte er wie ein pampiger Achtjähriger mit seinem coolen Volksschülergang vor Katharina zielbewusst und selbstsicher in den Behandlungsraum.

Im Schlepptau zog er seine deutlich verhärmte Gattin. Sie war dezent gekleidet, von ebensolchem Auftreten und sicher zehn Jahre jünger als er, wirkte jedoch wie die verzweifelte Mutter eines schwer erziehbaren Kindes.

Sie musste geweint haben, stellte Katharina bereits bei der Begrüßung im Vorzimmer fest. Er war ihr sofort unsympathisch. Aber vielleicht lagen die Dinge ja auch ganz anders. Er war ein aufopfernder, liebevoller Ehemann gewesen und sie die „Bitch", die ihm das Leben systematisch zur Hölle gemacht und seinen Befreiungsschlag provoziert hatte.

Natürlich war es dann ziemlich genau so, wie Katharina bereits im Vorzimmer geahnt hatte.

Gabi – Gerlinde oder Brigitte hätte auch noch zu ihr und ihrer Rolle in diesem Stück gepasst – hatte die letzten drei Jahre die fünfzehn Kilo ihrer Schwangerschaft mit dem gemeinsamen Kind wahrscheinlich aus Kummer behalten, um etwas als Puffer zwischen sich und die Kälte des Ehemanns schieben zu können. Sie zeigte jene Art von pflichtschuldigem Masochismus, der stets in sich selbst das Übel der Misere zu begründen sucht.

Valentin seinerseits imponierte durch gänzliche Empathielosigkeit. Er verfügte jedoch über eine differenzierte Einfühlung, die er praktischerweise seit Langem dazu nutzte, seine Partnerin dergestalt minutiös durchzurastern, um sie emotional maximal treffen zu können. Ansonsten strahlte er vor Selbstüberzeugung in der Maske seines bubenhaften Charmes. Sogar Katharina gegenüber versuchte er einen erotischen Unterton einzuflechten. Er hätte nur noch seinen Schwanz aus der Hose nehmen können, um noch lauter zu zeigen, dass er ein Männchen war.

Sein Anliegen war die Trennung. Gabi turnte ihn nicht mehr an. „Puff, einfach weg! Keine Leidenschaft mehr!" Er kostete das Ganze mit naiver Unbefangenheit aus, ließ keinen Zweifel, dass er sie als abserviert sah. Monique, hinter der nächsten Ecke, hatte ihm die Augen geöffnet.

Gabi hingegen trat als personifizierte Minderwertigkeit auf. Und wäre damit die von Valentin als verlustig beschworene Leidenschaft zu entfachen gewesen, hätte sich Gabi jede Stelle ihres Körpers bereitwillig absaugen oder aufpolstern lassen, wäre in Lack, Leder oder jedwedes Dessous geschlüpft. Es war erbärmlich.

Katharina spürte soliden Ekel für die gesamte Situation.

Als Valentin am Ende mit seiner subtilen und vergiftenden Degradierung noch Gabis Vaginalfluor als „leicht unangenehm" thematisierte, kam Katharina zu der Überzeugung, dass diesem abgehalfterten, lächerlichen Peter-Pan-Verschnitt in seiner Selbstaufblasung sofort und exemplarisch die Grenze gewiesen werden müsste. Er war daraufhin etwas kleinlaut mit seinem Elektro-Scooter aus der Praxis abgezogen, obwohl dies nichts an der Situation und kaum etwas an Gabis masochistischer Selbstzerfleischung zu ändern vermocht hatte.

Auch ihr nächster Patient, Diplomingenieur und Techniker, war nicht weniger anstrengend. Er verblüffte Katharina damit, dass er ankündigte, heute aus gegebenem Anlass über Gefühle reden zu wollen. Das war für sich genommen schon schräg. Sie hatte ihn wegen einer hartnäckigen Erektionsschwäche seit zwei Jahren in Behandlung. Seine Erkrankung war zwar befriedet und seine hyperintellektuelle Partnerin auch (wer hätte sich ansonsten dieses Problem für die fast ein halbes Dutzend davorliegenden Jahre umhängen lassen?), doch der Kosmos der Gefühlswelt schien nach wie vor ein weites, schwer eroberbares Land für ihn.

„Ich will heute über Gefühle reden", hatte er gesagt, in einem Ton, als würde es sich um das Studium einer Gebrauchsanleitung für einen komplizierten technischen Apparat handeln. Katharina hatte genickt und innerlich geseufzt, aber geschwiegen, um ihm damit den Kurs der Fährte zu überlassen.

Seine Partnerin hatte sich bei ihm beschwert. Sie würde sich nicht genug von ihm geliebt fühlen. Er repetierte ihren Vorwurf mehrfach und wurde dabei immer anklagender.

„Was weiß ich, was die will", hatte er schließlich Resümee gezogen. „Ich kenne Wut oder Ärger", hatte er begonnen, seine Gefühlswelt in ihren Nuancen abzuklopfen, „aber Liebe“ – er hatte sinnend innegehalten – „was die da meint und sich erwartet, das weiß ich wirklich nicht!“

Dann war da noch die Doppelstunde eines biestigen Zahnärzteehepaars in Scheidung. Sie schwadronierten in akademisch verweisendem Ton beständig davon, dass ihre gemeinsamen Kinder nicht zu Schaden kommen dürften, und stritten gleichzeitig erbittert in der Aufteilung um jeden Spatel der gemeinsamen Ordination.

Abgeschlossen hatte den Reigen ihrer Vormittagspatienten ein schwules, ewig zänkisches Anwältepaar. Beide Männer beanspruchten den soliden Opferstatus, der durch den bitteren Vorwurf mangelnder Aufmerksamkeit des Partners kunstfertig seit zahlreichen Sitzungen begründet und dabei zusehends verfestigt wurde.

Und für den Nachmittag sah es nicht weniger trist aus. Eine ihren Gatten seit mehreren Monaten betrügende Ehefrau, die unter einem zehrenden Verlust- und Eifersuchtsgefühl litt, sobald sie ihren Liebhaber wenige Stunden vermisste, würde die Erste sein. Die brennende Faszination ihres Liebhabers war von hoher Verderblichkeit, zumal er sie noch dazu mit seiner Zu- und Abwendung virtuos gängelte. Es schien Katharina fast so, als würde er sich an ihrer zunehmenden emotionalen Ausgezehrtheit nähren. Doch ihre Klientin hing hilflos wie der Fisch am Haken.

Katharina ging die weiteren Namen auf der Liste durch und blieb am vorletzten Klienten hängen. „Ich kann mich gar nicht selbst spüren“, hatte er in der letzten Therapieeinheit gesagt. „Ich fühle mich nicht, sondern orientiere mich nur daran, die Bedürfnisse meiner Partnerin zu befriedigen. Verrückt! Ich bin in der Mitte meiner Fünfzigerjahre angekommen und ich kann noch immer nicht aus mir selbst heraus wahrnehmen, was richtig für *mich* ist.“ Er war sehr deprimiert über diese Erkenntnis gewesen.

Katharina schluckte. Dabei waren dies noch bei Weitem nicht die schlimmsten Fälle in ihrer Praxis. Mit Schaudern gedachte sie ihrer „ukrainischen Prinzessin“, einer Oligarchentochter, die mit einundzwanzig Jahren bereits zweiundzwanzig Schönheitsoperationen hinter sich hatte. Ihrem Teacup-Chihuahua hatte sie in einem Wutanfall mit einem nachgeworfenen Stiefel das Kreuz gebrochen und das Tier danach in die Toilette geworfen. Sie hatte ziemlich mit der Bürste nacharbeiten müssen, um das Hündchen durch den Abfluss zu bringen, hatte sie reuelos, mit dem gewissensbefreiten Lächeln einer echten Psychopathin angemerkt.

Noch schlimmer waren allerdings jene, die gleichzeitig eine überragende Intelligenz dazu benutzten, ihrer Persönlichkeitsstörung samt sexueller Obsession Gestalt zu verleihen. Auf dem öffentlichen Parkett waren sie oft gefeierte Ikonen oder zumindest rechtschaffen vertrauenswürdige Mitglieder der Gesellschaftsspitze. Doch es zog sie oft um den halben Globus, um in Folterkellern ihrer dunklen Auslieferung an die Gier der Grenzüberschreitung rund um Macht und Ohnmacht in jeder Facette von Extrem nachgehen zu können. Alles ließ sich kaufen, ein Menschenleben war dabei nicht viel mehr als der Chihuahua ihrer Ukrainerin.

Katharina hatte genug. Sie verspürte keine weitere Lust, sich mit dem vor ihr liegenden Praxisnachmittag vorausschauend zu beschäftigen.

Immer ging es letztendlich um die Liebe. Doch die Liebe war wahrlich zu einem unordentlichen Gefühl geworden, diente allein als Rechtfertigung für ein zermürbend zerstörerisches Ballett rund um das dahinterliegende Thema von existenzieller Angst und ihren verschiedenen Inszenierungen in den Bühnenbildern von Verlust, Abhängigkeit, Auslieferung und Macht, wenn nicht gar Wahnsinn.

Wo war sie hingeraten, die wirklich frei fließende, sich selbst gestaltende Liebe zwischen zwei Menschen, die in der Spiegelung des anderen den Pfad der weiteren Entwicklung findet? Nur diese Qualität des Liebens konnte zwei einander offen Begegnenden die Möglichkeit zu einem ungetrennten und dabei unvermischten größeren Ganzen eröffnen. Dessen war sich Katharina sicher.

Doch gab es sie überhaupt jenseits von Theorie und philosophischem Exkurs, fragte sie sich wiederum angesichts ihrer heutigen Reprise. Oder handelte es sich nur um eine sehnsuchtsvolle Fiktion?

War es Zeit und Zeichen heutiger realistischer Erwachsenheit, Nützlichkeitsüberlegungen den Vorzug zu geben? Die zahlreichen Dating-

Plattformen mit ihrer Verfügbarkeitssuggestion, die aus jedem der angebotenen Menschen eine Ware machten, sprachen doch eine eindeutige Sprache: Schließlich rieten sie einem dazu, in dieser Maschinerie das beste Objekt aus dem Angebot zu filtern.

Es fand sich wohl heute kein Raum mehr für unerwartete Begegnung, ungesteuerte Entwicklung, unkontrollierte Anforderung, ungeplanten Ablauf oder selbst gestaltende Lebendigkeit, auch wenn alle im tiefsten Inneren danach gierten, um dann in vorfabrizierten, buchbaren romantischen Sujets Zuflucht zu suchen.

Aber am Anfang, zum Lebensbeginn war sie da, diese unverstellte offene Liebesfähigkeit. Auch dessen war sich Katharina sicher. Vielleicht hatte Stefan recht mit seiner Einschränkung, nur mehr seine Enkelin mit vollkommener Offenheit und Hingabe lieben zu wollen, überlegte sie düster. Und gleichzeitig fühlte sich dies nach bitterer Resignation an, wahrhaftiges Lieben nur mehr einem Kind zuordnen zu können.

Die Romantik tatsächlich starken Gefühls war heute so eindeutig nach Hollywood ausgelagert wie nie zuvor. Vielleicht hatten sich deswegen so viele Situationen zwischen ihr und Stefan wie ganz großes Kino angefühlt.

Sie stand auf, um sich noch rasch einen weiteren Espresso aus der auf der Küchenzeile von ihren Überlegungen unberührt brummelnden Kaffeemaschine zu drücken. Während sich das dunkle Rinnsal ihrer Belebung in einem gleichmäßigen, bleistiftdicken Strahl in die untergestellte Tasse ergoss, fielen Katharina die Geräusche der gerade den Hof durchquerenden Kindergruppe auf. Im Souterrain des Hintergebäudes war ein privater mehrgruppiger Kindergarten eingemietet, und eine der Gruppen kam nun wohl nach dem Parkbesuch gerade wieder zurück.

Katharina nahm ihre Tasse und setzte sich wieder zurück an den Tisch: Was für engelhafte Geschöpfe diese Kinder sind, dachte sie. Sie halten diese Lichtlosigkeit des dunklen Hinterhofs aus. Ich brauche ihr helles Lachen, wenn sie durch den Hof nach hinten gehen. Es turnt die Hauswände in diesem Schacht hoch und quillt über das offene Oberlichtfenster beglückend in meine Teeküche.

Ihr letzter Patient des Nachmittags sagte seinen Termin kurzfristig aus beruflichen Gründen ab, wie ihre Assistentin vermeldete. Das war für sich genommen unproblematisch und in seiner Konsequenz geregelt, denn dem Reglement entsprechend würde er auch diesen Termin zu bezahlen haben. Doch die ungewohnte Freizeit versetzte Katharina in ein unerwartetes Unruhegefühl.

Sie beschloss, gleichsam als Gegengift mit bewusster Langsamkeit und damit schon früher zum Ort ihrer Verabredung mit ihrem geschiedenen Mann zu gehen. Sie hatten das Restaurant auf der Dachterrasse des nahe gelegenen alten Flakturms, der mit seinen zahlreichen Aquarien zu einem „Haus des Meeres" umgestaltet worden war, als Treffpunkt gewählt.

Als Katharina eintraf, fiel ihr auf, dass ihr noch eine gute halbe Stunde Zeit blieb. Sie entschloss sich, eine Karte zu lösen. Die meisten Besucher waren Eltern mit ihren Kindern. Das hatte sich also nicht geändert seit der Zeit, als sie mit ihrer eigenen Brut an regnerischen Nachmittagen häufig hier gewesen war.

Doch die Anlage war deutlich modernisiert und kommerzialisiert worden. Schon im Eingangsbereich lieferten sich nun Eltern mit ihren Kindern an den verschiedenen Ständen mit Plüschtieren und vielerlei als lehrreich getarnten Unsinn heftige Konsumschlachten kindlicher Begehrlichkeit.

Katharina kämpfte sich an einer ziemlich verzweifelt wirkenden Mutter mit einem vollbesetzten Kinderwagen sowie einer Art futuristischem Zusatzsitz für ein zweites Kind am Drehkreuz vorbei, ließ den Lift unbeachtet und stieg die Betonstufen in das erste Geschoß empor.

Dort empfing sie ein dichtes Band von Terrarien, miniaturhafte Nachbildungen des Amazonas-Dschungels oder aber von Wüstengebieten, wie aus Filmszenen. Die jeweils heimische Schlange verschmolz mit dem Hintergrund, bildete gleichsam mit der Landschaft eine Einheit und war nur nach genauem Hinsehen in zumeist Totenstarre ähnlicher Bewegungslosigkeit auszumachen. Die Schlangen beängstigten Katharina genauso, wie sie gleichzeitig Mitleid in ihren unentrinnbaren gläsernen Behältern entfachten.

Ein paar Besucher neben Katharina klopften grausam und gedankenlos für den im Inneren des Glasbehälters ausgelösten Effekt an die Glasscheiben, um damit Bewegung in den Reptilien auszulösen. Ein beschämendes emotionales Mittelalter bahnte sich in dieser Handlung den Weg an die Oberfläche des Verhaltens. Katharina hätte sie am liebsten angeschrien. Rasch suchte sie nach dem Aufgang zum nächsthöheren Stockwerk.

Schließlich fand sie sich in nahezu völliger Dunkelheit des Raumes vor einem mehrere Meter hohen ehrfurchtgebietenden Aquarium mit seiner wegen des Wasserdrucks wohl einige Zentimeter dicken Glasscheibe wieder. Es vermittelte den Eindruck, tief unter dem Meeresspiegel zu sein. Lilaweiße Neonröhren an der Oberfläche tauchten die Szenerie in ein magisches Licht einer geheimnisvollen Unterwasserlandschaft.

Neben Katharina stand ein Knirps von vielleicht gerade drei, vier Jahren, der sein Gesicht hemmungslos an die Scheibe gepresst hatte und mit teetassengroßen Augen hypnotisiert ins Innere des Aquariums starrte. Er war vollkommen versunken, hatte beide Hände auf die sich vor ihm befindende Scheibe gelegt, gleichsam um das Innere fühlen zu können, und presste seine Lippen an das Glas. Dies war sein Weg, um sicher in der vor ihm liegenden Welt versinken zu können. Katharina fand das eine ausgezeichnete Technik, um die Umgebung auszublenden.

Auch wenn sie damit für andere Besucher jenseits der Normalität liegen würde, wollte sie seinem Beispiel kindlicher Unmittelbarkeit an die Auslieferung der Situation folgen. Er war ein guter Lehrer. Er hatte zweifelsfrei recht. So eng an die Scheibe gepresst, die Hände in einer ausbreitenden umarmenden Geste am Glas, die Lippen in Anhaftung auf das Glas gestülpt und den Blick so nah, dass nichts mehr zwischen ihr und dem Inneren des Tanks zu liegen schien, eröffnete sich diese Welt in ganz anderer Perspektive.

Ein großer Rochen fiel ihr in seinem sich wiederholenden Kurs auf. Er segelte majestätisch und gleichzeitig berührend ohnmächtig verloren in immer gleicher Route durch den riesigen Tank, der für ihn ein enges Gefängnis war. Katharina fühlte seine Not, und Rilkes Gedicht des Panthers schoss ihr ins Bewusstsein und erfüllte sie mit tiefem Mitgefühl.

Unser Intellekt macht uns zu einer grausamen Spezies, überlegte sie, denn er ermöglicht uns Erkenntnis. Es ist unsere Angst, die aus der Erkenntnis unserer Sterblichkeit erwächst, die uns so grausam macht. Sie katapultiert uns aus der Gelassenheit und Annahme der natürlichen Einbettung zwischen Leben und Tod. Zur Demonstration unserer Macht unterwerfen wir hemmungslos alle anderen Wesen, um unsere eigene Furcht abwehren zu können. Deshalb müssen wir uns über jedes andere Wesen erheben. Darum darf dieser Rochen nicht dort leben, wo er hingehört, sondern muss als Anschauungsobjekt für Tagesmütter und die ihnen anvertrauten Kinder dienen.

Gerade verschwand der Rochen in seinem repetitiven Kurs wieder im Hintergrund des Aquariums zwischen einer künstlichen Felskulisse.

Plötzlich heftete sich Katharinas Blick auf eine Gruppe von Quallen, die im äußeren Strömungswirbel des einfließenden Wassers der Filteranlage spielerisch flottierten. Mit vollkommener Gelassenheit und Anmut schienen sich diese fast durchsichtigen zartlilafarbenen Wesen den wechselnden Kraftlinien der Wasserbewegungen in einem sachten Tanz anzuvertrauen, um hie und da mit einer pulsierenden Rückstoßbewegung korrigierend in die Richtung ihres Dahintreibens einzugreifen. Sie waren zu achtundneunzig oder gar neunundneunzig Prozent selbst aus Wasser und perfekt an ihr Leben angepasst, segelten in der Schönheit ihres ätherisch anmutenden, leichten Seins durch die Fluten und entschieden durch das Ausgreifen ihrer Tentakel über ein Anknüpfen von Kontakt.

Dem Zugang der Quallen zum Leben war Erfolg nicht abzusprechen. Immerhin gab es sie wahrscheinlich bereits seit mehr als sechshundertsiebzig Millionen Jahren.

Da war er auf einmal wieder, dieser Begriff der Leichtigkeit, über den sie heute Mittag so intensiv spürend angesichts des Taubenpaars im Hinterhof und so unabweisbar im Fühlen gestolpert war, und präsentierte sich in diesen Quallen als majestätisch spielerische Leichtigkeit des Seins von Neuem. Als eine Leichtigkeit, die es verstand, sich den umgebenden Kräften für ein bewusstes Sich-Treibenlassen anzuvertrauen, selbst nur korrigierend eingriff und sich vorbehielt, mit forschend-tastender Neugier und gleichzeitig anschmiegsamer Weichheit ihrer Tentakel in die Welt auszugreifen, Kontakt herzustellen und mit gleicher Leichtigkeit auch wieder loszulassen.

Dies konnte dem Sein ungezwungene Virtuosität verleihen, entspannte Gelassenheit und elegante Bedeutungslosigkeit, statt sich in der so üblichen lächerlichen Aufgeblasenheit, verkrampften Machtverliebtheit oder beschämenden Verlustbesessenheit zu fixieren und nie frei zu leben.

Der große Rochen von vorhin war auf einmal aufgetaucht und im wahnsinnigen Kurs seiner Agonie nahezu gegen die Glasscheibe knapp vor Katharina geprallt, bevor er sich herumriss, um steil aufwärts an der Innenseite seines Gefängnisses bis knapp unter die Wasseroberfläche aufzusteigen, und dann erneut in den Hintergrund abtauchte.

Katharina war erschrocken. Kurz hatte es sich wie ein Angriff des Fisches angefühlt. Sie wich von der Glasscheibe zurück. Es war Zeit zu gehen, fiel ihr auf.

Der Rochen hatte sie wie aus einer Trance erweckt. Sie hatte kein Interesse, sich Überblick zu den katalogisierten Insassen der verschiedenen anderen Stockwerke zu verschaffen. So eilte sie rasch die letzten Treppen bis zum Restaurant und seiner Terrasse empor.

Das noch immer grelle Licht des frühen Sommerabends blendete sie in schmerzhaftem Kontrast zum Dunkel des Inneren des Flakturms mit seinen Aquarien. Rasch zog sie ihre Sonnenbrille aus der Handtasche und setzte sie auf, während sie ihren Blick über die Tische auf der Terrasse wandern ließ. Ihr Ex-Mann war noch nicht da. Er war für normal immer pünktlich und sie diesmal noch immer fünf Minuten zu früh.

Sie wählte einen der freien Tische am Rand, nahe beim Geländer. Von hier oben hatte man vollkommenen Überblick über den Bezirk, ja sogar weite Teile der Stadt. Nur wenige Gebäude waren höher. Man blickte von oben auf die sommergrünen, dichten Baumkronen des Parks, in dem der ehemalige Flakturm stand.

Er war ein dunkles Relikt aus einer noch viel dunkleren Zeit. „Zerschmettert in Stücke im Frieden der Nacht", glaubte sie sich an den angebrachten Schriftzug zu erinnern. Ein sehr passender Satz, wie sie fand. Er fühlte sich ebenfalls dunkel an, seine ehemalige Bestimmung und die Zeit treffend.

Wie lächerlich war dagegen die heutige Transformation. Irgendwie kam ihr dieses Meerespanoptikum, das noch dazu unter dem kommerzialisierenden Druck stand, eine ehemalig sperrige Bildungsabsicht nun in das Raster von Event und Entertainment einzupassen, in seiner Gesamtheit unbehaglich, ja fast blasphemisch vor. Wenn man bedachte, mit welch bangen Gefühlen und existenziellen Ängsten die Menschen während des Krieges hier im Inneren Zuflucht gesucht hatten.

Für Katharina entsprach diese Anbiederung zwar ganz im Zeitgeist, wirkte aber trotz der allgemeinen Akzeptanz nicht weniger abstoßend. Sie war streng, sie wusste dies, manche fanden sie sogar spröde oder übertrieben ernsthaft.

Da erschien ihr Ex-Mann auf der Terrasse. Er erschien tatsächlich immer noch. In seinem Auftreten lag eine so grundsätzliche Selbstverständlichkeit von Autorität, dass Katharina sich nicht erinnern konnte, dass diese je von irgendjemandem infrage gestellt worden wäre.

Die Szene gehörte ihm. Ohne sein Zutun oder Bemühung setzte er eine geheimnisvolle Mechanik in Bewegung, die Menschen dazu brachte, sich an ihm orientieren zu wollen, sie ihren Blick auf ihn heften ließ und sie seine Wünsche erfüllen lassen wollte.

Er hatte noch immer einen breiten Rücken und hielt sich jahrzehntelanger Gewohnheit entsprechend auffallend aufrecht. Doch Katharina fiel erstmals auf, dass die Muskelpartien des Schultergürtels und der Oberarme, die stets den Stoff seines Sakkos gespannt hatten, abgebaut haben mussten. Eine ungewohnte Lockerheit des Sitzes der Ärmel wurde für sie sichtbar. Das erfüllte sie kurz mit einem scharfen Anflug von Wehmut. Er war nicht nur deutlich älter als sie, sondern begann nun schmerzlich sichtbar alt zu werden.

Sie war aufgestanden und hatte die Sonnenbrille ins Haar hochgeschoben, um ihn zu begrüßen. Sie umarmten einander und für einen flüchtigen Moment, als sie seinen ihr so eingeprägten Geruch und die Wärme seines Körpers in der Berührung mit dem ihren spürte, fiel ihr ein, dass sie mit ihren Körpern und der damals sie mächtig verbindenden Liebe ihre gemeinsamen Kinder gezeugt hatten.

Doch es fiel ihr nicht als ein Gedanke oder eine Erinnerung ein, die von Bildern oder Anekdoten untermalt, im Gedächtnis als sauberes visuelles Material abgespeichert ruht, um auf einen Auslösereiz für ein Auftreten zu warten. Es war vielmehr ein mächtiger, durch ihre um geregelte Verwaltung kämpfende Gefühlswelt fegender Orkan tiefer Vertrautheit miteinander. Dieses Gefühl brach sie auf, ganz so, als würden von einer Riesenhand die beiden Hälften einer Muschel mühelos aufgeklappt.

Auch wenn die Tatsachen unumkehrbar waren und sie einander als Mann und Frau verloren hatten, fühlte es sich in diesem Moment gänzlich falsch an, dass sich ihre Leben getrennt hatten.

Sie rang kurz nach Luft. Sie merkte, dass auch er bewegt war. Dann lösten sie sich voneinander. Noch während sie Platz nahmen, eilte bereits der Kellner herbei, um ihnen dienstbeflissen die Karte vorzulegen. Katharina musste lächeln. Seine Wirkung funktionierte immer noch. Er hatte ihr Lächeln bemerkt und sie erklärte es ihm. Daraufhin lächelte er neuerlich, denn für ihn war das Verhalten seiner Umgebung, die in ihm natürliche Führung erlebte, schlichtweg unspektakulär normal und entzog sich deswegen seiner Aufmerksamkeit.

Niemand kannte sie so genau wie er, denn ihre Eltern waren beide bereits gestorben und ihr Supervisor hatte ein umfassendes, doch mehr als strukturell anzusprechendes Wissen von ihr. Die gelebten Jahrzehnte, in denen sie die wesentlichen großen Ereignisse ihres Lebens in stürmischer, aus heutiger Sicht unbewusst erotischer Jugend und späterer familiärer Kameradschaft als Lebensdrehbuch gemeinsam realisiert hatten, waren gleichzeitig der handelnde Vordergrund, hinter dem sich ihr umfassendes Erkennen des anderen und seines Seins entwickelt hatte.

Heute waren sie nicht mehr länger Mann und Frau, der erotische Faden war abgebrannt, aber eine tiefe Nähe war geblieben. Und manchmal fragte sie sich, ob sie einander nicht vielleicht sogar heute noch näher waren.

Als sie einmal vor zwei Jahren nach London zur Sponsion eines ihrer gemeinsamen Kinder gekommen waren und gemeinsam für wenige Tage mit allen Kindern wieder ein Appartement bewohnt hatten, hatten sie in ganz selbstverständlicher Weise zu vollkommener Unbefangenheit und Vertrautheit Zugang gefunden. Sie waren beide nackt voreinander im Bad gestanden und es hatte sie nicht gestört, ja wäre ihnen beiden seltsam erschienen, jetzt, nur wegen der Trennung, eine Fremdheit zu simulieren, die der Lebensvertrautheit ihrer gemeinsamen Biografie widersprochen hätte.

Dieser Mann war bei den Geburten ihrer Kinder neben ihr gestanden und hatte sie in seinen Armen gehalten, als sie fürchtete, unter dem Schmerz aufzubrechen. Ihr Ex-Gatte war stiller Zeuge ihrer tiefsten Ängste und Freuden gewesen.

Sie wäre sich selbst als lächerliche Marionette äußerer Konventionen vorgekommen, hätte sie jetzt das Gefühl gehabt, die Nacktheit ihrer Brüste oder ihres Geschlechts vor ihm verhüllen zu müssen. Sie hatten sogar über das Älterwerden ihrer Körper miteinander gescherzt und es hatte sich sehr entspannt und echt, einfach wirklich dem Leben verbunden und ganz natürlich angefühlt.

Denn ihre wechselseitige Nacktheit voreinander war viel größer als die des nackten Körpers. Sie konnten beide in den voreinander unverhüllten Spiegel ihrer Seele blicken.

Trotzdem war es vorbei zwischen ihnen. Die Idee, mit ihm zu schlafen, fühlte sich undenkbar und schamvoll an. Sie war heute eine andere Frau im Bett. Darin hatten sie die gemeinsame Sprache im Laufe ihrer Entwicklung der letzten Jahre verloren.

Aber heute war er wohl ihr intimster und bester Freund.

Von außen betrachtet sahen sie jetzt wohl gerade wie ein etwas in die Jahre gekommenes Ehepaar aus, sinnierte sie etwas wehmütig, während sie ihren Ex-Mann beim Studium der Karte beobachtete. Er würde jetzt entweder Caprese oder irgendeinen orientalischen Vorspeisenteller sowie ein eisgekühltes Glas Weißwein bestellen und sie, nachdem sie ihn fragen würde, ob er die Hälfte ihrer Portion übernehmen könnte, irgendeinen Salat und ein Glas Prosecco.

Der Kellner hatte gerade ihre Bestellungen aufgenommen und eilfertig das vor Kälte beschlagene Weißweinglas und den Prosecco vor ihnen platziert, als ihr Ex-Mann sie plötzlich sehr ernsthaft ansprach:

„Du bist angespannt, Katharina", meinte er und es war klar, dass er eine Feststellung traf und nicht einer Vermutung Ausdruck verlieh. Zur Antwort runzelte sie die Stirn und rümpfte die Nase, eine Geste, die mehr Ablenkung für sie selbst sein sollte, um die unerklärlich-unvermutet aufsteigenden Tränen abzuwehren.

Warum überfiel sie plötzlich dieser Gefühlsschwall, in dem sich eine seltsame Traurigkeit und Sentimentalität miteinander verschränkten? Hatte sie die Geschichte mit Stefan doch tiefer getroffen oder berührte sie diese Verbundenheit mit ihrem Ex-Mann so sehr?

„Fickst du diesen Clown noch immer?", fragte er mit gleichbleibender Stimme. Er meinte Stefan. In der abwertenden Wortwahl und damit, dass er es zu einem aktiven, von Katharina geleiteten Prozess machte, hatte er seiner Geringschätzung deutlicher als nötig Ausdruck gegeben. Er konnte die feinsten Regungen ihres Gesichts deuten oder verstand es, sie als Person durch irgendeinen geheimnisvollen, sechsten Sinn zu lesen.

Sie antwortete nicht.

„Irgendwie hat es mit diesem Idioten zu tun", setzte er fort. „Katharina, das ist kein Mann, schon gar nicht für eine Frau deiner Qualität und Tiefe. Der ist ein ängstlicher Feigling, hat keine Ehre und lebt davon, zu taktieren und Menschen, die für ihn etwas empfinden, zu kränken." Deutlich zeigte sein Gesicht Widerwillen gegenüber der von ihm beschriebenen Person.

„Subhuman", komplettierte er sein Urteil, wobei er den Begriff englisch aussprach, „vergeude deine Zeit nicht mit ihm und schon gar nicht dein Gefühl."

Katharina schwieg. Sie wollte nicht sagen, dass Stefan doch ein wirklich Großer sein könnte, denn so mit ihrem Ex-Mann über Stefan zu sprechen wäre ihr illoyal gegenüber Stefan vorgekommen. Doch ihr Ex-Mann schien auch so ihre Gedanken zu lesen.

„Man kann davon träumen, zu den Sternen zu fliegen, Katharina, aber man sollte nicht vergessen, dass man meistens nicht die NASA ist. Er wäre vielleicht gerne ein wirklich Starker, Klarer, aber er ist es nicht. Er ist nur ein resignierter Schatten. Ich spüre so etwas. Du weißt das." Entschlossen brach er eine Scheibe italienischen Weißbrots auseinander.

„Für dich war es schon immer schwer, einen Mann als solchen zu akzeptieren, der nicht zumindest den Kugelhagel eines Kriegseinsatzes erlebt hat", versetzte sie nun trotzig. Ihr Ex-Mann sah sie gutmütig an.

„Das ist zwar ein gutes Einstiegskriterium, aber auch danach bleiben noch genügend Idioten über. Und mir fallen durchwegs auch andere Wege ein, Wege, die ihm offen gestanden wären, um zu einem ernsthaften Menschen und Mann zu werden."

Katharina wollte sich nicht überzeugen lassen.

„Du kennst ihn nicht", versuchte sie eine Trumpfkarte. „Du beziehst dich auf wenige Bruchstücke und Informationen Dritter."

Er winkte ab.

„Katharina, es ist zwar aus mit unserer Ehe und wir brauchen dies nicht zu diskutieren, denn darin sind wir uns einig, aber ich liebe dich unvermindert. Dir bin ich verbunden wie keiner anderen Frau auf der Welt, und ich werde auch nie mehr diese Nähe und Zugehörigkeit mit jemandem aufbauen. Die Zeit ist schlichtweg nicht mehr gegeben." Damit spielte er auf sein Verhältnis an, das er nun seit gut zwei Jahren eingegangen war.

„Dass es dir gutgehen möge, ist der Fokus meines Plädoyers. Als Quarterback den Ball ein paar Meter getragen zu haben war wohl das Aufregendste in seinem Leben. Außerdem habe ich ihn mir angesehen, live und in action sozusagen." Er schenkte ihr ein schmales Lächeln. „Keine Angst, Katharina, selbstverständlich inkognito, als ein potenzieller Klient mit einem gröberen Anliegen. Der hängt in seiner Selbstaufblasung in seiner Kanzlei, als würde ihm Justitia selbst aus der Hand fressen müssen. Klebrig und lächerlich, und dabei hält er sich für überzeugend, obwohl die erfolgreichen beruflichen Schlachten recht überblickbar sind. Hat keine wirklich ernsthafte Reputation. Mehr einer, der in allerlei Gremien und Berufsverbänden Sandkastenspiele betreibt."

Katharina starrte ihn entgeistert an, was ihren Ex-Mann zu einer Erklärung veranlasste. „Ich habe natürlich alle notwendigen Hausaufgaben gemacht. Du weißt, ich habe ein paar Freunde, auf die man sich verlassen kann." Er spielte damit auf seine noch immer ausgezeichneten Beziehungen zu verschiedenen Diensten an.

Katharina fühlte merkbar, wie ihre Kehle trocken war und sie schlucken musste. Sie spürte es wieder, dieses verwirrende Brennen hinter den Augen, das sich anfühlte, als müsste sie gleich losheulen, und auch gleichzeitig die Wut, derentwegen sie ihn verlassen hatte. Er hatte sie stets beschützt, sie war immer vollkommen sicher gewesen und eher hätte er sich mit der eigenen Brust jedem Kugelhagel gestellt, als sie einer Gefahr auszusetzen. Aber er hatte sie auch verwaltet, das geltende Gesetz bestimmt.

„Vergeude dich nicht an diesen Hanswurst mit seiner aufgeblähten Selbstdarstellung. Der Typ hat einfach keinen Glauben und keine Kraft für selbstherausforderndes Leben. Ich kenne dich und ich weiß, dass es deine Schwäche ist, dass du immer an den innersten ‚guten Kern' im größten Verbrecher glauben willst. Aber ich kann *ihn* einschätzen. Der ist tot und weiß es gar nicht. Da ändert seine laute Herumhampelei nichts daran. In deiner analytischen Sprache heißt das wohl, dass er nicht liebesfähig ist, für mich ist das ein Kretin. Er kann dich nur enttäuschen."

Damit nahm er einen Schluck aus dem kältebeschlagenen Glas und stellte es, als wollte er das zuletzt Gesagte mit dieser Geste unterstreichen, deutlich akzentuiert auf den Tisch zurück. Gleichzeitig schien für ihn das Thema nun auch beendet.

Für den Rest des Abends tauschten sie sich allgemein über das Gesellschaftsleben und Weltgeschehen, vor allem aber über die Kinder aus, deren berufliche wie private Entwicklungen und aktuellen Befindlichkeiten.

Katharina fiel auf, dass ihm das Älterwerden bei genauem Hinsehen sehr stand. Er wirkte nun viel ruhiger, in einer ernsthaften unaufgeregten Weise balanciert und in sich angekommen. Das manchmal aufbrausende Temperament der Vergangenheit war von den Jahren abgehobelt worden. In dieser Gelassenheit, die das sichere Wissen um die eigene Endlichkeit mit augenscheinlicher Ruhe bereits integriert und den sich bietenden Tag zu genießen gelernt hatte, kam seine Autorität noch viel besser zur Geltung.

Sie verabschiedeten sich nicht zu spät voneinander. Katharina hatte ihrem Ex-Mann von den unmittelbaren Plänen, in ihrem Haus in der Toskana große Teile des Sommers zubringen zu wollen, berichtet. Er fand dies sehr gut. Das Haus hatte es zu ihrer gemeinsamen Zeit bereits gegeben. Es war ein Ruheplatz der Familie gewesen.

„Vergiss nicht", meinte er, bevor sie sich voneinander trennten, „ich bin immer für dich da! Lass dir nicht mehr wehtun!" Er umarmte sie und für einen Moment fühlte sie die alte Geborgenheit in seinen Armen.

Vielleicht war ja auch das, was zwischen ihr und ihrem Ex-Mann jetzt war, die höchste Form im Zyklus der Liebe, der sich von Geburt bis zum Tod spannte, die reife Liebe, jenseits jeder Anhaftung und nur mehr gebend. Vielleicht brauchte es dafür Jahrzehnte, musste man durch gemeinsame Lebensstationen gelaufen sein und sogar die Sexualität überwachsen haben.

Sie löste sich wieder von ihm und nickte, boxte ihm ungelenk kameradschaftlich und gleichzeitig sanft auf die nicht mehr so kräftige Schulter, um ihre Rührung zu überspielen. Schließlich wandte sie sich rasch von ihm ab, weil das Brennen hinter den Augen erste Tränen über ihre Wangen laufen ließ.

Für die nächsten Tage nahm Katharina sich vor, alles die Praxis und die allgemeine Lebensorganisation Betreffende in Ruhe fertigzubringen. Dies fühlte sich für sie, die sonst von ihrem dichten Terminkalender getrieben wurde, seltsam verlangsamt, ja wie in Zeitlupe, aber gleichzeitig mit einer neuen Qualität von Selbstwertigkeit an.

Sie beschloss plötzlich, dass es an der Zeit wäre und sie alt genug dafür sei, selbst zu bestimmen, wie viel sie noch zur Verfügung stehen wollte, statt sich jedem an sie herangetragenen Anliegen verpflichtet zu sehen. Gleichzeitig fühlte es sich seltsam neu an und sie fragte sich, ob sie die Geburt dieser wohl bereits in ihr geschlummerten Erkenntnis dem Treffen mit ihrem Ex-Mann verdankte. Seine abgeklärte Ruhe hatte sie tief beeindruckt.

Auswahl treffen war das neue Thema. Ja, auswählen, womit sie sich beschäftigen wollte und mit wem!

Vielleicht hatte ihr Ex-Mann recht mit seiner Analyse von Stefan. Wann machte ein Außenseiter denn tatsächlich das Rennen? Zumindest im Pferdesport äußerst selten.

Ein paar Tage später traf sie ihren Verleger, so wie sie es Wochen zuvor vereinbart hatten. Darauf freute sie sich. Diesmal war es in einem Lokal einer internationalen Kette, das vorgab, Kaffeehaus zu sein. Das Interieur und die Dekoration, die Uniformen der Angestellten und deren Training, Kunden mit einer informellen unangebrachten Freundschaftlichkeit anzusprechen, die überschaubare Produktpalette, das vertraute Logo an den gewohnten Plätzen, alles war erwartbar und wohltuend gleichförmig, gleichgültig ob man sich in London, Paris, Wien oder New York aufhielt.

Verbindlichkeit wird neuerdings durch Äußerlichkeit simuliert, schoss es Katharina durch den Kopf, und auf Äußerliches beschränkt.

Dafür oder trotzdem nahm man es in Kauf, in der Schlange vor dem Tresen in einem mit Lenkungssperren aufgebauten Kanal zu stehen, während man wartete, bis man an die Reihe kam.

Wir sind in dieser neuen Welt der unbegrenzten Möglichkeiten so schrecklich bedürftig nach Heimat geworden, dass wir uns für das Gefühl von Vertrautheit mit Bereitwilligkeit von den Konzernen alles diktieren lassen. Solange sie uns unsere Individualität damit zelebrieren lassen, dass wir die Topping Sauce auf unserer synthetischen, kalorienreduzierten Soya Whipped Cream auswählen können, passt alles.

Für Katharina hatte dieser Laden eine fabrikartige Atmosphäre. In der Zentrale gab es sicher akkurate Berechnungen zum Thema Umsatz pro Quadratmeter und Durchgangsgeschwindigkeit der Kunden. Ein ganzer Stab von Marketingexperten und Psychologen irgendwo in den Staaten oder sonst wo bemühte sich garantiert verbissen um die Optimierung der Abfertigungskette der Kunden.

Die notwendige Verweildauer vor der Kuchenvitrine, um Begehrlichkeit anzukurbeln, war sicher genauso berechnet, wie jene Stimuli erforscht waren, die es brauchte, um Geborgenheitsgefühle genau für jenen Zeitraum anzuregen, den es dauerte, das ganze Zeug zu konsumieren.

Wahrscheinlich waren die Sitze nur optisch zum Verweilen einladend und produzierten Kreuzschmerzen, wenn man länger als eine halbe Stunde saß. Katharina nahm sich vor, darauf zu achten.

Sie erblickte den Verleger, der gehorsam in der Schlange stand. Sie machte ihn über das Fauchen der Espressomaschine auf sich aufmerksam und bat ihn, ihr einen kleinen Cappuccino mitzunehmen. Der würde sowieso knapp unter einem halben Liter Gehaltlosigkeit liegen. Hauptsache viel. Auch das ging ihr auf den Geist, schien Emblem dieser Zeit zu sein, viel und inhaltlos.

Er war klüger, nahm für sich lieber gleich eine Flasche Mineralwasser und einen Plastikbecher. Mit den Getränken in der Hand zwängten sie sich an einen der küchentuchgroßen, graubraunen Tische, die nebeneinander an den Wänden rund um den weiterhin dicht bevölkerten Raum angeordnet waren.

Sie saßen einander gegenüber. Katharina schien es, als wäre er wieder dünner geworden.

Ihr Verleger und sie hatten eine seltsam persönliche, ja fast unangebrachte Beziehung zueinander, denn eigentlich sollte sie eine rein geschäftliche Ebene verbinden. Er war ihr Verleger, sie eine seiner Autorinnen. Aber er verstand es, sie direkt anzusprechen und ihr gleichzeitig mit der Bereitschaft, sich selbst unverstellt preiszugeben, zu begegnen.

Genau deswegen, wegen dieser Direktheit schrieb sie für ihn und hatte alle Angebote von anderen Verlagen ausgeschlagen. Er war ihr erster Leser. Er half ihr, denn ihn hatte sie vor Augen, wenn sie schrieb.

Eingehüllt in ihre Blase der Ausblendung der viel zu eng stehenden Nachbartischchen entwickelten sie verschiedene Ideen weiter. Er erzählte ihr, dass es ein gutes Geschäftsjahr für den Verlag gewesen war, er zufrieden sein könnte. Doch gerade nun, in der freien Periode der Sommerferien und besonders jetzt, während der ersten noch langsamen Tage des Urlaubs und ausgekoppelt vom gewohnten Strang täglicher Anforderungen, fühlte er sich von einer Sinnkrise erfasst.

„Da ist nichts jenseits meiner Aktivität. Nichts, was bleibt. Nichts, was weitergeht. Ich habe nicht einmal Kinder", brachte er es unvermutet auf den Punkt.

„Du bist ein Mann, du kannst das noch ändern", warf sie ein und schämte sich gleichzeitig für den leicht spöttischen Unterton. „Heute ist nichts mehr unmöglich. Der freie Gestaltungswunsch für den eigenen Lebensentwurf entscheidet. Machbarkeit ist die neue Religion. Es gibt Spermaspende und Eizellen, die nach Katalog zu erwerben sind, und in Lateinamerika finden sich jede Menge Leihmütter oder auch in Südosteuropa vor der Haustüre sozusagen. Ein Kind kann heute eine Ware sein, Schwangerschaft eine Dienstleistung. Aber du bringst das vielleicht noch selbst hin." Sie hatte unerwartet hart gesprochen.

Er gestand, dass er an einer soften Version des „bestellten Kindes" bereits gearbeitet hatte. „In gewissen Teilen des asiatischen Raums sind arrangierte Beziehungen ganz normal", erklärte er mit der Überzeugung dessen, der etwas glauben möchte. Daran schloss er eine Ausführung an, dass er das romantische Ideal, dem alle nachjagten, nur für eine irreale Fiktion von Hollywoods Traumfabrik hielt.

Katharina hakte an dieser Stelle nicht ein, denn sie war neugierig, wie er seinem inneren Wunsch, den er augenscheinlich nur über einen pragmatischen Ansatz für realisierbar hielt, eine rational nachvollziehbare und gut durchdachte, also auch ausreichend begründete Plausibilität geben wollte. Denn Rationalität und Begründung, die den logischen Verstand und sein Bedürfnis nach Berechenbarkeit bedienten, waren heute sakrosankt. Auch wieder so eine Einbahnstraße, die sich neben der Nützlichkeit einer Sache oder Handlung als gültige Wahrheit in diesem Zeitalter etabliert hatte.

Wofür ist es gut? Was kostet es? Und wer zahlt es? Geschmeidig wie die Schlange, die sich im Paradies verführerisch um den Baum der Erkenntnis wand und zum Zugreifen aufgefordert hatte, bestimmten diese drei Leitfragen die neue Gesellschaftsordnung schon längst in allen Lebensbereichen und zeitigten ihre Wirkung, gerade eben wieder.

Die Frage nach der ethischen Richtigkeit und Verantwortung war längst verblasst und für die Allgemeinheit unleserlich geworden wie alte, von einem nachlässigen Kurator schlecht aufbewahrte, ungepflegte Pergamentrollen.

Vielleicht würde man sich ja auch bald einmal der Verantwortung gegenüber alten Menschen, die ihre Kosten-Nutzen-Relation ausgeschöpft hatten, auf Basis logischer Deduktion entledigen können.

Aber im Fall ihres Verlegers ging es um ein Kind, ein eigenes Kind und damit um den Beginn des Lebens, sozusagen den Schöpfungsakt selbst.

„Und", ermutigte sie ihn lieber zum Weitersprechen.

„Also das Ganze hatte sich grundsätzlich recht gut angelassen", führte er weiter aus. „Sie war aus einer guten Familie vermittelt, arbeitete sogar an der Universität, echt gebildet und auch eigenes Einkommen, also keine, die sich einen Mann aus ökonomischen Gründen krallen wollte", beschrieb er. „Aber bereits geschieden, und damit total aussichtslos. In dieser asiatischen Gesellschaft hast du als geschiedene Frau überhaupt keine Zukunftsperspektiven mehr in Sachen Beziehung." Das Letzte schien ihn zu freuen, wie Katharina auffiel. Klare Machtverhältnisse also von Beginn an. „Sie sah auch nicht so besonders gut aus, doch auch nicht schlecht, eben Durchschnitt", setzte er fort, „was eigentlich ein Vorteil ist, denn wenn eine besonders attraktiv ist, wird der tägliche Umgang meist extrem schwierig. Sie war knapp dreißig", beendete er den Steckbrief.

Und damit fast halb so alt wie du, dachte Katharina. Der männliche Schulterschluss des Patriarchats ermöglicht, dass Männer ihre eigene Lächerlichkeit, wenn sie mit ihren Töchtern bumsen, zu einer Bestätigung ihrer Geschlechtsidentität transformieren können. Und weil es alle so sehen wollten, wurde es damit zur gültigen Realität und Wahrheit, wie es zum Beispiel auch der Sklavenhandel in den Südstaaten oder die Zertrümmerung der Fußknochen kleiner japanischer Mädchen gewesen war oder die Beschneidung von Mädchen in manchen afrikanischen Ländern noch immer ist.

Ein weiteres fragendes „Und" von Katharina, und er kam zur Auflösung der Geschichte.

„Wir haben also begonnen zu skypen, ziemlich viel. Sie wollte es jeden Tag. Das war schon ziemlich mühevoll. Also habe ich auf dem Fahrrad mein Handy in so eine Vorrichtung geklemmt. Damit hat sie alles sehen können, während ich mit dem Rad unterwegs war. Was hätte ich ihr denn sonst stundenlang jeden Tag erzählen sollen? Ich kannte sie ja gar nicht.

Nach drei Wochen hat sie begonnen, mich ‚my beloved' zu nennen. Das war total unpassend, eigentlich beängstigend für mich. Die ist da augenscheinlich auf irgendetwas hineingekippt, hat sich in was hineinfantasiert. Das war mir einfach zu steil. Stell dir das mal vor: Da sagt dein Handyschirm, während du radelst, die ganze Zeit ‚my beloved'. Wahrscheinlich hat sie ein ziemliches Problem an der Krone", zog er Resümee, während er eine bezeichnende Geste in Richtung seiner Stirn ausführte. „Ich hab' das dann schleunigst beendet."

„Sie hat sich getreu und entsprechend den Normen eines patriarchalen Gesellschaftssystems pflichtschuldig in dich per Skype verliebt. Das ist ja doch die implizite Forderung an Frauen. Wenn dich ein Mann will, so ist dein Teil des Deals, dass du dich in ihn verlieben musst", analysierte Katharina nüchtern.

„Ich habe das eher realistisch und pragmatisch gesehen", antwortete er. „Ich wollte ein Kind, sie auch. Wir hätten eine Familie gehabt, uns um das Kind gekümmert, und sonst hätte jeder sein Leben unbeeinträchtigt vom anderen weiterführen können. Das Kind und zusammen für das Kind zu sorgen wären ein Zusatznutzen für das eigene Leben gewesen. Aber es ist besser so", schloss er, „denn sie wollte den Posten an der Universität eigentlich nicht aufgeben, und dann hätte ich viel reisen müssen, um das Kind sehen zu können."

Katharina war perplex über die Unbeachtetheit, die dem fiktiven Kind in dieser Inszenierung hier zukam.

Eine kurze Pause entstand.

Ein Angestellter der Lokalkette sammelte mit großer Entschlossenheit leere Kaffeebecher und Teller von den Tischen in ein Servierbrett mit hohem Rand ein. Vorsorglich hielt Katharina ihre Tasse mit beiden Händen fest.

Der Verleger erzählte ihr noch von einem früheren, sehr erfolgreichen Geschäftspartner, der homosexuell war und mit einer lesbischen, wohlhabenden Ukrainerin ein Kind produziert hatte, das die beiden nun gemeinsam aufzogen. Der Erfolg und ihre Harmonie dabei schienen gerade dadurch gewährleistet zu werden, dass sie keine übliche Mann-Frau-Beziehung miteinander hatten.

Vermeidung als Erfolgsmodell, schoss es Katharina durch den Kopf. Wer nicht lebt, kann wohl auch nicht sterben.

Er wollte ein Kind, etwas, das über ihn hinausweisen, ihn überdauern würde, und eine sinnvolle Beschäftigung dazu. Ein pragmatischer Ansatz mit einer ausverhandelten Organisationsverantwortung schien ihm dafür am tauglichsten, ein Modell, auf dessen jahrhundertealte Tradition er sich nun mit einer weiteren Ausführung berief, während sie über seine Erzählung noch nachdachte.

Der Verleger hatte auch alles recherchiert. Seine Ausführungen zur eher geringen Bedeutung der romantischen Beziehung zwischen Mann und Frau in Hinblick auf ihre Dauer konnte er mit durchaus eindrucksvollen, einschüchternden Daten belegen.

Die Liebe ist am Sterben in dieser pragmatischen, rationalistischen Zeit der Überregulierung und Algorithmen, die uns sagen, wer wir sind, dachte Katharina. Da passten diese biologistischen Erklärungsmodelle, die sich auf die sogenannte Natur des Menschen beriefen, gut dazu. Und als harter Zuckerguss lag eine naiv-amoralische Evolution zur Rechtfertigung der eigenen Selbstbezogenheit noch obenauf.

Aber vielleicht war *das* einfach die Zukunft. Vielleicht brauchte diese Zeit die Liebe nicht mehr.

Laut sagte Katharina: „Sie wollte das romantische Ideal mit dir leben. Vielleicht hatte sie sich wirklich in dich oder zumindest in die Geschichte, die sie sich von euch und dem Kind erzählt hatte, verliebt. Aber du hast recht. Es hätte nicht funktioniert, denn du wolltest die dir von ihr dabei zugewiesene Rolle nicht übernehmen. Solche Stücke funktionieren nicht, lassen sich auf Dauer schlecht inszenieren. Man kommt im Textbuch ziemlich rasch ins Stolpern und verpasst seinen Einsatz."

Er hatte jetzt einen neuen Plan, der ihm wesentlich sicherer erschien. Er wollte eine Lesbe mit Kinderwunsch finden.

Als sie ging, teilte sie ihm mit, dass ihr nächstes Buch zum Thema der Liebe sein würde. Sie verriet ihm nicht, dass ihr eben stattgefundenes Gespräch für ihre Wahl, diesem Thema vor allen anderen möglichen den Vorzug zu geben, maßgeblich gewesen war.

Er fand das Thema eine wirklich gute Idee.

Sie fand das auch und reiste wenige Tage später in die lieblich-herbe Umgebung ihres einsamen Hauses zwischen den Hügeln in der Toskana ab. Die vor ihr liegenden freien Sommerwochen schienen ihr genau richtig für ein erstes Nachspüren und Nachdenken zum Thema, das Anfertigen von noch schemenhaften Skizzen, für intensives Lesen und den unvermeidlichen Abgleich mit ihren eigenen Erfahrungen.

Sie hatte es ganz sicher nicht geplant und im Nachhinein erschien sie sich selbst seltsam unbedarft, dass sie diese Möglichkeit gänzlich aus ihrem Bewusstsein verdrängt haben musste. Plötzlich stand *er* vor ihr. Es war eine banale Alltagssituation. Sie befand sich an der Kasse des kleinen Supermarkts des zu ihrem Haus nächstliegenden Ortes und war gerade beschäftigt, die Einkäufe in einer Plastiktasche sinnvoll einzuschlichten. Wahrscheinlich hatte sie ihn deswegen nicht rechtzeitig bemerkt, war nicht darauf eingestellt gewesen.

Es traf sie gänzlich unvorbereitet, ein Aufschrei des alten Schmerzes in ihr, und ein seltsamer unerklärlicher Unterton von Angst wurde ihr ebenfalls bewusst, den sie auf die Überraschung zurückführte. Ihre Trennung war nicht einfach und ganz sicher nicht ruhig verlaufen. Seinem Temperament und noch viel mehr seiner Persönlichkeit entsprechend war die Tatsache, dass sie es schließlich beendet hatte, Auslöser von unerwarteter Heftigkeit gewesen. Er hatte getobt, was sie an ihren ewig cholerischen Vater aus Kindertagen gleichermaßen erinnert wie beängstigt und in eingeschüchterte Starre versetzt hatte, wenngleich an ihrem Entschluss nicht zu rütteln gewesen war.

Sie waren nur knapp an Handgreiflichkeiten vorbeigeschrammt. Dessen war sie sich sicher. Eine Eingangstüre hatte daran glauben müssen, und mit Schrecken erinnerte sie sich an die Szene, als er mit einem Benzinkanister ihren Wagen und die Umgebung des Hauses begossen hatte. Sie hatte ihm das bereits entzündete Sturmfeuerzeug aus der Hand genommen, und er hatte es zugelassen, weil sie es mit flehentlichem Blick tat und sich ihm gleichzeitig damit unterwarf. Danach hatten sie eine rasende orgiastische Nacht besinnungsloser Wollust durchlebt, in der sie sich nur als Material seiner Gestaltung gefühlt hatte. Am Ende war sie ohnmächtig erschöpft sowie zustimmend vergewaltigt worden und eindeutig sicher, dass sie ihn nicht mehr liebte, ja keine Liebe zwischen ihnen mehr sein konnte.

Sie erinnerte sich an ihre Dankbarkeit für diese Klarheit, die ihr Unerbittlichkeit und Planung für den Trennungsprozess verliehen hatte.

Jetzt stand er vor ihr und lächelte sie etwas verhalten an. Rasch überschlug sie die Zeit, die seit ihrer Trennung vergangen war. Nach diesem Sommer wäre es gerade ein Jahr. Eine Cornflakes-Box war ihr bei seinem Erkennen aus der Hand gerutscht, und er hatte sich gebückt, um sie aufzuheben und sie nun wie früher und ganz selbstverständlich in ihrem Einkaufssack zu verstauen.

Er wirkte etwas nachlässig, nicht wirklich ungepflegt, aber so wie einer, der seine Energien zum Überleben bündeln musste, und lud sie ein, doch mit ihm in der Bar auf der Piazza einen Cappuccino zu nehmen.

Sie fühlte Unbehagen, doch sie wollte sein Lächeln und die Friedfertigkeit, die er zur Schau trug, nicht gefährden oder gar das cholerische Umschlagen seiner Stimmung provozieren. So willigte sie ein. Wieder nahm er ganz selbstverständlich ihren Einkaufssack und den Würfel von sechs Wasserflaschen in ihrer Plastikummantelung und trug beides mit seinen starken Armen federleicht zu ihrem vor dem Geschäft geparkten Wagen.

Katharina fühlte sich seltsam befangen und klein, als sie wenig später in ihrer alten Bar auf der Piazza saßen. Den kurzen Weg waren sie nebeneinander, wie so oft zuvor, aber in ihrem Fühlen gänzlich unverbunden, über das jahrhundertealte Steinpflaster mit seinen irregulären, von Millionen Schritten glattgeschliffenen, glänzenden Quadern gegangen.

Er war ihr in guter Laune erschienen, wie ein vor sich hin pfeifender Junge, der in seinem Bubenkosmos einen köstlichen Streich ausheckte, und dabei gänzlich getrennt von ihr. Sie hatte die ganze Zeit über nur Unbehagen gefühlt.

Jetzt rührte sie schon eindeutig zu lange in ihrem Cappuccino und er beobachtete sie. Er schien sich sammeln zu wollen. Es fühlte sich nach einer Eröffnung an.

„Ich habe viele Fehler gemacht“, begann er mit einer sonoren Stimme, in der die trainierte professionelle Selbstanklage einer unter katholischem

Regiment verbrachten Internatszeit Feder führte. Kasteiung, Selbsterniedrigung, Flagellatentum, homoerotische Gewalttätigkeit waren über die prägenden Jahre der Schulzeit unter dem täglich mehrfachen Kniefall vor dem Kreuz und dem pubertären Hormonstatus eine erotische Verbindung eingegangen, die im Erwachsenenleben als soziale Anpirschung unerhörte Dienste zu leisten vermochte, sich als nahezu unabweisbar erwies.

Er suchte aus niedergeschlagenen, demütigen Augen ihren Blick und Verzeihung.

Katharina fühlte sich deutlich unwohl, ja peinlich berührt, hatte den Impuls, den sich virtuell vor ihr in den Staub Werfenden aufzuheben.

„Ich war so ein Idiot", setzte er durch ihr Schweigen, das er als gerechten Peitschenhieb nahm, angeregt fort. „Ich hatte dich nicht verdient, Principessa."

Er nannte sie nun mit dem Namen, den er ihr in den ersten Monaten ihrer so überschwänglichen, glücklichen Zeit gegeben hatte, in denen jeder Blick ein Lobgesang gewesen war, jede Silbe eine Umschmeichelung, jede Nacht die Gestaltwerdung der Liebe per se. Er hatte sie immer wieder als Principessa angesprochen, es war sein Code gewesen, und er hatte ihn als „hohe Frau" übersetzt, als Ausdruck der absoluten Liebe zu ihr, seiner Bereitschaft, wie ein mittelalterlicher Ritter, ihr sein Leben zu schenken.

Es war eine betörende Fantasie gewesen, ein Ausloten der eigenen Liebensfähigkeit in ihrer Totalität und der des anderen, und sie schienen sich diesem Abenteuer gestellt zu haben.

Aber für *ihn* war die Gleichmächtigkeit von Mann und Frau außerhalb seines Empfindungskosmos, und *sie* hatte sich ihm zwar im sexuellen Duell gestellt, doch nicht wirklich ihre Seele offenbart. Der Keim der Vernichtung war unsichtbar, aber von Beginn an da gewesen. Was wollte er jetzt von ihr?

Doch er kam bereits zur Sache: „Komm zurück zu mir, Principessa. Ich flehe dich an. Wir sind eins, bestimmt füreinander." Seine Stimme hatte einen sehr überzeugten Unterton angenommen.

Trotz der fast lähmenden Mittagshitze, in der nur die Zikaden zu hören waren und die jede andere Bewegung zum Erliegen gebracht hatte, spürte Katharina jetzt einen kalten Schauer.

Er war wohl nicht bei Trost, schoss es ihr durch den Kopf.

Hier ging es um die Gestaltwerdung allein *seiner* Fantasien. Sein Wort und seine Sicht, das hatte sie vielfach erfahren, waren dogmatische Wahrheit, jenseits jeder möglichen Diskussion. Das war keine freie, sich aus ihrer beider Kraft gestaltende und entwickelnde Liebe gewesen. Er sah in ihr ein ideales Material seines Gesetzes. Allein in ihrer Unterwerfung lag seine größte Genugtuung, und sei es, dass er sie zwang, ihn zu peitschen.

Aber das Leben war kein Jahrmarkt der zu vergebenden Positionen, sicher nicht mehr für sie. „Katharina, mein Leben hängt von deinem ab. Ohne dich hat es keinen Sinn. Dann mach' ich ein Ende. Du hast beim Orgasmus geweint. Das war der Moment, als ich gewusst habe, dass wir zusammengehören, einfach eins sind. Ich weiß es. Du liebst mich auch. Wir sind füreinander bestimmt", wiederholte er mit großer Eindringlichkeit. „Dem kann man sich nicht widersetzen."

Er hatte seine Hand auf ihren Unterarm gelegt, wie um seinen Worten mehr Gewicht und Überzeugung zu verleihen. Katharina zog diesen nun vorsichtig, aber eindeutig zurück, versuchte sich seinem Griff zu entziehen. Er wollte dies nicht zulassen, fasste nach und hielt sie mit festem Druck fest.

„Wir gehören zusammen, Katharina. Wir sind ein Fleisch." Sein Tonfall war nun eindringlich, fast entrückt, sakral anmutend, so wie ein Priester während des Gottesdienstes klingen mochte, und dabei seltsam befremdlich. Sein Blick war mit brennenden Augen auf Katharina geheftet.

Katharina erinnerte sich an diesen Moment, den er erwähnt hatte. Sie hatte tatsächlich beim Orgasmus geweint. Das hatte er richtig in Erinnerung. Es waren ihr all jene Frauen eingefallen, die sie gekannt hatte und die bereits tot waren, denn manchmal verbindet einen dieses ozeanische Gefühl nicht nur mit dem gesamten lebenden Universum, sondern verleiht auch die Kraft, dem Tod als unweigerliche Konsequenz der Lebendigkeit in die Augen zu blicken.

Er hatte ihr Weinen damals auf sich bezogen, gar nicht weiter nachgefragt, sondern gemeint, sie sei allein durch ihn so berührt. Seine Selbstbezogenheit offenbarte sich in diesem Moment von Neuem und sie war sich sicher, dass seine sorgfältig platzierte Selbstmorddrohung leeres Gerede war, raffinierter Theaterdonner, um sie ihm zu Willen zu machen.

„Du tust mir weh“, durchbrach sie daraufhin die Schwere der Atmosphäre, um die gegenwärtige Realität der Piazza einzuklagen. Entschlossen zog sie dabei ihren Arm, der unter dem Zugriff des Ex-Liebhabers zu schmerzen begonnen hatte, zurück und setzte sich resolut sehr gerade auf.

„Ich glaube, ich gehe jetzt besser“, meinte sie rasch, während sie bereits aufstand und ihre Tasche nahm. „Ich hoffe, du kommst zu dir. Ich wünsche dir, dass es dir gut gehen möge“, versuchte sie ruhig zu ihm zu sagen. Doch die Erregung in ihrer Stimme war unüberhörbar. „Zwischen uns ist nichts mehr. Daran ist nicht zu rütteln“, versetzte sie noch bekräftigend in seine Richtung, um sich daraufhin abrupt abzuwenden und rasch in die Richtung ihres Wagens zu eilen, ohne sich noch einmal umzudrehen. Sie war sich sicher, ihn nie mehr sehen zu wollen.

VI

Mit den Skizzen für ihr nächstes Buch, dem über die Liebe, kam sie in den nächsten Wochen gut voran.

Die Liebe zwischen den Geschlechtern war mit vollem Recht als ein unordentliches Gefühl anzusprechen, oftmals bizarr wie auch bezwingend, und entzog sich virtuos jeder sicheren Vorhersagbarkeit. Sie trat vielfach plötzlich auf und konnte genauso unerwartet verschwinden, stand jedoch durchwegs im Rang eines machtvoll das jeweilige Leben erfassenden Naturereignisses, dem die Kraft zukam, bisweilen sogar lebenslange Spuren zu hinterlassen.

Als noch überraschender erwiesen sich die verschiedenen Theorien, die allesamt unter Beanspruchung von Wissenschaftlichkeit die Liebe zwischen den Geschlechtern in ihrer Begründung mit unterschiedlichen Erklärungsmodellen zu entschlüsseln vorgaben und dabei gleich Paarbeziehung, Sexualität, Partnerwahl, Treue und Kinderaufzucht, je nach moralischem Hinterhof, dem sie entstammten, mit einbezogen.

Doch auch wenn die einzelnen Autoren als Anthropologen, Neurowissenschaftler, Biologen, Soziologen oder Philosophen logisch anmutende Legierungen schufen, so fragte sich Katharina nahezu blasphemisch anmutend, warum die Liebe denn mit all den anderen Aspekten von Kinderaufzucht, Sex, Treue und Paarbildung wirklich so sicher untrennbar verbunden sein sollte.

War nicht allein die jeweilige konventionelle Moral, die verhaltenssteuernd und dogmatisch ein Regelwerk nach gesellschaftlicher Opportunität festlegte, hierbei im Untergrund federführend?

Mit anderen Worten: Konnte man auch zu dem Schluss kommen, dass die Liebe in einem die Menschen verwaltenden Moralkodex nach gesellschaftlicher Opportunität festgelegt wurde? Die Einhaltung dieses Regelwerks wurde mit dem Begriff der Liebe belohnt und ein Verstoß hingegen als Mangel von Liebe etikettiert.

Und über die Moral entschied die Ökonomie, das Primat des vollen Bauchs. Liebe, im Rahmen gesellschaftlicher Normierung, ging eben tatsächlich durch den Magen.

Doch war nicht das gelebte Leben rundherum selbst Zeuge der Unsinnigkeit, des Versuchs einer Zwangsmoral, die sich biologisch oder evolutionär bedeutungsschwere Legitimation verschaffen wollte?

Katharina erinnerte sich dunkel, einen Artikel über das Sozialleben der Inuit, als diese noch Eskimos geheißen hatten und von der globalen Einheitskultur unberührt gewesen waren, gelesen zu haben. Eine Frau hatte mit zwei bis drei Männern zusammengelebt, denn nur so, durch den Jagderfolg von zwei bis drei Männern, war in diesem extremen Lebensraum das Überleben aller zu sichern gewesen. Hatte sie nur einen der drei Männer geliebt, auch wenn sie mit allen dreien geschlafen hatte? Oder war die Liebe unter der geltenden Moral ein ausdehnbares Gefühl in dieser Gruppe gewesen?

In moslemischen Familien konnte es umgekehrt sein. Liebte der Mann dann nur eine seiner Frauen oder empfand er für alle Liebe oder vielleicht für gar keine seiner Frauen, weil Frauen gar nicht Gegenstand der Liebe sein konnten?

All dies sollte nicht möglich sein, wenn diese unterschiedlichen, Wissenschaftlichkeit reüssierenden Theorien etwas taugten. Was konnte man überhaupt über die Liebe eines Steinzeitmenschen aussagen? War es das gleiche Liebesgefühl, das ein Mensch des einundzwanzigsten Jahrhunderts, der irgendwo in den Steinschluchten von Manhattan aufgewachsen war, empfand, wenn einer der Steinzeitahnen von Liebe gesprochen oder diese empfunden hatte?

Fasziniert las sie zu Hamiltons „Gesamtfitness-Theorie", der versucht hatte, die Gesetze der Vererbung im Laufe der Evolution mathematisch zu berechnen. Dabei hatte er sie mit einem ökonomischen Mantel versehen und eine Wirtschaftstheorie der Vererbung schaffen wollen. Dawkins, ein begnadeter Schreiber und charismatischer Lehrer, sprang auf diesen Zug auf und das „egoistische Gen" trat seinen Siegeszug als evolutionär programmierte Sinngebung an. Du bist nichts, deine Gene sind alles, lautete die Botschaft mit weitreichenden, interpretativen Konsequenzen für menschliche sexuelle Gelüste, psychologische Eigenheiten oder charakterliche Sonderbarkeiten.

Jay Gould brachte dann noch die Umwelt, in der sich die Gene für ihr Überleben anpassen und bewähren mussten, und den Austausch mit dieser als erweiternde Vorstellung hinein.

Fiel hier niemandem auf, dass alle diese Theorien, die die Liebe zwischen den Geschlechtern klammheimlich der Realisierung ihrer jeweils als zwingend vorgegebenen Drehbücher unterwarfen, im grundsätzlichen Denkmodell einer kapitalistischen Reproduktionsdogmatik angesiedelt waren? War keiner dieser Soziobiologen, evolutionären Psychologen oder Evolutionsbiologen imstande gewesen, über den eigenen Schüsselrand hinwegzudenken? Wer konnte denn beweisen, dass „die Evolution" auf größer, weiter, mehr, eben „Erfolg" in kapitalistischer Denkweise ausgerichtet war?

Die nicht hinterfragte Monomanie der gesamten Wissenschaftszunft belustigte und erstaunte Katharina zugleich.

Die jüngste Disziplin der Neurotransmitterforschung sowie der Neurobiologie schien mit salopper Übertragung und haarsträubenden Parallelschlüssen vom Tierversuch auf den Menschen schließen zu wollen. Bei Bedarf ließ sich die Frau als abgefeimte Machiavellistin sehen, die sich an den fruchtbaren Tagen angeblich vermehrt aus dem Haus schliche, um sich heimlich mit ihrem genetischen Helden zu verpaaren. Der Mann wiederum erwies sich in seiner Treue als von seinem Oxytocin-Rezeptorstatus gesteuert. Ein Mann mit dem Rezeptormuster einer Präriewühlmaus versprach lebenslangen Kuschelkurs, jener, der den Rezeptorstatus einer Bergwühlmaus aufwies, konnte für sein notorisches Fremdgehen auf seine Hirnchemie verweisen. Diese Reduktionen muteten lächerlich an. Damit konnte doch keiner ernstlich meinen, das Wesen der Liebe erfasst zu haben.

Alle diese Theorien, die versuchten, die Liebe letztendlich auf einem rationalen Seziertisch niederzuzurren, waren doch nicht mehr als überzogen anmutende Moralkonzepte sozialer Verwaltungs- und Normierungsbestrebungen.

Mit Liebe hatte das alles nichts zu tun, entschied Katharina bei sich. Das erschien ihr das einzig Gesicherte.

Die Liebe war ein komplexer Gefühlszustand, nicht einfach eine Emotion, die viel körperbezogener und unmittelbarer mit der sinnlichen Wahrnehmung eines Bedürfnisses wie Hunger, Durst, Lust, Freude oder Furcht verbunden war und sich gut einrastern ließ.

In den Emotionen, ob ich also schwitze oder friere, hungrig oder durstig bin, waren sich alle Menschen wohl ziemlich ähnlich und Vorhersagen ließen sich anstellen. Doch für Gefühle galt das sicher nicht. Denn das Gefühl war ein viel komplexerer und persönlicher Zustand, in dem sich körperliche Empfindungen mit individuellen Bewertungsprozessen und inneren Konzeptionen zu einer Situation verbanden, in der sich eigene Vorlieben, biografische Erfahrungen und Prägungen miteinander verschränkten. Hier war die Variationsbreite nahezu unüberschaubar.

Für ein wirklich „freies", wirklich „arglos offenes Lieben" gab es zwei Vorbedingungen, erkannte Katharina nach aller Vorarbeit: Zuerst musste man sich wohl erst selbst sicher haben, um sich an den anderen verschenken zu können, und das Lieben musste gänzlich von gesellschaftlicher

Zwangsmoral unberührt sein. Und dann kam es noch auf den richtigen Zugang, die banale Praxis des Liebesalltags an. Leichtigkeit und Präsenz schienen Katharina dafür wesentlich. Die sieben Sekunden der Tauben fielen ihr ein, und auch die Quallen, die es verstanden, sich den umgebenden Kräften für ein bewusstes Sich-Treibenlassen anzuvertrauen.

Sexuelle Treue jenseits von gesellschaftlicher Forderung und moralisierender Normierung erwies sich in allererster Linie als Frage eines eigenen, bei sich angekommenen Seins. Wer Sex auf einer triebhaften Ebene, nur einem Impuls von Lustsuche folgend leben musste, für den war ein Treuegebot ein unmenschlicher, unerträglicher Zwingmeister.

Freie Treue war nur dort möglich, wo sich in der sexuellen Begegnung die intimste Ebene der Kommunikation eines Paares wiederfand. Das musste jeder für sich selbst wissen und verantworten.

Katharina dachte intensiv über sich und Stefan nach. Sex mit einem anderen Mann hätte aus ihrem Empfinden die Konzentration auf diese so individuelle, innigste Austauschebene für sie gestört. Deswegen war sie ihm treu gewesen, allein aus eigenem Dafürhalten und nicht einem Gebot folgend.

Und vielleicht war die Liebe sogar noch viel mehr als ein komplexer Gemütszustand zwischen Partnern, überlegte Katharina weiter bei sich, als sie eines Abends im weichen Abendlicht vor ihrem rustikalen Haus saß und das langsame Verlöschen des Tages zwischen den flachen, dicht mit Macchia bewachsenen Hügelketten beobachtete. Vielleicht bot die freie Liebesbeziehung jenes Feld von eigener Läuterung, Heilung der Kindheitswunden und Wachstum zu einer Haltung dem Leben selbst gegenüber. Liebe als Haltung, als grundsätzliche Windrose der Orientierung des Entscheidens und Handelns, als der eigentliche Kitt des Menschheitskörpers, der Motor des Seins und der Entwicklung, der zu immer höherer Komplexität in der Erfüllung eines großen Plans des Universums führte.

Die Liebe wurde damit zur Gestaltwerdung höchster Spiritualität, der Kreuzungspunkt jeden Seins und Sinns und für jeden Menschen in der Begegnung mit dem anderen als erhebende Kraft erlebbar.

Die Liebe war in diesem verwirrenden Zeitalter, wo Paradies und absolute Vernichtung so nahe wie noch nie beisammen lagen, ein hochpolitisches Thema, war sich Katharina sicher, der Grund- und Schlussstein des Ganzen und damit Ziel und Rettung dieser Menschheit in der Krise.

Vielleicht wäre es viel unmittelbarer und berührender für ihre Leserschaft, dachte Katharina, wenn sie eine Geschichte erzählen würde, die Geschichte eines Ringens um diese freie Liebe. Vielleicht könnte sie ihre Rezipienten damit ahnen lassen, dass nur wirklich „freies Lieben" Kommunion mit dem Sein bedeutete.

Während sie mitten in ihrer Arbeit steckte, rief Stefan plötzlich an. Er wollte sie wiedersehen. Sein Ton fühlte sich an, als wäre er bedrängt davon, die Dinge wieder auf die Reihe zu bekommen. „Die Dämonin war ein Fehler", bekannte er rückhaltlos und sofort, ohne dass Katharina zu einer Nachfrage zu seiner Situation überhaupt hatte ansetzen können.

Sogleich hatte sie wieder die alte Aufregung wie ein Beben ihres Körpers gespürt, als sie abgehoben hatte.

Seine körperlichen Symptome waren allesamt sofort wieder zurückgekehrt, sobald er mit der Dämonin Kontakt aufgenommen hatte. Und es war ihm auch sogleich wieder fad gewesen. Er war ganz fasziniert von der Klarheit der Organsprache, fiel Katharina auf.

Sie fragte nicht nach, ob sie auch wieder miteinander geschlafen hatten. Er hatte „sofort" gesagt und gemeint, dass es ihm bereits beim ersten Treffen mit ihr deutlich geworden sei, dass es ein Fehler gewesen war, diese Frau überhaupt wieder zu sehen. Katharina hatte das Bedürfnis, dies in dieser Diktion und der Fantasie eines Abendessens zu belassen.

Sie teilte Stefan mit, dass sie gerade an Skizzen für ein Buch arbeitete und erst in zwei Wochen wieder zurück sein würde. Er fragte nicht nach, woran sie arbeitete. Das enttäuschte sie nur ein wenig, denn es passte einfach zu ihm. Dass sie es auch gar nicht erwartet hatte, sondern als Teil *seiner* Einschränkung und nicht als ein *gegen sie* gerichtetes mangelndes Interesse sehen konnte und sie dies mit gelassener Ruhe erfüllte, bestärkte sie in dem Gefühl, dass sie ihn wirklich in schlichter Weise lieben musste und nichts von ihm brauchte.

Er hatte sofort wieder an der zwischen ihnen üblichen, unmittelbaren Vertrautheit angeschlossen, so als wäre er nur schnell einmal für ein paar Augenblicke nach draußen gegangen und jetzt wieder zurück.

Wieder einmal fiel ihr sein magisches Kommunikationstalent auf. Aus der Verschmelzung seines schwachen Selbstwerts mit überlegenem Intellekt schmiedete sich eine Waffe, die aus der Manipulation der Umgebung die Rückspiegelung der eigenen Besicherung bezog.

Doch es fühlte sich gut und richtig zwischen ihnen an, dass er wieder in ihr Leben trat. So hatte sie nicht das Bedürfnis, sich hier nun taktisch zieren zu wollen.

Sie war froh für ihn, froh, dass er es geschafft hatte, die Hoheit in seinem Gefühlshaushalt zu erlangen. Wenn er ihr bereitwilliges Verhalten nun als Schwäche deutete und meinte, sie habe auf ihn gewartet, so würde sie nicht zögern, ihn zu gegebener Gelegenheit zu disziplinieren.

Er wollte noch plaudern. Auch das folgte mehrheitlich seinem Rhythmus und seiner Stimmung.

„Du würdest es nicht für möglich halten“, fing er an zu beschreiben. „Wenn du sie sehen würdest, die Dämonin, würdest du es nie für möglich halten, dass sie imstande ist, solche Auswirkungen bei mir auszulösen.“ Das hatte er ihr schon einmal erzählt, erinnerte sich Katharina. Aber sein Gedächtnis folgte in seiner Chronik nicht der äußeren Realität, sondern allein seinem Bedürfnis.

„Aber jetzt habe ich es begriffen“, setzte er mit spürbarer Begeisterung in der Stimme fort. „Es geht nicht um sie. Oder sagen wir so, es geht nicht wirklich um sie als Person.“ Er schien nach der richtigen Beschreibung oder Terminologie zu suchen.

„Sie steht für etwas. Es ist die Beziehung, die sie eingefordert hat, die der Auslöser dieses ganzen Wahnsinns wurde.“

„Ja, wie alle Frauen, an die du dich bindest, wird sie zum Hebel, der die Mechanik deiner tiefsten Grundängste und vielleicht Traumen in Gang setzt“, meinte Katharina. „Du hast dich bisher immer an Frauen gebunden, die dich verschlingen wollen. Die Folgen sind Enge und Strangulation deines Lebens und gleichzeitig rasende Angst vor Verlust, Einsamkeit und jetzt auch Alter.“

„Darum kann uns das nicht passieren", erwiderte er, „wir haben einfach keine Beziehung."

Sie lachten, als hätten sie damit eine grundsätzliche Lösung gefunden, in dieser etwas betonten Art, die ein Korn Wahrheit mit einem Widerspruch zu einer seltsamen neuen Verbindung eines Stoffes verknüpfte, dessen Eigenschaften und Belastbarkeit noch nicht erforscht sind.

„Ich melde mich bei dir", versprach Katharina ziemlich vage und, wie sie an dieser Stelle meinte, vollkommen zu ihrem Dialog passend. Daraufhin legte sie auf.

Trotzdem ließ sie nach ihrer Heimfahrt noch einmal eine Woche verstreichen, ehe sie Stefan in einer minimalistischen Nachricht von ihrer Rückkehr informierte.

Sie sahen sich noch am selben Abend und für Katharina war es, als wäre Stefan in den tiefen Wald gezogen gewesen, um einen Drachen zu besiegen, und nun wieder heimgekehrt auf die Burg. Äußerlich schien sich zwischen ihnen nichts verändert zu haben.

Während der nächsten, sich immer mehr der Kälte zuneigenden Herbstmonate trafen sie einander, beide durch vielerlei berufliche Beschäftigung und Verpflichtung reichlich eingemauert, in größeren Intervallen. Sie erlebten karge Stunden, die mit eruptiver Intensität und Erotik sowie einem wechselseitigen seelischen Umschleichen und Aufdecken vollgepackt waren. Dennoch ließ es sich nicht leugnen, dass irgendetwas Unsichtbares, nicht Benennbares wuchs, das einen in seinem Inneren kondensierten Kern von größerer Ernsthaftigkeit in sich trug, und das Stefan mehr als ein halbes Jahr später mit dem in verwundertem Ton vorgetragenen Satz „Jetzt sind wir richtige Freunde geworden" benannte.

Das war umso erstaunlicher, als ihre erotische Anziehung unvermindert weiterbestand, ja sich gleichzeitig, trotz der sie immer wieder befallenden Geilheit, sogar auch zarte Intimität entwickelt hatte. Und dann gab es da auch noch diese freundschaftliche Kumpanei gemeinsamer Bubenstreiche, wenn sie mit dem Motorrad ausritten, endlos rauchten und dreckige Witze teilten.

Doch sie wollten es nicht analysieren, sondern es sich vorsichtig tastend entfalten lassen, ohne diesem „Etwas“ Gestalt oder Vorstellung aufprägen zu wollen. Dabei waren sie so vorsichtig, dass sie sogar darüber nicht sprachen und lieber den Atem anhielten, als gälte es, einen Schmetterling nicht in seinem Flug zu irritieren.

Manchmal wagten sie sich etwas vor. Stefan war, getreu seiner bubenhaft lauten Rolle, die ihm so gut stand und in der sie ihn zwar nicht ernst nahm, er ihr aber so gefiel, weil sie seine dahinter liegende Verletztheit rührte, hierbei mutiger als sie. Aber bisweilen traute sie sich auch, selbst wenn sie nie davon ausging, dass er bei einem ihrer Vorschläge mitspielen würde.

Im späten Herbst forderte sie ihn auf, sie zu einer Abendgala zu begleiten, bei der sie eine offizielle Rolle übernehmen sollte. Zu ihrer größten Verwunderung willigte Stefan ein, ihr Tischherr zu sein. Sie rechnete noch wenige Stunden vor Beginn mit seiner unvermuteten Absage unter einem akuten beruflichen Vorwand. Doch sie irrte sich. Er traute sich wirklich.

In den vergangenen beiden Tagen war ein plötzlicher Föhnsturm über das Land hereingebrochen, daher war es so warm, dass sie ihren hellen Pelzmantel über den Arm geschlagen trug. Mit der anderen Hand hob sie den langen Saum ihres smaragdgrünen Abendkleides hoch und eilte über den weiten, bereits menschenleeren Kiesplatz zwischen dem schmiedeeisernen Zufahrtsportal und dem Palais, durch dessen hohe Fenster von der Festbeleuchtung der Kronleuchter Lichtfackeln nach draußen geworfen wurden.

Nur er allein stand noch da, hatte auf sie gewartet, rauchte und passte in seinem eleganten Aufzug so verschmelzend echt in dieses Ambiente, als würde er sie an seiner eigenen Haustüre erwarten.

Sie war zu spät, viel zu spät wegen eines außergewöhnlichen Ereignisses auf der Autobahn, doch hatte sie das den Veranstaltern bereits angekündigt. Während sie Stefan entgegenflog, fühlte es sich einen Moment für sie so an, als wären sie in einen Disney-Kinderfilm gefallen und sie konnte sich nicht entscheiden, ob die Szene jetzt mehr zu „Beauty and the Beast“ oder zu „Cinderella“ passte.

Stefan behandelte sie den ganzen Abend über mit ausgesuchter Eleganz und umsorgender Achtsamkeit, womit er dem unausgesprochenen Drehbuch zwischen ihnen entsprach. Sie dachte bei sich, dass es wohl so sein müsse, dass ihm diese Rolle hier in der exklusiven Festgesellschaft der großen Stadt wohl die größtmögliche Sicherheit geben konnte, denn er hatte es diesmal nicht nötig, grob oder in einem Scherz verpackt beleidigend zu werden.

Später, als das Fest einen weniger formellen und mehr unterhaltsamen Charakter angenommen und man in komplizenhaftem Dissidententum gegen die bestehende Antiraunchernorm in einer kleinen verbleibenden Gruppe wenige Zigaretten geraucht hatte, stießen sie gemeinsam auf einen Bekannten Stefans. Der hatte wohl bereits mit einigen Gläsern seine Entspanntheit angeregt und schoss ganz unvermutet die Frage an Stefan heraus, ob sie beide denn ein Paar wären, da sie so ideal und verliebt wirkten.

Galant und witzig verstand es Stefan, sich aus der Situation zu ziehen: „Ich arbeite gerade daran, sie zu überzeugen", meinte er mit einer sonor klingenden Plauderstimme, in die er einen erotischen Unterton einflocht. Dabei hielt er Katharina untergehakt und zog sie näher zu sich heran. Katharina fragte sich, welches Spiel er hier wohl gerade treibe.

Auch sie begleitete ihn bei Veranstaltungen, die der vorweihnachtlichen Jahreszeit geschuldet waren. Einmal, als sie vom Käsebuffet zurück zu ihm kam, saß eine andere Frau, heftig mit ihrem Häppchenteller beschäftigt, auf einem Stapel Teppichen, der als improvisierte Sitzgelegenheit diente, neben ihm. „Jetzt habe ich Ihnen Ihren Mann gerade gestohlen", gluckste sie und spießte dabei ein Würstchen auf, das sie sich in den Mund schob, während sie Katharina den Platz neben Stefan frei machte.

Katharina fühlte sich derart perplex über die so selbstverständlich getroffene Zuordnung der Frau, dass ihr kein schlagfertiger, witziger Kommentar zu dieser Bemerkung einfallen wollte. Stattdessen setzte sie sich artig wie ein Schulmädchen, mit ihrem bunt gefüllten Käseteller auf den Knien, neben Stefan.

Der grinste breit, genoss das Spiel und griff mit größter Selbstverständlichkeit, wie um die Scharade der Frau noch zu unterstreichen, ungeniert in Katharinas Teller, um eine ihm verlockend erscheinende Käsesorte zu probieren.

Hatten die beiden das vorhin abgesprochen, während sie am Käsebuffet gestanden war? War sie bereits paranoid in ihrer Angst, Zurückweisung nur mit grundsätzlicher Distanz sicher entgegenwirken zu können, dass sie auf derartige Gedankenspiele verfiel? Oder wirkten sie beide für ein unbedarftes Gegenüber so vertraut und zusammengehörig wie ein sich gut in den mittleren Jahren befindendes Ehepaar?

Die Frau war wenig später aufgestanden und mit einem Gruß an sie beide in der Menge verschwunden. Sie gingen wenig später auch.

Wenig später lud Stefan sie ein, den Jahreswechsel gemeinsam bei ein paar nahen Freunden von ihm zu verbringen. Sie hatte das Bedürfnis, sich vorher zu ordnen, ehe sie zusagen könnte, was sie dann in der noch immer nicht gelösten Verwirrung, was er wohl mit dieser Einladung verband oder ausdrücken wollte, tat. Vordergründig – hätte sie ihn gefragt – wahrscheinlich gar nichts. Er hätte einen flapsigen Kommentar oder eine scherzende Beleidigung vorgeschoben, was den Zweck gehabt hätte, Katharina zu vermitteln, dass er nicht gewillt war, dazu eine klare Aussage zu treffen. Also überlegte sie lieber selbst.

Dem Jahreswechsel kam im Sinne der damit einhergehenden Feierlichkeiten und Feste im Allgemeinen eine spezielle Bedeutung zu. Dies war ein Termin, der sorgfältigere Planung erfuhr als irgendeine Wochenendvereinbarung zwischen Freunden, zu der man auch jemanden nicht näher Benannten mitbringen konnte. Noch dazu handelte es sich, wie sie rasch erfuhr, auch nicht um eine jener Großveranstaltungen gemeinsam verordneter Ekstase mit Feuerwerk zum Wechsel einer Jahreszahl.

Sie wären drei Paare, hatte er angemerkt. Das Ganze wäre also sehr intim. Diese Aufstellung allein war für sich genommen schon Aussage. Er hatte seine Freunde, neben der Tatsache, dass er sie als wirtschaftlich sehr erfolgreich einstufte, als intellektuell konfrontativ und gesellschaftskritisch sowie äußerst reflexiv beschrieben und gemeint, sie würden ihr sicher gefallen. Er sagte das so, als wäre es ihm wichtig, ihr seinen Kosmos zu eröffnen. Sie fragte sich, ob er sie wohl vorführen wollte.

Wahrscheinlich, so schloss sie, wollte er sie einfach *alle* unterschiedslos in seinem Geltungsbedürfnis narren, im Unklaren halten und aufeinander loslassen.

Die Übereinstimmung mit seinen Freunden stimmte zumindest, stellte Katharina an diesem Abend schnell fest. Weil sie sich mit den anderen rasch wohlfühlte, hatte sie nichts dagegen, deren Interesse nach einer Fortsetzung der Bekanntschaft positiv zu beantworten.

Stefan wirkte einen Hauch abseits während des ganzen Geschehens, und sie war sich nicht klar darüber, ob er nun ihr und den Freunden die Bühne für gegenseitiges Beschnuppern lassen wollte, oder ob dies schlicht sein Platz in der Rangdynamik jener Gruppe war.

War er der philosophisch schwermütige Wolf am Rande, den sich die Erfolgreichen als Zierrat hielten?

Einige Monate später, als sie in näherem Verhältnis mit seinen Freunden stand und die feinen Fäden der unterschiedlichen Psychodynamiken aller Beteiligten in ihrer Webstruktur vor ihr lagen, fand sie ihre Wahrnehmung des Mitleids seiner Kumpel für ihn, das sie als sanftes Singen bereits an jenem Abend gespürt hatte, bestätigt. Dass dies von einem deutlichen Belächeln Stefans und seiner Aburteilung durch den Freundeskreis, der ihn offenbar nicht ganz ernst und voll nahm, begleitet wurde, verärgerte sie kurz. Doch sie hatte dem nichts entgegenzusetzen. Um seinetwillen wollte sie es nicht, dass die Freunde ihn als einen psychischen Sozialfall ansahen. Dies vielleicht auch deswegen, weil Stefans Gefährten mit ihrem Realismus die Grenzen seiner Möglichkeiten viel schärfer sehen könnten, als sie selbst sie wahrhaben wollte.

Stefan wollte vergleichsweise früh und sehr unvermutet gehen. Der Jahreswechsel war gerade erst eine Stunde alt und die Stimmung seiner Freunde dementsprechend aufgeräumt. Es fühlte sich an, als hätte er den notwendigen Rahmen eingehalten und würde jetzt den Rückzug antreten wollen. Sie stellte seinen Wunsch nicht infrage.

Sie fuhren durch die nächtliche Stadt, in der heute trotz der späten Stunde reger Tagesverkehr herrschte. Er war schweigsam, schien in sich gekehrt. Analysierte er den Abend? Sie beobachtete die verschiedenen

Fahrzeuge, die sich streckenweise wie zu den sonstigen Stoßzeiten zu einem Stau zusammenschoben. Ein Polizeifahrzeug bahnte sich den Weg neben ihnen vorbei. Immer wieder jaulte die Einsatzsirene auf, wenn eines der Fahrzeuge vor der Polizei nicht rasch genug zur Seite auswich.

„Kommst du mit zu mir?“, fragte Stefan plötzlich, knapp bevor er zu ihr hätte abbiegen müssen, in die im Wagen herrschende Stille hinein. „Ja“, antwortete sie nur, darum bemüht, ihre Stimme ruhig klingen zu lassen. Denn bevor sie noch ausgesprochen hatte, war ihr bewusst geworden, dass sie diesmal nicht würde aufstehen und wieder verschwinden können, und sie auch nicht in irgendeinem, ihnen beiden gleichermaßen fremden Hotelzimmer sein würden, sondern sie diesmal bis zum Morgen bei ihm, in *seinem* Bett würde bleiben müssen.

Sie sprachen wenig, als sie bei ihm anhielten und mit dem engen silberfarbenen Lift zum Dachgeschoß emporstiegen. Katharina fühlte sich angespannt, doch auch seltsam gewärmt von dem ganzen Abend und hatte das Bedürfnis, sich an Stefan zu schmiegen, einfach ohne weitere erklärende Worte seine Wärme zu spüren.

Sie verhielten sich wie ein geläufiges Paar, das unaufgeregt nach Hause zurückkehrte, zogen sich wie selbstverständlich aus und gingen zu Bett. Dann umfing er sie mit seinen Armen in einer zärtlichen und zugleich einen erotischen Ton bestimmenden Geste, und sie wusste, dass sie sich ihm ergeben würde.

Später fielen sie in einen erschöpften, vom Alkohol des Abends benebelten Schlummer. Noch während sie im Einschlafen war, wunderte sie sich, dass es ihr so leichtfiel, neben ihm in den Schlaf zu sinken und loszulassen.

Am Morgen spürten sie wieder Lust aufeinander.

Sie liebten einander und hielten mitten darin inne. Das taten sie bisweilen, denn in diesem Raum von Intimität ergab sich eine Offenheit, die nach dem Höhepunkt wieder zuverlässig verschluckt wäre und danach die für sie beide so notwendige glatte, unantastbare Oberfläche zurücklassen würde – wie ein spiegelblanker dunkler See, von dem niemand mehr ahnen konnte, dass kurz davor noch die sich ausbreitenden Wellenkreise eines geworfenen Steins getanzt hatten.

Stefan hatte sich aufgesetzt und lehnte sich, von einem Polster gestützt, an das Betthaupt. Er zündete sich eine seiner dünnen Zigarillos an. Katharina lag, den zweiten Kopfpolster mit ihren Armen umfangend und zwischen ihre Brüste gestopft, bäuchlings neben ihm.

Er blickte zu ihr herab und sie zu ihm auf. Sie wusste, dass ihm dies entgegenkommen würde.

„Ich verstehe nicht, was bei euch Frauen läuft", meinte er, während er den Rauch ausblies. Diese Geschlechtskategorisierung, in die er sie gerade eingemeindet hatte, ließ sie innerlich ärgerlich aufwallen. Sie wollte nicht wie „alle" gesehen werden. Doch sie reagierte äußerlich nicht darauf. Mit seiner Bemerkung spielte er auf die SMS-Nachricht einer Frau an, von der er zuvor Katharina erzählt hatte. Diese hatte ihm eine verzweifelte, durch die Silvesternacht und entsprechenden Alkoholkonsum ermutigte Liebeserklärung gesendet.

Für ihn hatte das vollkommen zusammenhanglos gewirkt, wie er vorgab. Ausgangspunkt war eine einmalige, bereits im schemenhaften Dunkel der Belanglosigkeit liegende Vögelei von vor mehr als acht Jahren gewesen.

Er spielte seinen Part des Don Juan gut, fand Katharina. Dass er diese Frau seither immer wieder „nur so" zum Plaudern alle paar Monate weiter getroffen hatte, um den imaginären Harem der verfügbaren Geliebten abzutasten und zu besichern, verschwieg er oder war ihm selbst verschlossen. Er hielt sich sicher in seiner Angst eine ganze Truppe dieser Geschöpfe, die er mit kleinen Dosen von Hoffnung spendender erotischer Anmutung gefügig hielt.

Aber sie durfte nicht richten. Es war doch immer auch ihr Muster gewesen. Die Spinnenfrau, die an den imaginären Fäden zog, um Männer in die potenzielle Verfügbarkeit zu ziehen, war doch auch ihre Rolle.

„Du bist ein Verführer, Stefan, und ein äußerst professioneller dazu, wie alle von Ängsten getriebenen Menschen, die in habitueller Koketterie Zuflucht nehmen", stellte sie klar. Das wollte er eindeutig nicht hören, doch mit ihrem Blick aus der unterworfenen Position fiel es ihm schwerer, zu widersprechen.

„Du beherrschst virtuos die Kunst der Doppelbotschaft. Du holst eine Frau für einen Moment scheinbar ganz nahe an dich heran, stellst sie auf die Säule deines unabweisbaren Begehrens und stürzt sie dann in die Unwichtigkeit deiner Unverbindlichkeit. Dieser Moment der ungeteilten Aufmerksamkeit ist der sichere Köder, weil du es verstehst, ihn so echt wirken zu lassen. An dem bleibt sie kleben und hofft, vielleicht sogar auch länger als acht Jahre."

Das war nun eine Anspielung auf seine zweite Ehefrau gewesen.

War er nun nachdenklich oder nur abwehrend? Sie wusste es nicht, konnte es nicht sicher einschätzen.

Es war ihr auch gleichgültig, nicht aus Desinteresse, sondern weil sie nichts von ihm wollen wollte, einfach nichts, was er nicht aus sich selbst heraus bereit war, ihr zu geben, nicht einmal eine Erkenntnis. Es war seine Entscheidung, was er aus ihrem Gespräch mitnahm. Nur so, wenn sie nichts voneinander forderten und ehrlich das von sich gaben, was sie vermochten, konnte ihre Begegnung sich tatsächlich rückhaltlos im freien Raum nach ihrer beider Seelenkraft entwickeln.

„Als ich heute früh gegen fünf kurz aufwachte, ging es mir sehr schlecht", sagte er unvermutet in die kurze Stille hinein. Katharina küsste ihn zart auf den Unterarm, schmiegte ihre Wange kurz an die Stelle und sog den Geruch seiner Haut in sich auf. Sie wünschte, dass er die zärtliche Geste aufnehmen könnte.

Seine für sie so spürbare innere Verzweiflung und sein Schmerz rührten sie ganz unmittelbar an derselben Stelle ihrer eigenen Qual an. Sie wollte nicht, dass er litt. Noch nie hatte sie so unmittelbar gefühlt, dass sie einem anderen Menschen Frohsinn und Leichtigkeit wünschte. Gleichzeitig war ihr auch bewusst, dass sie sich in ihm und seinen Ängsten wie in einem Spiegel sah und ihre Wünsche für ihn auch ihrer eigenen Sehnsucht galten.

Er nahm ihre Liebkosung als Ermutigung. „Ganz tiefe Einsamkeit und Angst vor dem Alter." In seiner Stimme mischten sich Ernst, Resignation und Aussichtslosigkeit. Katharina schwieg. Altern glich in dieser Gesellschaft einem zähen Stellungskrieg, in dem es nichts zu gewinnen, aber alles zu verlieren gab. Wo waren die Bilder der fröhlichen Alten von wilden Naturvölkern, die von der Zivilisation unberührt geblieben waren und das Alter mit der großen Freude einer Lebenserhöhung entgegennahmen? Natürlich auch eine vollkommene Fehlannahme, purer Schwachsinn, denn dann wären sie beide höchstwahrscheinlich schon lange tot, korrigierte sie bei sich.

Das Wintermorgenlicht fiel fahl durch die schmalen Schlitze der Lamellen der herabgelassenen Jalousien. Auch durch die halbkugelförmige Lichtluke des Nebenraums, die die Decke mit der darüberliegenden Dachterrasse verband, drängte die große Nüchternheit des Tages durch die offene Zimmertüre herein und unterstrich die Stimmung.

Wir sind in unserem schützenden U-Boot der Nacht, das nun gerade an die Oberfläche des gesellschaftlichen Alltags auftauchen muss, dachte Katharina wehmütig.

„Was hast du dagegen getan? Du hättest mich aufwecken können."

Stefan zuckte unmerklich mit den Achseln. „Nichts, diesen irrsinnigen Schmerz irgendwie ausgehalten."

Sie kannte das Gefühl nur zu gut. Wie im Inneren ausgeschabt fühlte es sich für sie an, wenn es ihren eigenen Ängsten gelang, machtvoll Besitz von ihrem Bewusstsein zu ergreifen.

„Es ist seltsam. Irgendwie ebbte es dann wieder ab. Aber es lässt die Angst vor der nächsten Attacke zurück."

Mit einer energischen Bewegung schlug Stefan die Bettdecke zurück und machte sich im nebenliegenden Badezimmer zu schaffen. Katharina hörte das Summen seines elektrischen Rasierers. Gleich darauf erschien er. Er hatte den Lausbuben übergezogen und hampelte fast nackt vor ihr umher, während er die verschiedenen möglichen Designs, seinem Dreitagebart zu Leibe zu rücken, gegeneinander abwog. In diesen Momenten des pubertierenden Jungen gefiel er ihr in der Intensität des Spiels, das er trieb, besonders.

Das war erst jetzt so, da sie so selbstoffenbarend und tief miteinander kommunizieren konnten. Sie wusste nicht so recht, ob er damit mehr etwas mütterlich Nachsichtiges in ihr auslöste oder sie sich doch mehr als kleines Mädchen angesprochen fühlte, das alle Erwachsenheit abstreifen und Hand in Hand mit ihm hinaus in den Wald zu allen verbotenen Spielen laufen wollte.

Er entschied sich dafür, den Backenbart stehen zu lassen und die mittlere Partie sorgfältig freizumachen. Das ließe sein Gesicht breiter wirken, gefährlicher. „Wie ein amerikanischer truck driver, bad ass", stellte er zufrieden fest. Katharina hätte mehr den grausamen Südstaaten-Plantagenbesitzer in ihm gesehen. Das gefiel ihm auch. Nur dass die rechte Gesichtshälfte deutlich mehr weiße Barthaare bevölkerten als die linke, irritierte ihn. Aber das Alter gab kein Pardon.

Mit dem neuen Gesicht fühlte er sich wieder stärker.

„Das eigentliche Problem ist die Evolution", begann er zu entwickeln. „Für die Zeit nach der Zeugung und Kinderaufzucht ist da kein Programm mehr vorgesehen."

Katharina runzelte die Stirn. Evolutions-Biologismus mit einer gehörigen Portion Brutal-Darwinismus gehörte schließlich zum beliebtesten Rechtfertigungsrepertoire des neoliberalen Strukturwandels in der Gesellschaft. Aber sie war gespannt auf die Thesenbildung für seine Problematik.

„Wann fand die kognitive Revolution statt?", begann er.

„Etwa vor sechzigtausend Jahren", antwortete sie wie aus der Pistole geschossen. Dass sie nicht nur erwartungsvoll auf seine eigene Weiterführung gewartet hatte, bewirkte eine kurze Verwerfung im Fluss seiner Ausführungen. Doch er fing sich sofort.

„Und was war das Besondere daran?"

„Dass der Homo sapiens eine komplexe Sprache entwickelt hat, mit der es erstmals möglich wurde, auch große Gruppen von Menschen zusammenzuschalten." Es war der Wechsel von der Gemeinschaft, der miteinander verbundenen Gruppe, zum Kollektiv, der anonymen Masse, gewesen. Das war das eigentlich Entscheidende. Doch sie wollte ihn nicht irritieren und sagte das Letzte nicht mehr.

„Das wirklich Bahnbrechende an der Erfindung der komplexen Sprache, die der Homo sapiens gemeistert hat, war, dass man nun Begriffe nicht nur für reale, gegenständliche Dinge entwickeln konnte, sondern sich damit auch Ideologien, Mythen oder Religionen kreieren ließen. Dadurch wurde es möglich, abstrakte, nur in der Vorstellung existierende Dinge zu erfinden und zu benennen", führte er begeistert aus.

„Wie zum Beispiel Menschenrechte, Bankgarantien, eheliche Treue oder Steuererklärungen", setzte sie fort.

„Und damit, dass die Menschen daran glaubten", hakte er ein, „wurde das Ganze Realität. Das war einzigartig. Eine echte Revolution."

„Du hast recht", räumte sie bereitwillig ein. „Das kann nur unsere Spezies. Von blanken Fantasiegebilden als Realität überzeugt zu sein. Kein vernünftiges Schwein würde einen guten Sack Kartoffeln für einen Zehn-Euro-Lappen rausrücken und dabei noch meinen, ein gutes Geschäft gemacht zu haben."

„Ich glaube nicht an eheliche Treue", schränkte er daraufhin mit einem Lächeln ein.

„Was dich nach dem gesellschaftlichen Normenmodell in die Verwandtschaft meines cleveren Schweins bringt", konterte sie, „und gleichzeitig beweist, dass an den Rändern der abstrakten Begriffswelt, dort wo es um Normen geht, gewisse Unschärfen tektonischer Kontinentalplattenverschiebungen im Zuge von gesellschaftlichen Entwicklungsprozessen zu erwarten sind."

Sie lachten laut auf.

„Und dann – schau weiter, was passiert ist!" Er war nun musealer Führer in den Annalen der Menschheitsgeschichte, und Katharina folgte ihm bereitwillig. Sie liebte seine Begeisterung, wenn er sich in Fahrt redete und seine Thesen entwickelte. Auch wenn sie nicht immer stimmig waren. Sie bewunderte seine Fähigkeit, Gedankengebäude auszuformen, fühlte sich inspiriert und ein kleines Bisschen weniger einsam bei dem Gedanken, ein Gegenüber zu haben, mit dem intellektuelles Ringen möglich war.

Gleichzeitig fühlte es sich ganz ungerechtfertigt, aber unabweislich ein wenig wie der ruhige, warme Stolz einer Mutter an, die ihren gelungenen Sohn als Mann erkennen kann. „Dann kam als nächster fundamentaler Schritt die Sesshaftigkeit. Weißt du, wann das war?"

„Du meinst die neolithische Revolution? So in etwa vor zehn- bis zwölftausend Jahren." Sie sagte es ruhig und ohne Frage.

„Genau, damit kam es zu Städtebau, Vorratshaltung, Gesetz und Besitz und zugleich zu ziemlicher Vermehrung. Weißt du übrigens, dass die Sesshaftigkeit einen ausgewiesenen Pferdefuß mit sich brachte? Man musste auf einmal fünfmal so viel arbeiten als vorher in der Welt der Jäger und Sammler", hob er düster hervor.

„Dafür hatte man allerdings, weil wir gerade bei abstrakten Ideen und Vorstellungen waren, auch die Illusion von vergleichsweiser Sicherheit, wenn die Speicher voll waren. Und für die Beruhigung der eigenen Existenzängste nimmt unsere Spezies ja bis heute vieles in Kauf", konterte Katharina. Der Anflug von Sarkasmus in ihrer Stimme war unüberhörbar, doch sie hielt diesen Tonfall für angemessen.

Sie wirkten jetzt beide eher wie zwei nackte Sozialanthropologen auf seinem breiten Bett als wie ein Mann und eine Frau, die eigentlich gerade dabei gewesen waren, einander zu lieben. Katharina wartete gespannt auf den Bogen, den er nun wohl würde schlagen müssen, wollte er zur Erklärung seiner Misere zurückfinden.

„Wenn du jetzt diese beiden Meilensteine der Menschheitsgeschichte in ihrer zeitlichen Markierung hernimmst und zur Gesamtzeit der Existenz des Menschen auf dieser Erde setzt, wirst du verstehen, was ich meine." Worauf wollte er hinaus?

„Den Menschen, also den Vormenschen, den Homo erectus gibt es seit zig Millionen Jahren, und die gravierenden Entwicklungen der kognitiven und neolithischen Revolution sind vergleichsweise vollkommene Neuheiten. Verstehst du, was ich sagen möchte?" Er schien von der nun folgenden Schlussfolgerung vollständig überzeugt.

Katharina ermunterte ihn mit einem fragenden Blick zum Weitersprechen, denn jetzt wurden die Ausführungen richtig spannend.

„Zig Millionen Jahre eines Jäger- und Sammler-Daseins sind uns von der Evolution eingeschrieben. Das, was alle Kultur und unsere heutige Welt hervorgebracht haben, ist vergleichsweise eine Zehntelsekunde unserer gesamten Existenz."

„Den modernen Menschen gibt es gerade mal einen Wimpernschlag lang. Meinst du das damit?", replizierte Katharina.

„Genau, zig Millionen Jahre Jäger und Sammler gegenüber ein paar Momenten domestizierter Sesshaftigkeit. Was ist das schon? In mir steckt eben der Jäger und Sammler als der führende Antrieb meiner Existenz", erklärte er. „Nirgendwo länger bleiben, weniger arbeiten als der sesshafte Bauer, keine festen Verbindungen eingehen und meinen Samen maximal ausstreuen." Er war komplett überzeugt von seiner These.

Katharina fiel eine ganze Handvoll fundierter Einwände ein, doch er wollte sichtlich weiterreden, zum Kern seiner Erklärung kommen, und so begnügte sie sich mit einem vagen: „Warum glaubst du das?"

„Weil ich nach meiner Scheidung meine beste Zeit hatte. Du weißt schon, die Heilung von meiner Ejaculatio praecox. Ich habe komplikationslos herumgevögelt und bin weitergezogen. Das Leben war einfach großartig und alles andere war mir egal. Ich habe schlicht und ergreifend gemäß meinem genetischen Programm und meiner evolutionären Bestimmung gelebt. Und jetzt ist meine beste Zeit vorbei. Für diese Lebensphase des Alterns hat die Evolution kein Programm geschrieben. Und ich habe lauter Beschwerden, die mich in meiner Geschlechtlichkeit treffen."

Er spielte auf seine hartnäckige, schmerzhafte Beckengelenksverspannung, die Prostataentzündung des vergangenen Jahrs und wieder aufgetretene Hämorrhoidalbeschwerden an. Neuerdings bekam er auch lästige Hautausschläge.

„Die Evolution lässt mich ins Leere rennen – Alter und Einsamkeit", schloss er gekränkt.

Er war nicht bereit dazu, jetzt darüber zu diskutieren, wollte an der Richtigkeit des Erklärungsmodells seiner Ängste und ihrer evolutionären Bestimmung festhalten.

Selbst ein depressives Skript schien erträglicher zu sein als die Angst, die Seiten des eigenen Lebensbuches selbst beschreiben zu müssen, solange die Verantwortung für die Autorenschaft nur im Außen lag.

Noch während sie sehr allgemein anmerkte, dass er sich hier allerdings ein ziemlich löchriges Narrativ gestrickt hätte, beugte er sich über sie.

„Ich will dich lieber weiter bekuscheln", wechselte er das Thema. Er drehte sie auf den Rücken und spreizte ihre Beine. Er spielte mit seinem bereits erigierten Penis an ihrem Geschlecht, während er die Schamlippen mit der anderen Hand auseinanderteilte.

„Ich mag deine Anatomie", sagte er mit jener schmelzenden Stimme, die diesen Momenten vorbehalten war. „Mir gefallen deine Lippen."

Katharina wurde erst in diesem Augenblick deutlich, dass noch nie ein Mann vor ihm mit ihr über ihr Geschlecht gesprochen, noch keiner vor ihm so bewusste Wahrnehmung und aufmerksame Beobachtung ihrem Geschlechtsteil geschenkt hatte. Es hatte sich vielmehr um den zu überwindenden Eingang in die Tiefe gehandelt. Niemand hatte dem Tor selbst so viel Aufmerksamkeit geschenkt, es für sich genommen betrachten wollen. Er tat dies jetzt gerade sehr aufmerksam, mit gleichzeitig naiv-kindlicher wie interessiert-wissenschaftlicher Sorgfalt, während er weiter mit seiner Penisspitze sanft an ihrem Scheideneingang rieb.

Für einen kurzen Augenblick fühlte sie sich beschämt und noch nackter, als sie es schon war, um ihn dann auf eine neue Art noch näher und intimer zu fühlen.

„Wenn ich deine kleinen Schamlippen jetzt hineinstülpe, dann gibt das eine noch stärkere Reibung, wenn ich dich penetriere." Er blickte ihr mit vollkommen neutraler Offenheit in die Augen, während er dies sagte und ganz langsam genau auf diese Weise in sie eindrang.

Danach, als Katharina sich noch im Beben ihres Schoßes wiederfand, stand er auf und machte für sie beide in großen Keramikbechern Cappuccino.

Er brachte ihr das dampfende Getränk ans Bett. Die ungewohnte häusliche Geste, gemeinsam mit der gerade geteilten Nähe, traf sie in einer Tiefe, die Schmerz, Sehnsucht und Abwehr zu einer brennenden Legierung verband und sich wie ein Tropfen glühendflüssigen Metalls in ihre Seele einfraß.

Schmerz, weil sie kurz spürte, dass sie schon viele Jahre diese unspektakuläre Intimität entbehrte, Sehnsucht, weil Geborgenheit in der angenehmen, banalen Alltäglichkeit des Mitbedacht-Werdens wurzelt, und Abwehr, weil die Melodie des Sirenengesangs von Bindung damit kurz in ihrem Inneren erklang und ihre Ängste vor Verletzlichkeit ihr Medusenhaupt hoben.

Er hatte sich sogar erinnert, dass sie die Milch zuerst in die Tasse tat und in der Mikrowelle erhitzte, bevor sie den Espresso aus der Maschine hinzufügte. Sie saß nackt mit angezogenen Beinen im Bett, umfing die Tasse mit beiden Händen und versuchte sich hinter diesem Schild zu verbergen. Sie trank in kleinen Schlucken.

„Der Trick mit der Milch ist gut", merkte er an, während auch er trank.

Er hatte sich wieder neben sie auf die andere Bettseite platziert, hielt es dort jedoch nicht mehr lange aus. Seine gewohnte Unruhe hatte bereits von ihm Besitz ergriffen.

Er stapfte ins Badezimmer. Katharina hörte ihn wieder werken. Es klang, als würde er nun Zähne putzen. Sie dachte, dass sie jetzt nach Hause wollte, nachdenken, allein sein, wieder in die Geschlossenheit der eigenen Person zurückfinden, nicht die Kontrolle über dieses Experiment, einer Akrobatik ohne Netz über dem Abgrund, verlieren wollte.

Sie war bereit, sich auszusetzen, sich zu fordern, Nähe authentisch zu leben, vielleicht auch Bindung und ein Ankommen zuzulassen, doch nur aus sich selbst heraus. Wenn soziale Konvention die Interpretationshoheit zu beanspruchen begann, dem Verhalten ritualisierte Bedeutungszuschreibung zugeordnet wurde, dann starb die eigentliche Begegnung, erstarrte in einer Form, die ihr durch Regulierung und Normierung aufgezwungen wurde. Und mit der unverstellten authentischen Begegnung starb zugleich die Möglichkeit zur Liebe, und an dieselbe Stelle traten Macht und Kontrolle in Gestalt berechtigter Erwartungen.

Sie wollte das alles nicht mehr erleben und schon gar nicht mit ihm, von dem sie spürte, dass er sie zu berühren vermochte, auch wenn sie noch nicht genau verstand, warum.

Jetzt fühlte sie schlichtweg Angst. Angst, dass es so werden könnte. Ihr Impuls war, zu flüchten. Immer wieder hatte sie beobachtet und selbst erlebt, wie sich anfängliche Begeisterung und reine Freude des gemeinsam Gestaltbaren unter der Argumentation berechtigter Erwartungen und scheinbar unvermeidbarer Kränkungen in die Beschwerlichkeit eines hartnäckigen Territorialkrieges verwandelt hatten, um in Enge, Flucht, Abscheu oder Kränkung zu enden.

Jedes Zeitalter, jede Generation hatte ihren normierenden Kodex des Umgangs der Geschlechter entworfen, einen Kodex, der Liebende unter dem Vorwand, Referenz und Beweis ihrer Beziehung zu sein, voneinander getrennt und die wirkliche Begegnung verhindert hatte, bis sich beide auf der jeweils anderen Seite der Glasscheibe in der Unmöglichkeit, einander noch liebevoll zu erreichen, wiederfanden.

Der zuerst spielerisch berührte Himmel verwandelte sich in eine alltägliche tranige Hölle kleinerer und größerer Enttäuschungen, in der magisch die alten, eigenen tiefsten Wunden aufs Neue aufbrachen, so als begegne einem im anderen der schlimmste aller möglichen Feinde. Dabei war Katharina überzeugt, dass gerade in der liebenden Begegnung in einer dauerhaften Beziehung jener Schlüssel liegen konnte, die eigenen Entwicklungsblessuren, die einen selbst zum Raubtier machten, zu überwinden. Doch dazu brauchte es wahres Vertrauen und nicht ein auf Machtstrukturen fußendes Gleichgewicht des Schreckens, auf dem die meisten äußerlich funktional wirkenden Beziehungen aufbauten.

Sie mussten also vorsichtig sein – nein, sogar noch mehr. Katharina suchte nach dem treffenden Begriff: Wachsam mussten sie sein, wachsam auf sich selbst. Gesellschaftliche Erwartungsmodelle erwiesen sich als tief eingespurt, man atmete sie als sogenannte konstituierende Realität von Kindesbeinen an.

Die letzten zwölfeinhalb Stunden Gemeinsamkeit waren eine starke Dosis gewesen, vor allem unter den Bedingungen des normalen gewohnten Umfelds ihrer Identitäten und der Rolle, die sie beide in ihrem jeweiligen Leben einnahmen. Auf einer gemeinsamen Reise, selbst wenn diese mehrere Tage dauern könnte, in ungewohntem Terrain also, wäre es sicher einfacher gewesen. Nizza hatte mehr Deckung vermittelt als sein Appartement. Im Urlaub waren sie freier gewesen, zu experimentieren.

Katharina stand auf. Ihre Kleidung lag auf der Kommode neben dem Bett. Das Möbelstück war aus hellem Holz gefertigt. Was er wohl in diesen Laden aufbewahrte? Socken, Kleidungsstücke, Briefe von anderen Frauen, die seiner Verführung verfallen waren. Sie hätte sie nie öffnen wollen, doch über die Bücher, die als Stapel obenauf lagen, ließ sie interessiert ihren Blick schweifen. Ein melancholischer Stefan Zweig, etwas Historisches, schließlich das Porträt eines sozialistischen Politikers als ein Jubiläumsprachtband, ein Buch zu Geheimgesellschaften und ein reflexives Sachbuch über die Sinnfrage des Lebens. Sie musste unvermutet lächeln.

Dann kleidete sie sich entschlossen an und begann danach die Kissen aufzuschütteln. Stefan streckte den Kopf aus dem Badezimmer, als sie gerade im Begriff war, die Bettdecke zurechtzuziehen. „Nein, lass das, bitte!“ Seine Stimme war scherzend und trug gleichzeitig einen Unterton, den man als kalte Note empfinden konnte. Katharina hielt einen Moment inne.

„Das ist zu viel gemeinsame Häuslichkeit“, schob er nun nach.

Gerade weil er es jetzt betont scherzhaft gesagt hatte, wurde es damit für Katharina noch deutlicher, dass sie soeben wieder an einer Grenze waren. Doch sie hatte den Kaffee ausgehalten, nun musste wohl auch er Durchhaltevermögen beweisen.

Einander nahekommen, Alltägliches teilen oder füreinander tun, vertraut werden, ohne Berechtigungen daraus abzuleiten oder sich dabei selbst zu verlieren – das galt es zu entwickeln.

Es nur beim Vögeln zu belassen und jedes andere Erleben zu verleugnen wäre ihr als grausam-feiges Umgehen mit ihrer eigenen Lebenszeit vorgekommen. Ein Segeln hart am Wind war das, wofür sie sich entschieden hatte.

„Ich habe jedes Mal, nachdem wir miteinander geschlafen haben, das Bett gemacht“, sagte sie jetzt betont nüchtern. Fast hatte ihre Stimme einen harten, auf jeden Fall Autorität beanspruchenden Tonfall.

„Du wirst das aushalten, dass ich jetzt das Bett mache, und es heißt nichts, ganz sicher nicht, dass ich mich in dein Leben in irgendeiner Rolle einschleusen will und du Gefahr läufst, Kontrolle zu verlieren. Es bedeutet absolut nichts anderes, als dass ich Ordnung mag und das hier einfach für dich tun möchte. Und es gefällt auch dir. Das Bett war ordentlich gemacht und akkurat ausgerichtet, als wir gekommen sind.“

Sie zog die Bettdecke sehr achtsam glatt, schlug die Zipfel, so wie es in guten Hotels üblich ist, bereit für die Nacht zurück und faltete sein T-Shirt mit feinsäuberlichen Kanten. Daraufhin legte sie es mit der Ernsthaftigkeit eines Priesters, der die Monstranz auf dem Altar platziert, auf sein Kopfpolster. Das Letzte war ihre Rache gewesen. Sie lachten beide.

War ihrer beider Lachen verlegen oder erleichtert? Hatten sie gerade festgestellt, dass sie beide die Zügel der Entwicklung ihrer Begegnung in der Hand behielten? Waren sie fähig, ihr Geschick selbst und eigenverantwortet zu entwickeln? Das bedeutete, den Blick offen auf den anderen zu heften und dessen Blick mit Klarheit zu ertragen.

Katharina spürte, dass sie gerade jetzt, wo sie ihn sehr nahe fühlte, rasch würde gehen wollen. Dies gerade deswegen, weil sie merkte, dass sie auch gerne für den Rest des Tages mit ihm geblieben wäre und einfach in der Situation und ihrer Entwicklung hätte versinken wollen.

Stefan war nach dieser Szene in seinem begehbaren Schrank verschwunden und kehrte nun mit einer grauen Skiunterwäsche bekleidet, die schicke gelbe Ziernähte aufwies, zurück. Er wollte mit dem Motorrad eine Tour machen. Sie küssten einander zum Abschied. Wie immer vereinbarten sie nichts miteinander. Sie ging über den Flur und drückte auf den Liftknopf. Der Abschiedsschmerz, ihn zu verlassen, und Erleichterung mischten sich in ihr zu einem Gefühl, das sie wie ihr dunkelbrauner Pelz umgab.

Bevor sie in den Lift trat, blickte sie sich noch um. Stefan stand bei der Tür und schickte ihr einen Kuss. Das rührte sie. Als sich die silbrige Aufzugstür schloss, hörte sie noch, wie er das Schloss mehrfach versperrte. Wie ängstlich er ist, dachte sie bei sich.

Als sie aus dem Türportal auf die Straße trat und nach dem Taxi Ausschau hielt, fuhr ihr eine scharfe Windböe entgegen. Der Himmel war schwarzgrau. Es sah nach Regen, vielleicht sogar neuerlichem Schneeregen aus. Es war wirklich eiskalt. Sicher rund um null Grad. Im Gully lagen zusammengetriebene Schneereste als eine an den Bordstein angeschmiegte weiße Sichel. Sie dachte kurz an Stefan. Ob er wohl seinen nächsten Bubenstreich, am Neujahrstag mit seinem Motorrad eine Runde zu drehen, bei diesem Sauwetter wirklich realisieren würde? Wahrscheinlich schon, dachte sie und lächelte innerlich. Er würde schrecklich frieren, aber angesichts der Heldenstory, die er dann zu erzählen hätte, durchhalten.

„Kindskopf", murmelte sie. „Musst dauernd beweisen, dass du es bringst. Dabei könntest du dir die ganze Unruhe und den Druck sparen, wenn du dich wirklich zu dir als ernsthaftem Mann bekennen könntest. So viel Angst, dass die eigene Größe nicht ausreicht."

Aber sie hatte Verständnis für ihn. Sie kannte dieses Verhalten von sich selbst zur Genüge.

Das Taxi kam endlich. Die wenigen Momente, die sie auf der Straße gestanden hatte, hatten gereicht, um die schneidende Kälte bis in die Knochen spürbar zu machen. Er würde exzessiv frieren müssen, für die große Story.

Die Geborgenheit ihrer vertrauten Innenstadtwohnung vermittelte ihr wenig später ein heimatliches Ankommen und Einsamkeit zugleich. Der Hund, ein semmelblonder ungarischer Jagdhund, kam ihr im langen Korridor so enthusiastisch entgegengelaufen, als wäre sie endlich von einer Weltumsegelung heimgekehrt. Er war noch sehr jung. Seine naive Freude war schwer abzuwehren. Ihre jüngste Tochter informierte Katharina, sie hätte bemerkt, dass er seit einigen Tagen bereits einen „booner 24/7" hätte und ständig größere Plüschtiere oder ihr Bein „humpen" würde. Er war nun fast ein Jahr und damit deutlich geschlechtsreif. Unwillkürlich musste Katharina an Stefan und seine evolutionsbiologisch gestützte Theorie zu seiner Misere denken. Sie machte sich einen Tee, heizte den Kamin ein und setzte sich davor. Der Kamin war als ein surreales minimalistisches Designerstück anzusprechen und glich in seiner Form einer überdimensionalen schwarzmatten Bierdose. Die im Brennraum hinter der großen Glasfront aufgestellten sauberen Buchenholzscheite standen im Nu, wie in einem Lagerfeuer aus einem John-Wayne-Western, in Flammen, ein loderndes Feuerzelt, das seine Zungen in scharfen Wirbeln nach oben zum Abzug richtete.

Der Jagdhund kam neugierig und wie immer auf der Suche nach Nähe angetrottet. Das laute Röhren des gierigen Brandes hatte ihn angezogen. Sein Instinkt gebot ihm gehörigen Respektabstand vor dem Feuer. Jederzeit zu Untertänigkeit und Selbstoffenbarung seines ewigen Wunsches nach Geborgenheit bereit, legte er seinen wohlproportionierten Kopf auf Katharinas Knie. Unwillkürlich, als wäre dies die einzig angemessene Reaktion in diesem Dialog mit dem Tier, streichelte sie ihn. Sofort schloss er die Augen. Katharina spürte das Schmelzen, das seinen Körper in einer sich ihrer Liebkosung ergebenden Weichheit durchlief. Er war ein schönes Tier, Kopfform, Brustkorb, Läufe und die Rute in jener der Zuchtrichtlinie unterworfenen edelsten Form ausgebildet. Unter seinem kurzhaarigen, in der Abendsonne immer rötlich schimmernden Fell zeichnete sich ein kraftvolles Muskelkorsett ab. Draußen im freien Land bei Spaziergängen war er ganz atemloser Jäger, erfüllt von seiner Mission, hier jetzt dagegen bereit, sich in fast obszöner Bereitschaft ihrer Liebkosung auszuliefern und ganz dem Genuss gewidmet, als gäbe es kein Wild in seinem Kosmos.

Einen Moment lang fiel Katharina bewusst auf, dass seine Hoden jetzt wirklich mit deutlicher Prominenz ihren Platz einzunehmen begannen und auch sein Penis bereits eindeutig der eines erwachsenen Rüden geworden war. Das erklärte wohl auch sein nun häufiges Bellen, seine Herausforderung anderer Hunde und seine zunehmend konzentrierte, ausdauernde Jagdlust. Der Hund seufzte gerade zufrieden und leckte anschließend ihre Hand. War das als seine Antwort auf ihre Liebkosung zu deuten? Wollte auch er ihr Nähe geben, aktiv ihre Beziehung leben?

Schließlich legte er sich zu ihren Füßen und rollte sich ein. Katharina trank den Tee in kleinen, wohligen Schlucken. Kekulé hatte die zündende Idee zur chemischen Konfiguration des Benzolrings, als er das prasselnde Feuer in seinem Kamin beobachtete. Und ich möchte mit meiner Grübelei das Wesen der Liebe verstehen, dieses schrecklich unordentlichen Gefühls, das als Bindungskraft alles bis zum Atom begründet, dachte sie. Die Bedeutung der Liebe erschien ihr genauso magisch wie physikalisch, denn die Bindungskräfte hielten alles im Universum zusammen. Sogar der weite Beziehungsraum zwischen Atomkern und Elektron wurde durch sie exakt definiert.

Und ist das Verhalten der Elementarteilchen, die durch die festhaltende Beobachtung ihre fließende Wellennatur verlassen und zu harter Materie kollabieren, wenn man diese Offenbarung des Doppelspaltmodells auf sich wirken lässt, nicht ebenso ein sinnfälliges Synonym für die Liebe, jene gestaltende Kraft selbst, fragte Katharina sich. Wenn man sie festzuhalten und in mess- und kalkulierbare Form zu bringen trachtete, verschwand die fließende Kraft ihrer Welle und es blieb verwaltbare, materielle Funktionalität.

Stefans Modell seiner Lebensmisere fiel ihr wieder ein. Natürlich kompletter Unsinn. Er war so intelligent und zimmerte dennoch ein derart durchschaubares, fragiles Modell, das er wie einen Reispapierwandschirm zwischen sich und die Welt zu schieben versuchte.

Was versprach er sich davon? Schon seine Daten waren grob danebengegriffen, die Interpretationen noch viel mehr.

Den Jäger und Sammler, seinen Homo erectus gab es gerade einmal etwas mehr als zweieinhalb Millionen Jahre, keine zig Millionen, wie er hartnäckig postuliert hatte, um damit seiner angeblichen Jägernatur mehr Gewicht geben zu können.

Und wie sah es mit seiner Theorie des Jägers und seiner Bestimmung als unermüdlichem Verteiler seines Samens aus? Auch ohne das wirklich harte Licht wissenschaftlicher Daten, ja bereits im flackernden, gutmütig warmen Schein des Kamins erwies sich diese These weitaus mehr als eine durchsichtige Schmeichelei einer patriarchalen Größenidee denn als eine alltagstaugliche Annahme.

Als einziger angenehmer Begleiteffekt konnte hier verbucht werden, dass Promiskuität durch die Zuordnung einer Naturbegründung moralische Entlastung erfuhr. Dass er dies nötig hatte, offenbarte jedoch gleichzeitig Stefans fundamentale, wenngleich unbewusste Unterordnung unter bestehende gesellschaftliche Moralvorgaben.

Wir sehen uns gerne als Jäger, überlegte Katharina grundsätzlich. Auch Wissenschaftler und mit ihnen Taxonomen waren nur Menschen. Denn die Gattung Homo oder dann den einzigen aus der Homo-Linie übrig gebliebenen Homo sapiens als Jäger zu sehen, musste schlichtweg als Übertreibung, wenn nicht sogar als kolossale Fehldarstellung angesprochen werden. Ein Gejagter, in der Ursprungsposition irgendwo in der knappen Mitte der Futterkette angesiedelt, hätte das überwiegende Schicksal der Vertreter der Linie Homo für die nahezu gesamte Periode seit ihrer Existenz weitaus treffender, wenngleich weniger schmeichelhaft beschrieben.

Aber was wäre auch von einem Geschöpf, das zwar von nahezu allem ein bisschen, doch im Grunde nichts wirklich gut konnte, anderes zu erwarten gewesen? Ein bisschen Schwimmen, ein wenig Laufen oder Klettern, kaum Tauchen, gar nicht Fliegen und in der Grundausstattung ohne scharfe Krallen, Panzerung, Tarnkleid oder große Überlebensausdauer gegenüber Umweltbedingungen. Schlichtweg so ziemlich jeder, der mehr als vierzig Kilo wendiges Lebensgewicht mitbrachte und etwas Entschlossenheit, war unserer Art überlegen gewesen, zumindest bis vor Kurzem. Ein Universaldilettant war der Mensch, nicht mehr. Ein Jäger von übrig gebliebenen Resten tatsächlicher Jäger, von Insekten oder Aas waren diese ins Feld geführten Ahnen, niemand anderer.

Und mit dem Samenverstreuen als großem eingeschriebenem evolutionärem Auftrag war es auch nicht weit her. Nach der Toba-Katastrophe vor etwa fünfundsiebzigtausend Jahren waren gerade ein paar Tausend von unserer Gattung übrig geblieben. Überleben in kleinen Verbänden mit engem sozialem Zusammenhalt war hier angesagt gewesen, und eine Sexualität, die sinnvollerweise die genetische Durchmischung aller geschlechtsreifen Individuen einschloss. Bedenkt man, dass diese Nomaden und ihre Durchforstung des überblickbaren Terrains nicht vom Tourismus, sondern von der blanken Nahrungssuche bestimmt waren, so war die Wahrscheinlichkeit, je auf eine Geschlechtspartnerin einer anderen Sippe zu stoßen, als nahezu aussichtslos einzustufen. Viel wahrscheinlicher war es dagegen, dass sich in diesen ersten sozialen Verbänden die Liebe als ein über Mutter und Kind hinausreichendes biopsychosoziales Konzept zwischen Verwandten und den Eltern als besonderer Aufzuchteinheit entwickelt hatte. Hier war sie wieder, die Liebe, in ihrer Wurzel als radikale Sozialität unserem tiefsten Sein eingeschrieben.

Der rastlos und beständig seinen Samen verteilende, emotional abgegrenzte Mann, dieser getriebene Feldherr seiner Hoden und unschuldige Knecht eines biologischen Feldzuges war eindeutig mehr eine der patriarchalen Weltordnung gut zupasskommende Mythologie. Einer ernsthaften Argumentation hielt dieses Modell nicht stand. Da konnte der pathetische Ton in Stefans Stimme auch nichts daran ändern.

Katharina musste unvermutet bei der Erinnerung an den nackten, mit seinem baumelnden Penis vor ihr stehenden Stefan und seine Verkündung seiner evolutionären Bestimmung lächeln. Jeden anderen hätte sie für diese Behauptung gnadenlos zerrissen, in seinem Fall fühlte sie sich berührt, wollte ihn lieber sanft in den Arm nehmen und leise erklären, dass er sich nicht so anzustrengen brauche und ihm gleichzeitig jede Freiheit gegeben sei, die er benötige und selbst ertragen könne.

Doch neben diesem warmen Lächeln spürte sie auch die eiskalte Botschaft von Resignation, die in seiner vorgetragenen These lag. Wollte er ihr mit diesem löchrigen Narrativ vermitteln, dass er bereits aufgegeben hatte, dass alles zwischen ihnen im besten Fall Splitter eines ungreifbaren Traums, wenn nicht belangloser Zeitvertreib wäre? Waren seine eigenen Dämonen so beängstigend, dass er es lieber in Kauf nahm, sich dem Alter als Zwingmeister unterzuordnen?

Dann würde sich unvermeidlich nach jeder entwickelten Vertrautheit wieder eine Wand zwischen sie schieben, denn dann hatte er beschlossen, sich vor dem Leben selbst zu vermummen.

Das Feuer im Kamin war heruntergebrannt. Ein dickes rotes Glutnest bedeckte den Boden. Der Hund lag im deutlich spürbaren Wärmekegel vor dem Kamin wohlig ausgestreckt auf dem Boden. Er schien nun tief zu schlafen und ließ sich nicht stören, als Katharina zwei neue Scheite nachlegte.

VII

Der Winter verging schnell im Rhythmus der intensiven Begegnungen von Katharina und Stefan. Für ihre Beziehung hatten sie einen Takt gefunden, der zu gebieten schien, Momente aufbrechender Intensität und die Zahl ihrer Begegnung mit Perioden völliger Abstinenz in Balance zu halten. Es glich einer geheimen Übereinkunft zwischen ihnen, so als suchten sie einander zu schützen. Dass dies Katharina sehr gelegen kam, ließ sie nachdenklich werden. Ihre Suche nach der selbst gestaltenden Liebe konnte sie vielleicht nur deswegen so kompromisslos verfolgen, weil sie mit Stefan ohnehin auf sicherer Distanz blieb. Sich auf ein Abenteuer einzulassen, das gar nicht stattfinden konnte, war gefahrlos. Danach durfte man sich risikolos sehnen.

Wollen wir einander voreinander schützen, weil wir unsere eigenen tiefsten Seelenabgründe des vernichtenden Verführers kennen, weil wir im Grunde unseres Herzens bereits beide Verlorene sind? Wissen wir um die eigene zerschmetternde Kraft, wenn das Gegenüber sich in uns verliebt, und ist es der Ausdruck eines letzten Restes von Liebesvermögen, dass wir einander davor bewahren möchten? Oder wollen wir verhindern, uns selbst zu verlieben, fürchten wir den anderen und seine mögliche Grausamkeit und vielleicht auch all jene Mechanismen, die uns als reflektorische aufgeprägt sein könnten, sobald wir uns als Verliebte erleben?

Misstrauten sie also ihrer eigenen Bewusstheit und der Freiheit ihres Fühlens, das sich als Kettenhund gesellschaftlicher Erwartungen und Rollenvorgaben entpuppen könnte, wenn der Köder der Beziehung vor ihnen liegen würde? Diese Fragen beschäftigten Katharina immer wieder.

Irgendwann in den ersten Frühlingswochen kam ihre älteste Tochter für ein paar Tage zu Besuch. Sie lebte im englischsprachigen Ausland, was für sich genommen Menschen schon viel direkter und schärfer in ihrer Ansprache wirken ließ, wie Katharina fand. Mit ihren weniger als dreißig Jahren war sie bereits äußerst erfolgreich. Manchmal fühlte sich Katharina von ihrer Art, Dinge rasch und ohne nachdenkliches Zögern auf den Punkt zu bringen, etwas eingeschüchtert und empfand sich sogar als etwas klein neben ihr. Wenn sie an sich selbst am Ende ihrer eigenen Zwanzigerjahre dachte und sich mit der Tochter verglich, fühlte sie sich sogar sehr eingeschüchtert und sehr klein neben ihr.

Sie hatte ihr Büro in London, doch ihre Geschäftspartner waren über den ganzen Globus verteilt. Oft dachte sich Katharina, dass sich ihr Leben derzeit wohl in den Zwischenräumen von Geschäftsessen, in den Wartehallen und Lounges von Flughäfen und in ewig gleich funktional strukturierten Hotelzimmern abspielen musste.

Heute war Mobilität selbstverständlich. Das moderne Nomadentum betraf einen immer größer werdenden Teil der Weltbevölkerung, der sich in zwei Gruppen spaltete: Die Reisenden der gelungenen Selbstverwirklichung, der Wettbewerbsfähigen, die sich auf der Jagd nach ihrem Claim mit seinen Gold-Nuggets befanden, und im Gegensatz dazu die Reisenden der Völkerwanderung der Fliehenden, der Existenzbedrohten auf der Suche nach Überleben.

Welche Rolle, überlegte Katharina kurz, ist dabei uns, der älter werdenden Generation, in diesem globalen Wanderzirkus zuzuordnen? – Wir sind die Zurückgebliebenen, und wenn Familienbande nicht nachhaltig stark waren, die Verzichtbaren, die je nach eigener Stellung in der Gesellschaft und verfügbarer Mittel auf Gedeih und Verderb einem immer kälter und brüchiger werdenden sozialen Netzwerk ausgeliefert sind, gab sie sich selbst die Antwort.

Aber ihre Tochter erzählte bereits von einer ihrer letzten Geschäftsreisen nach Kolumbien. Ihr Kontakter in Bogotá hatte ihr von einer Sozialstudie, die er in einem kleinen Dorf filmisch dokumentierte, berichtet. Er hatte die schreckliche Armut erwähnt und davon gesprochen, dass die Menschen ihr früher mit gemeinsamem Musizieren, Kochen und Essen sowie einer das gemeinsame Leben situativ feiernden Grundhaltung begegnet und so ganz gut über die Runden gekommen wären. Seit ein paar Jahren gab es jetzt Flachbild-TV-Schirme in jeder Hütte, obwohl viele Bewohner noch immer auf dem nackten Boden schliefen, Internet und Handy und damit Unterhaltung, die Öffnung in die Welt und vernetzte Möglichkeiten der Selbstgestaltung. Damit konnte man nun über die Misere des Dorfes mit eigenem Unternehmertum hinauswachsen. Seltsamerweise war aber in erster Linie der Neid gewachsen, was zum deutlichen Anstieg der Rate von Gewalt, Depression und Suizid geführt hatte.

Manchmal bewirkt Fortschritt auch Rückschritt, dachte sich Katharina und fragte sich, ob es nicht vielleicht gerade der ganzen Welt so erginge wie dem kleinen Dorf nahe Bogotá.

Ihre Tochter musterte sie heute, während sie miteinander in irgendeinem der Cafés der Innenstadt saßen, sehr eindringlich, wie ihr vorkam. Sie hatte den Eindruck, dass dieser Inspektion wohl eine Absprache der Geschwister vorausgegangen sein musste. „So geht das nicht weiter, Mutter", begann sie dann tatsächlich, und in ihrem Ton verbanden sich Entschlossenheit und Sorge zu einer Mischung, die Katharina verdächtig nach einer Mission klang. Auch dieses „Mutter" stand als Anrede nur im Gebrauch, wenn gleichsam über die offizielle Rollenbezeichnung Bedeutung und Dringlichkeit des Anliegens unterstrichen werden sollte.

Katharina hobelte vorsichtig mit dem Kaffeelöffel schichtweise die von ihr mit feinem Kristallzucker leicht bestreute Milchschaumhaube ihres Cappuccinos ab. Sie mochte diese Mischung der sich im Mund so flauschig und zart anfühlenden aufgeschlagenen Milch im Kontrast zur reinen Süße des Zuckers.

Die Sorge ihrer Tochter berührte sie, die Entschlossenheit löste Alarm aus und ließ unangenehme Einmischung vorausahnen. Doch die Zeit, sich disziplinär aufzuwerfen und alte Dominanz in Stellung bringen zu wollen, war längst vorbei. Diskussion und Stellungnahme waren angesagt und der feste Blick auf den Kompass, dass alles, was nun gleich kommen würde, vielleicht dem unterschiedlichen Blickwinkel von Generationen geschuldet war, aber feste Verankerung in der Landkarte ihrer gemeinsamen Liebe füreinander fand.

„Was meinst du?", sagte sie also und übergab damit gleichsam, verstärkt durch einen ermunternden Blick, ihrer Tochter die Stafette für deren Ausführungen.

„Du brauchst wieder einen Mann, Mama. Das ist jetzt wirklich schon viel zu lang, dass du allein bist!" Ihre Tochter spielte damit auf das Ende ihrer Beziehung mit ihrem letzten Liebhaber an, und im kurzen Überschlag rechnete Katharina nach, dass nach dem jetzt kommenden Sommer bereits das zweite Jahr verstrichen wäre. Das mutete wohl für diese Generation als eine utopische Zeitstrecke an.

„Hm", versetzte sie nur unspezifisch und schwieg.

„Und sag mir jetzt nicht, dass du diesen Anwalt, wie hieß er gleich – Stefan, glaube ich –, noch immer triffst."

Ihre Tochter verdrehte auffällig genervt die Augen. „Das ist sowieso nichts Richtiges", meinte sie nur, während sie mit ihren Händen eine hilflose Geste andeutete. Die sich zuvor in ihrer Mimik abgebildete ungeduldige Genervtheit war nun auch in ihrer Stimme deutlich zu vernehmen. „Das ist doch ein Loser", führte sie gereizt aus, „im besten Fall ein Feigling und im schlechtesten ein beschissener Player. Mutter, es ist Zeit, dass du die Sachlage klar einschätzt."

Katharina zuckte innerlich zusammen unter der unbarmherzigen Evaluation dieses mechanistischen und dabei so einleuchtenden Weltbildes.

Sie hatte ihrer Tochter bei einer ihrer besorgten Nachfragen nur vermittelt, dass sie Stefan sehr schätzen und die Begegnung mit ihm als äußerst inspirierend und auf mannigfache Art herausfordernd erleben würde, ohne für nähere Auskunft Bereitschaft zu zeigen. Aus dem bisherigen Muster ihrer Begegnung und dem Fehlen von Stefan in Katharinas Alltagslandschaft hatte ihre Tochter wohl die entsprechenden Schlüsse gezogen.

Aus ihrem Blickwinkel musste die Beziehung zu Stefan wie „Casual Sex" anmuten oder vielleicht noch schlimmer unter „Fuck Body" abzulegen sein. Im besten Fall würde sie ihn als eine gehalt- und damit folgenlose Affäre sehen können.

Kurz fühlte sie sich neben ihrer Tochter selbst sehr jung und sehr naiv an oder auch wieder bereits sehr alt und mit der neuen Realität gesellschaftlicher Beziehungskultur gänzlich unverbunden. Wie konnte sie das feine Ballett zwischen ihr und Stefan, die Momente von Tiefe in ihrer Begegnung so verdeutlichen, dass ihre Tochter es verstehen könnte? Und wie wäre es möglich, dabei gleichzeitig der Intimität und Privatheit des Prozesses mit Stefan Rechnung zu tragen? Wahrscheinlich würde sie am Ende nur als sehr weltfremd vor ihrer Tochter dastehen.

War der Dialog zwischen den Generationen in dieser Zeit fulminanter gesellschaftlicher Umwälzung noch viel schwieriger als für Vorgenerationen? Neue Medien hatten innerhalb einer halben Generation ein gänzlich neues Kommunikationsverhalten erzeugt. Technologie schuf eine neue Alltagsgestaltung und damit eine neue Normalität, sogar ein verändertes Empfinden von Angemessenheit. Das geschah pragmatisch, einfach aus den neuen Möglichkeiten heraus. Die Reflexion von Auswirkungen auf den Umgang miteinander, ja auf das ganze Menschenbild blieb dabei vielfach auf der Strecke.

Wieso war es eigentlich heute bereits zum Standard geworden, dass Handys wie aufdringliche Begleiter jeder Konversation beiwohnten? Es erinnerte Katharina unangenehm an die Zeit, als ihre Kinder noch sehr klein gewesen waren und unaufhörlich versucht hatten, in jedes erwachsene Gespräch einzubrechen. Ihren Kindern hatte sie Umgangsformen beigebracht und Respekt für ein ungestörtes Gespräch zwischen anderen.

Dies fiel ihr gerade wieder einmal auf, denn ihre Tochter hatte nun ihrerseits einen Schluck von ihrem Cappuccino genommen und dabei einen dieser unverzichtbaren Sicherungsblicke auf die Displays ihrer beiden Handys geworfen. Die lagen wie riesige böse Käfer in ihrem unmittelbaren Gesichtsfeld auf dem Tisch.

Katharina fühlte sich dadurch irritiert, die Intimität und Offenheit des Gesprächs von diesen ewig quengelnden Geschöpfen infrage gestellt. Einem der Handys war es gelungen, die Aufmerksamkeit ihrer Tochter vollkommen auf sich zu polarisieren. Diese murmelte eine kurze Entschuldigung rund um eine wichtige Business-Information und begann in frenetischem Tempo zu tippen.

Wenigstens blieb Katharina jetzt Zeit, sich zu sammeln. Würde Stefan sie als eine bedeutungslose Affäre bezeichnen oder als „Casual Sex" oder gar zum „Fuck Body" degradieren wollen? Diese Annahme versetzte ihr einen deutlichen Stich, doch dann spürte sie deutlich, dass sie es nicht glaubte. Und als Nächstes, dass es ihr egal wäre, sollte sie sich irren. Was auch immer er letztendlich aus ihrer Begegnung ableiten mochte, war seine Wahl und Verantwortung. Für sie fühlte sich alles, was sie gemeinsam erlebten, authentisch an. Der Rest war sein Problem. Sie merkte, wie sie wieder Terrain in ihrer emotionalen Landschaft gewann und festen Boden fühlte. Wenn er nicht imstande wäre, Entwicklung aus ihrem gemeinsamen Prozess zu ziehen, wäre dies allein seine Sache. Und natürlich würde sie es in diesem Fall irgendwann beenden.

Doch das Thema Stefan war für ihre Tochter bereits erledigt. Sie war sich in ihrem Urteil so sicher, dass sie sofort, nachdem sie ihr Handy befriedet hatte, zum nächsten Punkt kam, der Stefan schon als verzichtbar und zukunftslos aussortiert hatte.

„Also Mama", setzte sie an, und Katharina fiel der auffordernd-erwartungsvolle Blick auf, der sich jetzt im Gesicht ihrer Tochter abzeichnete. Er erinnerte sie an den ihres Jagdhundes, wenn der ein neues Gebiet mit jugendlicher Jagdlust durchstreifte und dabei allerlei gänzlich unbrauchbare Schätze heranschleifte.

„Es gibt da diese fantastische App", meinte ihre Tochter nun. Sie machte eine Pause wie ein Zauberer, der sich der Spannung im Publikum gewiss sein möchte, bevor er ganz langsam das weiße, wild zappelnde Kaninchen aus dem schwarzen Zylinderhut holt.

„App“ musste das neue Synonym für „Sesam öffne dich“ sein, fiel Katharina wieder einmal auf, denn jetzt ging das siegessichere Strahlen einer den gesamten Kulturkosmos erleuchtenden Sonne über das Gesicht ihrer Tochter. Bevor Katharina noch zu Nachfrage oder Gegenrede hätte ansetzen können, hielt ihre Tochter bereits einen ihrer bereitwilligen Handykäfer in der Hand. Auf dem Schirm erschien das grafische Zeichen eines Dienstes, der den Namen eines Insekts trug und sich als eine „Dating-Plattform“ herausstellte.

„Wirklich gut gelungen, eine super App“, lobte ihre Tochter und führte ihr Urteil sogleich aus. „Schon der Name ist genial. Alles, was so um einen herumbuzzed, wird erfasst. Die Analogie ist treffend und vermittelt dabei Leichtigkeit.“ Katharina fühlte sich bereits solide unbehaglich.

„Schau, ich zeige es dir“, setzte ihre Tochter fort. „Das Wichtigste …“ Sie hielt kurz in ihrem Fluss inne, wie dies gut geschulte Marketingexperten tun, wenn sie sich der Aufmerksamkeit ihrer Kunden versichern wollen. „… kein Typ kann dich kontaktieren! Es liegt allein an dir und deiner Entscheidung.“

In der Zwischenzeit hatte sie ihr eigenes Profil aufgerufen und eine schier unerschöpfliche Galerie von Männerbildern raste unter ihrem dirigierenden Daumenschlag, der mal rechts, mal links zuordnete, unter ihren Blicken vorüber.

Die App macht einen zu Cäsar im Circus Maximus, dachte sich Katharina, während sie dem Vorgang aufmerksam folgte.

„Du reagierst nur auf die, die dir gefallen, Mama, alles total anonym“, versuchte ihre Tochter die Vorteile weiter zu erklären und wechselte zurück in die Grundeinstellung. Dort fanden sich Balkendiagramme, mit denen man die gewünschte Altersgruppe und den Maximalradius der Entfernung des Kandidaten eingeben konnte.

„Ich mach es jetzt mal für dich, Mama, so als wärst du ich. Einfach so, damit du siehst, wie es funktioniert“, schlug sie vor. „Sagen wir so fünfundvierzig bis fünfundsechzig Jahre“, kommentierte sie, während sie den grünen Balken entsprechend platzierte. Katharina kannte solche Einstellungen von der Buchung von Flugreisen. So hoch wie die Einstellung jetzt stand, befand man sich in einem ultimativen Segment der App. Jenseits von fünfundsechzig Jahren existierte eindeutig kein Leben mehr. „Und sagen wir mal, jeder Typ im Umkreis von fünfzig Kilometern. In dem Alter will man vielleicht nicht mehr so viel unterwegs sein." Rasch adjustierte sie die zweite Einstellung.

Die minimalistische Einschränkung und die mit dieser maximalen Reduktion gleichzeitig verbundene Trivialisierung von Menschen erfüllte Katharina nicht nur mit Unbehagen, sondern erschreckte sie, wie sie feststellte. Sie könnte tatsächlich als ein nach Alter und Wohnort gegliederter, ausmusterbarer Datensatz für irgendeinen auf seiner Couch dahinsabbernden, onanierenden Typen enden, dessen fetter Daumen sie nach rechts oder links wie die Linsen in Aschenputtels Töpfchen befördern würde.

Nach ein paar weiteren Klicks begann sich eine neue Galerie von Männern, nun deutlich ältere, als in der ersten Runde abzuspulen. Das war jetzt wirklich peinlich, fand Katharina und für ihr Empfinden viel zu nahe.

Ein großformatiger Friedrich, vierundfünfzig, mit seinem Labrador, der klarmachte, dass er nie rauchte und CEO eines nicht näher benannten Unternehmens sei, ein Bruno, zweiundsechzig, der angab, Witwer zu sein, ziemlich drahtig, ein Meter fünfundsiebzig groß und weißhaarig, tauchten auf. Auch Bruno fand sich in der Kategorie „nie Raucher", „viel Sport" und „reise gern". Es gab auffallend viele CEOs und sportbegeisterte Nichtraucher, die elastisch vorhatten, mit großer Offenheit viel zu reisen. Katharina fragte sich, ob es den ganzen übergewichtigen Couch Potatoes, die das Leben eines mittleren Angestellten fristeten und maximal bereit waren, sich rauchend bis in ihren Vorgarten zu bewegen, so viel leichter fiel, Partnerinnen zu finden, da sie es augenscheinlich nicht notwendig hatten, auf dieser Plattform der strahlenden Helden des zweiten oder dritten Anlaufs aufzutauchen.

Der Strom der Angebotenen versiegte deutlich rascher als im ersten Durchgang. Katharina fand den gesamten Vorgang erbärmlich und als ihr die Tochter erklärte, dass dies nun natürlich jene Männer zwischen fünfundvierzig und fünfundsechzig gewesen waren, die *ihr* Profil attraktiv gefunden hatten, empfand sie nur mehr Abscheu. Doch ihre Tochter lachte. „Ein Wisch und sie sind alle weg. Da gibt es keine Gefahr." Sie lachte erneut, nun über all diese Männer, die sich mit dem zum Teil dreißig bis fünfunddreißig Jahren Altersunterschied zu ihrem Profil der Lächerlichkeit preisgegeben hatten. Ihr Finger war der Zauberstab, der den ganzen Spuk zum Verschwinden brachte.

„Nun, was meinst du, Mutter?", beendete sie die ganze Vorführung. „Vollkommen easy zu navigieren. Und es ist doch nur ein Versuch. Wenigstens gehst du dann wieder raus und vergräbst dich nicht nur in deiner Arbeit", setzte sie mit bettelndem Ton hinzu. Jetzt erinnerte sie Katharina tatsächlich an ihren treuherzigen Jagdhund, nachdem dieser begeistert Beute apportiert hatte und auf Belobigung wartete. Sie hatte auch wieder dieses „Mutter" zur Unterstreichung verwendet. Katharina fühlte sich überrumpelt. In erster Linie beschlich sie ein solides Gefühl von Erbärmlichkeit beim Gedanken, sich sogar in Liebesdingen elektronisch verwalten zu lassen. Aber wahrscheinlich empfand man das heute allgemein als praktisch und zeitsparend, und wenn man marktwirtschaftliche Kriterien anlegte, als Chance, das beste Produkt zu ergattern.

„Ich liebe meine Arbeit, Kind", begann Katharina. Gleichzeitig fiel ihr auf, dass sie nun schlichtweg nicht zu einer langen Erklärung würde ansetzen wollen. Sie suchte nach einem kurzen Kommuniqué, das über jeder Gegenrede stand.

„Dein Vater und ich sind um den halben Erdball geflogen, um eine Nacht miteinander verbringen zu können. Wir sind einander nicht begegnet, weil auf einer App ein Radius mit fünfzig, achtzig oder hundert Kilometern uns einander als komfortabel erreichbar vorgeschlagen hat."

„Und warum hast du dich dann von Papa scheiden lassen?", fragte ihre Tochter genauso trotzig wie prompt.

Katharina zögerte. „Wir hatten uns verloren", antwortete sie langsam. „Dein Vater hat begonnen, mich zu verwalten, und ich bin meiner eigenen Schwäche erlegen und war nicht stark genug in meinem Lieben. Das ist alles. Die Banalität des Scheiterns am Mangel der eigenen Liebesfähigkeit."

„Und nun bist du dir sicher", setzte ihre Tochter nach. Katharina wusste nicht genau, worauf sich die Frage nach „Sicherheit" bezöge.

„Meine Begegnung mit Stefan mag dir gehaltlos oder vielleicht sogar noch schlimmer erscheinen, aber es ist unsere selbst verantwortete Wahl, was auch immer jeder von uns damit verbindet und was auch immer sich daraus ergibt."

Damit war sie beim Ende.

Ihre Tochter spürte dies deutlich. Sie beugte sich über den Tisch und ergriff beide Hände ihrer Mutter. Mit plötzlich ganz kleinlauter Kinderstimme meinte sie: „Mama, ich will nur, dass du wieder glücklich bist und dich geliebt fühlst."

Katharina hob ihren Blick und Mutter und Tochter sahen einander auf einmal mit großer Innigkeit in die Augen. Die plötzlich so spürbare Wärme und Anteilnahme ihrer erwachsenen Tochter an ihrem Leben rührten Katharina und sie spürte, wie ein Brennen hinter den Augen aufstieg.

„Vielleicht ist das *Geliebt-Werden* nur ein Nebeneffekt der *Gestaltung des Liebens*, mein Kind", sagte sie lächelnd, auch wenn ihre Stimme bebte. Und dabei beließen sie es.

Wenige Tage später hatten sich Stefan und Katharina wieder bei ihm für den späteren Abend verabredet. Sie waren beide beruflich lange beschäftigt. Er kündigte an, zu kochen. Das machte sie vollkommen perplex.

Die raumfüllende Intensität, mit der sein Junggesellenleben wie die Jagdgesellschaft eines Löwenrudels in seiner Wohnung lagerte, ließ in ihrer Vorstellung für einen mit Töpfen hantierenden Stefan keinen Platz. Ihrer Funktion nach hatte die Küche bislang eher wie ein Depot seiner Rauchwaren und edler Spirituosen gewirkt. Das spiegelnd saubere Ceranherdfeld schien unbenützt, vielleicht gerade eingebaut und in seiner Verwendung eindeutig als Postablage zu identifizieren.

Als Katharina kam, hatte er bereits eine Rotweinflasche für später zum Essen entkorkt. Er zog Katharina an sich und in die Küche. Der Geschmack seines Kusses riss sie aus ihrem bisherigen Alltag. Sein ihr nun so vertrauter Geruch, die Wärme seines Körpers und die Empfindung seiner sie umschließenden Arme ließen sie miteinander verschmelzen und fügten sich für einen Moment zu einem sie beide umschließenden, gemeinsamen Kristall.

Sie fühlte seine aufkeimende Erektion auf ihrem Schamhügel und Unterbauch. Für einen Augenblick hatte sie wilde Lust, vor ihm auf die Knie zu gehen und seinen Penis in den Mund zu nehmen. Sie vermeinte die sinnliche Empfindung des Spiels ihrer Zunge an seinem Penis zu fühlen.

Doch dann drückte er ihr ein Champagnerglas in die Hand und bat sie, auf dem Barhocker Platz zu nehmen, während er zu kochen begann. Sie beobachtete sein Tun amüsiert. Während er geschäftig Zwiebeln anröstete und die anderen Zutaten beigab, unterhielten sie sich im Ton einer kulinarischen und erotischen Antizipation.

„Ich bin heute mit der U-Bahn gefahren", berichtete sie plötzlich. Obwohl er mit den zu schnell anbrutzelnden Zwiebeln beschäftigt war, schien er ihren scheinbar unangemessen nachdenklichen Ton wie ein Seismograf aufzufangen.

„Das ist allerdings eine heroische Feldforschung", versetzte er. „Ich habe das schon seit Jahren konsequent vermieden."

„Damit hast du recht", meinte sie nachdenklich. „In der U-Bahn spürst du die Endzeit. Es ist der Geruch von Angst und Ziellosigkeit, der im Waggon hängt und an allem klebt, ein spürbarer Hauch von Vernachlässigung und Verwahrlosung. Die Menschen sind schlaff in ihrem Tonus. Da ist keine Wachheit. Sie stieren auf ihre Handyscreens oder ins Leere. Viele riechen ungewaschen, die Kleidung ist ungepflegt.

Es sind die kleinen Zeichen des Aufgebens, die das vermitteln. Die Flecken auf den Hosen, Fusseln und abgerissene Knöpfe an den Jacken, hängende Socken, ungebundene Schuhbänder und Lagen von unterschiedlichen Dreckschichten auf den Schuhen. All das bildet dieses innere Aufgeben ab.

Eine gleichgültige Nachlässigkeit hat die Resignierten erfasst – jene, die unter dem sich sukzessiv immer tiefer niedersenkenden Deckel der Menschenwürde und Selbstgestaltung einfach in ihrem Alltag überleben wollen. Das Ungeheuer kollektiver Depression und Aussichtslosigkeit lungert als diffuse Zukunftsangst in unserer Gesellschaft. Die Menschen fokussieren auf unmittelbares Überleben." Sie hielt kurz inne.

Stefan schien zwar stark von seiner häuslichen Tätigkeit in Anspruch genommen, doch er nickte ihr kurz aufmunternd zu.

„Weißt du, dass in den USA in manchen Bundesstaaten der Mittelstand praktisch als aufgerieben gilt? Die neue Klasse der ‚Working Poors', die Zahl der Darsteller der ‚Hunger Games' wird immer größer", sprach sie weiter. „Das passiert jetzt schrittweise und lautlos gerade auch hier bei uns."

Sie nahm einen Schluck des kühlen, perlenden Getränks, das sie noch immer in der Hand hielt. Das schien ihr in diesem Moment unangemessen, ja nahezu obszön. Für eine Sekunde musste sie an die Zwanzigerjahre des letzten Jahrhunderts denken, diese dekadente, ahnende Weltuntergangsatmosphäre der Varietés, die in ihrer resignierten Aussichtslosigkeit in atemloser Lebensgier und Überreizung der Sinne Zuflucht gesucht hatte. War es heute anders? Oder hatte dasselbe Muster von Konsumgier und Lebensangst bloß ein anderes Kleid übergestreift und kündete das, was sie um sich sah, den unvermeidlichen neuerlichen Zusammenbruch des Kulturmenschen an?

Ihr Blick blieb an den dichten Stapeln von metallenen, quadratischen Zigarillo-Dosen auf den oberen Küchenkästchen hängen. Wie ein solider Balken, der sich aus kleinen, dicht beisammenstehenden Türmen von aufeinandergestellten Dosen zusammensetzte, nahmen die gleichförmigen flachen Quadrate der Metallbehälter über die vollständige Länge der oberen Kästchenreihe den gesamten Raum zwischen diesen und der Decke ein. Stefan rauchte wirklich viel.

„Ich habe mich gefragt", setzte sie fort, „was diese Menschen erwartet, wenn sie in ihren Sozialwohnungen am Ende der U-Bahn-Linie ankommen. Weitere Sorgen bereitende Rechnungen im Postkasten, ein synthetisch schmeckendes Fertiggericht in der Mikrowelle, ein größerer oder bescheidenerer Flachbildschirm für ihre Lieblingsserie zum Vergessen des Rests des Tages?"

„Brot und Spiele eben." Stefan hob gerade den Deckel eines großen Topfs, um zu überprüfen, ob das sich darin befindliche Wasser bereits zu kochen begann. Zufrieden leerte er mit einer schwungvollen Bewegung eine Packung gefüllter Teigwaren hinein.

„Sechs Minuten", verkündete er dann, während er sich wieder den in der Pfanne schmorenden Zutaten zuwandte. Er hatte tatsächlich Salami in winzige Quader geschnitten und sie gemeinsam mit einer Dose Thunfisch und den Zwiebeln angeröstet.

Auf diese Kombination wäre Katharina nie verfallen. Wenn sie ehrlich war, hatte sie sogar Zweifel über die geschmackliche Verträglichkeit von Fisch und Salami. Er schien allerdings davon überzeugt, drehte den Herd zurück und fand nun offenbar kurz Zeit zum Verschnaufen während seiner kulinarischen Séance. Er nahm sein eigenes Champagnerglas und stieß nochmals mit ihr an.

„Ich empfinde es sehr ähnlich wie du", meinte er und blickte ihr dabei sehr fest in die Augen. „Die Verwahrlosten, die sich selbst bereits fallen gelassen haben, werden in den letzten Jahren zunehmend mehr. Es ist die Entkulturalisierung, die mich beängstigt. Dieser Verlust an Würde, der über die mangelnde Bereitschaft sichtbar wird, sich anzustrengen und sich selbst zu organisieren. Dumpfe Gleichgültigkeit und Desinteresse sind das Resultat."

Er drehte sich zurück zum Herd, um jetzt eine der im wallenden Wasser tanzenden Teigwaren herauszufischen und zu prüfen. „Eine Minute noch", lautete seine neue Zeitangabe. Danach drückte er Katharina zwei Gedecke und Servietten in die Hand, um den Tisch im Wohnraum zu decken. Während sie ins Zimmer ging, war ihr diese intime Häuslichkeit für einen Moment zu viel, zu nahe, schien wie eine Welle über ihr zusammenzubrechen und ihr die Luft zu rauben.

Stefan kam hinter ihr ins Zimmer, um zwei Kerzenleuchter für den Tisch zu bringen. Er schien äußerst zufrieden mit dem Arrangement. Schließlich eilte er in die Küche zurück und Katharina, die sich angesichts des vorbereiteten Tisches plötzlich ganz verloren fühlte, folgte ihm lieber nach, als dieses Gefühl eines häuslichen Abendessens zu zweit auf sich wirken zu lassen.

Sie fühlte sich entschieden sicherer darin, wieder den Faden des vorigen Gesprächs mit ihm aufzunehmen.

„Du bist doch Sozialist", spielte sie neckisch auf seine bekannte Zugehörigkeit in einigen Fachgremien an. Mit einer matten Handbewegung winkte Stefan ab, während er das Tanzen der Teigwaren im wallenden Wasser aufmerksam verfolgte: „Die Partei hat ihre Zielgruppe verloren. Es gibt keinen Klassenkampf der werktätigen Massen mehr, höchstens Industrieroboter. Wir produzieren nicht mehr. Wir sind eine Dienstleistungsgesellschaft. Die neuen Sklaven sind nicht mehr in Fabriken angekettet, sondern die neuen Selbstständigen als Vertragspartner der großen Konzerne ganz am unteren Ende der Dienstleistungs- und Lieferkette. Doch die riechen den Genossen zu sehr nach freiem Unternehmertum und selbst haben all diese selbstständigen Fahrer und Ein-Personen-Unternehmen den Köder der angeblichen Selbstbestimmung auch tief im Rachen sitzen. Eher aussichtslos das Ganze."

Er zuckte zur Bekräftigung mit den Schultern.

„Ja, ja, glaub an dich", nahm Katharina den Faden wieder auf. „Der richtige Spruch für all diese neuen Entrepreneure. Als ich aus der U-Bahn ausgestiegen bin und wieder auf der Straße stand, ist mir ein riesiges Plakat, eigentlich eine von diesen zwanzig mal zwanzig Meter großen Planen mit Werbeaufdruck, die heute bei eingerüsteten Gebäuden in Verwendung stehen, an einem gegenüberliegenden Haus aufgefallen. Da stand genau dieser Spruch drauf. ‚Glaub an dich'. Unter dem Gesicht einer jungen Frau. Sie war hübsch, nicht extrem auffallend, aber apart und hatte so einen esoterisch-religiös verklärt wirkenden, in die Ferne gerichteten Blick. Das hat sich echt skurril nach dieser U-Bahnfahrt, eigentlich nahezu anachronistisch angefühlt. So weit weg von der Realität all dieser Menschen."

„So weit weg, dass man es auf ein riesiges Plakat drucken und es ihnen an einem der meistfrequentierten öffentlichen Plätze hinhängen muss", ergänzte er, wobei er die Stirn runzelte. „Ich kenne dieses Plakat. Das Girl darauf ist ausgezeichnet gecastet worden, eine Mischung einer Darstellerin von ‚Hunger Games' und Parade-Quäkerin."

„Du weißt, dass es sich dabei um eine Werbung einer Bank handelt", lachte sie. „Glaub an dich! Konsumiere ruhig, du wirst deinen Kredit schon zahlen können!", setzte sie sarkastisch fort. „Und auf diesen Begegnungsinseln, wie diese hippen Sitzgelegenheiten in der Fußgängerzone heute heißen, lagen zwei vollkommen weggetretene Obdachlose. Die sind wohl irgendwie aus dem großen Konsumspiel mit ‚Glaub an dich' rausgefallen.

Waren wohl nicht tough und cool genug. Springt dich das nicht auch vollkommen absurd an?“

„Dafür hat mich einer dieser ewigen Berufsjugendlichen um die fünfzig mit seinem E-Roller fast umgemäht, weil er beim Telefonieren zu abgelenkt war“, sprach sie sogleich weiter. „Der Typ hatte sich die eine Kopfhälfte vollkommen geschoren und trug über dem Ohr so eine altdeutsch-ritterlich anmutende Tätowierung auf dem Schädel. Auf der anderen Seite hatte er dafür das Haar mit einer Haarklemme hochgesteckt. Wahrscheinlich kann er nur in diesem Aufzug an sich glauben und war gerade in einem wichtigen Geschäftsgespräch, als er mich fast rammte. Auf jeden Fall war *er* auf mich wütend, weil ich in seinem Weg war.“

„Komm, bring den Wein rein, es ist gleich alles fertig“, unterbrach Stefan ihre Rede, wobei er ihr das leere Champagnerglas abnahm und es gemeinsam mit seinem in die Spüle stellte. Katharina rutschte vom Barhocker und nahm die Weinflasche, während sie Stefan beobachtete, wie er sich mit den letzten Handgriffen an dem Gericht in der Pfanne zu schaffen machte. Er fügte jetzt auch noch jede Menge Panna zur Krönung bei und schien beim Abschmecken zufrieden.

„Üppig“, gab er mit einem Schmunzeln zu, „nichts für euch kalorienfahndende, Selleriestangen knabbernde Weibchen, aber eine sinnliche Freude. Du wirst sehen.“

Sie lachte auf und folgte ihm mit der Flasche in der Hand, während er die große Pfanne mit dem dampfenden Inhalt vor sich her balancierend an den Tisch brachte.

Er trug ihnen das Gericht auf und schenkte den samtig fließenden Rotwein in die dünnwandigen Gläser ein, die wie riesige, auf langen Stielen sitzende Seifenblasen wirkten. Im warmen Schein der beiden Kerzen und der gedämpften Raumbeleuchtung hatte der Wein einen matten Glanz und die Farbe von getrocknetem Blut angenommen. Das unterstrich seine Schwere, wie Katharina kurze Zeit später bemerkte, als sie mit Stefan mit einem leichten klirrenden Geräusch anstieß.

Durch eines der schrägen Dachflächenfenster bot sich ihr der Blick auf ein mit festlicher Beleuchtung geschmücktes, historisches Gebäude und Wahrzeichen der Stadt. Dies untermalte die seltsame atmosphärische Mischung des Abends – festlich, häuslich, nachdenklich, erotisch. Katharina konnte sich nicht entscheiden, und auch Stefan schien unentschlossen, wie sich dieser Abend anlegen würde. Denn dies schien die Grundvariable jedes ihrer bisherigen Zusammentreffen zu sein: einen Rahmen zu schaffen und dann alles sich selbst aus dem Moment gestalten zu lassen und selbst zum Werkzeug des Ausdrucks zu werden.

„Unser Innenminister hat es sich nicht nehmen lassen, die Menschenrechte als eine verzichtbare Sentimentalität zu benennen", griff nun Stefan das Gespräch von Neuem auf, während er mit raschen Bewegungen große Portionen seiner kulinarischen Kreation in sich hineinschaufelte. Er aß viel zu schnell, als würde er überwältigenden Hunger zu stillen haben, fand Katharina, die selbst sehr bedachtsam und langsam, gleichsam mit spitzer Gabel, die Teigwaren beinahe einzeln aufspießte. Er hatte recht behalten. Das Gericht war wirklich schwer und üppig, aber gleichzeitig voll sinnlicher, schmelzender Fülle im Geschmack.

„Das Recht muss der Politik folgen", zitierte Stefan weiter. „Und weißt du, was das Bemerkenswerte ist? Es kommt zu einer großen öffentlichen Debatte und unsere renommierteste Wochenschrift verzeichnet mit Beruhigung, dass in einer Umfrage sechsundfünfzig Prozent der Bevölkerung dem nicht zustimmen. Vielleicht waren es auch achtundfünfzig Prozent", korrigierte er sich.

„Also können wir uns entspannen und müssen nach allgemeinem Empfinden nicht um die Demokratie bangen. Ich frage mich, was es mit den zweiundvierzig oder vierundvierzig Prozent der Bevölkerung auf sich hat, die die Meinung unseres Innenministers teilen? Wir kommen beide aus einer Zeit, in der es zu einem Aufschrei im Sinne einer Demokratiebedrohung geführt hätte, wenn nur null Komma vier Prozent diese Meinung geteilt hätten."

Katharina pflichtete ihm bei. Er hatte das tiefe Unbehagen, das auch sie empfand, auf den Punkt gebracht. Die Diskussion des Themas war in der üblichen eruptiven Kurzlebigkeit der heutigen Medienlandschaft mit viel Lautstärke, aber mangelnder Tiefe geführt worden.

„Seltsam", setzte er jetzt an, „wir fühlen uns heute nicht mehr wie in unserer Jugend als Revolutionäre, sondern sind zu Wächtern der Werte mutiert, ohne unsere ursprüngliche Gesinnung geändert zu haben. Die allgegenwärtige Überreglementierung singt das Wiegenlied von vernünftiger Notwendigkeit im Namen suggerierter Sicherheit. Unsere große Wahlfreiheit können wir in der Entscheidungsfreiheit des Fitnessklubs, unserer präferierten TV-Serie, möglicher regionaler Tinder-Dates, unendlicher Internetbestellungen oder der Endlosliste der Lieferservicemöglichkeiten unserer bevorzugten Speisengruppen zelebrieren. Währenddessen fegt der Massenmord der Grundwerte wie eine Giftgaswelle statistisch generierbarer Beliebigkeit bereits durch die Katakomben der ehemals tiefsten Grundüberzeugungen." Er sprach langsam, fast sinnierend. Seine Stimme kam Katharina sehr dunkel vor.

„Längst hat sich maßvolle Intellektualität aus Notwendigkeit in die Schützengräben zurückgezogen. Wer es wagt, sich zu zeigen, wird mit Shitstorms im Internet ausgeräuchert. Humanismus lebt heute wie ein seltenes Tier in einem umzäunten Reservat und ist nur mehr in melancholischen Enklaven abgekoppelt von der Tatsächlichkeit einer verbindlichen Alltagsrealität zu finden. Die Aufklärung ist längst vorbei!" Er klang jetzt sehr bitter, blickte Katharina lange und gedankenverloren an.

Sein Teller war bereits leer, während sie noch nicht einmal zur Hälfte aufgegessen hatte. Stefan griff nach der Pfanne und häufte mit plötzlich wiedergefundener Lebendigkeit eine neue Portion auf seinen Teller. Katharina nahm einen Schluck Wein. Sie hielt ihr Glas hoch und betrachtete im durchfallenden warmen Licht der Tischkerzen den geschmeidigen, fast ölig wirkenden Lauf, den die tiefrote Flüssigkeit nahm, als sie das Glas etwas schwenkte.

Sie war beeindruckt von der Komplexität seiner Ausführungen, der nachdenklichen Tiefe seines Denkens und der Sensitivität seiner Sprachmuster. Sein letzter Satz hatte sie besonders getroffen. Sie selbst hatte ihn schon mehrfach gedacht und das Empfinden, das sie dabei angesprungen hatte, war jener von ihm angesprochenen Melancholie, eines Rückzugs und Verlusts von etwas Wertvollem, sehr nahegekommen.

„Diese Überreglementierung, die du erwähnt hast, trägt ein verführerisches Gesicht", begann sie nun. Stefan, der sein atemberaubendes Esstempo auch beim zweiten Teller aufrechterhalten hatte, hielt kurz inne, um ein aufmunterndes Geräusch anzubringen. Katharina musste unwillkürlich lächeln. Für einen Moment sah sie ihn wie einen hemdsärmeligen Jungen vor sich, einen, der den ganzen Vormittag über draußen im Wald herumgetollt und sich in Streichen gemessen, gefordert und erprobt hatte. Und nun fiel er vollkommen verwildert in der Küche seiner Mutter mit Heißhunger ein. „Ein Bub bist du", sagte sie weich, bevor sie zum Thema zurückkehrte.

Er strahlte sie an und für einen Augenblick war ganz schlicht dieses geschmeidige Band menschlicher Intimität und Wärme, das sich jenseits ihrer Begegnung als Mann und Frau zwischen ihnen spannte, besonders stark zu spüren.

„Überall ist man uns heute behilflich und regelt, informiert, normiert, verwaltet und beschränkt zu unserer Bequemlichkeit, Nützlichkeit und vor allem Sicherheit und Gesundheit", hob sie mit einem milden, leicht sarkastischen Unterton in der Stimme an. „In der U-Bahn machen sie einen nicht nur regelmäßig darauf aufmerksam, auf den Spalt zwischen dem Zug und dem Perron zu achten, sondern sagen uns auch noch an, auf welcher Seite wir an der nächsten Station aussteigen werden. Ich habe unlängst auch ein Plakat eines Taxiservice gesehen, das damit wirbt, seine Kunden mit Einbruch der Dunkelheit zu ihrer persönlichen Sicherheit bis zur Haustür zu begleiten. Die damit einhergehende Botschaft ist, dass wir also bereits in einer sehr gefährlichen Umwelt zu leben scheinen."

Stefan legte seine Stirn in Falten, während er ihr zuhörte und damit beschäftigt war, die letzten noch verbliebenen Reste des Mahls mit seiner Gabel aus der Pfanne zu kratzen.

„Hast du gewusst, dass es in einem deutschen Bundesland sogar eine Verordnung gibt, die die Länge der Hundeleine in Proportion zur Größe des Hundes vorgibt?", setzte sie fort. „Und auch unser ganz persönliches Leben wird hilfreich verwaltet; du brauchst dich selbst gar nicht mehr um dich zu kümmern, dich selbst zu spüren. Denn deine Gesundheits-Apps zeichnen deine Schlafkurven auf, messen deinen Puls und Blutdruck, zählen deine Schritte und erklären dir, wann du deinen Körper zu welcher Vorsorgeuntersuchung schicken sollst. Es steht also alles zu unserem Besten."

Katharina nahm einen weiteren Schluck von dem ausgezeichneten Wein, ehe sie fortsetzte. „Man meint es gut mit uns und alles ist eindeutig unter dem Titel einer Lebensverbesserung abzulegen, so man nicht als antisozial oder ignorant eingestuft werden will. An der Oberfläche wirkt die gesellschaftliche Marschrichtung also durchwegs sinnvoll. Es geht uns gut, es sollte uns sogar sehr gut gehen, vergleicht man unsere Lebensbedingungen mit denen von Vorgenerationen. Und trotzdem sind wir, ungeachtet aller Gesundheits-Apps, wenn du dir die entsprechenden Daten ansiehst, in einer Betäubungskultur angekommen. Sucht ist unser zentrales Thema und es existieren zahlreiche Versionen von Sucht. Und das ist doch gerade das Seltsame an der ganzen Geschichte, denn Sucht ist der Ausdruck von Defizit und Angst."

Stefan hörte ihr aufmerksam zu. Er hatte inzwischen seinen Teller zur Seite geschoben, sich eine seiner Zigarillos aus ihrer metallenen Schachtel genommen und Katharina Feuer für ihre eigene Zigarette gegeben.

„Es geht uns immer besser, wir leben immer sicherer, immer regulierter, immer gesünder und gleichzeitig werden wir immer unsicherer, ängstlicher und leerer, brauchen all diese Warnungen, Beschützer und Regeln, weil wir uns nicht mehr auf uns selbst verlassen können, und brauchen allerlei Substitute, um durch unseren Alltag zu kommen." Die Spitze von Katharinas Zigarette glühte wie ein Stück Miniatur-Kohle rot auf.

„All diese Regulierung steht für die zunehmende Lebensangst, die uns befallen hat, dafür, dass wir in unserem Inneren keinen zuverlässigen Verhaltenskodex und Geborgenheit im Leben finden können und stattdessen auf ein äußeres Korsett von minutiöser Regelung möglichst aller Lebensregungen und vorstellbaren Eventualitäten setzen. Diese Kontrollsucht ist der Ausdruck unserer Lebensangst. Wir sind so frei wie noch nie zuvor und verstehen die Freiheit nicht selbstverantwortet zu leben. Am Ende darf sich das Leben nur in engen Kanälen abspielen." Sie hielt kurz inne. „Wir haben unser Selbstvertrauen verloren. Wir vertrauen unseren lächerlichen Apps mehr als unserem Gefühl."

Stefan nickte ihr zu. „Und?", fragte er, „wohin führt das Ganze?"

Nun nahm er einen tiefen Zug seiner Zigarillo. Die Spitze leuchtete in zorniger Glut kurz und deutlich auf.

„Diese ganze Zivilisation hat gute Chancen, gegen die Wand zu knallen. Anlässe finden sich von Verteilungsungerechtigkeit bis globale Erwärmung ja eine ganze Menge. Und dieser rein in Rationalität verliebte Kurs wird uns nicht weiterhelfen, sondern uns zu einer technologieunterworfenen Biomasse degradieren."

Stefan schien einen Einwand zu suchen, doch Katharina kam ihm zuvor. „Das klingt vielleicht abgehoben für dich, aber schau her. Kürzlich habe ich einen Bericht gesehen, in dem von einer Epidemie in einer chinesischen Provinz die Rede war. Irgend so ein Grippevirus, oder so ähnlich. Nicht ganz das, was man von der Grippe kennt. Sie kennen sich noch nicht richtig aus. Auch woher das Ding gekommen ist. Spekulieren, dass es sich um ein Laborvirus handeln könnte oder auch von so einem Wildtiermarkt übergesprungen ist. Du weißt ja, die Chinesen verkochen so ziemlich alles." Sie holte kurz Luft. „Jedenfalls haben die Chinesen da gehörig die Hosen voll, wie es mir scheint. Im Interview war ein junger Arzt. Was er gesprochen hat, war schlecht übersetzt, aber seiner Körpersprache nach zu urteilen war der Typ restlos fertig wegen diesem Ding. Nach dem Interview hat man übrigens auch nichts mehr von ihm gehört. Die Chinesen haben es augenscheinlich nicht so gern, wenn jemand meint, dass etwas im Gang wäre, was sie nicht im Griff haben. Jetzt riegeln die dort alles hermetisch wegen der Seuchenbekämpfung ab, vollkommen. Da kommt keine Maus mehr rein oder raus. Die werden das sicher auch bald gelöst haben."

„Was willst du mir mit dieser Story sagen?", warf Stefan nun etwas perplex ein.

„Okay, diese totale Hysterie und aggressive Abriegelung, die die dort betreiben, haben mich nur zu ein paar Überlegungen angeregt", nahm sie den Faden wieder auf. „Die sperren die Leute richtig in ihre Wohnungen ein, versiegeln die Türen. Die nehmen das echt ernst. Und nun stell dir mal vor, nur so als Planspiel, die Chinesen bekämen das nicht so einfach hin. Stell dir vor, dank globaler Mobilität und millionenfacher Schnittstellen in U-Bahnen, Bahnhöfen, Flugplätzen und dicht gedrängtem urbanem Raum schaffte es dieses Virus nach Europa, oder noch besser, verteilte sich im gesamten globalen Raum. So ein Mensch ist ein unwahrscheinlich umweltoffener, verletzbarer Organismus. Was glaubst du, würde passieren, wenn eine Pandemie den Globus überziehen würde?“ In Katharinas Stimme schwang nun deutliche Aufregung mit.

„Lockdown“, antwortete er und in seiner Stimme klang die Ernsthaftigkeit eines Menschen an, der sich der Konsequenzen bewusst war.

„Genau“, setzte Katharina fort. „Lockdown! Einfach alles zu, Ausgangssperren, die absolute Verwaltung kritischer Infrastruktur, nationaler Notstand mit anderen Worten. Die Wirtschaft ist in den Boden gerammt, wir sitzen alle in unseren Hütten und das Spiel der medialen Kräfte im Internet bestimmt die Interpretation der Katastrophe.“

„Und dann?“, fragte Stefan, „was passiert dann, nach deinem Dafürhalten?“

Katharina nahm einen letzten Zug von ihrer Zigarette, bevor sie diese energisch im Aschenbecher ausdämpfte. „Dann stehen wir am Scheideweg und müssen uns als Zivilisation der Nagelprobe stellen. Dann weist es sich, ob wir die in diesem Szenario verpackte ideelle Krise bewältigen oder an ihr scheitern.“

Stefan blickte sie ratsuchend an.

„Wenn wir uns der Angst ergeben und den rein rationalen Weg wählen, dann wird unvermeidlich absolute Kontrolle als einzig logisch anmuten und regieren. Dann werden wir mit klugen Apps und Chipping am Ende zu einer Biomasse-Technologie-Verschränkung transformiert werden, transhumanisiert. Unsere Bürgerrechte werden wir im Namen der Vernunft auf dem Parkett von einsichtiger Notwendigkeit im Tauschhandel für sogenannte Sicherheit und grünen Barcode mit Begeisterung aufgeben. Mein Gott, ich habe solides Unbehagen bei allem, was im Namen der Vernunft geschieht“, stieß sie mit Abscheu hervor.

„Da kann ich dir mit historischen Beispielen zustimmen“, bekräftigte Stefan. „Und wie sieht dein zweiter Weg aus?“ Katharina glaubte ein wenig Sarkasmus aus seiner Stimme herauszuhören.

„Auch der zweite Weg gebraucht seine Ratio, doch vertraut er genauso dem empathischen Gesamtverständnis der Situation und lebt gemeinschaftliche Verantwortlichkeit. Dieser Weg setzt auf Bindung und Beziehung.“

In Stefans Gesicht zeichnete sich nun grobe Skepsis ab. „Du zweifelst", stellte sie nüchtern fest. „Was unsere Spezies bisher hat überleben lassen, war der Umstand, dass wir radikal sozial sind, Bindung und Beziehung haben uns weitergebracht, nichts anderes. Die beiden Optionen liegen also klar auf der Hand: Kontrolle oder Liebe."

„Ich glaube nicht an die Liebe", versetzte Stefan trocken und mit Kälte in der Stimme, wie ein Prüfungsvorsitzender, der dem Kandidaten mit Gleichgültigkeit dessen Scheitern beim Examen mitteilt. „Das funktioniert im Kleinen nicht und schon gar nicht auf der globalen Skala deiner Schwärmerei."

Katharina fand sich abgekanzelt, bloßgestellt, einfach weggewischt. Nur weil er nicht bereit war, seinen fixgezimmerten Paradigmenrahmen nachzujustieren.

„Das ist keinesfalls romantische Schwärmerei", beharrte sie, denn Stefans Gesicht ließ keinen Zweifel offen. „Man muss bereit sein, über den bisherigen Schüsselrand hinauszudenken, und du musst es modern übersetzen. Das hieße dann, diesem berühmten ‚Global Thinking – Local Acting' endlich Leben einzuhauchen, globaler Zusammenhalt in den anstehenden Problemen und lokale Gemeinschaftlichkeit in der Lebensführung und Grundversorgung." Sie fühlte sich jetzt besser, weil es ihr gelungen war, ihre Überlegungen in Termini zu kleiden, die salonfähig waren und denen Ernsthaftigkeit zugebilligt wurde.

Doch Stefan hatte genug. „Lassen wir dieses düstere Szenario. Die Chinesen haben sicher bereits jetzt schon alles im Griff", entschied er.

„Für mich ist es nicht düster", war ihr wichtig klarzustellen. „Ich glaube ja an die Liebe."

Noch während sie sprach, stand er auf, um sich an seiner Stereoanlage schaffen zu machen. Er betätigte ein paar Funktionen und schließlich konnte er die Musik in der Lautsprecheranlage über sein Handy steuern, wobei auf dem großen Flachbildschirm die jeweilige Musiknummer benannt wurde und ein entsprechendes Video zu sehen war. Gespenstisch diese Elektronik, wie Katharina fand, aber seinem unermüdlichen Spieltrieb und seiner bubenhaften Begeisterung für Technik ganz entgegenkommend. Nun erklang „Wish You Were Here“ und erfüllte den Raum mit seinen sphärenhaften Klängen.

„Das ist der Klingelton meines Handys, wenn du mich anrufst“, meinte er mit einem Lächeln. Sie fühlte sich unvermutet beschämt und seltsam schüchtern, denn es war einen Moment sehr intim geworden. Er nahm einen weiteren tiefen Zug von seiner Zigarillo und streifte die Asche ab.

Plötzlich begann er von Neuem, so als habe er ihr Gespräch nicht weggeschoben, sondern es setzen lassen wollen: „Die Selbstregulierung gelingt uns also immer weniger in dieser pluralistischen Welt ohne festen Kompass. Folgt man deinen Ausführungen zur psychischen Gesundheit, muss man zu dem Schluss kommen, dass die äußeren Sperrzäune und Leitschranken sich letztendlich als hilflose Alternative erweisen. Wir werden in unserer Freiheit niederverwaltet und kämpfen unsere Ängste vor dem tatsächlichen Leben und existentieller Einsamkeit mit mannigfachen Süchten nieder oder werden gar aggressiv. Und im Armaggedon einer Pandemie blüht uns auch noch die Aufgabe der letzten Würde.“

Er wirkte sehr nachdenklich und selbstkritisch, als er ergänzte: „Ich weiß nicht, ob ich mich entgegenstellen könnte. Die Angst vor der Einsamkeit und dem Alter hat mich allein schon fest im Griff.“

Es war kurz sehr still zwischen ihnen und fühlte sich dabei dennoch sehr dicht und nah an. Katharina war tief berührt. Er konnte in manchen Momenten so unwahrscheinlich ehrlich und am Punkt sein. Und möglicherweise war er dabei viel ehrlicher als sie selbst, die sich vielleicht nur mit kindlichen Hoffnungsszenarien über Wasser hielt. War das ihr Weg, ihre Ängste in Schach halten zu wollen? Waren ihre Überlegungen eine leere Kulissenstadt, wie eine Filmrequisite im Western?

Die Kerzen flackerten im feinen Luftzug des Raumes, die Heizung gab ihr charakteristisches helles Knacken von sich, so als würde heißes Glas springen. Katharina griff über den Tisch und strich Stefan sanft über den linken Unterarm. Seine Finger umfassten ihre und hielten sie fest. Sie erwiderte den Griff. Sie nahm die in ihm aufgestiegene Schwere wahr, die wie ein die Wasseroberfläche durchbrechendes U-Boot in ihren Abend eingebrochen war, und auch die enge Verbundenheit, die seine plötzliche spontane Ehrlichkeit zwischen ihnen ausgelöst hatte. Ein hilfloser drängender Impuls, ihn aufheitern zu wollen, befiel sie: „Auf jeden Fall brauchst du keine von diesen zwölf Kilo schweren Decken, die jetzt zur Abwehr von Panikattacken und Angstsymptomen so angepriesen werden und in Mode sind."

Er lächelte. „Nein, du kennst ja meine Decke. Vielleicht sollte man heute das Thema Selbstverwirklichung nochmals neu durchdenken. Unter den gegebenen skizzierten Umständen dieser Gesellschaft und ihrer Wirklichkeit scheint in dem allgemein so sehr angestrebten und scheiternden Thema der Selbstverwirklichung ja die Fußangel des Unglücks zu liegen. Vielleicht wäre die Selbst*ent*wirklichung unter den gegebenen Umständen die weitaus bessere Alternative."

Sie lachten. Es war das Gemeinsame dieses Lachens, das sie beide für diesen Abend sich wieder besser, wenngleich bedeckt von einem Hauch Schwermut fühlen ließ.

Wenig später hatten sie Lust, einander zu lieben. Sie taten es vorsichtig und liebten einander an diesem Abend ganz zart und ängstlich vor der Welt, so als wären sie auf einer Insel, die sie verborgen halten wollten. Danach lagen sie eng aneinandergeschmiegt wie zwei Kinder in einem Nest. Er hielt sie von hinten umschlungen, sein Gesicht lag in ihrem Nacken und Haar. Sie fühlte die Wärme seines Atems an ihrer Wange und die seines Bauchs und seiner Brust und Oberschenkel an ihrem Rücken und ihren eigenen Schenkeln. In ihrer Entspannung und der Geborgenheit dieser schützenden Haltung fiel sie in einen kurzen Schlummer und träumte.

Es war ein seltsamer Traum, als ob der große Baumeister des Unbewussten einen schon vormals gesponnenen Traumfaden nun wieder aufnehmen und an bereits Geträumtes anknüpfen wollte. Im Traum erinnerte sie sich, dass sie Monate zuvor von einem grotesken Rummelplatz geträumt hatte, der eine als riesige Grottenbahn mit Unterhaltungsstationen getarnte Vernichtungsmaschinerie zum Zentrum gehabt hatte. Ihr fielen die ahnungslosen Menschen ein, die sich in johlender Jahrmarktstimmung angestellt hatten, um unwissend dem eigenen Untergang entgegenzugehen.

Ganz deutlich stand ihr noch vor Augen, wie fremd und nicht zugehörig sie sich in dieser Menge gefühlt hatte, die sie zur Vernichtung mitgezogen hatte, bis auch sie an einem der Haken der Schwebebahn gehangen war und unter sich nur mehr die gähnende Leere eines dunklen Abgrunds bemerkte, während sie der unaufhaltsamen Abschlachtung entgegenschwebte. Mit der übernatürlichen Kraft, überleben zu wollen, die sich aus der Panik des unabwendbaren Todes speist, war es ihr gelungen, sich aus dem Haken zu hieven, nur um in den Abgrund zu stürzen und von dessen Schwärze umschlossen zu werden.

Damit hatte ihr damaliger Traum mit schweißnassem Herzrasen geendet. An dieser Stelle des Sturzes in den unvermeidlichen Tod, der als einzigen Triumph die eigene Wahl zu beanspruchen vermag, begann ihre neuerliche Traumsequenz.

Das Stürzen durch die totale Schwärze wurde, gleichsam abgefedert durch immer lichter werdende Wolkenmassen, zu einem Sinken, das sie schließlich an den Beginn eines steil nach unten führenden Tunnels brachte. Sie glitt an spiegelglatten, von irisierendem Licht beleuchteten Wänden wie in einer unüberschaubaren, gewundenen Rutschbahn mit hohem Tempo abwärts. Die Fahrt endete in einer Höhle, in die sie durch die Decke auf den gestampften Erdboden fiel.

Als sie ihren Blick heben konnte, stand Stefan vor ihr. Er schien nicht überrascht, sie zu sehen. Vielmehr fühlte es sich ganz so an, als habe er ihr Kommen erwartet. Er trug eine Motorradkleidung aus schwarzem Leder und hielt nun auch ihr eine ebensolche schwarze Lederjacke entgegen. „Wir dürfen uns nicht aufhalten“, drängte er sie, „wir müssen uns beeilen. Sie werden knapp hinter uns sein.“ Erst jetzt fiel Katharina auf, dass sie bereits eine schwarze Lederhose trug. Sie konnte sich nicht erinnern, sie vor dem Rummelplatzbesuch angezogen zu haben. Sie nahm Stefan die Jacke aus der Hand, zog sie an und folgte ihm, der bereits in einem der vier Gänge, die aus der Höhle in unterschiedlichen Richtungen wegzuführen schienen, verschwunden war.

Die Höhle wirkte wie eine Art Verteiler eines unterirdischen Labyrinths. Stefan schien sich hier prächtig auszukennen. „Wo sind wir hier?“, fragte sie, während sie seinem raschen Schritt kaum folgen konnte. „Genau unter dem ganzen Wahnsinn.“ Er klang knapp und bitter. „Und gleichzeitig damit auch im Herzen des Tyrannen selbst. Die allerbeste Tarnung des Widerstandes. Komm“, wiederholte er nochmals.

Seine Stimme klang drängend und alarmiert, jedoch ohne jede Spur von Angst. Er wirkte auf Katharina vielmehr kaltblütig und zum Äußersten entschlossen. Jetzt waren sie Kameraden. Nach einer Weile erreichten sie eine Stelle, an der in einer Ausbuchtung des Ganges zwei schwarze Motorräder standen. Es waren starke Maschinen. Stefan reichte ihr einen Helm: „Wir werden sehr schnell fahren müssen. Es sind Straßenmaschinen und das Gelände wird nicht immer ideal sein, aber wir müssen es aus ihrem Ortungsbereich hinausschaffen, ehe sie uns fassen können. In jenem Moment, in dem wir das Tunnelsystem verlassen, haben sie uns auf dem Schirm. Solange wir uns in der Zone bewegen, sind sie uns absolut überlegen. Du verstehst das?"

Ohne auf ihre Antwort zu warten, zippte er energisch seine Jacke hoch, setzte seinen Helm auf, zog große schwarze Schutzhandschuhe aus schwarzem Leder an und startete seine Maschine. Wortlos traf auch sie ihre Vorbereitungen, um startklar zu sein. Stefan war bereits auf sein Motorrad gestiegen und Katharina tat es ihm gleich. Beide Maschinen hatten einen dunklen kräftigen Ton. Sie spürte die starken gleichmäßigen Vibrationen des Motors unter ihrem Geschlecht. Es war eine Drei-Zylinder-Maschine, eine Street Triple, ihr bevorzugtes Modell. Das beruhigte sie und gab ihr Sicherheit.

Mit hoher Geschwindigkeit jagten sie auf dem festgestampften Lehmboden durch den Tunnel. Schließlich brachen sie nach draußen durch. Das vor ihnen liegende weite Gelände wirkte wie ein riesiges, verwahrlostes Industrieareal. Tiefe nächtliche Schwärze umgab sie, doch ein riesiger Vollmond tauchte die Landschaft in ein unwirklich intensives Licht, sodass sie ohne Scheinwerfer fahren konnten. Schemenhaft nahm Katharina aufbrechende Grasbüschel und Unkraut zwischen den vernachlässigten Betonplatten der Fahrbahn wahr.

Sobald sie das Tunnelsystem verlassen hatten, steigerte Stefan das Tempo deutlich. Sie hatte Mühe, ihm zu folgen. Sie fuhren mit hoher Geschwindigkeit und erreichten eine Landschaft, die einer Prärie glich. Am Horizont nahm Katharina die weite geschwungene Silhouette einer Bergrückenkette wahr. Mehrere Meter hohe Säulenkakteen säumten ihren Weg. Stefan zeigte kein Anzeichen, die Geschwindigkeit zu verringern.

So jagten sie mindestens eine Stunde im beständigen Gefühl, entkommen zu müssen, weiter.

Endlich drosselte Stefan seine Maschine. Sie schienen sich nun in einem Tal dieser seltsamen Prärielandschaft zu befinden. Rundum umgaben sie am Horizont geschwungene Bergketten im milden Licht dieses riesigen, milchigen Vollmonds, die wie Scherenschnitte eines Fensterbildes in einem Kinderzimmer wirkten. Stefan stellte seine Maschine ab, Katharina die ihre. Sie setzte ihren Helm ab und atmete tief durch. Auch Stefan hatte dies getan und sich bereits eine seiner beständigen Zigarillos angezündet. Er nahm ein paar gierige Züge und inhalierte tief. Sie standen etwa zehn Meter voneinander entfernt.

Plötzlich blickten sie einander ganz fest in die Augen, waren gleichsam mit dem Blick des anderen verschweißt. Das gleißende Licht des Mondes verlieh der Szene eine unwirkliche, aus der Realität tretende märchenhafte Atmosphäre. Alles rundum schien zu versinken. Ohne ihren Blick loszulassen, zog Stefan seine Lederjacke aus und ließ sie zu Boden fallen. Unter der Jacke war er nackt. Katharina dachte, sich an das Gefühl seines Brusthaars an ihrer auf seiner Brust ruhenden Wange erinnern zu können. Auch sie zog ihre Jacke aus, ohne ihn aus den Augen zu lassen. Verwundert stellte sie fest, dass sie selbst nur eine schwarze Korsage unter der Jacke trug. Langsam gingen sie aufeinander zu. Der Spannungsbogen, der sie verschmelzen ließ, schien sich zwischen ihnen mit jedem Schritt, mit dem sie einander näherkamen, zu verdichten. Schließlich verschmolzen ihre Blicke miteinander, so wie ihre Lippen, und sie liebten einander im Licht des silbrigen Mondes, wie in einem sie umhüllenden und aus der Realität herausschneidenden Kristalls mit der ganzen Kraft ihrer Lebendigkeit im Gefühl, dass es das letzte Mal sein könnte.

Danach lagen sie fest umschlungen und unschuldig wie zwei Kinder auf einem der vollkommen unpassend zur sonstigen Landschaft wirkenden, hellgrünen, fingerhohen Moospolster, erschöpft, durchdrungen von der herrschenden Endzeit und gleichzeitig voll Zärtlichkeit.

Diese Impression der beiden Liebenden ist stark präsent in Katharinas Traum, gleichsam für eine Weile eingefroren, wie um die Bedeutung seiner Botschaft der Träumenden auch sicher zu verdeutlichen.

Aber schließlich wechselt das Bild. Als Mahnung einer brutalen Realität bricht ein fernes Dröhnen von herannahenden Panzern in die Szene. Katharina fühlt eine Überflutung mit Panik. Doch von Geisterhand geleitet, beginnen sich die Ebenen der Landschaft zu verschieben, die Oberfläche senkt sich ab, Katharina und Stefan finden sich unter der Erde in einer geschützten Höhle. Sie liegen umarmt und fest umschlungen in genau dieser Haltung, in der Katharina eben gerade in ihren Schlummer geglitten ist.

Katharinas Herz schlägt wild, wie ein in einer Falle gefangener Vogel. Sie wendet sich zu ihm. Ihr Kopf ruht jetzt auf seiner Brust. Mit ihrer Befürchtung im Gesicht blickt sie zu ihm auf, während die Angst alle ihre Sinne in flatternde Panik versetzt: „Werden sie uns finden?“ Er ist ruhig und zuversichtlich, auch jetzt, hält sie im Arm und trägt auch jene Härte im Blick, die ihr die Antwort auf ihre Frage gibt: „Liebt er mich so, dass er im Moment der Aussichtslosigkeit die Kraft hat, mich lächelnd zu töten, ohne dass ich es bemerke?“

Katharina schreckte aus ihrem Traum auf. Auch Stefan war kurz eingenickt. Sie lagen noch immer ineinander verschränkt und sie drehte sich nun zu ihm, mit den Tränen des Traums in den Augen.

„Könntest du mich töten, wenn die Situation aussichtslos wäre?“ – „Du hast geträumt“, meinte er sehr ruhig und gar nicht befremdet über die seltsame Frage. Er küsste sie zuerst an der Schulter und anschließend am Hals, wobei er mit einer Hand gleichzeitig sanft und doch auch fest ihren Nacken umschloss. Sie ließ sich in der wärmenden Intensität dieses eröffnenden Moments nochmals in einen kurzen Schlummer zurücksinken, obwohl sie wusste, dass sie später würde gehen wollen. Noch während sie sanft wie auf weiten Schwingen in diesen angenehmen Bewusstseinsverlust des Schlafs hinüberglitt, dachte sich ein unhörbarer Dialog mit ihm in ihrem Inneren: Ich fange an, mich nicht mehr zu fragen, warum du mir solch spürbares Herzklopfen bereitest, warum ich manchmal neben dir nach Worten suche, wo mir doch niemand in meiner Widerrede sonst gewachsen ist, warum die Aufregung in deiner Gegenwart mich klein fühlen lässt und nach einem Anschmiegen an dich verlangt, warum eine aufwallende Erregung ohne mein Zutun wollüstige Bilder aufsteigen lässt, die mir Röte auf die Wangen treiben. Das heißt nicht, dass ich mich daran gewöhnt hätte, aber vielleicht, dass ich mich dem als mir Bestimmtem unterwerfe.

In ihrem offiziellen, dem sogenannten realen Leben erwachsener Einschachtelung und der Jagd nach Verdiensten und Position war Katharina sehr beschäftigt und gefragt. Eine ihrer Mitarbeiterinnen hatte die brillante Idee gehabt, für die Seminarlinie, die sie in den letzten Jahren sehr erfolgreich veranstaltete, Internet-Marketing vorzuschlagen. Sie war fünfzehn Jahre jünger als Katharina und in der Angelegenheit der modernen Medien augenscheinlich sehr fit. Das reichte und so traute sie sich nicht, ihr zu widersprechen, sondern saß folgsam zum angegebenen Termin, an dem der Experte erscheinen sollte, in ihrem Büro.

Katharina hatte mit Expertentum immer Seniorität verbunden. Der Fachmann war gerade dreiundzwanzig Jahre alt und hatte bereits mehrere dieser harten Schulungscamps von Google in Schottland absolviert. Ansonsten lag ein mit links hingelegtes Informatikstudium hinter ihm, das er mit einem Studium höherer Mathematik aufgepeppt und verschränkt hatte. Derzeit entwickelte er für größere Firmen Internetkampagnen und verschaffte deren Werbung zielsicher und garantiert „Views" ihrer ahnungslosen Zielgruppe. Er war Katharina nicht unsympathisch, aber unheimlich.

Als Sexualpartnerin konnte sie sich für ihn nur eine virtuelle Partnerin auf einem Computerschirm vorstellen. Die wäre dann wohl auch die Einzige, die er risikolos nach seinem Ideal zusammenbasteln könnte. Unlängst hatte sie von einem Programm gelesen, demzufolge es mittels eines Avatars möglich wäre, mit anderen Personen Sex im Internet zu haben. Gerade waren ihre Zweifel erloschen, dass Menschen dies tatsächlich nutzen würden.

Sie hörte seinen Ausführungen aufmerksam zu, ohne die Fachtermini, die er verwendete, und die von ihm illustrierten Ergebnisse oder deren Bedeutung zu verstehen, während sie beobachtete, wie seine knochigen Finger in atemberaubendem Tempo über die Tastatur seines Laptops fegten. Sie befand sich eindeutig in der Steinzeit. Ihm war das auch aufgefallen, und sie war sich sicher, dass er sie keines Blickes gewürdigt hätte, wäre nicht sie hier offensichtlich der Boss gewesen.

Er entschloss sich zu einer Demonstration. Wieder tauchten auf einem Schirm verschiedene Balkeneinstellungen auf, die er mit flüssigen Fingerbewegungen zu dirigieren wusste. Diesmal handelte es sich nicht um Altersgruppen von Männern oder Entfernungsangaben ihres Aufenthalts. Schließlich hatte er die Angaben ihrer Assistentin, die seiner Sprache kundig schien oder ihm zumindest folgen konnte, zu der Zielgruppe ihrer Seminarreihe in Rasterangaben für entsprechende Datensätze übersetzt, die Zielgruppe „genarrowed", wie er es nannte. Katharina fand das eine ganz hässliche Bezeichnung, die nach Beengung und Einrasterung klang, doch zugleich auch wieder einen Hauch von Ehrlichkeit mit sich führte. Am Ende präsentierte er ihr stolz das Profil der idealen Zielperson ihrer Seminare, die der Algorithmus nun auf allen für ihn zugreifbaren Plattformen und sozialen Kanälen erfassen und sicher mit der Information zu ihrer Seminarreihe versorgen würde.

Dass das Ganze natürlich kostete, war klar, aber die Reichweite gigantisch und mit ein paar Klicks erzielbar, grundsätzlich global ausrollbar. Katharina fragte sich, wer in Afrika oder Asien wohl ihre Seminare würde besuchen wollen. Sie dachte an Bogotá und an das kleine Dorf, von dem ihr die Tochter erzählt hatte.

Sie meldete ihre Bedenken an und meinte, dass sie selbst niemals auf derartige Werbung reagieren würde. Das war der Zeitpunkt, an dem sich ihre Assistentin wie eine Mutter für ihr schlecht erzogenes Kind für sie genierte. Doch der Internetmarketing-Guru lächelte sie nur nachsichtig an und setzte an, ihr die unausweichliche Macht des Algorithmus zu erklären: „Dass du zu allem, was dich interessiert und zu dem du dich im Netz und wie auch immer informierst, beständig Information sozusagen frei Haus über das Netz geliefert bekommst, ist dir vielleicht schon aufgefallen."

Natürlich duzte er sie vollkommen ungeniert. Gleichzeitig glaubte Katharina den großzügigen, leicht genervten Tonfall an ihm feststellen zu können, den arrogante Menschen gegenüber Behinderten so gerne verwenden, um deren Einschränkung ganz sicher herauszustreichen. Das wirkte durch dieses „Du" noch übergriffiger, wie sie fand.

Er wartete nicht auf ihre Bestätigung. Es schien ihm zu offenkundig. „Nun, du bekommst nicht immer nur Material aus der einen Inhaltsgruppe, mit der du dich beschäftigst, sondern der Algorithmus entscheidet nach deinem Profil, welche naheliegenden weiteren Inhalte deine Aufmerksamkeit erregen werden, und so wandert dein Interesse weiter. Der Algorithmus rastert dich beständig ab. Er kennt dich vielleicht besser als du dich selbst. Derzeit sind es rund zweitausendsiebenhundert unterschiedliche Items, nach denen jede Person erfasst wird."

Er endete mit einem neuerlichen nachsichtigen Lächeln. Er musste ihr Entsetzen für Überraschung oder noch schlimmer für Bewunderung gehalten haben. Der Bursche sprach im Klartext von solider Manipulation und war sich dessen wahrscheinlich gar nicht bewusst.

„Heißt das", fragte Katharina nun plötzlich wach geworden nach, „dass dieser Algorithmus meint, mich zu kennen und, ausgehend von meinen Vorlieben und Interessen, meine Aufmerksamkeit weiter auf andere Inhalte seines Dafürhaltens lenken kann?"

Er schien zufrieden, dass sie es endlich begriffen hatte, und nickte überlegen. Ich interessiere mich anfangs für Psychologie und der Algorithmus bringt mich am Ende dazu, einen Waffenschein zu lösen und mir eine Kollektion von Handfeuerwaffen zulegen zu wollen, dachte Katharina. Jetzt war das Lächeln, das *sie* ihm schenkte, mitleidig und nachsichtig, denn diese Aussicht von Beeinflussung schien er nicht bedacht zu haben. Aber vielleicht störte es ihn ja auch gar nicht. Viel wahrscheinlicher war, dass er es sogar als eine Bereicherung empfand, über die Nabelschnur des Internets die Vorschläge, die seine Lebensgestaltung bestimmen sollten, zu beziehen.

Wo waren eigentlich freier Wille und eigene Entscheidungsfreiheit abgeblieben? Mit diesem Vorgehen ließen sich sicher auch Wahlen in ihrem Ausgang bestimmen. War nur eine Frage von Finanzkraft und Intensität der Befeuerung der auf jede Zielgruppe zugeschnittenen Information. Damit konnte die Demokratie ausgehöhlt werden. Vielleicht war sie es schon längst. Katharina empfand einen kurzen Schwindel. Es fühlte sich für einen Moment so an, als würde ihr die Luft wegbleiben und sie den Boden unter den Füßen verlieren. Wie konnte dieser hochintelligente Tarzan des Datendschungels mit so viel naiver Analytik den Bankrott freier Selbstbestimmung beschreiben und dazu lächeln? War er ein kompletter Trottel? War er tatsächlich der Überzeugung, dass es besser war, dem Algorithmus sein Leben anzuvertrauen, als es selbst mit all seinen Mühen und Fehlern zu entwickeln? Oder sprach aus ihm bereits die ruhige Resignation dessen, der erkannt hatte, dass die Maschine den Menschen längst fest im Griff hatte? Unwillkürlich musste sie an ihre letzte Diskussion mit Stefan denken. „Ich glaube nicht an die Liebe", hatte er gesagt, als sie vom notwendigen Kurswechsel gesprochen hatte, den diese Zivilisation vollziehen musste. Vielleicht war schon längst alles vorbei, die Würfel bereits gefallen. In einer Gesellschaft, die sich durch totale Kontrolle transformieren ließ, war die Liebe verzichtbar, denn es existierte keine Lebendigkeit mehr.

Ihr kurzes nachfolgendes Schweigen regte ihn zu weiteren Ausführungen an. „Du musst wissen", begann er, wobei Katherina schien, als würde er die Stimme etwas senken, „der Algorithmus zeichnet alles auf. Auch jetzt gerade." Ob er wohl paranoid war, fragte sich Katharina und musterte ihn eingehend von Neuem.

Diese Sorte der blutleeren, kachektisch aufgeschossenen und nachlässig in ihrer Adjustierung daherkommenden jungen Burschen, die stets irgendein elektronisches Medium als integrierten Körperteil mit sich schleppten, wirkte fast immer etwas realitätsfern. Sie sahen alle so aus, als wären sie schon mit vier Jahren, ohne je Körperspannung aufbauen zu können, hilflos und überfordert auf einem Spielplatz herumgestanden, bis sich irgendwer ihrer erbarmt und sie wieder in einen geschlossenen Raum mit einer Spielkonsole gelassen hatte.

„Der Algorithmus erfasst auch gerade jetzt alles was hier passiert, zeichnet es auf und führt es der Datenspeicherung und damit unserem Profil zu", erläuterte er weiter. Jetzt war sich Katherina der Diagnose nahezu sicher. Hier war sie allerdings nicht in ihrer Praxis und erlaubte sich deswegen, ihm mit deutlichem Unglauben ins Gesicht zu blicken. „Die meisten Menschen haben das noch nicht verstanden", setzte er fort, „aber wir haben doch alle hier ein Handy, da drüben steht jeweils ein Laptop auf jedem der beiden Schreibtische und mein Gerät lagert hier zwischen uns."

„Und", sagte Katharina im gedehnten Ton einer jetzt lauernden Katze. Saß sie hier mit einem Wahnsinnigen oder wollte der Kerl mit plumper Aufschneiderei einen Auftrag akquirieren? „Du wolltest doch ein Snowboard für deinen Sohn kaufen", begann er unvermutet und Katharina wusste nicht, ob er nun vollkommen ausgerastet war. Doch er wiederholte seine Ansage bereits wieder, wobei er seinen Zeigefinger konspirativ über seinen Mund hielt, um ihr anzudeuten, keine Widerrede zu formulieren. „Ja, deine Assistentin hat mir das auch vorhin beim Small Talk bestätigt. Für Snowboardkauf ist das jetzt sicher die beste Jahreszeit nach der Saison. Da bekommt man die besten Snowboards zum günstigsten Preis. Und Snowboardfahren ist sicher ein toller Sport, wenn nicht eine Passion. Wenn man Glück hat, bekommt man jetzt sogar hochpreisige Snowboards extrem günstig. Du wirst sehen", meinte er am Ende vielsagend.

Knapp eine Viertelstunde später erschien die erste Werbung für Snowboards auf den beiden Laptops im Büro.

Abends unterhielt Katharina sich mit ihrem Sohn beim Abendessen und der meinte, dass er zwar bisher noch nie wirklich daran gedacht habe, er aber für die nächste Saison vielleicht mit dem Snowboardfahren würde beginnen wollen. Er habe da gerade per Zufall echt coole Videos gesehen, die ihm tatsächlich Lust darauf gemacht hätten.

An diesem Abend fühlte sich Katharina gänzlich erbärmlich. Mit Schaudern dachte sie an einen ihrer jungen Patienten, der sie an den Internet-Guru im Büro erinnerte. Altersmäßig kam er ziemlich genau hin. Massive, generalisierte Angstzustände war die Zuweisungsdiagnose gewesen. Er traute sich nur nach Einbruch der Dunkelhaut außer Haus und hatte auch eine solide Sozialphobie. Mehr oder weniger vollständig vegetierte er, ohne weitere Kontakte zulassen zu können, in seinem ehemaligen Kinderzimmer bei seiner Mutter als dem einzigen ihm sicher Erscheinenden. Die Karriere als Gamer hatte er nicht realisiert, dafür an beiden Daumen eine Grundgelenksarthrose entwickelt, sodass es ihm jetzt sogar schwerfiel, die eigene Zimmertür zu versperren.

Und am anderen Ende hatte sie einen Zwölfjährigen mit genau diesem Berufswunsch auf der Couch sitzen, der seinen Eltern mit schrankenloser

Gewalttätigkeit entgegentrat, wenn sie sein Videospiel einzuschränken versuchten.

An die fünfzigjährige rundliche Büroangestellte, die ihren Job verloren hatte, weil sie im Spiel „Second Life" mehr Verankerung gefunden zu haben glaubte als in ihrer äußeren Existenz, mochte sie erst gar nicht denken. Sie war nur ein einziges Mal unter der Androhung ihrer Schwester, ihr alle Zuwendungen zu streichen, in der Praxis aufgetaucht, um dann endgültig in ihrer virtuellen Welt mittels ihres Avatars zu versinken.

Katharina beschlich kurz die Angst, dass die äußere Wirklichkeit schon längst nach dem Skriptplan eines dahinterliegenden algorithmischen Plans, nach Kriterien von Nützlichkeit und ökonomischer Bilanz angelegt war.

Findet die tatsächliche Erzeugung von Realität bereits im Netz statt und ist unser äußeres Leben nur mehr eine Abbildung davon? Dieser Gedanke beschäftigte Katharina intensiv. Die Liebe wäre in einer kühlen Verwaltungslogik von Maschinen mit statistischer Gerechtigkeit verzichtbar, ja jenseits von situativer Inszenierung und Konsum sogar ein Unsicherheits- und damit Störfaktor. War Stefan einfach realistischer als sie? Hatte er dies bereits erkannt und belächelte sie mit ihrem psychoromantisch anmutenden ideellen Blickwinkel? Tat sie deswegen gut daran, alles was sie mit ihm erlebte, nur als gelungene situative Inszenierung ohne weitere Bedeutung anzusehen, denn wenn es keine andere Ethik als die mathematische Berechnung mehr gab, so galt es wohl, die Lebenszeit möglichst angenehm zu konsumieren …

VIII

Trotz der Ernüchterung, die Katharina angesichts der Begegnung mit dem Experten für Internet-Marketing befallen hatte und die noch dadurch verstärkt wurde, weil seine Vorschläge allesamt Wirkung zeigten, hatte sich irgendwie eine neue Tonart zwischen Stefan und ihr eingestellt. Etwas Unaufgeregtes hatte sich wie der Hauch eines Aquarells über ihre

Begegnungen gelegt, und hätte eine Akzeptanz dieses Umstands nicht sofort bei beiden von ihnen die Gefahr einer fluchtauslösenden Panik ausgelöst, so wäre die atmosphärische Verschiebung einem kundigen Beobachter als kleine Portion einer häuslichen Idylle benennbar gewesen.

Es war nicht mehr nötig, sich irgendwo in einem Lokal zum gleichsam überbrückenden sozialen Vorspiel zu treffen. Stefan hatte, wie bereits in den letzten Wochen, schon öfter gemeint: „Komm zu mir, wenn du fertig bist. Ich bin ab etwa einundzwanzig Uhr zu Hause." Er hatte dabei ganz selbstverständlich geklungen.

Katharina empfand diese unaufgeregte Banalität ihrer Verabredungen als sehr wärmend und vertraut. Dies war ihr äußerst willkommen, denn der Termin mit dem Experten für Internet-Marketing hatte sie in tiefer Erschütterung über den Zustand der Tatsächlichkeit der sogenannten Realität dieser Welt hinterlassen und ihr Misstrauen, dass Stefan keine wirkliche Ernsthaftigkeit in ihre Begegnung legen könnte, geschürt.

Diesmal traf sie sehr spät ein, aber sie hatten beide ihre Verabredung nicht verschieben wollen. Sie sahen einander aufgrund ihrer vielfältigen beruflichen Verpflichtungen nicht häufig und es verlangte sie heute beide drängend, miteinander zu sein.

Katharina kam von einem Besprechungstermin mit einem sehr exklusiven Klienten im Rahmen einer skandalös komplizierten Scheidungsangelegenheit, in der es galt, die beiden Kinder zu schützen. Ihr Klient war ein hochintelligenter Mann und äußerst erfolgreich. Seine unermüdliche kaltblütige Selbstanforderung musste zur Einsamkeit all jener geführt haben, die keine Grenzen kennen. In Sachen Liebe war es sicher schwierig für ihn, eine geeignete, herausforderungsfähige Matchpartnerin zu finden. Natürlich wirkte er, wie alle, die ihre Lebendigkeit rückhaltlos leben, wesentlich jünger, vor allem in seiner Körperspannung und den Bewegungsmustern.

Katharina tippte darauf, dass er in seiner Jugend von starker Triebhaftigkeit erfüllt gewesen sein musste. Jetzt, in der Mitte seiner Sechzigerjahre, konnte er wohl mit Ruhe und Präsenz die volle Palette sinnlicher Qualität in seine erotische Komposition einbeziehen. Sie wünschte ihm dies und es lag in seinem Blick, dass sie sich sicher war, ihn richtig einzuschätzen.

„Wo kommst du her?“, empfing sie Stefan, als Katharina in die Wohnung trat, um gleich darauf abzuwinken, als er ihren Blick auffing. „Wir haben beide unsere Berufsgeheimnisse. Und es ist besser, sich daran zu halten.“ Er hatte sich bereits umgezogen und trug eine weiche, weite Baumwollhose von lässig-elegantem Fall und ein sorgfältig ausgefranstes schlammfarbiges Baumwoll-T-Shirt mit deutlich körperbetontem Schnitt. Die Knopfleiste stand offen. Teile seines Brusthaars waren sichtbar. Üppige, weißgraue Haarkringel lieferten sich mit im Rückzug befindlichen dunklen eine Schlacht auf seinem Brustkorb. Im Kontrast zu Katharinas Aufmachung bildeten sie beide einen Anachronismus, der Vertrautheit voraussetzt: sie in ihrem eleganten grauen Businesskostüm und den dazu passenden Pumps mit Bleistiftabsatz, er in Freizeitkleidung mit nackten Füßen. Einen Moment schien es, als wären sie ein gewöhnliches Paar und Katharina gerade eben, spät abends, nach der Arbeit heimgekommen.

„Komm her“, sagte Stefan unvermutet, mit dieser schmelzenden und zugleich keinen Widerspruch zulassenden Stimme. Er umarmte sie drängend, so als würde es ihm schwerfallen, die eigene Lust zügeln zu können, und drückte sie gegen die Wand. Sein Penis war hart, presste gegen ihr Geschlecht. Sie spürt seinen Atem, bevor seine Lippen die ihren versiegelten, und ihre eigene aufschießende Erregung.

Für einen kurzen Moment fühlte sie ihre Angst, die durch ihre eigene, imperative erotische Reaktion in ihr aufbrach. Katharina merkte, dass sie sich dem erotischen Spiel mit ihm nur vollkommen hingeben konnte, weil sie sicher war, bald wieder zu gehen. Stefan küsste sie lange und langsam, gleichsam sie auskostend, während seine Hände ihre Brüste und ihren Körper vermaßen, und fand ohne Zögern mit seinen Fingern, die selbstständig zu fühlen schienen, den Weg zu ihrem Geschlecht. Er hatte sie nun mit einer eleganten und gleichzeitig gebietenden Bewegung so umgedreht, dass sie jetzt vor ihm und mit ihrem Rücken an seine Brust gelehnt stand. Sie spürte die Härte seines Penis an ihrem Po.

Seine Finger ruhten schmetterlingsleicht auf ihren Schamlippen, und gerade diese Verhaltenheit und Bewegungslosigkeit, die der Antizipation des Kommenden einen unermesslichen Raum eröffnen, steigerten die Erregung als eine sie erfassende, tiefe Welle. Sie fühlte ein feines Pulsieren ihrer Klitoris.

Dann teilte er ihr Geschlecht. Seine Fingerkuppen erkundeten sanft tastend und gleichzeitig mit besitzender Selbstverständlichkeit den Eingang zu ihrer Scheide. Sollte er jetzt nur wenig tiefer in sie eindringen, so würde sie der Lust, sogleich mit ihm schlafen zu wollen, nicht widerstehen können. Doch er führte die Finger mit ihrer Nässe an ihre im Kuss verschmolzenen Lippen, sog den Geruch ein und ließ sie beide daran schmecken.

Genau an jenem Punkt der erotischen Reizung, die mit jeder weiteren minimalen Geste unaufhaltsam das Drängen nach Erfüllung unaufschiebbar werden lässt, genauso wie die elektrische Entladung der Nervenzelle in totalitärer Weise ihrem Schwellwert gehorcht, ließ er von ihr ab und öffnete den Kühlschrank, um ihm eine Flasche Champagner zu entnehmen.

Mit seinem Griff schien er die Temperatur zu prüfen: „Bereits gut gekühlt“, stellte er mit überraschend geschäftlich klingender Stimme fest und machte sich mit handwerklichem Eifer und gebündelter Aufmerksamkeit daran, die Flasche zu öffnen. Auch das war Teil des erotischen Spiels zwischen ihnen beiden.

Dieser Wechsel von aufbrechender, animalischer Urkraft, der sie gestatteten, sie beide in magisch synchron erlebten Situationen zu erfassen, um zum letztmöglichen Moment in neutrale Alltagsgeschäftigkeit zurückzuwechseln, war wie ein gemeinsames Surfen auf der Kante einer mächtigen Welle, die am Ende über ihnen zusammenschlagen würde. „Genau das Passende, um einen langen erfolgreichen Arbeitstag abzuschließen“, konterte sie in ebenso neutral anmutendem Ton, während sie Stefan zwei dünnwandige Sektgläser entgegenhielt.

Das perlende Getränk schoss in seiner nervösen Art die es umfassenden Glaswände hoch. Stefan hatte die Menge genau richtig bemessen, sodass die ausbrechende Kraft gerade vor dem Überlaufen zu ihrem Umkehrpunkt gelangte.

„Cheers.“ Ein frühjahrshelles, elegantes Klirren begleitete die Berührung ihrer Gläser. Stefan warf erneut die Fackel der Erotik zwischen ihnen, indem er mit einer kaum wahrnehmbaren und dennoch brüskierenden Intensität, die durch eine minimale Verzögerung wirksam wurde, an jenen Fingern roch, die ihr Geschlecht eben noch ganz intim berührt hatten. Dabei führte er sein Glas zum Mund.

Katharina zündete sich eine Zigarette an. Es hatte genüsslich wirken sollen, doch verlieh ihr die aufsteigende Scham, ja Schüchternheit, die er immer wieder auf mysteriöse Weise in ihr zu wecken wusste, leichte Hektik und Anspannung.

„Mädchen", sagte er nur zu ihr und sie fühlte sich vollkommen durchschaut von ihm. Aber es klang sehr liebevoll und sie hatte den Impuls, ihren Kopf an seine Brust lehnen zu wollen. Sie erlaubte es sich natürlich nicht, sondern nahm stattdessen in geläufiger Weise ihren Ausweg in die für sie charakteristische Haltung der Analyse der Situation, die ihr gleichsam wieder Souveränität verleihen sollte.

„Wir sind wohl Vertreter der aussterbenden Spezies der letzten Hysteriker des zwanzigsten Jahrhunderts", meinte sie. „Verurteilt und befähigt zugleich, durch unsere Anatomie. Ich bin überzeugt davon: Wir, du und ich, weisen einen spezifischen körperlichen Bauplan auf. Unsere Lustempfindung ist überschwemmend und imperativ, denn die Krause-Endkolben finden sich nicht nur an der Penisspitze und der Klitoris, wo sie für gewöhnlich in größerer Zahl anzutreffen sind, sondern über unsere ganze Körperoberfläche und in großer Dichte verteilt. Darum überfällt mich dein Kuss mit einem zeitgleichen Beben in meinem Schoß und der unmittelbaren Verdichtung in meinem Verlangen, dich in mir zu spüren, sobald sich deine Lippen auf meine legen. So muss es sein. Nur so kann ich mir die Magie naturwissenschaftlich erklären, und das scheint heute wichtiger denn je in dieser Rationalität verpflichteten ängstlichen Zeit, um nicht als vollkommen verrückt zu gelten." Sie war der Ansicht, dass es ihr gelungen war, dem Bekenntnis ihres Fühlens einen wissenschaftlich distanziert klingenden Mantel umzuhängen.

Stefan lächelte und schlug sein Glas, wie zur Bestätigung, nochmals ganz sanft an das ihre an. Sie nahmen beide einen Schluck.

Dann fühlte sie sich hungrig und er machte sich sogleich im Kühlschrank zu schaffen, um einen großen Teller mit verschiedenen Antipasti, Prosciutto und schwarzen Oliven anzurichten. Er streute auch noch ein paar kleine, in rote Wachsfolie verpackte Käse darüber. Mit geteilter Aufmerksamkeit beobachtete Katharina Stefan und den Toaster, in den er mit geläufigen, etwas überschießenden Junggesellenbewegungen, die für den Umgangston alleinlebender Männer mit ihren Haushaltsgeräten so charakteristisch waren, zwei Weißbrotscheiben geworfen hatte.

Schließlich sprang der Toast semmelblond und knackig aus dem Gerät. Katharina fischte ihn heraus, während Stefan letzte Verrichtungen in der Küche vornahm. Sie legte den Toast vorsichtig auf die eine Seite des Tellers, an der noch Platz frei war. „Magst du Butter?", fragte Stefan noch, und als sie unentschlossen nur „Hm" antwortete, warf er zwei Butterpäckchen, wie sie auch in Hotels in Verwendung sind, auf den Teller.

Er hatte einen seltsam saloppen Umgang mit Nahrungsmitteln, wie er sie angriff und mit ihnen umging, fand Katharina. Gebrauchsmittel würde es wohl besser treffen, dachte sie bei sich. Er hielt ihr nun den Teller hin, und mit einem Blick darauf protestierte sie: „Viel zu viel, Stefan. Das sind fünf Mahlzeiten für mich!"

Er winkte ab: „Den Rest esse ich." Er nahm ihre beiden Gläser und die noch halb volle Champagnerflasche, und sie trug den Teller hinüber in das angrenzende Wohnzimmer. Sie lagerten bequem um den Couchtisch.

Nachdem sie dem Toast eine hauchdünne Schicht Butter verpasst hatte, richtete sich Katharina ein Stück mit einer Scheibe Prosciutto und etwas Käse, um das Ganze mit mehreren Oliven und getrockneten Tomaten zu garnieren. Das war genug. Sie hatte immer eine genaue Einschätzung davon, wie viel sie brauchte, um ihren Hunger zu stillen. „Der Rest gehört dir", verkündete sie und biss in ihren Toast. Sie aß bewusst und langsam.

Stefan begann seinerseits die restlichen Schinkenblätter und Käsescheiben mit großer Geschwindigkeit in sich hineinzuschieben. Dazwischen brach er Stücke der zweiten Toastscheibe heraus, griff sich mit festen Fingern die Oliven und getrockneten Tomaten und leckte das an seinen Fingern haftende Öl ab.

In seinen Bewegungen war etwas Wildes – oder war es etwas Getriebenes, vielleicht auch Wahlloses? Ließ er da wieder den von ihm propagierten Jäger und Sammler in ihm auftauchen, den er ihr vor ein paar Monaten hatte verkaufen wollen, jenes Narrativ, welches er sich als Zufluchtsmetapher seiner Misere geschaffen hatte? Einer, der sich durchs Leben schlägt, immer in Bewegung ist, der einfach die sich ihm bietenden Möglichkeiten nützt und sich diese einverleibt. War sie auch so eine Möglichkeit? Nahrung, Sex – vielleicht waren sie für ihn lediglich Gebrauchsmittel, die er verschlang, wenn sie seinen Weg kreuzten, und der Kosmos dahinter nur schwarz und leer.

Er hatte jetzt begonnen, die einzeln verpackten Käselaibchen von ihrer Wachshülle zu entrinden und steckte sich eines nach dem anderen in den Mund.

Beim letzten hielt er kurz inne. „Magst du noch?", fragte er kauend und hielt ihr das im Durchmesser einer Mokkatasse gleichkommende, runde Käsestück hin.

Katharina schüttelte den Kopf. „Muss auch weg", sagte er mit einem Anflug von Spitzbuben in der Stimme und schob es sich in den Mund. Nun fragte sich Katharina, ob er diese ganze rüpelhafte Vorstellung veranstaltet hatte, um sie wie ein Lausbub zu provozieren.

Das wiederum rief in ihr den Wunsch hervor, ihn mit einem ungewöhnlichen Thema herauszufordern.

„Ich bin heute über diese Typen von den Zeugen Jehovas gestolpert, die stundenlang wie Salzsäulen neben ihren Zeitschriftenständern stehen", erzählte sie jetzt. „Sie hatten da in fünf Reihen übereinander ihre Zeitschrift ausgelegt. Auf dem Titelbild stand ganz fett: ‚Wo ist Gott?' Fünf Reihen übereinander stand da immer wieder: ‚Wo ist Gott?' Ziemlich provokative Ansage für eine Glaubensgemeinschaft. Findest du nicht?"

Er zuckte desinteressiert mit den Achseln, während er sich gerade eine seiner unverzichtbaren Zigarillos anzündete. Er gab auch ihr Feuer, nachdem Katharina eine ihrer Zigaretten aus der blutroten Verpackung gefischt hatte.

„Wo ist Gott?", wiederholte er halblaut. „Was weiß ich", antwortete er. „Auf Urlaub, abgehauen aus seiner Schöpfung, in Pension oder irgendwo verendet, und es ist noch niemandem aufgefallen, weil sowieso jeder mit sich selbst beschäftigt ist." Er hatte es flapsig formuliert, aber er klang dennoch ernsthaft, nachdenklich und auch ein wenig irritiert, so als würde ihm das Thema nicht passen.

Katharina schwieg. Sie hatte das Gefühl, er würde noch etwas sagen wollen, das sich gerade erst in seinem Inneren aus aufsteigenden Empfindungen und Denken komponierte.

„Das schlimmste Übel ist Ausscheiden aus der Schar der Lebendigen, ehe man stirbt", sagte er langsam. Die Schwere, die sich mit dem Verhallen seines Satzes im Raum ausbreitete, schien direkt aus einem Unbewussten zu kommen, wie jener Nebel, der durch die Theaterbretter der Bühne manchmal aufsteigt, um Tragik oder Existenzbedrohung fühlbar zu machen. Vom umherhampelnden Lausbuben war jetzt nichts mehr übrig geblieben, sondern ein dunkler Schleier schien ihn zu umfangen und einem angstvoll-trüben Selbsterleben den Weg zu bahnen.

„Wie meinst du das?", fragte sie sanft nach und beugte sich näher zu ihm, wie um ihm damit Schutz und Nähe zu signalisieren.

„Es gibt kein Programm für sinnvolles Leben nach der Periode der Reproduktion", meinte er dunkel und blickte ihr mit schwarzer Trauer in die Augen. „Bis vor hundert Jahren lag die durchschnittliche Lebenserwartung irgendwo bei fünfundvierzig Jahren. Hast du das gewusst?" Er hielt kurz inne, wie um das Gesagte sich in der Tragweite seiner Bedeutung zwischen ihnen ausbreiten zu lassen, und ergänzte: „Wir, du und ich, leben schon zehn Jahre sinnlos weiter. Und die Zeitspanne, seit durch Antibiotika, Arbeitsschutz, Hygiene und Technologieexplosion die durchschnittliche Lebenserwartung um mehr als drei Jahrzehnte hinaufgetrieben wurde, ist zu kurz, als dass sich eine neue evolutionäre Bestimmung hätte finden können. Gott hat hier wohl ziemlich gepfuscht. Die eigene Sinnlosigkeit zu ertragen ist das größte Thema des Alters; daran können auch Reiseangebote für Pensionisten auf Kreuzfahrtschiffen samt behindertengerechtem Einstiegssystem nichts ändern."

Mit dem letzten Satz hatte er auch sie getroffen, eine albtraumhafte Fantasie angesprochen, die nur noch von jenem Zustand überboten werden konnte, in dem man sich auf derartige Reisen bereits freute. Katharina schluckte.

„Ich hätte die Achtunddreißigjährige nehmen und ein paar ungewollte Kinder als Altersvorsorge zeugen sollen. Das hätte wenigstens die Einsamkeit bannen können. Sie war so willig und der Sex wäre selbsterklärend sinnvoll gewesen, denn jetzt wird Sex zum Leerlauf." In Stefans Stimme schien nun Wehleidigkeit mitzuschwingen. Oder hörte Katharina es so in ihrem eigenen Anflug eines schmerzhaften Aufzuckens, weil er die Nestbauerin erwähnt hatte und gleichzeitig alles, was *sie beide* miteinander erlebten, mit einem Bannfluch von Sinnlosigkeit belegt hatte?

So wie er hier evolutionäre Gesetzmäßigkeit postulierte, war ihre Begegnung bei aller Intensität, die sie vielleicht zu spüren glaubten, trotzdem nicht mehr als eine sinnbefreite Übersprungshandlung eines ausgedienten Organismus. Das ließ jetzt Ärger in Katharina aufflammen. Sein dämliches Evolutionsgetue rangierte, was seine Wissenschaftlichkeit betraf, ungefähr dort, wo sich auch Horoskope von Illustrierten befanden. Lineare Schlüsse von pseudogenialer Logik begleitet hörten die meisten Menschen allerdings sehr gerne, noch dazu, wenn man damit Mutter Natur scheinbar in die Spitzenunterwäsche schaute. Und etwas wissenschaftlich zu verbrämen ersparte einem, Selbstverantwortung zu leben.

Am Ende zielte Stefans zusammengezimmertes Weltbild doch wieder nur darauf ab, sein mieses Frauenbild zu rechtfertigen. Doch jetzt so herauszuplatzen und ihn damit vielleicht bloßzustellen, war weder ihr Anliegen noch ihre Absicht. Vielmehr wollte sie, dass es ihm gut ginge, er diese selbstlimitierenden, seiner Angst geschuldeten Überzeugungen endlich fahren lassen könnte. Und sie wusste auch um seine leichte Kränkbarkeit.

„Ich glaube, dass weder die Gene noch die Evolution denken oder gar als *Zielsetzung* alleinig massenhafte Reproduktion verfolgen. Diese Unterstellung ist mehr einem merkantilistischen, kapitalistischen Weltbild geschuldet", begann sie. „Ich glaube viel eher, dass Vermehrung einfach ab dem komplexen Stadium von Lebendigkeit, neben dem davor bereits bestehenden Konzept der unbelebten Materie notwendig wurde und entstanden ist, Vermehrung eben eine Folgeerscheinung von Lebendigkeit ist. Denn Lebendigkeit beinhaltet auch den Tod, also braucht es Nachkommen. Wenn man die Evolution schon in einen Terminus einer *Zielsetzung* zwingen möchte, so lässt sich nur eines beobachten: *eine stetige Zunahme von Komplexität des Gesamtsystems.* Und dabei ist unsere Spezies als Handelnde mit ihren Eingriffen in die großen Ökosysteme übrigens ein fragwürdiger, zusätzlicher Komplexitätsbeschleuniger."

Stefan zog an seiner Zigarillo, machte jedoch noch keine Anstalt, sie unterbrechen zu wollen.

„Nun zum Sex." Katharina nahm sich eine weitere Zigarette aus der Packung und nippte an ihrem Glas. „Reproduktion als dem Wesen der Lebendigkeit geschuldeter, sinnvoller *Nebeneffekt* von Sexualität lasse ich gelten. Aber hast du dir schon einmal überlegt, dass die sexuelle Vermehrung, so wie wir sie betreiben, ein vergleichsweise sperriges und aufwändiges Konzept ist? Man hätte dies auch weitaus einfacher lösen und als Evolution andere Wege beschreiten können. Aussprossung, Parthenogenese, also Jungfernzeugung, Geschlechtswechsel, Selbstbefruchtung, asexuelle Vermehrung und auch im Fach der geschlechtlichen Vermehrung könnte es schlichter zugehen. Wir könnten Eier auf unsere Sofas legen", feixte sie und spielte dabei auf ein immer wieder ihren Kindern zu deren Gaudium vorgelesenes Aufklärungsbuch an, in dem Samen in Blumentöpfen vergraben und Eier auf Polstermöbel gelegt wurden. „Zwittertum würde unsere Chancen, den passenden Geschlechtspartner zu finden, übrigens auch verdoppeln."

Stefan wirkte jetzt etwas verunsichert von ihren Gedankensprüngen, doch Katharina war nun in Fahrt und wollte nicht lockerlassen. „Außerdem wäre ein Organismus, der allein auf Reproduktion ausgerichtet ist, nicht dauerbrünstig, und das vielfach sogar noch, wenn er bereits schwanger ist."

„Einspruch", fuhr er dazwischen. „Da kann ich solide eigene Leidenserfahrung einbringen, dass dem nicht so ist!"

„Du hast mich nicht gekannt, als ich schwanger war", versetzte sie neckisch zurück. „Aber ich gebe zu, dass es hier eine gewisse Variationsbreite gibt. Allerdings müsste, wenn Vermehrung der einzige Grund für Sex wäre, jedes Interesse daran schlagartig mit der weiblichen Menopause beziehungsweise mit der männlichen Andropause erlöschen. Dann, wenn die Spermienqualität nicht mehr als wirklich berauschend zu bezeichnen ist und sich Kreisschwimmer und deformierte Sitzenbleiber mehren."

Ihre letzte Beschreibung abnehmender männlicher Fertilität fühlte sich, seiner Mimik entsprechend, nicht ganz angenehm an, genauso wie der von ihr nachgeschobene Satz: „Da hätte doch *deine* Evolution einer Fixierung auf Reproduktionserfolg ja doch bitte dahingehend vorgesorgt, dass kräftigere, frischere Männchen mit entsprechenden Marathonschwimmern im weiblichen Genitaltrakt zum Zug kommen, statt auf das eine noch intakte Spermium zu setzen, das einer mitleidigen Eizelle begegnen könnte. Von Startrampenproblemen der älteren Herren einmal ganz abgesehen."

Sie atmete kurz durch und richtete ihren Rock zurecht, der im weichen Polster der Couch so hochgerutscht war, dass er den Blick auf den Übergang ihres Strumpfs zum selbsthaltenden Spitzenband freigab.

„Lass nur", meinte Stefan mit dieser Stimme, die sich zielsicher wie mit Widerhaken in ihren Unterbauch zu verankern wusste. „Lass mir den Blick und meine Fantasie, während du mir die Welt erklären möchtest. Du weißt schon: ältere Herren und ihre Startrampenprobleme."

Sie spürte kurz, wie sie rot wurde. Immer wieder gelang es ihm, sie ganz unvermittelt in ihrer Weiblichkeit anzusprechen, und sie fühlte sich dabei immer wieder genau so, als wäre er der erste Mann, dem dies gelänge.

Sie atmete durch und nahm den Faden wieder auf, nicht ohne nun vermehrt auf seinen Blick zu achten, der immer wieder mit ihrem Rocksaum so zu spielen wusste, dass sie sich für Bruchteile völlig verlegen, ja bloß und nackt vor seinem Blick und in ihrer Konzentration unterbrochen wiederfand.

„Was ich hier schlüssig vermitteln will, ist einfach, Stefan", versuchte sie gerade von Neuem anzusetzen. „Reproduktion ist nur *ein* Aspekt von Sexualität, nicht mehr und als solcher sinnvollerweise auch für beide Geschlechter im Spiegel unserer erhöhten Lebenserwartung auf eine vergleichsweise enge Periode fokussiert. Das ist übrigens, bedenkt man die Vereinnahmung durch die entstehenden Filialorganismen, also unsere Kinder, in dieser Zeit auch nicht unbedingt der Abschnitt des besten orgiastischen Erlebens.

Erkläre mir, warum die Empfindungsfähigkeit immer tiefer, schöner und intensiver wird, warum sich der Orgasmus, trotz schlaffer werdendem Fleisch und zunehmendem Abweichen vom Schönheitsideal für Frauen wie auch Männer, immer voller und umfassender entwickeln kann?" Katharina zog genüsslich an ihrer Zigarette. „Es ist das eigene gelebte Leben, das in die Begegnung einfließt und im sexuellen Akt Gestalt wird. Wenn man Sexualität in einem statischen Bedeutungskonzept niederbindet, so mag es zwar sein, dass die Muster, die man lebt, einem für eine Zeit lang als Krone des Lebens erscheinen mögen. Man fühlt sich als unübertreffbarer Jäger oder auch als geheimnisvolle Spinnenfrau und mag damit erfolgreich sein, um zum Schuss zu kommen. Doch ohne dynamische Weiterentwicklung birgt die Redundanz der ewigen Wiederholung nur Depression und Schalheit, wenn nicht sogar Lächerlichkeit. So fühlt sich Altern dann an, von traniger Wehmut durchtränkt, wenn es nicht gelingt.

Doch wenn man Sexualität in ihrer Totalität als Begegnung und Austausch zwischen Menschen versteht, eben nicht nur als Triebabbau oder allein auf Zeugung von Nachkommen ausgerichtete Handlung, so kann sie zur tiefsten, innigsten Sprache werden, die zwei Menschen miteinander teilen können. Dann wird Sexualität mit dem Älterwerden nicht sinnlos, sondern noch tiefer. Gott hat nicht gepfuscht." Sie hatte jetzt fast kämpferisch geklungen, wie ihr auffiel.

„Übung", warf er jetzt vollkommen trocken ein. Das brachte sie für einen Moment aus der Balance. Sie war vollkommen perplex. Er lächelte daraufhin angedeutet in dieser überlegenen „Schau mir in die Augen, Kleines"-Art und klärte ihre augenscheinliche Verwirrung auf. „Du hast mich gefragt, warum es immer tiefer, schöner und intensiver wird, warum sich der Orgasmus, trotz schlaffer werdendem Fleisch und zunehmendem Abweichen vom Schönheitsideal für Frauen wie auch Männer, immer voller und umfassender entwickeln kann? Das war doch dein korrekter Satz, wenn ich mich richtig erinnere."

Er schenkte ihr nochmals dieses Lächeln, das wie in einem geheimnisvollen Uhrwerk eine Unruhe in ihrem Unterbauch in Gang setzten konnte, und wiederholte: „Übung ist wohl auch ein bedeutender Faktor. Du darfst die Übung nicht vergessen!"

„Ja, auch", meinte sie etwas abwesend, „doch es ändert am Grundkonzept nichts."

„Und lässt sich damit auch die Grundfrage unseres heutigen Abends beantworten?", stellte er in einer gelungenen Mischung von Ernsthaftigkeit und Leichtigkeit im Ton in den Raum, sodass Katherina von Neuem perplex war.

Als er ihren irritierten Blick auffing, ergänzte er: „Du weißt schon, deine Freunde mit ihrer ‚Wachtturm'-Zeitschrift. ‚Wo ist Gott?' Hast du dafür auch eine Erklärung?"

„Wo ist Gott?", wiederholte sie nachdenklich, und die kurze Stille, die der Frage folgte, füllte für einen Moment den Raum zwischen ihnen vollständig und mit materiell spürbarer Dichte. Sie wandte ihm wieder ihren Blick zu, schien aufzutauchen aus einer Verinnerlichung und meinte: „Gott ist, so sehe ich es, Stefan, die zunehmende Komplexität unseres Universums, die sich auf allen Ebenen technologisch wie sozial und auch in der Verschmelzung aller Ökosysteme offenbart und nur durch die Bindungskräfte der Liebe gelingen kann. Denn dass diese Komplexität entstanden ist und sich beständig weiterentwickelt, ist selbst nach den profundesten Astrophysikern und Quantenmechanikern keinem Grundgesetz zu verdanken, sondern nur einem Schöpfungsakt zuordenbar, zumindest für unser Kohlenwasserstoffgehirn. Aber ich weiß, das hat wenig Tröstliches an sich, denn es belässt einen in der Selbstverantwortung. Vielleicht wird Gott in manchen Momenten in der Sexualität spürbar."

Er blickte sie lange und nachdenklich an, schließlich lächelte er erneut. „Häschen", meinte er neckisch, „Ich habe dich nicht wegen deiner Klugheit engagiert. Lass uns ganz steinzeitlich etwas für das praktische Wohl dieser Spezies tun." Damit hob er sie hoch und trug sie in seinen Armen die Treppe zu seinem Schlafzimmer hoch. Sie schmiegte sich an ihn und genoss ganz atavistisch die Kraft seiner sie umfassenden Arme. Diesmal konnte sie sich nicht richtig entscheiden, ob sie in seiner Höhle oder im Turmzimmer seiner Burg landen würde.

Das Gespräch hatte sie beide sehr offen gemacht und sie liebten einander zart und bedächtig, aber auch fordernd, auslotend und die eigene, scharfe Triebhaftigkeit nicht voreinander verbergend. Er dirigierte, sie folgte ihm bereitwillig, da er ihre Wünsche besser Gestalt werden ließ, als sie sie hätte ausdrücken können.

„Sprich mit mir", sagte er plötzlich in die Dichte ihrer Verschlingung und ihr ihm ergebenes Stöhnen hinein. „Für mich bist du großartig", bekannte er, „ich bin nur dein Spiegel."

Sie liebte es, wenn er mit ihr sprach, während sie miteinander schliefen. Dann fühlte sie ihn umso stärker, fand sich noch mehr mit ihm verbunden und eins. In diesen Momenten konnte sie ihn rückhaltlos lieben, empfand ein umfassendes Gewähren und Annehmen seiner ganzen Person mit allen seinen nur zu klar vor ihr liegenden Schwächen, die vollkommen gewichtlos waren, denn Lieben wertet nicht.

Er verstand es, aus seinen Bewegungen in ihr einen Dialog zu machen, ganz anders als andere Männer, die in eine Frau eindrangen, um entweder ihrem eigenen Rhythmus zu gehorchen oder einem eingelernten Schema, von dem sie annahmen, dass es für die Situation passend wäre.

Katharina hatte die Strümpfe heute anbehalten und in dieser Stellung, in der er sich über sie erhoben hatte und ihr zugewandt war, und ihre Körper im Gespräch versunken waren, während die Seelen vorsichtig nacheinander tasteten, bot sich ihm der Blick auf ihr bestrumpftes, leicht abgewinkeltes Bein. Sie hielt den Rist immer durchgestreckt, und er fand ihre Beine auch deswegen elegant und erregend und liebkoste und küsste ihre Füße.

„Du musst erst aufhören, so schön zu sein, um zu wissen, wie sehr ich dich liebe", sagte er. Es war ein seltsamer Satz, den er damit formuliert hatte, fand Katharina. Denn er hatte die Möglichkeit, jemals noch eine Frau zu lieben, doch kategorisch abgelehnt. Wie ließ sich dieser Satz verstehen? „Du musst erst hässlich werden, um dann meine Abwendung zu erleben und daran zu erkennen, dass ich dich nicht geliebt, sondern nur deine Schönheit genossen habe" war genauso hier als Möglichkeit verpackt wie andererseits „Erst wenn du hässlich geworden bist, wirst du erkennen können, dass ich *dich* liebe und nicht deine Schönheit".

„Ich mag dein Brusthaar", sagte sie zur Antwort zärtlich und streichelte seinen über ihr schwebenden Brustkorb, „egal ob es weiß, grau oder noch schwarz ist."

Daraufhin drehte er sie vor sich zur Hälfte um, sodass sie seitlich vor ihm zu liegen kam und er ihr in die Höhe gestrecktes Bein weiter zärtlich umfasst halten und sanft streicheln konnte, während seine Bewegungen in ihr größere Härte und Tiefe annahmen. Sie fragte sich, wie es kam, dass sie immer seinem Gebot folgen wollte. Und so wie jedes Mal davor fand sie die Antwort darin, dass er in magischer Vorausahnung auch heute genau gewusst hatte, was ihre Lust steigern würde.

Sie empfand ihn jetzt so tief in sich, dass sie glaubte, ihn in ihrem Inneren bis zwischen ihre Brüste ragend zu spüren, und von einer Intensität, die an der Grenze zwischen größter Lust und der Ankündigung möglichen Schmerzes lag und nur durch absolute eigene Stille und Hingabe auszukosten ist.

Sie fühlte, wie er sie, sie sich, er sich, sie ihn in dem von ihm gestalteten, aber von ihr durch ihr Sein in seiner Gestaltungsmöglichkeit vorgegebenen Tanz beständig weiter hochschraubte. Bald wären sie an der Kante eines riesigen Wellenbrechers an jenem Punkt angelangt, wo eine winzige unkontrollierte Bewegung, ein plötzlich auftauchender Geruch, ein sich bietender Anblick, eine sich verselbstständigende Fantasie der letzte Tropfen sein würde, um der sie erfassenden Naturgewalt den Weg zu brechen.

Nachher atmeten sie beide schwer und spürten den Schweißfilm auf ihrer Haut. Er hatte sie mit einem Arm umfasst, und sie lag eng an ihn geschmiegt, den Kopf auf seinem Brustkorb ruhend, und fürchtete, wie immer, dass ihm dies zu schwer werden könnte.

Er lag auf dem Rücken und hatte alle Gliedmaßen wie ein erlegter Käfer schlaff von sich gestreckt. So lagen sie, bis sich ihr Atem und Puls etwas beruhigt hatten. Die Flammen der Kerzen in den beiden Teelichtern an jeder Seite des Betthaupts flackerten ein wenig. Katharina fühlte sich wohlig, entspannt, in einem Kokon von Nähe und Angekommen-Sein, den sie noch nicht bereit war aufzubrechen, um hinaus in ein nüchternes Alltagsleben mit seinen Anforderungen zu fliegen.

„Warum ist man so schrecklich offen nach dem Orgasmus, so weich und so nach Nähe bedürftig?", sagte er plötzlich. Seine Stimme hatte einen Klang, in dem sich Traurigkeit, Wut und Sehnsucht in einer explosiven Legierung verbanden.

Damit setzte er sich abrupt auf, lehnte sich an das Betthaupt und suchte auf dem Nachtkästchen daneben nach einer der Metallschachteln mit

Zigarillos, die überall in der Wohnung lagerten. Mit einer heftigen Bewegung holte er eine aus der Verpackung. Zornig klickte das Feuerzeug und eine giftige Zacke flammte auf. Stefan tat einen kräftigen Zug, inhalierte tief. Sein Brustkorb mit den dichten weißgrauen Haarkringeln blies sich wie im Widerstand gegen das gerade Erlebte kräftig auf.

Es erfüllte sie immer mit Sorge, wenn sie ihn so intensiv rauchen sah. Sie musste sich dann an die vielen Lungen, die sie als junge Ärztin in der Prosektur auf der Pathologie aufgearbeitet hatte, erinnern. Es ging ihr nur bei ihm so. Ihn hätte sie gerne geschützt. Sie würde aber nie etwas dazu sagen. Sie selbst inhalierte lieber gar nicht.

„Verdammt, man ist so viel leichter vernichtbar für Feinde, so viel mehr schutzlos und so viel mehr seinen eigenen Ängsten ausgeliefert durch den Orgasmus. Sag mir, was ist der evolutionsbiologische Nutzen davon? Was ist der Nutzen, der größer ist und rechtfertigen kann, all diese Risiken einzugehen?"

Stefan schien wirklich verwirrt und gleichzeitig zornig. Katharina, die sich ihrerseits nun zur Seite gedreht hatte und, auf dem Ellenbogen aufgestützt, eine Armlänge entfernt von ihm lag, fragte sich, ob er wohl diesmal wirklich einen Orgasmus erlebt hatte, nicht nur eine physische Entladung in einer Ejakulation. Vielleicht war ihm dieses Loslassen und sich vertrauensvoll in sich selbst, in die Arme des anderen sowie in ein Verschmelzungsgefühl mit der Welt fallen zu lassen gerade geschehen und hatte diese Reaktion ausgelöst. Für Männer konnte der Orgasmus eine schwierige Sache sein. Dieses ozeanische Gefühl eines Schmelzens und Aufgehens war vielen verschlossen. Das Abspritzen des Ejakulats wurde als einziges Referenzzeichen, die Ziellinie erfolgreich überlaufen zu haben, angesehen, und Gesellschaft und Pornoindustrie taten das Ihre dafür, diese Vorstellung zu kultivieren, sodass etliche Männer ihr Leben lang Ausgesperrte blieben. Ein wirkliches Loslassen und Geborgenheit in der liebevollen Umarmung erlebten sie gar nicht. Aber neben Neugier lebte die Pornoindustrie schließlich auch von diesem Umstand am besten, vom eigenen Erlebensmangel der Menschen, dem mit Überstimulation zu Leibe gerückt wurde.

„Der Nutzen des Orgasmus?", wiederholte sie gedankenvoll seine Frage. „Eigentlich das, was wir zuvor diskutiert haben. Du hattest zwar deine

Wachsamkeit für kurze Zeit aufgegeben und warst für jedes wilde Tier leichtere Beute, ein Problem, dem wir übrigens mit dem Wunsch nach Rückzug in Privatheit beim Geschlechtsakt beigekommen sind, aber wir konnten Intimität und Verbundenheit erleben. Als hochsoziales Wesen ist das der Klebstoff, der einem Halt in einem immer komplexer werdenden Kosmos gibt. Du bist intimer Initiator und gleichzeitig Zeuge meiner Hingabe sowie persönlichen Auslieferung im Orgasmus. Das schafft für normal Bindung und Beziehung. Das fördert sogar unsere Neurotransmitterchemie mit einem Oxytocin-Ausstoß. Und ich glaube, dass Beziehungen, die einem freien annehmenden Lieben folgen, die Kraft haben, Lebenswunden und einschränkende Überzeugungen zu heilen."

Sie hatte sehr ernst und dabei in weichem Ton gesprochen. Das fiel ihr jetzt auf. Sie wollte in keinem Fall belehrend oder gar ideologisierend wirken. Das wäre fehl am Platz, fand sie. Sie versuchte daher nachfolgend einen scherzenden Ton anzuschlagen: „Du siehst also jetzt am gerade gelaufenen heroischen Selbstversuch, dass meine These stimmt. Es geht um die Entwicklung von Komplexität und deren Bewältigung! Vielleicht war die Liebe noch nie so wichtig wie heute!" Sie lachte.

Er blieb nachdenklich, machte ein wenig den Eindruck, ertappt zu sein und nun nach einem Ausweg zu suchen, um das Thema nicht vertiefen zu müssen: „Aber vögeln darf ich dich schon auch einfach deswegen, weil du mich geil machst und ich ihn dir hineinstecken will?" Sie fühlte, dass er an der Grenze dessen, was er zulassen könnte, angelangt war. Darum stieg sie in sein Spiel ein und imitierte kurz Brüskierung, um dann in Komplizenschaft mit ihm die Umgebung des Betts nach den verwilderten Resten ihrer Kleidung abzusuchen.

Etwas später war Stefan plötzlich ganz aufgeräumter Stimmung, ganz weich im Umgang mit ihr und redselig. Er spielte Musik aus „ihrer" Zeit, also meistens Rock, und da er ausgezeichnetes Fachwissen dazu hatte, hörte sie ihm meistens bei den von ihm gelieferten Erklärungen und Anekdoten zu den Bands oder der Entstehung der Nummern nur zu und versuchte sich die Stücke und die Namen der Gruppen einzuprägen. Er konnte auch alle möglichen Takte heraushören und diese nachklopfen.

Katharina empfand sich neben ihm seltsam klobig und tollpatschig. Seine Begeisterung und die dabei sichtbare Transformation in einen Jungen berührten sie.

Schließlich stellte er Lounge-Musik als Hintergrund ein und öffnete trotz der späten Stunde noch eine Flasche Rotwein. Er saß mit seinem Glas auf den Stufen, die zum Obergeschoß führten, und sie hatte es sich mit ihrem auf dem gegenüberstehenden Sofa bequem gemacht. Es fühlte sich plötzlich für sie so an, als brauche sie jetzt diese Distanz von fast drei Metern von ihm als Sicherheitsabstand, so als wäre ihr gerade erst bewusst geworden, dass es zuvor zu überwältigend gewesen war, als er in ihr war. Vielleicht konnte sie es ja gar nicht vollkommen zulassen, sich selbst ganz zu spüren, theoretisierte nur großspurig herum und er war in seiner Abwehr viel authentischer als sie selbst.

Stefan erzählte jetzt detailreich zu Waterloo und den banalen historischen Fehleinschätzungen, die, wären sie nicht passiert, Europa bis heute ein anderes Gesicht aufgedrückt hätten. Er verfügte über enormes historisches Fachwissen und verstand hervorragend und fesselnd, detailreich zu erzählen. Es wirkte, als wäre er hinter den Kulissen dabei gewesen und würde ihr jetzt den Klatsch „Napoleon ganz intim" erzählen. „Memoiren eines Oberkämmerers" würde auch hinkommen.

Dann erklärte er ihr die Verleihungskriterien des Maria-Theresien-Ordens, der für „aus eigener Initiative unternommene, erfolgreiche Waffentaten, die ein Offizier von Ehre auch ohne Tadel hätte unterlassen können", wie er das Kriterium beschrieb, verliehen worden war. Das schloss auch die bewusste Missachtung eines Befehls mit ein, wenn diese Handlung für einen positiven Ausgang einer Schlacht entscheidend war. Die grundsätzliche Möglichkeit, das gottgleiche Generaloberkommando infrage zu stellen, erschien auch Katharina für ein absolutistisches Regime wie die Habsburger enorm aufgeschlossen und selbstkritisch. Das fühlte sich irgendwie gut an, ging so in Richtung Aufklärung und Menschenrechte, fand Katharina, auch wenn sie dies nicht hätte schlüssig argumentieren können.

„Die Preußen hatten etwas Ähnliches", ergänzte er. „Die haben mehr oder weniger nach den analogen Regeln eine entsprechende Auszeichnung vergeben." Katharina blickte ihn fragend an, denn aus seinem Ton war ersichtlich, dass er noch etwas hinzufügen würde, er eine Pointe auf Lager hätte. „Nach der Ordensverleihung haben sie den Betreffenden allerdings wegen der begangenen Insubordination erschossen.“ Gehorsam rangierte bei den sturen Preußen eben über Eigeninitiative, selbst wenn der Ausgang angestrebt war.

Er war jetzt richtig in Fahrt und blätterte die großen historischen Zusammenhänge mit ihren Bezügen im Atlas der einander in den Zeitaltern ablösenden Weltmächte vor Katharina in begeisternder Atemlosigkeit auf. Sie folgte ihm gespannt, so wie eine Schülerin dem Vortrag des von ihr bewunderten Lehrers lauscht.

Jetzt im Windschatten seines Sprechens gelang es ihr, in ihr Inneres zu hören. Das zuvor mit ihm erlebte Gefühl war nun erträglich in seiner Intensität, doch gleichzeitig dennoch so heftig, dass ihr Geschlecht im Widerhall des soeben vollzogenen Geschlechtsverkehrs gerade jetzt wieder zu explodieren schien.

„Das fünfzehnte Jahrhundert gehörte den Italienern“, hörte sie ihn sagen, während er gleichzeitig Argumente seiner These zur Untermauerung aufzählte, „das sechzehnte gehörte den Spaniern, das siebzehnte den Niederländern, das achtzehnte Jahrhundert?“ Er machte eine Kunstpause und hatte seiner Stimme den Klang einer scheinbaren Frage verliehen. „Den Franzosen?“, ergänzte Katharina aus einer Eingebung heraus mit unsicher fragender Stimme. „Stimmt“, merkte er wie ein mit seiner aufmerksamen Schülerin zufriedener Geschichtsprofessor an. „Das neunzehnte Jahrhundert gehörte den Briten und das zwanzigste erstmals nicht Europa, sondern den Amerikanern“, fuhr er fort. „Und wem wird das einundzwanzigste Jahrhundert wohl gehören?“, stellte er mit historischer Schwere in der Stimme die Frage. „Den Überlebenden“, hörte sich Katharina plötzlich sagen, ohne nachgedacht zu haben, und ihre Blicke trafen einander in großem Ernst.

„Vor dem Zweiten Weltkrieg hatte man die Wahl zwischen drei großen Narrativen“, meinte sie. „Dem faschistischen, dem kommunistischen und dem liberalen. Nach dem Zweiten Weltkrieg konnte man das faschistische streichen und übrig blieben das kommunistische und das liberale. Man konnte sich auf großen Plakaten kommunistischer Propaganda mit dem Genossen in der Grube identifizieren, der dem großen kommunistischen Traum zum Durchbruch verhelfen würde, oder aber in der Puppenhausatmosphäre der Waschmittel- und Haushaltgeräte einem spürbaren Lebenserleichterungstraum mit Wohlstand für den Mittelstand glaubwürdig nachhängen.

Nach dem Fall der Mauer ist nur mehr das liberale Narrativ übrig geblieben und die Wohlstandseinlösung für die gesamte Menschheit ist einer noch viel stärkeren Kapitalpolarisation als je zuvor gewichen. Der Mittelstand wird gerade zerrieben.

Und womit soll man sich nun, mehr als dreißig Jahre später, identifizieren? Heute werden Begriffe wie Algorithmus, Nanotechnologie, Human Genome Decodification, Fusion von Infotech und Biotech, Body Enhancement und so weiter die Basis eines neuen Narrativs. Aber ob dies ein liberal-humanistisches sein wird oder ein transhumanistisches, ist die große Fragestellung.

Noch dazu haben die meisten Menschen das Gefühl, selbst in diesem Entwicklungsprozess keine Entscheidungsrolle mehr einnehmen zu können, ja ihn nicht einmal zu überblicken. Kaum jemand hat Ahnung zu der tatsächlichen Bedeutung der zuvor benannten Begriffe. Und vor allem sind deren Konsequenzen kaum jemandem nur ansatzweise erschlossen. Trotzdem spürt jeder, dass sie sein Leben entscheiden werden. Eines ist jedenfalls klar: Die Welt wird zunehmend komplexer." Sie hatte geendet und sah ihn fragend an.

„Der beste Geschlechtsverkehr ist der, bei dem das Nachspiel gut ist", sagte er jetzt in die entstandene Schwere hinein und entspannte damit die Situation. Sie lachten beide.

Dennoch schien er durch den ganzen Abend irgendwie stark berührt, wenn nicht sogar aufgerissen zu sein, denn er wollte ihr *seine* Schlüsselszenen aus dem Film „Spiel mir das Lied vom Tod" vorführen. Rasch griff er sich die DVD aus einem Regal und legte sie ein.

Natürlich identifizierte er sich mit „Harmonika". Ein Jäger und Sammler wie er, meinte er, einer, der nicht bleiben kann, sondern getrieben weitermuss, wie sich deutlich aus der Szene ergibt, in der ihm Claudia Cardinale anbietet, zu bleiben.

„Einer wartet immer“, sprach er den Filmtext eine Zehntelsekunde vor Bronson und genau in dessen Stimmlage, und Katharina dachte sich, dass mit einer generalisierten Angststörung das Narrativ des tragischen Helden das Sicherste war, denn es konnte nie enttäuscht werden. Aus Katharinas Analyse der Geschichte war „Harmonika“ allerdings eher ein schwer traumatisierter Jugendlicher, der „versagt“ hatte und in seiner lebenslangen Rachemission vergeblich Heilung suchte – noch dazu um den Preis, außerhalb der Gemeinschaft stehen zu müssen.

Wahrscheinlich hatte Stefan in seiner persönlichen Verbohrtheit die Lösung nicht verstanden, denn in der letzten Szene wird die Botschaft sehr deutlich, meinte Katharina schlussendlich. Denn der Abspann in der Totalen weist eindeutig in die Zukunft. Die Eisenbahn fährt triumphal erstmals den vorgetriebenen Streckenabschnitt. Und mit ihr kommt die Moderne mit zunehmender Komplexität, funktionierender Rechtsprechung und einer Fülle an Möglichkeiten … er hätte einfach bleiben sollen.

Es war sehr spät geworden. Sie spürte, dass sie jetzt unbedingt gehen wollte. Die Hartnäckigkeit seiner Identifikation hatte sie neuerlich erschüttert. Vielleicht war es die Wucht des Films als Medium oder ihre Erschöpfung und der Alkohol, doch sie erlebte Stefan gerade eingemauert in einer abweisenden, nicht hinterfragbaren Festung, die sich in diesem Satz „Einer wartet immer“ als hohes Ausmaß von resignierter Unerreichbarkeit manifestierte. Sie fragte sich, ob er ihr diese Filmszenen absichtlich und gerade weil sie sich heute so nah miteinander gefühlt hatten, vorgespielt hatte. Vielleicht war es eine Warnung, Distanz zu halten.

Er rief ihr auf ihre Bitte hin ein Taxi. „Das Taxi kommt in drei Minuten“, sagte er und sie war erleichtert und wehmütig zugleich. Sie musste jetzt rasch gehen, nahm ihren Blazer, ließ sich von Stefan hineinhelfen und küsste ihn rasch, wobei ihr auffiel, dass sie bereits beide wieder eine feine Trennschicht von Unverbindlichkeit, wie eine unsichtbare, vor Nähe schützende Strumpfmaske, übergezogen hatten. Heute fühlte sie sich vollkommen aufgerissen. Sie wusste, dass sie nun Tage brauchen würde, um ihre Unverwundbarkeit wiederherzustellen.

Als sie beim Lift stand und auf die Kabine wartete, kam es ihr unvermutet wieder. Es war, als würde sie die Sicherheit des Alleinseins brauchen, um sich ganz dem Gefühl, ihn in sich zu spüren, hingeben zu können.

Es dauerte nicht Tage, sondern sehr viel länger. Die ganze Zeit über war sie von sentimentaler Wehmütigkeit durchzogen, sah Charles Bronson sinnlos in die Weite des einsamen Horizonts reiten und die schöne Claudia Cardinale den Alltag für die Kerle der Eisenbahngesellschaft mit ihren feuchten Träumen regulieren. Beide unerfüllt, getrennt von einem sinnlosen, sturen Prinzip einer stolzen Tragik, die doch nur der Verschleierung von Lebensangst diente. Es war zum Kotzen. Davon wollte sie nicht Teil sein. Aber die Intensität ihrer Begegnung mit Stefan irritierte sie und sprach eine so andere Sprache. Dies allerdings leben zu können konnte Galaxien entfernt sein. Sie nahm Zuflucht zu dem ihr einzig sicher erscheinenden Mittel – Distanz. Und wenn sie daran dachte, dass ihm dies alles egal sein könnte, so kränkte sie das nicht, sondern erfüllte sie mit Trostlosigkeit für ihn, der dieser Seeleneinsamkeit nur mit gierigen Momenten der Einverleibung begegnen könnte.

Sie ließ gute Wochen verstreichen. Leicht gelang es ihr, viel beschäftigt zu sein.

Dem frühen Sommer, den sie sosehr liebte, weil er ein Versprechen für die erst kommende Hitze war, war es bereits zielsicher gelungen, sich im Thermometer so festzukrallen, dass sie auch abends getrost keinen Mantel mehr mit sich nehmen musste.

Oft wunderte, nein schämte sie sich sogar ein wenig, dass die Oberflächlichkeit von Bekleidung einen so großen Einfluss auf sie auszuüben vermochte. Doch entsprach dies eben ihrer banalen Realität. Je weniger Kleidung sie auf ihrem Körper trug, desto freier und froher fühlte sie sich, desto kreativer und lebendiger war ihr Denken.

Sie traf ihre Vorbereitungen für den kommenden Sommer, freute sich über die Aussicht, alle Kinder für ein paar Wochen um sich haben zu können, und beschloss, sich die Freiheit zu geben, bereits etwas früher als sonst in ihr Haus in die Toskana zu fahren. Kurz dachte sie an ihren Ex-Geliebten, den Magier, der seinen Zauber eingebüßt hatte, und an ihr letztes unangenehmes Zusammentreffen. Doch es war wieder viel Zeit vergangen und sie hatte nichts mehr von ihm gehört.

Wie sich Stefan in diese Sommerperiode hier einfügen würde, wollte sie ihm überlassen. Einmal hatte er überschwänglich gemeint: „Lass uns einen geilen Sommer haben." Und alle möglichen gemeinsamen Aktivitäten und Ausflüge angesprochen. Aber sie nahm ihn hier besser nicht ernst, hatte sie entschieden. Sie hielt diese enthusiastischen Ausmalungen mehr für Köder aus seiner Instrumentenbox, Frauen anzuziehen und ihnen Nähe vorzugaukeln, um sie dann frustrieren zu können, wenn sie begannen, sich ihrerseits einzubringen. Vielleicht verhielt er sich auch gar nicht vorsätzlich so, empfand es im Moment wirklich als eine „geile Perspektive", wenn er sich gemeinsame Unternehmungen vorstellte, brachte aber nachfolgend nicht die notwendige Einlösungskraft und Bereitschaft auf, sich auszusetzen. Egal ob Vorsatz oder Unbewusstes: Dafür wollte sie nicht zur Verfügung stehen.

Die Recherchen für ihr Buchprojekt boten ihr willkommene Ablenkung, auch wenn sie sich weitaus umfassender gestalteten, als Katharina ursprünglich veranschlagt hatte. Doch es hatte sich gelohnt. Sie war sich nun sicher, dass es nicht ein weiteres Buch in der Reihe von „Frauen kommen von der Venus und Männer von einem anderen Stern" werden sollte. Ihr schwebte eine viel kompromisslosere Auseinandersetzung mit dem Thema der Liebe vor. Und sie suchte nach einer grundsätzlichen Begrifflichkeit, die für alle die verschiedenen Formen der Liebe gleichermaßen zutreffend wäre, etwas, was sich in der Liebe zum Freund, zum Kind, zum Elternteil oder Bruder genauso unverzichtbar wiederfände wie in jener zu Gott, der Arbeit, einem höheren Zweck oder einer Überzeugung, aber auch dem Lebens- und Sexualpartner. Sie suchte nach dem, was das sichere Wissen verlieh, dass es sich um Liebe handle. Und sie fragte sich, ob es einer dieser Formen der Liebe wohl möglich wäre, *alle* Aspekte der anderen in sich zu tragen, sie in sich zu vereinen.

Bei ihren Forschungen war sie natürlich auch auf die spirituelle Ebene verschiedener Liebeskonzepte gestoßen, die, wenn sie nicht gerade fernöstlich und zielgerichtet esoterisch auf die Steigerung sexuellen Lustempfindens ausgerichtet waren, in allen traditionellen Ecken von Religion die Liebe in einem sexualfeindlichen Klima ansiedelten. Warum war dies nur so? Katharina erinnerte sich, dass ihr früherer Liebhaber vom bodenlangen Nachthemd seiner Großmutter erzählt hatte. Dieses hatte, neben sorgfältig plissierten Ärmeln, eine Öffnung auf Höhe ihres Geschlechts gehabt, sowie über der Brust den gestickten Schriftzug: „Nicht zum Genuss, sondern um Gott einen Sohn zu schenken!" Solche Verbannung von Sexualität in den Hinterhof der Liebe erschien Katharina vollkommen absurd. Oder folgte jene Abtrennung einem ganz anderen Kalkül? Sollte damit gerade verhindert werden, dass Menschen im intimsten Austausch der Sexualität, des „Liebemachens" jene größere gemeinsame Ganzheit finden könnten, jene, die schon Platon in seinem Mythos der Kugelmenschen als Zielsetzung des Strebens menschlicher Vollständigkeit in ein Bild gebracht hatte? Wären die Menschen damit zu frei?

Bei ihrer Arbeit war sie durch Zufall auch auf die Schriften eines Mönchs gestoßen. Sie waren ihr unerwartet offen und lebensfrisch erschienen. Kontinuierliche Achtsamkeit war jenes Mittel, das dem Umgang mit jedem Gegenüber – sei es das eigene Kind, der Freund oder Liebespartner – jene Qualität verlieh, die den Namen Liebe verdiente. Dasselbe, wenngleich auf den ersten Blick befremdlich, galt auch jedem Ding oder auch einer Idee gegenüber, wenn dieses starke Gefühl des Erfüllt-Seins, eben Liebens, ausgedrückt werden sollte.

Es war so simpel, dachte Katharina bei sich. Das Betriebssystem der Liebe hieß Achtsamkeit, egal ob es sich um eine Person, eine Sache oder eine Überzeugung handelte, als sie in einem Absatz seiner Schriften der Schilderung des Mönchs über die Pflege seines Fahrrads folgte. *Bewusste Achtsamkeit ließ einen zum Liebenden werden.*

Er schien ein außergewöhnlicher Mann zu sein, schon weit in seinen Achtzigern, war spät berufen gewesen, hatte viel studiert. Auf einem Foto im Internet blickte ihr aus einem asketisch anmutenden Greisengesicht ein scharfer, viel jünger wirkender Verstand entgegen. Seine Thesen zur Sexualität waren noch viel ungewöhnlicher für einen Geistlichen. „Sexualität ist in jeder Begegnung präsent", schrieb er. „Dies zu verleugnen würde bedeuten zu leugnen, dass der Hund einen Schwanz habe.“ Katharina fand ihn in seiner Wortwahl provokant.

Sie scrollte die Seite weiter nach unten. Er hatte sie eindeutig neugierig gemacht. Ihn würde sie gerne treffen. Sie stellte fest, dass er hauptsächlich im Ausland lebte. Bedingt durch sein hohes Alter kam er zunehmend selten herüber in seine Heimat. Dann blieb ihr Blick an der Ankündigung eines Vortrags von ihm im Veranstaltungszentrum eines Klosters hängen. Das Datum war das heutige. Rasch kalkulierte sie die Entfernung und wenig später saß sie in ihrem Wagen. Mit etwas Glück würde sie knapp nach Beginn der Veranstaltung eintreffen können.

Sie wusste nicht, ob es das Geräusch der niedergedrückten Klinke war oder der Mann auf der Bühne eben gerade von sich aus in seinem Vortrag innegehalten hatte. Er trug ein kuttenartig geschnittenes Oberteil aus grobem Stoff und ebensolche Hosen und blickte Katharina sehr gerade und direkt an. Es war ein Moment absoluter Stille und auch die Zeit schien für diesen Augenblick ihres begegnenden Blicks wie eingefroren. Der Saal war vollbesetzt und Katharina fühlte sich unter den Blicken der gut hundertfünfzig Zuhörer, die sich ihr nun zuwandten, sehr bloß und störend. Doch der Mönch lächelte ihr zu und lud sie mit einer offenen Handbewegung auf einen der letzten freien Sitze in der ersten Reihe ein. Für einen Moment schien es ihr, als wäre der Platz für sie reserviert gewesen, und sie beeilte sich, ihn einzunehmen.

Daraufhin setzte er in seinem Vortrag fort und Katharina war gebannt von der so klaren Schlichtheit, mit der er von der Liebesfähigkeit als dem das ganze Universum begründenden Prinzip sprach.

Nachdem er geendet hatte, fühlte sie sich betäubt und spürte gleichzeitig eine Resonanz, die in ihrer Totalität nicht allein durch ein Verstehen aus dem rationalen Verstand ihre Begründung findet.

Sie hatte sich gerade gebückt, um ihre auf dem Boden stehende Handtasche wieder aufzunehmen, als sie eine Hand auf dem linken Unterarm ihrer grauen Kostümjacke spürte: „Sie wollten mich etwas fragen.“ Der Griff war fest, schien zur physischen Kräftigkeit eines viel jüngeren Mannes zu passen, genauso wie sie sich schon während des ganzen Vortrags über die hohe Energie, die seine Stimme transportierte, gewundert hatte. Da war kein Ausdünnen des Lebensfadens spürbar, kein ängstliches Flackern der Lebensflamme. Dieser Mann strahlte Kraft und Sicherheit aus und im Moment schien es Katharina sogar so, als ob ein schalkhaftes, wenn nicht gar animierendes Aufblitzen in seinem Blick lag. „Mitten im Leben", schoss es Katharina ganz unvermutet durch den Kopf.

„Sie haben tatsächlich recht", fasste sie sich schnell. Ein kurzes, sehr warmes Lächeln huschte durch sein von zahllosen Falten durchfurchtes Gesicht und wieder hatte Katharina dieses seltsame Gefühl, dass es sich um einen mindestens dreißig Jahre jüngeren Mann handeln musste, der da vor ihr stand. Die Daten zu seiner Geburt und seiner Biografie, die sie gelesen hatte, wollten einfach nicht zu ihrem Gegenüber passen.

„Es lag in Ihrem Blick und Ihrer Haltung", begründete er seine Annahme, „und auch in der Art, wie Sie meinem Vortrag gefolgt sind." Es stimmte, musste Katharina vor sich zugeben, doch dass er sie so zielsicher hatte lesen können, zeugte von nahezu magischer Sensitivität.

„Ich begleite Sie gerne hinaus", nahm der Mönch das Gespräch wieder auf. Erneut fiel Katharina die Stärke seiner Stimme und ihre Wärme auf. Stefan konnte auch so klingen – manchmal –, allerdings nur in jenen Momenten, in denen es ihm möglich war, offen und ganz da zu sein. Aber Stefan beherrschte auch einen kalten Ton, der einen versteinern ließ, ganz so wie im Märchen, wenn man dem bösen Zauberer begegnete.

„Sie sind sicher mit einem Wagen hier", knüpfte der Mönch den Faden ihres Gesprächs weiter. „Draußen an der frischen Luft spricht es sich freier." Wieder meinte Katharina ein feines, schalkhaftes Lächeln um seine Mundwinkel spielen zu sehen. Sie verließen den Saal und folgten einem breiten Gang, der in ein Foyer und von dort nach draußen führte. Eine beachtliche Menge der Zuhörer ließ es sich nicht nehmen, sich von ihm verabschieden und dabei ein paar kurze, persönliche Sätze anbringen zu wollen. Er wandte sich jedem mit der gleichen, vollkommenen Aufmerksamkeit zu, ließ sich jedoch in kein Gespräch verstricken, sondern setzte zielgerichtet seinen Weg mit Katharina weiter fort.

Schließlich standen sie etwas abseits von der ganzen Anlage auf dem kiesbestreuten Parkplatz. Uralte Linden rahmten ihn an zwei gegenüberliegenden Seiten ein, um in eine Allee zusammenzufließen, die die linear angelegte Zufahrtsstraße wie defilierende Soldaten säumte. Die Dunkelheit des in der Zeit des Vortrags hereingebrochenen späteren Abends ließ die nun im Hintergrund liegende barocke Klosteranlage im Licht der Außenbeleuchtung schemenhaft wie ein Bühnenbild eines Disneyfilms wirken.

Katharina fiel die angenehme Frische der Abendluft, vermischt mit dem Duft der gerade blühenden Linden, auf. Er hatte recht gehabt. Die Luft tat jetzt nach der Schwüle des Vortragssaals gut.

„Warum ist wirkliche Liebe gerade zwischen den Geschlechtern so schwierig? Liegt es an der Sexualität? Ist es die Sexualität, die so zerstörerisch wirkt?“ Katharina hatte ihn eigentlich zu seinen Schriften befragen wollen. Doch diese Fragen waren nun unerwartet aus ihr herausgebrochen. Es musste an der Deckung liegen, die das Halbdunkel um sie herum bot, dass sie nun so direkt geworden war. Wieder schien er zu lächeln.

„Sexualität, wie ich sie empfinde, ist die Gestaltwerdung der Urkraft. Sie manifestiert sich unermüdlich, wenn wir leben, in jeder Begegnung – auch in unserer“, stellte er ganz ruhig klar. „Im ehrlich geteilten Raum dieses Austauschs entstehen Bindung und Beziehung, Loyalität und Kameradschaft. Sexualität ist in dieser offenen unverstellten Begegnung Ausdruck der gestaltenden Urkraft der Liebe. Liebende können in der aufrichtigen Begegnung der Geschlechtlichkeit ein völlig neues Ganzes gestalten. Dabei sind sie so wie Ying und Yang zu sehen und für sich genommen Teile, die unvermischt und gleichzeitig ungetrennt, gemeinsam ein für jeden allein unerreichbares Ganzes bilden. Für einzelne Momente dieses Einsseins wird wirklich Liebenden in ihrer Geschlechtlichkeit auch die Erkenntnis der Unendlichkeit erfahrbar, nämlich dann, wenn sie sich ganz zu geben vermögen. Das ist das Besondere an der genitalen Sexualität.“

Er hatte ernsthaft gesprochen und sehr sanft zugleich und fuhr mit einem weitaus nüchternen Ton fort: „Doch die darin liegende Freiheit braucht viel Mut und Vertrauen. Eine machtvolle Verwaltung der Geschlechterbeziehung durch Konvention und Moral nimmt sich dagegen viel einfacher aus.“

Katharina war perplex. Die ganze Situation war ungewöhnlich. Alles was er sagte, passte ganz sicher nicht zu einem katholischen Mönch.

„Es ist spät geworden“, meinte er in einem Ton, als hätten sie gerade über Selbstverständliches gesprochen, und vielleicht war dies für ihn ja auch so. Für einen Augenblick standen sie einander gegenüber. Schließlich umarmte der Mönch Katharina und sie fühlte die warme Kraft, die von diesem Kuss des Herzens ausging, bevor er sich abwandte und noch meinte: „Leben Sie Ihr Lieben mit ganzem Herzen und der in Ihnen wohnenden erotischen Kraft, denn sie ist ihre Farbpalette und das besondere Erkenntnismittel der Liebe zwischen den Geschlechtern.“

Katharina blickte ihm nach, wie er mit federndem Schritt in der Dunkelheit in Richtung des Klosters verschwand. Sie fühlte sich verwirrt und verstört zugleich, hatte sie doch gerade eben in dieser Umarmung jene Kraft, von der er gesprochen hatte, ganz unerwartet und heftig gespürt.

Auf der Heimfahrt lief ihr ein Reh vor den Wagen. Es war ganz plötzlich da gewesen, mehr eine Ahnung und nur ein Schatten am Rand des Scheinwerferkegels, den ihr starker Wagen in das nächtliche Dunkel schnitt. Ihre Reaktion folgte einem intuitiven Ballett und der Erwartung des dumpfen Aufschlags des Tierkörpers. Als ihr Wagen zum Stillstand kam, fand sie sich neben der Fahrbahn weit auf die Bankette versetzt. Eine seitliche Ausholzung, die sonst wohl zur Lagerung von Streugut von der Straßenmeisterei genutzt wurde, hatte verhindert, dass sie gegen einen der dicht neben der Straße wachsenden Nadelbäume geknallt war. Ihr Puls pochte laut in ihren Schläfen, ihr Herz schien im Adrenalinsturm wie ein flatternder Vogel gegen seinen Rippenkäfig zu schlagen.

Drüben auf der anderen Straßenseite stand das Reh. Es verharrte bewegungslos, schien gebannt in seiner eigenen Anstrahlung durch den Autoscheinwerfer und blickte aus großen Augen ganz ruhig herüber. Dann wurde Katharina auf das zweite Tier unmittelbar daneben aufmerksam. Das Reh hatte ein Junges gehabt. Dieses war wohl der Schatten gewesen, der Katharina zu dem gerade abgelaufenen Manöver veranlasst hatte. Deutlich kleiner stand es dicht gedrängt zum Muttertier am äußeren Rand des Lichtkegels.

Mehrere Sekunden vergingen. Das Reh mit seinem Kitz verharrte auf der einen Seite der nächtlichen Straße, Katharina in ihrem Wagen auf der anderen. Es schien Katharina ein seltsamer, ja magischer Moment des Einverständnisses zu sein, als das Reh schließlich das Haupt neigte, ganz so, als wollte das Reh sie grüßen oder sich bedanken, um anschließend den Körper mit einer Geste freudvoller Freiheit weit durchzustrecken und endlich mit weiten Sätzen im Wald zu verschwinden.

Katharina lehnte sich mit einem tiefen Aufatmen in ihrem Sitz zurück. Sie hatte das gläserne Autodach während der Fahrt geöffnet gehabt. Die dunkle, sternenüberzogene Kuppel über ihr und die zackigen, scherenschnittartigen Umrisse der in den Nachthimmel ragenden hohen Tannen erschienen ihr wie aus einem Kinderbuch, der ganze Abend plötzlich so, als wäre sie selbst in ein magisches Märchen hineingefallen, dessen Botschaft sie zu entschlüsseln hatte.

Ein paar Tage später schrieb Stefan ihr eines Morgens eine Nachricht. „Welche Schuhe?" Sie war bereits in der Praxis und dieser erotische Code – denn elegantes Schuhwerk, in dem bestrumpfte Beine steckten, erregte ihn – traf sie in der Art, wie ein feiner Peitschenhieb zur Aufmerksamkeit und Konzentration auf das Wesentliche mahnt.

Sie trafen sich in dieser Vorliebe, denn auch Katharina war der Ansicht, dass der Schuh die gesamte Atmosphäre, eben die des Auftritts festlegte und in der Verschmelzung mit dem ihm innewohnenden Gang die Erotik einer Szene bestimmen konnte.

Man konnte mit der elastischen Kumpelhaftigkeit von Turnschuhen unkompliziert sportliche Sexualität ausdrücken, mit nachlässig gebundenen Dr. Martens derbe Griffigkeit provozieren, den flachen unscheinbaren Pumps mit irgendeiner verzichtbaren Schnallengarnierung leidenschaftslose Pflichtsexualität zuordnen oder auch mit schwankenden Stilettos gedankenlose Vulgarität vorführen.

Doch allein dieser Schuh, der mit einem fein geschwungenen, zur Bleistiftform zusammenlaufenden halbhohen Absatz den Fuß zu einer grazilen Schwingung animiert, kann der Hüfte, wenn sie sich der Botschaft des Schuhs nicht entzieht, eine Weiche des Schwungs vorgeben, die einer lasziven Aufforderung gleichkommt und gleichzeitig befehlend nach dem Vollzug drängt.

Der Hitze entsprechend trug sie heute feine Riemchensandalen von eben dieser Höhe. Ihre rot lackierten Zehen steckten in einem lockeren Geflecht der schwarzen Lederriemen, aus dem sich ein Streifen gelöst zu haben schien und sich quer über ihren Vorfuß und um ihre Ferse zu einer haltgebenden Schlaufe wand. Sie setzte sich auf einen Stuhl, schlug die Beine übereinander und machte ein Foto der Schuhe und ihrer überschlagenen Beine. Das schickte sie ihm zur Antwort.

Es war der Tag der Sommersonnenwende und eine ungewöhnliche Hitze war zu Katharinas Freude, wie eine erste Schwalbe, Vorbote eines heißen Sommers.

Abends schickte er ihr ein Bild, das er gerade aufgenommen hatte, als Reaktion auf ihres. Es zeigte die sinkende Sonne und verströmte eine magische Atmosphäre. Damit berührte er Katharina und sie gestand ihm das. Er verstrickte sie daraufhin in einen erotischen Dialog. Er war ungewöhnlich explizit in seinem Geständnis seiner Lust auf sie und drängte sie, sofort zu ihm zu kommen. Auch sie fühlte eruptives Begehren in sich, hätte nur allzu gern alles stehen und liegen gelassen und wäre zu ihm geeilt, um diesem plötzlichen Aufbrechen erotischen Drängens zwischen ihnen rückhaltlos Raum zu geben.

Sie fühlte, dass sie imstande waren, aneinander eine Fackel hemmungsloser, erotischer Gestaltung zur Entzündung zu bringen. In tabuloser Auslotung könnten sie einander in jedem Extrem finden.

Doch sosehr jetzt bloß durch die winzigen, in seinem so persönlichen Stil gesetzten Botschaften auf ihrem lächerlichen Handyschirm das eigene, ziehende Drängen als aufschießende Nässe ihres Geschlechts bewusst wurde, fühlte sie genauso deutlich, dass sie sich heute an den Mast binden lassen müsste, um dem Sirenengesang widerstehen zu können.

Sie waren einfach nicht so weit.

Den Pinsel in die Farbpalette tieferer erotischer Gestaltung zu tauchen und daraus das besondere Erkenntnismittel der Liebe zu gestalten setzte ein bekennendes Lieben mit Herzenskraft voraus. Dort waren sie nicht.

Denn wenn man jenen Bereich der Erotik betreten will, der die unverstellte Gestaltung erotischer Kraft, den eigenen Ausdruck darin und die persönliche Entwicklung zum Thema hat und der naturgemäß keine Begrenzung oder Tabu kennt, wenn man also sein eigenes tiefstes Sein entdecken und offenbaren will, so musste man ehrlich zugehörig sein.

Stefan hatte ein sehr klares Skript ahnen lassen: Es wäre eine lustvolle Inszenierung seiner Dominanz, die sie beide in Übereinkunft an der Grenze von Einverständnis und Niederringung ansiedeln würden. Und gleichzeitig würden sie dabei eine andere Spielebene betreten, denn er war sehr explizit sich eröffnend geworden.

Doch ohne bekennende Zugehörigkeit drohte man im Nachgang in Erbärmlichkeit zu enden, in der Peinlichkeit des Katzenjammers nach dem Exzess. Im besten Fall rettete man sich in die Kategorisierung des tabulosen „Fuck Body". Auf einer mechanistischen Ebene konnte man sich mit diesem Weg sogar noch selbst täuschen und am Ziel wähnen, meinte sich selbst und alle seine erotischen Bedürfnisse und Fantasien ausleben, voll auskosten zu können. Dann galt es nur mehr beweisführende Benchmarks zu erfüllen, seinen Schwanz in den Arsch einer Frau zu stecken oder dasselbe als Frau zu erleben, gepeitscht zu werden oder es zu tun, sich in Leder oder Latex auszustaffieren, an Ketten gehängt oder mit Stricken gebunden zu werden oder dies zu tun oder sonst wie an seinen Öffnungen möglichst extrem versorgt zu werden. Die Sujets variierten, die dazugehörenden Narrative aus dem erotischen Archetypenfundus waren beschränkt, aber gutmütig in ihrer Interpretationsbreite. All das hatte allerdings ungefähr so viel mit der freien Gestaltung erotischer Kraft zu tun, wie ein Wurm von Astrophysik verstand. Aber sich in den Arsch ficken zu lassen oder es zu tun war zu so etwas wie einer Wasserscheide sexueller Fitness geworden, und seit „Fifty Shades of Grey" meinte auch jeder, noch ein paar Kabelbinder auf dem Wohnzimmertisch bereithalten zu müssen.

Das Ganze war genau genommen eine beschämende Scharade. Es wirkte wie eine Ablenkung zur Verteidigung des eigentlichen Geheimnisses, wie absichtlich gesetzte falsche Hinweiszeichen auf einer Schatzkarte, die einen immer tiefer in den Dschungel führten. Die meisten blieben damit ihr ganzes Leben beschäftigt und gleichzeitig auf dem Holzweg, auch wenn es dem breiten gesellschaftlichen Konsens befreiter Sexualität entsprach.

In diese Lächerlichkeit wollte sich Katharina mit Stefan nicht begeben. Nur die tatsächliche, rückhaltlose erotische Offenbarung selbst wäre denkbar. Mit Stefan erschien ihr das vorstellbar, wenn sie in sich hineinspürte, doch nur, wenn sie einander wirklich nahe sein könnten. In diesem Raum tatsächlicher Begegnung Auge in Auge in einem gemeinsamen Werden im Dialog des ganzen Seins wurde nicht nach einem Skript und mit Ziel gehandelt, sondern das gemeinsame Empfinden des sich gestaltenden Moments bestimmte das unvorhersehbare Tun und seine Entwicklung.

Sie sagte sich, dass sie es nicht ertragen könnte, ihn als einen erotischen Scharlatan entlarven zu müssen. Sie hätte ihm nicht mehr in die Augen blicken können. Und erst viel später, als sie längst abgelehnt hatte, zu kommen und ihre animalische Begehrlichkeit mit sich selbst ausgemacht hatte, konnte sie für einen kurzen Augenblick, bevor sie es wieder verdrängte, ihren Zweifel zulassen, ob es auch an ihr liegen könnte, an ihrer Angst vor stabiler Nähe, dass sie sich nicht hatte aussetzen können. Denn sie hatte keine Antwort, sondern verspürte nur ein aufflammendes Panikgefühl, wenn sie daran dachte, dass *er* ihr vielleicht nicht mehr in die Augen hätte blicken können, hätte sie danach wieder ihre Unverbindlichkeit beanspruchen wollen.

Sie trafen einander zwei Tage später, so wie ursprünglich ausgemacht. Katharina schämte sich jetzt dieses Zufluchtsgefühls, das ihr dieses kontrollierte Setting der geplanten Verabredung vermittelte. Sie empfand sich als feig. Obwohl sie einander freundschaftlich, ja fast neutral nur mit einem flüchtigen Kuss begrüßten, wurde ihr schnell deutlich, dass er die erotische Spannung zwischen ihnen in sich kultiviert hatte.

Sie hatte gerade einen ersten Schluck des ihr von ihm angebotenen Rotweins genommen und sich eine Zigarette angezündet, als er sie bereits heftig an sich zog. Sein erotischer Appell war imperativ, duldete keinen weiteren Aufschub. Er drängte sie zum Tisch, auf den er sie etwas anhob und auf den Rücken zurücklegte, während er bereits ihre Schenkel öffnete. Es blieb keine Zeit, sich zu entkleiden. Er schob den Steg ihres Höschens beiseite und sie fühlte ihn mit großer Entschlossenheit in sich eindringen. Wie immer überkam sie derselbe kurze Moment des Schreckens, wenn sie sich völlig ausgefüllt von ihm fühlte und merkte, wie groß sein Penis war, da sie ihn noch weiter vordrängen spürte. Diese lustvolle Auslieferung setzte ihr Begehren als gefühltes Empfinden und gleichzeitige körperliche Reaktion in einer spontanen Antwort in Gang.

Trotzdem blieb alles Psychologie. Er kam sehr rasch und sie mit ihm. Doch sie wollten beide mehr und Katharina spürte große Lust, seinen Penis mit ihrem Mund liebkosen zu wollen. „Wie magst du es?", hörte sie sich fragen, und dieser Satz erschien ihr schon völlig unangebracht, noch ehe sie ihn ausgesprochen hatte. „Nur so, wie du es magst. Nur deine Lust erregt mich", gab er zur Antwort. Sie zog ihn daraufhin hoch und als er so vor ihr stand, kniete sie sich vor ihn und ließ ihrer Lust, seinen Penis zu liebkosen und in ihren Mund aufzunehmen, freien Lauf. „Das bist du", meinte er nach kurzer Zeit, als sein Penis sich unter dem versunkenen Spiel ihrer Lust zu einer neuen harten Erektion aufgerichtet hatte.

Er wollte wieder in sie eindringen und auch sie fühlte unbändige Lust, dieses Gefühl in ihrer Kehle nun in ihrer Scheide zu verspüren. Dann lag sie wieder auf dem Rücken vor ihm. Ihr Rock, den sie noch immer trug, war hochgerutscht, und wenn man es als eine Szene in einem Pornofilm gesehen hätte, wäre man an dieser Stelle zur Einschätzung gekommen, dass er es ihr ordentlich besorgte. Doch er hielt gleichzeitig ihr bestrumpftes Bein, das in den Riemchensandalen steckte, fest, liebkoste es und sprach zu ihr: „Schau, du bist so schön." Er wies sie auf einen großen Spiegel hin, den er vorsorglich bereits zuvor seitlich neben dem Tisch an die Wand gelehnt hatte. „Ich will, dass du es genauso siehst", sagte er. „In der Spiegelung deiner Augen will ich die Erregung ablesen, die dich erfüllt, wenn du es siehst." Sie tat wie ihr geheißen, sah die Spiegelung ihres Akts und als wären auch ihre Augen ein Kanal der Lust, der sich unmittelbar mit ihrem Geschlecht verbunden fand, brach ihrer beider erotische Kraft in wenigen Momenten als eine Eruption ungezügelt aus ihnen hervor.

Nachher gingen sie nahezu ansatzlos auf die Dachterrasse. Er hatte wieder einen Teller mit Antipasti, Schinken und Käse sowie diesmal frischen Tomaten gerichtet. Es fühlte sich jetzt wieder mehr nach häuslicher Idylle an. Stefan war gesprächig und intim. Er konnte unterhaltsam, packend und stets zu einer Portion Sarkasmus bereit erzählen und sie hörte ihm gerne zu. Er war einer der wenigen Menschen, die sie nicht langweilten und bei denen sie immer wieder das Gefühl entwickelte, dass sie ihr etwas Neues und intellektuell Inspirierendes vermittelten. Oft fand sie Stefans Thesen auch provokant oder sogar blödsinnig, aber immer so gut vorgetragen, dass sich die Auseinandersetzung lohnte, und sei es, um sie zu durchlöchern.

Irgendwann, mitten in einer Erklärung, die er ihr gab, sprach er sie mit einem intimen Kosenamen an, so wie es nur vertraute Paare miteinander tun. Sie erstarrte kurz, wie auch er, der die kurze Verwerfung zu einem belächelten Lapsus transformierte.

Oft sind es nur minimale, banale Regungen, die an die Oberfläche durchbrechen und doch gleichzeitig bis in die tiefsten Schichten unseres Seins ragen. Dies wurde für Katharina, die sich gefragt hatte, ob dieser „Versprecher“ etwa auch seiner Verführungskunst geschuldet sein könnte, offenbar, als sich wenig später ihr Gespräch wieder im Thema seines Frauenbildes verhakt fand. „Du bist wahrscheinlich die Gefährlichste von allen“, meinte er irgendwann. Katharina lächelte nur, denn sie fand, dass er in gewisser, wenngleich anderer Weise, als er dachte, mit dieser Einschätzung recht hätte. Er hatte es zu hoher Meisterschaft gebracht, Frauen sexuell für sich verfügbar zu machen und sie damit zu kontrollieren, dass er sie durch emotionale Verführung dazu brachte, an ihm zu kleben wie Fliegen an der Leimfalle. Dies klappte bei ihr nicht.

Er musste zwar mit allen Symptomen emotionaler Einsamkeit und existenzieller Angst leben, aber das von ihm so gefürchtete und antizipierte Verschlingen durch eine Frau blieb ihm so wenigstens erspart. Sie lächelte wieder. Das schien ihr besser, als jetzt etwas zu sagen. Es war ein Abend von hoher Intimität. Irgendwann sagte er auch, sie solle sich ihr Schamhaar stehen lassen, weil er sie damit besser riechen könne und ihn ihr Geruch errege. Sie empfand dies als sehr persönlich. Nur Liebenden stand dies zu, ansonsten würde dieses Begehren sie zum Objekt degradieren.

Sie saßen auf dem Rasenteppich dieser Dachterrasse ganz im Zentrum, hoch oben, mit einem Dreihundertsechzig-Grad-Ausblick über die große Stadt bis weit zu den umgebenden Weinbergen und über ihnen war der Nachthimmel wie die Innenseite eines dunklen Doms gespannt. Sie rauchten beide und hatten bereits eine Menge Rotwein getrunken. Manchmal hatte Katharina die Idee, dass sie Wein tranken, um sich Mut zu machen, das Fühlen zulassen zu können, manchmal, dass sie es taten, um es zu verhindern.

„Bei mir in meinem Haus in der Toskana ist der Nachthimmel viel dunkler als hier", sagte sie nach einer Weile. „Richtig nachtschwarz", wiederholte sie betont und dachte, dass allein der Klang des Wortes die Art von vollkommener Dunkelheit, die sie meinte, schon illustrierte.

„Das ist die Lichtverschmutzung der Stadt", erklärte er, drehte sich auf den Rücken und starrte in den Himmel hinauf. Irgendwie fühlte es sich an, als wäre die ganze restliche Stadt um sie herum plötzlich versunken und dieses hohe Gründerzeithaus zu einem Berg mutiert, vielleicht das einzige Gebäude, das nach einer Katastrophe noch stehen würde und sie die beiden einzigen Überlebenden. Sie hatten heute wirklich schon einiges an Wein getrunken.

Plötzlich setzte er sich auf und hantierte an seinem Handy, suchte nach etwas. Dann hielt er es ihr hin. Ein kurzes Video spulte sich ab. Es war „The Wall", eine Sequenz von Pink Floyd, wo der schwarze Schatten der geliebten Freundin sich mit ihrem Nähertreten in ein riesiges Monster und später in eine verschlingende Vulva verwandelte, die mit scharfen Zähnen nach dem Mann schnappte. Das negative Frauenbild einer ganzen Generation von ungelösten Muttersöhnen, dachte Katharina, aber der Schrecken, den es ausstrahlte, und die Überzeugung, einer vernichtenden Kraft gegenüberzustehen, waren eindeutig echt empfunden und deutlich spürbar. Innerlich seufzte sie tief. Hier gab es eigentlich nichts mehr zu sagen. Sie fragte also nur zur Bestätigung nach, ob das sein Frauenbild wäre, was er selbstverständlich bejahte. Dort fand sich die Grenze jeder Begegnung für ihn, wie er sagte.

Wenig später fragte er sie, ob sie heute bei ihm bleiben wollte.

Das brachte sie so aus der Balance, dass sie es bejahte und mit ihm die enge, eiserne Wendeltreppe nach unten stieg. Sie schliefen noch einmal miteinander, trunken und anspruchslos, und er fiel sofort, noch in der

Verschränkung ihrer Körper, in tiefen Schlaf. Sie hingegen konnte keine Ruhe finden, hatte das Bedürfnis, ihre Eindrücke ordnen zu müssen und fühlte den Nachhall dieser heutigen so unterschiedlichen körperlichen Begegnungen mit ihm – die eine so drängend, gebietend an der Grenze eines lustvoll-vulgären Imperativs, die andere fast häuslich und unaufgeregt.

Sie hatten heute auch davon gesprochen, dass das erotische Gedächtnis mit Amnesie belegt zu sein schien. Sie konnte sich zwar an einzelne Szenen eines Geschlechtsverkehrs mit anderen Männern erinnern, aber es war ihr unmöglich, das damals erlebte Fühlen wiederzufinden. Das galt für jeden Mann, den sie gehabt hatte, in gleichem Mäße – sogar für ihren Ehemann, mit dem sie ihre Kinder gezeugt hatte. Angeregt durch ihre Analyse der Fragestellung hatte Stefan dies für sich analog beantwortet. So gesehen war er ihr erster Mann und sie tatsächlich das Mädchen, als das er sie häufig ansprach, und als das sie sich oft fühlte durch seine erotische Wirkmächtigkeit.

Dieser Erinnerungsschwund der Gefühlsebene schien ein durchdachter Mechanismus der Natur zu sein, der nur sehr selten durchbrochen wurde. Vielleicht dann, wenn Menschen auch für die körperliche Liebe füreinander bestimmt sind. Sie hatte Stefan nicht erzählt, dass sie damals, als sie sich von ihm zurückgezogen hatte und den Kontakt abbrach, Schwierigkeiten gehabt hatte, sich durch einen anderen Mann berühren zu lassen. Zu tief war sein erotischer Abdruck in ihr gewesen, den erst ihr außerhalb jeder Zuordnung stehender letzter Liebhaber mit grobem Strich hatte übermalen können.

Jetzt lag sie neben Stefan und konnte nicht schlafen, sinnierte über die Bruchstücke ihres Lebens und diese seltsame, von so viel Distanz und gleichzeitiger Intimität geprägte Begegnung mit ihm an diesem Abend. Seine und ihre Hand waren eng ineinander verschränkt. Diese Geste, miteinander verschmolzen zu sein, seines sie Festhaltens und ihres Sich-in-seine-Stärke-Flüchtens, um ihre Lust ertragen zu können, hatte sich in den Schlaf hinübergerettet. Ihr Liebesspiel schien nun in dieser Skulptur ihrer Hände konserviert.

Die Innigkeit und sein Festhalten rührten sie und standen in so krassem Kontrast zu der Videosequenz, die er ihr vorgespielt hatte. „Darum werde ich niemals wieder eine Frau lieben", hatte er in fast neutralem Ton dazu gesagt. Tränen stiegen in ihr auf, ein seltsam befreiendes Fließen. Sie genoss diesen Augenblick einer süßen Verzweiflung und ihn, der nur im Schlaf seinen Wunsch nach Nähe zu leben vermochte, für sich allein. Nicht die leiseste Bewegung sollte ihre Konzentration auf dieses Spüren stören. Für eine Weile schien sich ihr das Mysterium des Liebens zu offenbaren. Es gab Momente, in denen sie ihn als Vater fühlte, andere, wo sie ihn als Sohn empfand, und gerade eben jenen des sie erfüllenden Geliebten. Und genauso fühlte sie sich manchmal, als wäre sie seine Mutter, dann wieder machte er sie zum Mädchen und in ihren intimen Momenten zur Geliebten, welche die eigene Lust erst entdeckte.

Liebe entzieht sich jeder Verwaltung, dachte Katharina, in jeder aufgerufenen Rolle will man dem geliebten Menschen gehören. Wo die Verwaltung der Gefühle beginnt, das Anlegen eines Maßstabs, das Fordern, existiert keine Liebe.

Anschließend teilte sie ihre Lippen und nachdem sie mit ihren Fingern die Feuchtigkeit aufgenommen hatte, nahm sie ihren eigenen Geschmack wahr, vertraut und daneben den seinen. Sie schmeckte sein Spermium und die Vermischung. Er war noch in ihr, erfüllte sie, banal und sinnlos und gleichzeitig ein Mysterium, dem sie sich geben wollte, diesem Gefühl, ein Gefäß zu sein. Sie wollte nachspüren, was es hieß, auf tieferer Ebene ein Mann und eine Frau zu sein, der eigenen Bestimmung, den Jahrhunderttausenden des Evolutionsgesetzes und nicht jenem einer gender-sensiblen Politik nach politischem Kalkül zu folgen.

Stefans Arm lag schwer auf ihrem Brustkorb, seine Hand umfasste im Schlaf eine ihrer Brüste. Er schnarchte leicht und das ließ ihn etwas zerbrechlich für sie wirken. Vorsichtig drehte sie sich etwas zur Seite, um das Gewicht seines entspannten Arms auf ihrem Brustkorb zu mildern. Sofort fasste er im Schlaf nach, schmiegte sich von Neuem an sie, legte sein Bein über ihres.

In der nächsten Stunde änderte sie noch mehrfach ihre Position, doch wann immer sie die Verbindung ihrer Körper löste, kam er ihr im Schlaf, dieser unverstellten Periode unseres Seins, in der unsere Nöte und Bedürfnisse ganz unmittelbar in uns kreisen und Verarbeitung suchen, nach. Er ruhte nicht, bis er die Wärme ihres Körpers wiedergefunden und sie neu umfasst hatte.

Das berührte sie mehr und mehr. Die Nähe, die sich zwischen ihnen in den vergangenen Monaten zunehmend aufgebaut hatte und mit unzähligen kleinen Widerhaken in ihrer Seele saß, und zugleich die immer brüskierender, stets brutaler erfolgende Klarstellung, dass ... ja was, fragte sie sich, dass er was nie mehr tun würde? Lieben? Liebte er sie denn nicht, wenn er so mit ihr schlief, wie heute Abend? War pure Gleichgültigkeit der Architekt ihrer Begegnungen und die erlebte Tiefe nur ein illusionistischer Taschenspielertrick? Die Etappen seiner Depression und seine mannigfachen Ängste, die er ihr bekannt hatte, die scheinbare Unauflösbarkeit seines zerstörerischen Bildes von Frauen, all das bedrängte sie als rasender Gedankenkreisel, ganz so, wie ihn wohl die kurze Videosequenz verfolgte, die er ihr zuvor vorgespielt hatte.

Schließlich hielt sie ihre eigene Verwirrung nicht mehr aus. Sie weckte Stefan und meinte, unbedingt gehen zu müssen. Er war vollkommen verschlafen und ohne Gegenwehr, aber er begleitete sie zur Tür.

Hier lief etwas vollkommen aus dem Ruder. Es verlangte Katharina dringend nach Klärung.

IX

Die Treffen mit ihrem Supervisor folgten einem jahrelang geübten Ritual. Wie alles in ihrer Beziehung hatte dieses nichts mit dem üblichen Kodex gemein. Doch es war zielführend für sie beide. Nestor hatte mit den Jahren, in denen die kulinarische Reizung gegenüber der sexuellen an Überlegenheit gewinnt, eine Vorliebe für exquisite Küche entwickelt. Dementsprechend war Katharinas Wahl auf ein exquisites Lokal in der Innenstadt gefallen, eines von denen, die Nestor sich nie leistete. Er würde eine Menge essen, sie eine Menge reden, er würde ihr Spiegel sein und sie seine Gastgeberin. Am Ende wären sie beide voll, satt und höchst zufrieden. Diesmal würde das besonders zutreffen, und zwar für sie beide.

Für normal musste man Wochen im Voraus buchen, um zugegeben Unvergleichliches zu allerdings exorbitanten Preisen genießen zu können. Doch Katharina hatte dem Besitzer vor wenigen Wochen durch ihre Arbeit zu einer so genussvollen Scheidung von seiner Frau verholfen, dass deren Beziehung nun weitaus entspannter verlief als zu den besten Ehezeiten. Davon profitierten vor allem die beiden Kinder, die dem temperamentvollen Sizilianer besonders am Herzen lagen. Gastronomische Sorgfalt war also für diesen Abend garantiert.

Katharina kam etwas früher und Antonio begrüßte sie mit südlichem Überschwang. Nachdem sie ihn ins Bild gesetzt hatte, dass ihr Gast, den sie erwartete, in seiner beruflichen Karrierezeit einer der maßgeblichen Reformatoren einer vormals von Elektroschock, Lobotomie und Wegsperrung geprägten Psychiatrie war, sprühte er vor Diensteifer. Er nahm Katharina das Versprechen ab, Nestor zu einem persönlichen Eintrag in das Gästebuch des Lokals zu überreden. Katharina lächelte zustimmend. Nestor würde seinen Part als perfekter Komplize mit der notwendigen ernsthaften Wichtigkeit spielen, um zur Befriedigung des Lokalbesitzers und dessen Geltungstrieb beizusteuern. Der gereichte Wein würde damit ganz sicher im oberen Genuss- wie Preissegment liegen.

Wenig später traf der alte Analytiker ein. Der Eigentümer des Lokals stürzte aus dem Hintergrund, und gleichzeitig stets allgegenwärtig, enthusiastisch auf ihn zu, um ihm seinen leichten aschgrauen Überzieher abzunehmen. „'Presidente', welche Ehre!" Nachdem ihm Katharina erzählt hatte, dass ihr Gast immer noch Ehrenvorsitzender der analytischen Vereinigung sei, hatte er sich entschieden, den im Lokal für seine Gäste üblichen Grundtitel des „Dottore" durch eine deutliche Beförderung zu ersetzen: „Die ‚Professoressa' erwartet Sie schon." Antonio war der festen Überzeugung, dass die deklamierte Statusbezeugung seiner Gäste unweigerlich auf die Qualität seines Lokals übergehen musste.

In Sekundenbruchteilen war sich Nestor der von ihm erwarteten Rolle bewusst. Die hohe Gestalt des alten Analytikers schien sich zu straffen, ein Zug von verantwortungsschwerer Unnahbarkeit erfasste seine ernste Miene und wurde dann mit dem Ausbruch eines kurzen amikalen Lächelns von gewährender Jovialität durchbrochen, das den Lokalbesitzer für einen Moment in die eigenen akademischen Sphären hob.

Er spielte seine Rolle perfekt, fand Katharina, die seinen Auftritt beobachtet hatte. Antonio würde die Eintragung in seinem Gästebuch wie eine Reliquie behandeln, sie beide möglicherweise noch zu einem Foto mit dem Hintergrund des Lokals nötigen und sich heute Abend in Zuvorkommenheit überschlagen.

Sie beobachtete, wie Nestor, geleitet von dem sich weiter in Höflichkeiten überbietenden Lokalbesitzer, mit raschem elastischem Schritt auf sie zukam. Er war in der besseren Hälfte seiner Achtziger, wie er immer betonte, angekommen, und neben seinem scharfen, sprühenden Verstand stimmte seine körperliche Agilität Katharina bei jedem Treffen in doppelter Hinsicht zuversichtlich. Sie konnte hoffen, sich noch lange seiner Begleitung als Ratgeber zu erfreuen. Gleichzeitig ermutigte sie seine ungebrochene Aktivität, daran zu glauben, dass das nächste Vierteljahrhundert auch für sie noch von erfreulicher Vitalität geprägt sein könnte.

Ihre Begrüßung war herzlich, die alle Grenzen überschreitende Nähe von vier Jahrzehnten spürbar. Er hatte sich dem Anlass entsprechend gekleidet, nein verkleidet, denn auch er war ein Chamäleon, das seine Oberfläche, wie er gerade wieder demonstrierte, meisterlich an sein jeweiliges Gegenüber anzupassen wusste. Katharina hatte ihn in Gruppenarbeiten und auch in der Therapiearbeit mit Psychotikern erlebt. Nie hatte es irgendjemanden gegeben, den er nicht verstanden hätte, punktgenau abzuholen, immer hatte er Vertrauen und Arbeitsbündnis herstellen können.

Antonio richtete ihnen persönlich die Stühle zurecht und legte die Karten vor, während ein Ober bereits zwei Gläser Champagner als Willkommensgruß des Hauses servierte. „Der Abend ist eröffnet", prostete Nestor ihr nun in ganz jungenhafter Manier zu. Er schien in bester Laune und in entspannter Erwartung eines kulinarischen Hochamts. Dann rückte er seine Brille zurecht, so als könnte er damit dem gedämpften Licht der Nische, in der sie saßen, entgegenwirken und widmete sich sofort dem intensiven Studium der eleganten Speisekarte. Eine Weile schien er Katharina in einer Art religiöser Versunkenheit, die nur durch die gustatorische Antizipation der angeführten Gerichte erklärbar war, vergessen zu haben. „Gli Antipasti", verkündete er. „Il Carpaccio, ah mit Parmigiano Reggiano, der ist achtundvierzig Monate gereift. Ein fast schon unüberblickbarer Zeitraum aus meiner Perspektive."

Er blickte kurz auf und grinste Katharina über diese Spekulation seines möglichen Ablebens hinweg breit und offen an. „Oder soll ich besser die Burrata nehmen?" Mit dieser Frage wandte er sich wieder konzentriert den mit schnörkeliger Schrift bedeckten Pergamentseiten seiner Speisekarte zu.

„Die ist tatsächlich handgezogen und aus Andria. Weißt du, dass dies der Geburtsort der originalen Burrata in Apulien ist? Ach, die Wahl ist schwer." In seiner Stimme lag etwas spielerisch Genießendes. Er schien seine Unentschlossenheit zu zelebrieren und blinzelte über seinen Brillenrand zu ihr hinüber, um sich unweigerlich neuerlich in die Karte zu versenken.

„Wieso geht es dir so schlecht?", fragte er plötzlich mit vollkommen verändertem Ton. In seiner Stimme lauerte eine bohrende Ernsthaftigkeit, wie eine Ankündigung, nicht ohne Aufdeckung zur Ruhe zu kommen.

„Der Mann" – Katharina suchte nach der passenden Bezeichnung, um ihre Beziehung zueinander klarzustellen –, „den ich treffe", sagte sie nur und schlug damit ihre Karte zu. „Woher weißt du …?" Sie ließ den Satz unvollendet.

„Mein olfaktorisches System ist meine Geißel und mein Kompass", erklärte er ernsthaft. „Irgendwie funktioniert das bei mir wie bei einem Spürhund. Ich rieche Stimmung und Anspannungsgrad meines Gegenübers. Ich weiß nicht, warum das so ist. Ist einfach so, und ich habe im Laufe der Jahre gelernt, darauf zu vertrauen. Wahrscheinlich irgend so ein archaisches Rudiment, das in mir übrig geblieben ist und vor sechzigtausend Jahren noch für jeden normal war." Er zuckte angedeutet mit den Schultern.

Katharina musste unwillkürlich lachen: „Damals hat man sich zur Begrüßung wahrscheinlich gegenseitig angerochen. Ich hoffe, ich stinke gerade nicht zu sehr."

„Zur Ablenkung hast du dieses wirklich betörende, sündteure französische Amouage, das du so gerne trägst, aufgelegt, aber du riechst nach

Unklarheit, etwas Wut, Unentschlossenheit und hoher Anspannung, würde ich sagen", erklärte er leutselig. „Allerdings ist dies zumeist deine Einstiegsstimmung, wenn du unsere Treffen einberufst."

Nun lachte Katharina laut auf. „Du weißt nach wie vor die Szene zu bestimmen."

„Nein, das mit meinem Geruchssinn war ernst gemeint", beharrte er. „Ich denke, wir nehmen das Carpaccio und die Burrata. Dann können wir wechselseitig kosten", kam er auf die Fragestellung der Antipasti zurück. „Für den Rest soll uns dein Antonio durch den Abend führen. Also berichte."

Nestor nahm die Brille ab und betrachtete seine Gesprächspartnerin aufmerksam. Katharina fand sich wie immer in den Treffen mit ihm in einer Mischung von kollegialer Fachsimpelei und therapeutischer Arbeit im Rahmengefühl von väterlicher Geborgenheit. Die Note des kollegialen Austausches war wichtig, um ihren Selbstwert zu stabilisieren und ihr so Offenheit zu ermöglichen, und die väterliche Geborgenheit, um seine therapeutische Arbeit an ihr leichter annehmen zu können.

Sie begann also damit, Stefans Krankengeschichte zu referieren. Nestor ließ sie gewähren und ihre analytischen Kapriolen zu Stefans Situation plätscherten im milden Kerzenschein über das Damast-Tischtuch, während Nestor sich der bereits servierten Burrata annahm. Er genoss sichtlich konzentriert und verinnerlicht, fast schien es, als würde die Burrata ihm über seine Geschmacksknospen hinweg die Geschichte ihrer Herstellung zuflüstern und er dieser lauschen, sie auskosten.

Schließlich ließ er ein kleines Stück übrig und unterbrach Katharinas Redefluss zu Stefans plötzlichem Wiederauftauchen, der Koinzidenz ihrer Lebenserfahrungen in der Zeit ihrer Getrenntheit, seiner vorübergehenden psychotischen Dekompensation, seinen psychosomatischen Symptomen und seinen nun unaushaltbar gewordenen Ambivalenzen in ihren Begegnungen: „Wir könnten jetzt tauschen, wenn du die Burrata kosten willst. Wirklich ausgezeichnet. Man merkt es an der Struktur, dass sie tatsächlich handgezogen ist."

Katharina blickte ihn kurz entgeistert an und begegnete seinem treuherzig-erwartungsvollen Blick, der sich auf ihr nahezu unberührtes Carpaccio heftete. Sie hob ihm den Teller hinüber, den er händereibend in Empfang nahm, und übernahm stattdessen den Rest der Burrata.

„Großartig.“ Nestor schnalzte mit der Zunge, und Katharina war bereits mit einem Anflug an Entnervung der Ansicht, dass sich Nestors Anerkennung wohl auf das Carpaccio beziehen musste, als dieser fortsetzte. „Wirklich großartig, der Bursche. Äußerst herausfordernd für deine Entwicklung. Der war ja schon der Abschlussstein im Bogen der endgültigen Durcharbeitung deiner verdammt zähen Vatergeschichte vor ein paar Jahren. Dabei hat er gar nichts gewusst und ganz brav seine Rolle als Hanswurst im Geistertanz gespielt. Und nun ist er also wieder da, nachdem er in den Hades gestiegen ist. Oder sollte man besser sagen, du ihn damals dorthin geschickt hast, wofür du übrigens meine größte Bewunderung hattest, denn gevögelt hast du allemal gern mit ihm.“ Er machte eine anerkennende unterstreichende Bewegung mit dem Kopf und wieder war sich Katharina nicht sicher, ob er damit nun das Carpaccio kommentierte oder die vergangene oder etwa gegenwärtige Konstellation mit Stefan meinte.

„Was willst du jetzt mit ihm? Du hast selbst beschrieben, dass er von einer existenziellen Angststörung durchdrungen ist und alle seine clownesken Lebensinszenierungen allein der Abwehr gedient haben. Er ist wehleidig, selbstverliebt, kann nicht in tieferem Sinn Anteil nehmen und muss beständig im Zentrum stehen, um sich seiner eigenen Existenz rückzuversichern, denn die ängstlichen Buben pfeifen bekanntlich im Wald am lautesten. So beschreibst du ihn zumindest.“ Nestors Stimme hatte einen deutlich provozierenden Unterton angenommen.

„Er war wirklich so völlig offen und so klar, so total bei sich, als er mich wieder angerufen hat“, versuchte Katharina sich zu rechtfertigen, ohne die Frage zu beantworten. „Er ist sich seiner Problematik nun vollkommen bewusst!“

„Ah, er hat also den allerbesten Köder für uns Analytiker ausgeworfen, die rückhaltlose und vollständig bewusst anmutende Selbstanalyse! Da springt dein Retterinstinkt an. Und deine eigene Selbstverliebtheit in deine vermeintliche Allmacht natürlich auch“, ergänzte er unbarmherzig. „Hattest du nicht erwähnt, dass er seine Therapie abgebrochen hatte, kaum dass seine Nasenspitze aus dem schlimmsten Dreck raus war? Du kennst selbst die Zahlen. Wie viele halten echte Therapie wirklich durch? Und wie viele schaffen dabei tatsächliche Veränderung? Echte Struktur- und Umbauarbeit, nicht Symptombekämpfung oder ein reines Funktionskonzept für eine halbwegs stabile Alltagsbewältigung sind äußerst rar."

Nestor langte nach dem Brotkorb, um sich eine jener weichen weißen Scheiben mit ihrer knackigen, in große Schollen brechenden Kruste herauszufischen. Damit tunkte er genüsslich die noch verbliebenen Reste aus Olivenöl, Zitrone und Parmesankrümeln auf seinem Teller auf.

Katharina schwieg. Sie warf einen nachdenklichen Blick auf ihr halbleeres Champagnerglas, als wäre dieses eine Kristallkugel. Vereinzelte kleine Perlen schienen sich nach offenbar eigenen kosmischen Regeln zu lösen, um an die Oberfläche zu steigen und dort zu platzen. Natürlich kannte sie die Zahlen und wusste, dass Stefans selbstsicher argumentiertes Beenden der Therapie seiner Abwehr, nicht tiefer vordringen zu wollen, geschuldet war. Es hatte ihr schon zum damaligen Zeitpunkt galliges Aufstoßen verursacht. Und mit seinem Seitenhieb auf sie hatte Nestor natürlich auch recht.

„Außerdem, meine Liebe", setzte er ungerührt fort, „hat sich der Bursche schon jetzt in seinen Fünfzigern eine deutlich heftige Symptomsprache im Urogenitaltrakt zugelegt: Prostatitis, PSA-Wert-Erhöhung, Blasensteine, trockenes Ejakulat."

Nestor verzog mit einer schmerzimitierenden Grimasse sein Gesicht. „Da sind weder Lust noch Genuss im Unterleib, nur die verkrampfte Jagd des äußeren Anscheins danach. Er hatte sicher auch eine Ejaculatio praecox, bis er gelernt hat, die Angst vor dem Verlust von Nähe durch eine Abwertung der Frau zu ersetzen. Sicher schiebt er auch ständig zotige Witze." Er wirkte amüsiert.

„Ich sage dir, gänzlicher Libidoverlust und Impotenz lungern bereits im Vorgarten seiner Seelenlandschaft. Äußerst schade, kann ich nur sagen, denn das Beste kommt am Schluss." Nun setzte er ein verschmitztes Gesicht auf und wiederholte mit entschlossener Stimme. „Das Beste kommt am Schluss. Diese Mischung aus weichem Weißbrot, von dem das Olivenöl in genau richtigem Ausmaß aufgenommen wird, daneben sehr fein und unaufdringlich das Zitronenaroma in zarten Geschmacksschlieren und darüber Parmesankrümelchen in unberechenbarem Muster ist einfach großartig, fast ein Abenteuer. Und es kommt eben erst ganz am Schluss, nachdem die scheinbaren Hauptdarsteller des Carpaccios schon die Bühne verlassen haben. Mit dem Leben kann es sich, richtig angelegt, genauso verhalten."

Katharina schwieg weiter. Sie fühlte unbestreitbare Übereinstimmung mit Nestors Analyse, die sich ihr immer wieder in den letzten Monaten aufgedrängt hatte.

Antonio unterbrach ihre nachdenkliche Stimmung, indem er neben dem servierenden Ober einherschritt und verkündete: „Le Orecchiette e i ravioli."

Nestors Begeisterung war unverkennbar: „Ah, das sind Cjarsons", kommentierte er die Ravioli, über denen feine unaufdringliche Dampfkringel schwebten, die die richtige Temperatur anzeigten. „Gefüllt sind sie mit Rosinen und Pflaumen, meine Liebe, und verfeinert mit leichter Büffel-Gorgonzola-Creme", dozierte er weiter. „Und obenauf als Krone noch ein paar Walnusssplitter aus dem Piemont."

Katharina war verblüfft, Antonio seinerseits begeistert, in dem „Presidente" einen Kenner und Verbündeten in seiner Kunst zu erkennen, und übernahm es, sogleich die zweite Pasta, die er vor Katharina platzierte, entsprechend anzukündigen: „Le Orecchiette!" Daraufhin räusperte er sich: „Sind die älteste handgemachte Pasta aus Apulien. Sie werden in einem sardischen Pecorino-Laib serviert, versehen mit Bio-Rinderfiletspitzen, zuckersüßen sizilianischen Honigtomaten, gerade geerntetem Oregano und frisch geriebenem Pecorino."

Als er geendet hatte und Antonios erwartungsvoller Blick eines Jagdhundes, der gerade apportiert hatte, in Nestors Miene auf enthusiastische Begeisterung traf, war die Glaubensbrüderschaft zwischen beiden Männern besiegelt. Spätestens nach dem „Dolce" würde Antonio ihn in das Allerheiligste seiner Küche und den Weinkeller vordringen lassen.

Die Pasta war wirklich ausgezeichnet. Nestor schien wieder ganz in sein kulinarisches Erleben versunken, während Katharina die Resonanz seiner Worte in sich spürte.

„Allerdings muss ich einräumen“, nahm er nach einer Weile in mehr versöhnlicher Weise den Faden wieder auf, „dass unzweifelhaft eine ganz besondere Verbindung zwischen euch besteht. Er wollte dir nicht nur als Freund begegnen, sondern hat sehr klar die Begegnung mit dir in seiner Männlichkeit gesucht. Und du lässt dich in ganz spezifischer Weise von ihm erreichen, lässt deinen Seelengrund dort von ihm berühren, wo die tiefsten Grundempfindungen von Nähe und Bindung noch vor jeder Sprachfähigkeit verwurzelt sind. Wenn dieser Mann kein vollkommener Trottel ist, der nach reinem Zufallsprinzip sein Adressverzeichnis durchgeht, muss es bei ihm genauso sein.“

Nestor lächelte Katharina kurz an, bevor er fortfuhr. „Denn er hat dich nach der Trennung von der unwillkommenen Nestbauerin, die ihm mit ihrem jugendlich planenden Verwaltungsvorstoß endgültig sein Leben abzudrehen drohte, angerufen und damit gleichzeitig im Vorstadium zu seiner existenziellen Krise. Zumindest unbewusst suchte er in dir die Konfrontation seines bisherigen Lebensmodells.“

„Nestor, glaub mir“, warf Katharina nun ein, „ich bin dieser neuerlichen Begegnung mit ihm sehr reserviert, wenn nicht sogar ablehnend gegenübergestanden. Doch er hat mich immer dann kontaktiert, wenn ich begonnen habe, ihn mit Ruhe zu vergessen.“

„Ihr seid seelische Spiegelungspersonen und habt Intimitätsposition; verschränkte Teilchen eben.“

Da hörte sie ihn wieder, diesen Begriff der „verschränkten Teilchen“, der auch irgendwann in der Konversation zwischen ihr und Stefan aufgetaucht war. Katharina blickte den alten Analytiker über ihre nahezu unberührte Pasta hinweg fragend an.

„Kind, iss doch“, meinte dieser in besorgt tadelndem Ton und machte mit seiner Gabel eine angedeutete Bewegung in Richtung ihres Tellers. „Die richtige Temperatur ist ein wesentlicher Genussfaktor, um Fülle und Komposition aller Aromen zu entfalten. Das solltest du nicht vergessen. Das gilt übrigens für alles. Man sollte immer alles auf der richtigen Temperatur halten, auch Beziehungen.“ Gehorsam nahm Katharina eine Gabel voller Orecchiette. „Ich bin übrigens der Überzeugung“, setzte Nestor jetzt zu einem allgemeinen Exkurs an, „dass der hauptsächliche, ja eigentliche

Raum, in dem seelische Heilung erfolgen kann, Beziehungen sind. Denn Psychotherapie ist gerade mal fünf Prozent der Weltbevölkerung zugänglich. Es kann ja wohl nicht sein, dass nahezu die gesamte Menschheit dazu verdammt sein sollte, im Dunkel ihrer Neurosen und Persönlichkeitsdefizite unrettbar ihr Dasein, bis zum dann wirklich bitteren Ende, fristen zu müssen. Das wäre ein krasses evolutionsbiologisches Versagen."

Nestor nahm einen Bissen und kaute bedächtig. „Ich bin vielmehr der Überzeugung, dass jene Beziehungen, in denen wir uns magisch-mystisch hingezogen fühlen, in denen wir uns eben verlieben und Bindung erfahren, der Raum sind, wo unsere Wunden heilen könnten. Ein paar Mal im Leben begegnet einem die große Chance dazu in Gestalt eines Menschen, der eine besondere Glocke und besondere Vertrautheit sowie unerklärliche Anziehung in uns auslösen kann. Dieser Mensch ist eine unbewusste Spiegelungsperson unserer frühen Seelenlandschaft und wir für ihn. Er trägt den Code unserer frühen Prägungen und Traumata, ohne es zu wissen, so wie wir für ihn. Seine Art, zu sein und der Welt zu begegnen, zu kommunizieren, sich zu bewegen und sein Geruch lösen ein sehnsuchtsvolles Heimatgefühl in uns aus. In der Interaktion mit diesem anderen, in der Gestaltung der Begegnung, aus der Antriebskraft des gemeinsamen Liebens kann es uns gelingen, die Wunden aufzulösen und vernarben zu lassen."

Wieder hielt er inne, um nach ein paar Momenten fortzusetzen. „Doch wenn unsere Liebesfähigkeit nicht ausreicht, wenn wir uns mit anderen Worten nicht in der konfrontierenden Gestaltung bewähren, bleiben wir im Wiederholungszwang der alten Muster hängen und reißen uns noch mehr auf, werden noch misstrauischer gegen das Leben. Das ist das Risiko mit der geschlechtlichen Liebe, die ganz allein von uns selbst abhängt."

Während der letzten Sätze war Nestor im Tonfall sehr ernsthaft und im Sprechtempo sehr viel langsamer geworden. Fast hatte es den Anschein, als würde er, während er sprach, Bilder seiner eigenen Erinnerungslandschaft auf einer inneren Leinwand vorbeiziehen lassen und beobachtend verfolgen.

Katharina war seinen Ausführungen aufmerksam gefolgt. Von den Orecchiette hatte sie nur wenige weitere Bissen genommen.

„Mich hat es drei mühselige, schmerzvolle Ehen und unzählige unbrauchbare, verirrende Liebschaften als Spiegelung meiner lächerlichen Vermeidung gekostet, bevor ich mit mehr als sechzig in Esthers Armen gestrandet bin und die Wärme eines wirklichen Ankommens annehmen und echtes Angenommensein glauben konnte", setzte er offenherzig fort, um plötzlich mit großer Heiterkeit festzustellen: „Das Beste kommt eben wirklich am Schluss, und das in jeder Beziehung!" Er zwinkerte vielsagend. Katharina lachte unwillkürlich.

„Du musst diese Ravioli unbedingt kosten", wechselte Nestor nun schwärmerisch das Thema, wobei er das letzte Stück auf seinem Teller aufspießte und es quer über den Tisch vor Katharinas Mund hielt. „Komm schon, es wäre eine Sünde, sie nicht probiert zu haben. Dann übernehme ich im Gegenzug auch deine Orecchiette", setzte er überredend hinzu. Katharina nahm den Bissen von seiner Gabel, nickte zustimmend und schob ihm dann schnell ihren Teller hinüber.

Nestor seufzte zufrieden, um gleichzeitig anzumerken: „Die Sache nimmt dich also wirklich her. Es fällt dir schwer, liebevoll mit dir selbst zu bleiben. Du kannst einen Konflikt in dir nicht lösen und verweigerst dich. Der Hungerstreik gegen den Konflikt ist dein übliches Muster, aber er löst ihn nicht!"

Katharina schwieg.

Nestor widmete sich der Pasta. Auch er schwieg nun. Irgendwie war es logisch, dass sein Schweigen eine deutliche Aufforderung an Katharina in sich trug. Nun würde er nicht mehr lockerlassen.

Die Stille zwischen ihnen füllte sich zunehmend mit Spannung. Der alte Analytiker blieb seinerseits unerbittlich entspannt, während Katharina merkte, wie erste Schweißperlen in ihren Achselhöhlen hinunterliefen und sich ihre Kehle trocken anfühlte. Sie nahm einen kleinen Schluck aus ihrem Glas und holte hörbar tief Luft: „Natürlich ist alles genau so, wie du es beschrieben hast, Nestor. Und darin liegt ja genau das Problem." In ihrer Stimme war die Ratlosigkeit unüberhörbar.

Nestor war inzwischen mit der Bezwingung der Orecchietta fertig geworden, fuhr sich mit seiner gelben Damast-Serviette angedeutet über den Mund und setzte sich als Geste seiner ungeteilten Aufmerksamkeit deutlich zurück. Sein Blick ruhte auf ihr, väterlich gewährend, freundschaftlich ermutigend, unbeugsam in seiner Professionalität, bis Katharina in ihrer inneren Rastlosigkeit endlich in seinen Augen ankommen und Ruhe finden konnte.

„Natürlich ist alles genau so, wie du es beschrieben hast, Nestor", wiederholte sie, „und natürlich kenne ich die Zahlen, weiß, dass die Karten, echte Selbstentwicklung zu bewältigen, für ihn schlecht stehen. Auch wenn ihn sein Abwehrmuster des ‚fröhlich vögelnden Lebemanns' zugrunde richten wird, ja die Zeichen schon an der Wand stehen, erscheint die damit verbundene Oberflächlichkeit allemal besser lebbar für ihn, als sich Fühlen, Bindung und Beziehung wirklich auszusetzen. Er meidet, nein *muss* Bindung meiden wie der Teufel das Weihwasser, denn seine Verlustängste sind existenziell und für ihn selbst zerstörerisch. Überwiegt dieser Ast, so wirkt er distanziert und kalt, benimmt sich provokant und abwertend, dümmlich chauvinistisch, ja fast beleidigend. Und ich verstehe ihn, erkenne seine Bedrohtheit, von Angst überschwemmt zu werden, und nehme es ihm nicht übel. Auch wenn er mich dann langweilt, verzeihe ich ihm unmittelbar, denn da ist gleichzeitig diese unendliche Tiefe in ihm, diese vollkommene Durchlässigkeit und Feinsinnigkeit in der Wahrnehmung seines Gegenübers. Er ist imstande, mich in manchen gemeinsamen Momenten und Situationen in jeder Nuance zu erfassen und intim zu beantworten, so nahe und liebevoll, als wären wir verschmolzen." Katharina versuchte im Gesicht Nestors zu lesen, ob sie ihm ihr Dilemma hatte vermitteln können.

Seine Miene schien undurchdringlich, sein Blick ernst und aufmerksam auf sie gerichtet. Er würde sich zum jetzigen Zeitpunkt sicher nicht äußern, sondern den Entwicklungsstrom ihrer Gedanken und Gefühle lediglich durch Ermunterung und geringfügige Nachfrage in Gang halten. Er benahm sich wie ein Bergführer im Hochgebirge, der dezent und dabei unbeugsam die Gesetze der Natur respektierte und die Schritte seines Schützlings sicher über den Klettersteig leitete.

Gerade als Katharina fortfahren wollte, servierte Antonio den Wein: „Tenuta di Trinoro, Rosso Toscana 2012, das Flaggschiff meines Freundes Andrea Franchetti", erklärte er enthusiastisch, während er die Flasche schräg vor Nestor hielt und so drehte, dass das Etikett seinem begutachtenden Blick zugewandt war. „Seine Tenuta di Trinoro liegt in einem wirklich gottverlassenen Teil der Toskana, südlich des Brunello-Gebietes. Dort, im Val d'Orcia nahe der Grenze zu Umbrien und Latium, erdenkt und entwickelt er einige sehr ungewöhnliche Tropfen." Damit goss er eine kleine Menge zur Probe in ein exakt passendes, bauchiges Glas und hielt es Nestor als Tischherrn zum Kosten hin.

Nachdem dieser zuerst wie ein schnüffelnder Hund den sich entwickelnden Duft aufgesogen hatte, nahm er einen winzigen Schluck. Mit geschlossenen Augen trachtete er genüsslich das sich entwickelnde Aroma als ein sich in seinem Mund erzählendes Opus zu erfassen.

Antonio setzte unterdessen zu weiterer Erläuterung an: „Die Trauben dieses Tenuta di Trinoro sind unbestreitbar stets die besten aus ihrem Jahrgang. Er verfügt über eine kompakte und einprägsame Nase, satt nach Cassis und Mirtilli, und dann kommen auch noch Gewürznelken und schwarze Schokolade. Man muss ihn als kompakt und mächtig im Ansatz bezeichnen, wobei er sich mit viel feinmaschigem Tannin entfaltet, ohne auf süßen Schmelz zu verzichten. Ist es nicht beglückend, mit welch langem Nachhall von satter Frucht er endet?"

Nestor unterstrich seine Anerkennung gegenüber Antonios deskriptivem Epos mit einem bedächtigen Wiegen seines Kopfes, hielt das Glas ein wenig hoch und damit gegen das einfallende Licht der gedämpften Beleuchtung. „Und in der Farbe findet sich ein wirklich kraftvolles, leuchtendes Rubinrot mit einem leidenschaftlichen Violettschimmer", setzte er hinzu. Die Harmonie zwischen den beiden Männern war unverkennbar, ja trug fast einen konspirativen Zug, wie Katharina es empfand.

Nicht nur beim Wein, sondern auch für das Secondo hatte sich Antonio wirklich etwas Besonderes für seine beiden Gäste einfallen lassen. „Filetto di Vicciola", kündete er den gerade auftragenden Ober an. „Dazu servieren wir Kartoffelpüree mit Haselnussduft." Die Überraschung war gelungen, Nestors Herz, als Liebhaber und Kenner extravaganter Küche, endgültig von Antonio erobert. Er rieb sich vergnügt die Hände, und Katharinas Seelenbeichte schien im Abgrund von Belanglosigkeit verschwunden zu sein.

Erwartungsgemäß setzte Antonio zu einer längeren Replik zu dem servierten Gericht an: „Beim Vicciola handelt es sich um eine äußerst elegante, dem Kobe-Rind vergleichbare Rindersorte aus dem Piemont. Das Filet von Vicciola-Rindern ist im Unterschied zum Kobe-Rind vollkommen fettfrei und somit noch zarter. Aufgezogen wird das Vicciola nach einem 2014 patentierten Ernährungsplan, der ausschließlich piemontesische Haselnüsse, Getreide, Kleie, Heu und Ackerbohnen vorsieht. Die piemontesische Haselnuss gilt übrigens wegen ihres exzellenten Dufts als die beste auf der Welt", fügte er mit deutlichem Stolz noch hinzu.

„Und weltweit werden jährlich gerade dreihundert Kilogramm Vicciola-Filet produziert, was bei diesem strengen Leitfaden und der aufwändigen Zucht nachvollziehbar erscheint. Das dürften vielleicht gerade einmal eintausendfünfhundert Portionen sein", fuhr nun Nestor mit einem bei Antonio nach Bestätigung suchenden Blick fort, „und, meine Liebe, zwei davon haben wir hier auf unseren Tellern und werden sie mit dem größten Genuss und der tiefsten Achtung verzehren."

„Du verfügst über ausnehmend viel …" – Katharina fand den passenden Begriff nicht gleich – „Fachwissen zum Thema herausstechender Kulinarik. Oder hast du etwa für diesen Abend recherchiert?"

„Beides", meinte Nestor mit einem Schmunzeln, während er mit konzentrierter Andacht einen Bissen nahm. „Du musst wissen, dass es nur zwei wirklich fundamentale Themenkreise gibt, die über Gedeih und Verderb der Menschheit und all das, was wir unser Wertefundament nennen, also letztendlich die sozialen Steuerregelungen entscheiden."

Während er kaute und schmeckte, schien er sehr bewusst in sich hineinzulauschen und beantwortete Katharinas erwartungsvollen Blick mit einer unerwartet schlichten Antwort: „Nahrung und Sex. Beides bewegt und bestimmt uns als Spezies. Alles andere ist Nebengeräusch. Vielleicht ist dir nicht bewusst, wie sehr zum Beispiel Gewürze und verschiedene Lebensmittel historisch gesehen politikbestimmend waren. Für Sex ist das allgemein bekannter." Er erlaubte sich ein bubenhaftes Grinsen. „Nahrung und Sex verdienen also gebührend Aufmerksamkeit in unserem Leben. Ich würde sogar von einer zentralen Stellung von beidem sprechen, wobei ich Sexualität weiter gefasst, als Grundkraft und Antrieb verstehe."

Katharina nickte. Am Ende hatte er recht. „Das Leben selbst folgt schlichten, geradlinigen Regeln", setzte er fort, während er sehr bedächtig sein Filetto di Vicciola genoss. „Doch damit, dass wir zu einer reflexiven Spezies geworden sind und die Endlichkeit des Lebens erkannt haben, befällt uns Angst, Angst vor dem Tod, Verlustangst unseres Seins. Damit landen wir schließlich in der Lebensangst, wollen aus lauter Angst vor dem Alter und dem Tod das Leben kontrollieren und strangulieren es dadurch. Da helfen dann nicht einmal Exzess und Extrem, wenn echte, ruhige Genussfähigkeit nicht mehr existieren kann."

Nestor hatte soeben ein kleines Stück seines Filets aufgespießt und musterte es, bevor er es in den Mund nahm. „Gerade eröffnet sich meinen Geschmacksnerven eine ganze Geschichte und bereitet mir nicht nur sinnliches Vergnügen, sondern echte Lebensfreude. Danke, Katharina. Deine Einladung ist ein Lebensfest für mich."

Er hatte sehr ernsthaft und mit Bewegtheit gesprochen, um in leichtem Tonfall fortzufahren: „Weil wir gerade beim Thema Sex waren. Habe ich dir eigentlich erzählt, dass Esther und ich vor ein paar Jahren zusammengezogen sind? Hat genau, wirklich goldrichtig, so gepasst. Die ersten achtzehn Jahre hätte ich das nicht ertragen und sie sicher auch nicht. Wir waren beide viel zu aktiv und umtriebig, wären uns ständig mit Tagesroutinen oder Abstimmungen in den Haaren gelegen. So wie wir es gelebt haben, blieb jedes Treffen ein Fest und jede gemeinsame Reise ein Abenteuer. Aber jetzt ist es herrlich, ohne Organisationsnotwendigkeit, einfach immer die Hand hinüberstrecken zu können und den warmen, weichen Körper des anderen zu spüren. Du hast keine Ahnung, wie wunderbar sich diese Schlichtheit jetzt anspürt und wie unerwartet wenig Zutun der größte Höhepunkt in dieser schamlosen Vertrautheit benötigt. Früher hätte ich dies für unmöglich gehalten. Esther übrigens auch. Aber ich werde geschwätzig", schien er sich selbst zu tadeln. „Das muss an diesem euphorisierenden Essen liegen."

Auch wenn es sich Katharina zum jetzigen Zeitpunkt nicht erschloss, was Nestor im Schilde führte, so war ihr aus zahlreichen früheren Gelegenheiten bewusst, dass nichts von dem, was er sagte, dem Zufall geschuldet war. Er arrangierte immer die Bühne für ihre Erkenntnis, legte ihr Fingerzeige, stieß Prozesse in ihr an und half ihr bisweilen, eigenen dunklen Wahrheiten zu begegnen.

Er hatte sein Filetto nun verspeist und rückte seinen Stuhl wieder ein wenig zurück, wie um anzudeuten, dass er bereit sei, mit ihr weiterzumachen.

„Wir sind unterbrochen worden“, ermunterte er sie und fuhr sich, wie mit einer unterstreichenden Geste, kurz mit der Hand über den Schädel. Katharina zögerte, so als suchte sie in einem inneren Gewirr von Fäden nach dem richtigen: „Ich war äußerst skeptisch, ja sogar abwehrend, als Stefan wieder auftauchte. Seine Offenheit und die Klarheit, mit der er bereit war, auf seine Problematik zu blicken, haben mich erobert. Als Freundin erobert“, betonte sie schnell.

Nestor wiegte seinen von deutlich gelichtetem, weißem Bürstenhaar besetzten Schädel abwiegend hin und her.

„Ja“, fügte Katharina sogleich hinzu und wiederholte: „Als Freundin. Denn erinnere dich! Ich hatte mich gerade erst vor wenigen Wochen von meinem letzten Liebhaber getrennt. Du weißt schon, dieser Mann, der so kompromisslos am Gesellschaftsrand lebte, damit so magisch wirkte. Mich emotional auf einen Mann einzulassen stand ganz sicher nicht oben auf meiner Tanzkarte.“

Nestor nickte zustimmend. „Dann, als es Stefan besser zu gehen begann, kam allerdings auch wieder diese Anziehung zwischen uns zum Tragen, diese Mann-Frau-Geschichte.“ Sie schwieg wieder, so als müsse sie sich ordnen und wisse nicht weiter.

„Und weiter?“, bohrte Nestor sanft nach.

„Ich habe es immer wieder versucht“, begann sie, „ihn nur als eine Vögelei zu sehen. Ich habe die Abstände, bis ich ihn wieder getroffen habe, so gewählt, dass ich ihn wieder wegschieben und mich distanzieren konnte. Ich habe die Nähe als Gefahr gesehen, obwohl ich sie unsäglich genossen habe. Ich habe alles versucht, um ihn nur punktuell für Momente zu lieben und wieder in die Bedeutungslosigkeit versinken lassen zu können. Ich wollte in keine Falle von Konvention und Erwartung tappen. Ich wollte nur mehr echt und frei lieben.“ Die beiden letzten Sätze hatten trotzig geklungen. „Anfänglich hat es geklappt. Doch er ist mir mit kleinen Gesten unvermeidbarer Vertraulichkeit und Gewöhnung trotzdem nähergekommen. Das Triviale hat mich gezähmt und schwach gemacht, meine Sehnsucht nach einer verdammten Zugehörigkeit aufflammen lassen. Jetzt meide ich ihn und verzehre mich nach den in meinem Inneren gespeicherten Empfindungen seiner Berührung, die ich mir verweigere, weil sie mich hilflos aufgebrochen und verlangend hingegeben fühlen lassen. Ich muss gestehen, dass meine Sexualität, auch wenn sie ganz animalisch wie ein stets zum Sprung bereites Raubtier in meinem Schoß sitzt, dennoch aus meinem Herzen kommt." Sie hatte geendet und musste eine kleine Atemlosigkeit bei sich feststellen.

Nestor nahm einen Schluck des rubinroten Weins und kratzte sich an der Stirn, gerade an jener Stelle, an der mehrere Altersflecken zu einer kleinen Umrissskizze Italiens zusammengewachsen waren. Er lächelte. Sein Lächeln war das eines Wissenden, war tiefgründig und weich und dies ganz sicher nicht durch das milde Licht der beiden Tischkerzen bedingt. „Was willst du jetzt mit ihm?", fragte er behutsam nach. Es war dieselbe Frage, die er ihr bereits ganz zu Beginn gestellt hatte.

„Du weißt, wie ich über Beziehungen zwischen Mann und Frau denke?", stellte sie ihm stattdessen eine rhetorische Gegenfrage. Nestor nickte. „Wenn Beziehungen das sind, was du zuvor beschrieben hast, nämlich Orte der Grundgeborgenheit sowie der Heilung unserer frühen Wunden und Aussöhnung mit der Welt, so ist dies nur im Raum von rückhaltlos offener Begegnung jenseits jeder gesellschaftlichen Verwaltung und Konvention zu realisieren. Dies erfordert Konfrontationskraft und braucht in der wechselseitigen Ansprache Respekt sowie vollkommene Klarheit. Man muss fähig sein, einander in der Rolle von Frau und Mann zu fordern, diese auszuloten und jenseits dieser Rollenbilder dann die Gleichmächtigkeit als Personen immer neu zu entdecken. Kann er das?"

Sie hielt wieder kurz inne, um mit deutlicher Bitterkeit weiterzusprechen: „Wie schwierig das ist, hat meine letzte Beziehung gezeigt. Wie viele Masken der Selbsttäuschung, versteckten Erwartungen und scheinbar grundsätzlichen Selbstverständlichkeiten sich wie Eisenringe um die Liebe legen und diese in Ketten spannen, bis sie daran zerbricht – das sitzt mir tief in der Seele." Ihre Stimme war jetzt sehr hart und dunkel geworden. „Gerade mit meinem letzten Partner, der so bewusst gewirkt hatte, war es ein steiler Sturz aus dem Olymp in den tiefsten Abgrund."

„Was willst du damit sagen?", fragte Nestor weiter.

Bevor sie antworten konnte, wurden die Dolci serviert. Für Nestor hatte Antonio ein Tiramisu espresso am Tisch zubereitet mit heißem Espresso und sardinischen Biskotten vorgesehen. Mit dem Sgroppino, einem natürlich hausgemachten Zitronen-Sorbet, das mit Wodka und Champagner aufgeschlagen war, schien hingegen Katharinas Geschmack sehr fein getroffen. Nestor löffelte schwelgerisch und bekannte unverhohlen seine Schwäche für Süßes.

Nachdem auch Katharina zwei Löffel ihres sehr elegant anmutenden Desserts probiert hatte, nahm sie erneut das Gespräch auf.

„Stefan hat ein äußerst destruktives und dabei nahezu lächerliches Konzept der Mann-Frau-Beziehung. Man kann nicht einmal behaupten, dass er ein negatives Konzept von Liebesbeziehungen vertritt, denn Liebe ist grundsätzlich für ihn nicht zulässig. Er sieht den Mann mehr oder weniger als den Eroberer und rastlosen Begatter der Frau, die sich in jenem Moment, in dem sie sich hingibt, von der Gejagten zur Jägerin und Kerkermeisterin wandelt. Damit trägt sie dann nichts anderes mehr im Sinn, als dem Mann die Lebensader abzudrehen und ihn niederzufesseln. Vollkommener Schwachsinn, was er da als Fackel der Kulturerkenntnis der Mann-Frau-Beziehung vor sich herträgt."

Sie hatte sehr bitter gesprochen. „Aber du weißt doch, wie das mit Glaubensgrundsätzen so bestellt ist. Sie lenken unsere Handlungen in die passenden Bahnen, selektieren unsere Wahrnehmung nach bestätigenden Vorkommnissen und werden auf diese Weise zu sogenannten realitätsbegründenden Wahrheiten."

Nestor schmunzelte: „Du spielst auf die Nestbauerin an?"

„Ja, natürlich", antwortete Katharina. „Wenn ich mit über fünfzig sowie dem sicheren Lebensstil einer abgeschlossenen Familienplanung und einem äußerst hohen Bedarf nach unabhängiger Selbstgestaltung im Leben stehe, so wie er, sollte diesem Umstand Rechnung getragen werden. Dass er gerade dann eine wesentlich jüngere Partnerin in einer beruflichen Plateauposition sowie mit drängendem Ehe- und rasendem

Kinderwunsch zulässt, folgt einer einzigen Zielsetzung: sich die Unmöglichkeit von Liebesbeziehungen erneut zu beweisen. Denn dann kommen der unvermeidliche Absturz und die notwendige Überlebensflucht vor der verschlingenden Frau. Und im Nachgang die Legitimierung der Oberflächlichkeit des ‚fröhlich vögelnden Lebemannes', bis die darin siedelnde Einsamkeit wieder unerträglich wird und er sich an die nächstbeste Frau bindet, die allerdings, um später wieder den Absprung zu schaffen, den Keim des sicheren Verderbens in sich tragen muss. Es ist ein sich kontinuierlich replizierender Kreislauf. So hat er sein Leben immer wieder aufgesetzt. Er wählt sich für seine tiefe Grundprägung, dass Frauen Verderben bedeuten, immer die richtige Tanzpartnerin als Bestätigung und pendelt so zwischen den Extremen Abhängigkeit und Flucht, eingegraben in seine synaptischen Netzwerke als jederzeit sprungbereite Angst. In diesem Spiel will ich nicht mitspielen!" Sie war jetzt fast ein wenig heftig geworden.

„So?" Nestor schmunzelte wieder. „Was willst du von ihm?" Doch Katharina war noch immer nicht bereit, darauf einzugehen, und Nestor seinerseits wusste, dass das Lasso um den Hals des Pferdes noch nicht bedeutete, dass dieses willens war, den Zügel anzunehmen.

„Weißt du, was er einmal zu mir gesagt hat, als wir über die Mann-Frau-Beziehung theoretisiert haben? Wie er seine Auswahlkriterien, sich einer Frau annähern zu wollen, definiert hat?" Sie hatte sich jetzt spürbar ereifert, und Nestor blickte sie mit pflichtschuldiger Neugier an.

„Riecht gut, schmeckt gut, fühlt sich gut an! Das ist die Formel." Sie hatte im Ton unverhohlener Abscheu gesprochen. „Darin manifestiert sich doch grundsätzlich seine gesamte Abwertung der Frau und seine Unfähigkeit, Nähe und Distanz richtig zu steuern. Ein chauvinistisches Meisterstück. Er schließt jede interpersonelle Interaktion von vornherein aus. Die Frau ist zu einem Objekt degradiert. Ich hätte ihn zu diesem Zeitpunkt bereits einfach stehen lassen sollen. Dabei setzt er gleichzeitig Gesten und Blicke, die eigentlich nur Liebenden vorbehalten sind, und ich frage mich, ob er sich damit seiner Lüge bewusst ist. Vielleicht ist er ja gänzlich unbewusst und kennt die Wahrheit echten Fühlens gar nicht."

Nestor lachte auf. „Der Bursche versteht es, dich aus der Reserve zu locken. Wobei ich seine Kriterien für völlig nachvollziehbar halte."

Katharina blickte ihn wütend an. Nestor hob noch immer amüsiert lachend zur Abwehr ihres Zorns beide Hände hoch. „Ich für meinen Teil würde diesen Kriterien als Eingangsvoraussetzung jeder romantischen Begegnung unbedingte Zustimmung erteilen“, meinte er, wobei er spitzbübisch zwinkerte. „Du etwa nicht, meine Liebe? Du möchtest den ungewaschenen Clochard mit schrundigen Hornhautfüßen in deinem Bett vorfinden?“

„Ach.“ Katharina brach entnervt ab und warf mit einer wütend-hilflosen Bewegung ihre Serviette auf den Tisch. „Nestor, du weißt doch, wie ich es meine“, setzte sie nun gefasster hinzu.

„Ich schon“, antwortete dieser. „Ja, ich weiß, wie du es meinst, und natürlich wäre es von ernüchternder Armut in der Erlebensfähigkeit, wenn dies die einzige Ebene seiner Wahrnehmung wäre.“ Er räusperte sich bedeutungsvoll. „Das wäre in etwa so, wenn mir dieses fantastische Filetto di Vicciola keine sehr persönliche Geschichte und Erlebensqualität dieses Abends vermittelt hätte, sondern nur ein gutes Stück Fleisch gewesen wäre. Aber neben der Tatsache, dass es *auch* ein besonders gutes Stück Fleisch war, und wir dies auch geschätzt haben, unterstellst *du* diesem Mann, dass eine Frau für ihn nicht mehr als ein *besonders gutes Stück Fleisch ist.* Dabei hast du mir im gleichen Atemzug des heutigen Abends mehrfach von seiner Tiefe und Momenten großer Intensität und Nähe zwischen euch berichtet. Außerdem muss ich sagen, dass *du* ihn mit deinem Taktieren, um ihn von dir fernhalten zu können, *deinerseits* wie ein gutes Stück Fleisch behandelt hast.“

Katharina antwortete nicht. Sie fühlte nur, wie ihr das Blut in die Schläfen schoss und sie ein Gefühl von Aufgerissenheit befiel, welches irgendwo zwischen „in Heulen ausbrechen“ und „Nestor spontan umarmen wollen“ angesiedelt war.

Der Ober hatte zwei Espressi gebracht und jeweils vor ihnen abgestellt. Stark, heiß, bitter und dickflüssig, fast teerig fand sich das schwarze Kondensat in Miniaturtassen und bildete nun den Ankerpunkt für Katharinas Blick. Die ganze Hülle ihrer sorgfältig aufgebauten interpretativen Konstruktion schien von Nestors minimalen Interventionen aufgebrochen worden zu sein. Im Inneren wartete ein Zurückfallen in die eigenen Untiefen ihres weichen Kerns, den sie so verbissen schützen zu müssen glaubte.

Es war wie jedes Mal im Zusammentreffen mit Nestor. Wachstumsschmerzen nannte er jenen Zustand, in dem sie sich nun befand, und er würde jetzt unbarmherzig weitermachen, ihr das Hinsehen auf sich selbst abverlangen.

„Du willst also eine Beziehung mit ihm?", formulierte er sehr geradlinig und direkt. Katharina setzte zu erschrocken abwinkender Gegenwehr an, doch Nestors kurzer Blick, der sie sogleich traf, ließ ihre Abwehr in sich zusammenfallen. „Natürlich willst du keine Beziehung nach dem herkömmlichen Modell, mit gemeinsamem Meldezettel und jeder Menge sogenannter berechtigter Erwartungen und äußerer Normen", schränkte er versöhnlich ein. „Aber du willst ein Grundsatzbekenntnis zueinander leben, Verbindlichkeit in der konfrontativen Selbstherausforderung und gemeinsamen Selbstgestaltung jedes Einzelnen."

Katharina starrte stur auf ihre Mokkatasse. Der Versuch, dem bereits seit Langem aufgelösten braunen Zucker neuerlich mit heftigem Rühren zu Leibe rücken zu wollen, schien das zu rechtfertigen.

Auch Nestor schwieg jetzt und rührte gleichfalls in seiner Tasse, um diese an die Lippen seines ausdrucksstarken Munds zu setzen und den Inhalt in einem Zug hinunterzukippen. Er begleitete das kräftige Geschmackserlebnis des starken Espressos mit einem Laut deutlichen Wohlbehagens.

Nun wandte er sich an Katharina, die noch immer in ihrer Tasse rührte: „Es war dein Anliegen, diesen gesamten Abend über vom vorzüglichen Antipasto bis zu diesem nur als fulminant zu bezeichnenden Espresso über ihn zu reden. Das hast du gebraucht. Ich kann dir versichern, deine Analysen sind brillant und bestechend schlüssig, rechtfertigen deine exorbitante Honorarordnung, die unsere bewährte Neidkollegenschaft allesamt veranlasst, dir Übles zu wünschen, aber im konkreten Fall sind sie als vollkommen gegenstandslos zu bezeichnen. Du hast keinen Patienten vor dir, der dir einen Auftrag erteilt hat und sein Seelenmaterial auf deinen Seziertisch legt, sondern einen realen Mann, der unter willkürlichen, wenngleich spezifischen Umständen in dein Leben gefallen ist und *mit dir* in Interaktion tritt. Mit anderen Worten gesagt sitzt du nicht in deinem sicheren Fauteuil als Therapeutin, sondern bewegst dich in der freien Wildbahn als simples Weibchen."

Nestor kratzte mit dem Mokkalöffel, der in ein Puppenhaus gepasst hätte, in seiner Tasse, um an den letzten Bodensatz von Zuckerkristallen und Kaffee zu kommen. „Um es auf den Punkt zu bringen, meine Liebe: Wir haben den gesamten Abend hier nur über *deine Angst* geredet."

Er blickte sie jetzt unverwandt klar und fest an, während er fortsetzte und Katharina die unvermeidliche Resonanz seiner Worte ganz tief in sich fühlte. Er konnte sie immer an jener Stelle treffen, wo am tiefsten Seelengrund einer magischen Unterwasserlandschaft das Perlmutt einer sich öffnenden Muschel plötzlich aufleuchtet, um sich daraufhin scheu und rasch wieder vor fremden Blicken schützen zu wollen.

„Ich kann dir nicht sagen, ob dieser Mann ein vollkommener Trottel ist", begann Nestor nun. „Ich weiß nicht, ob er sich unverrückbar in eine Lebensburg aus Oberflächlichkeit und Konsumbetäubung zurückgezogen hat. Und genauso wenig vermag ich einzuschätzen, ob seine Tiefe echt und empfindungsstark, seine Kraft ausreichend, sein Wille stark, seine Reflexionskraft differenziert, sein Durchhaltevermögen ausreichend ist und seine Leidenschaft für seine eigene Lebendigkeit tatsächlich vorhanden ist. Ich habe also keine Ahnung, ob *er ausreichend liebesfähig* ist oder nur ein Wrack, das du nicht versuchen solltest, retten zu wollen." Er hatte sehr ernsthaft gesprochen. Es war keinerlei belehrender oder sarkastischer Tonfall auszumachen gewesen.

Nestors Blick ruhte mild auf Katharina. „Aber das ist vollkommen gleichgültig, denn du schaust von der falschen Seite auf das Gemälde", setzte er hinzu. „Wenn du dies weiter tust, wirst du das tatsächliche Bild nicht erkennen können. Diese infantile Verhaftung, die du an ihm beschreibst, die ihn fürchten lässt, durch eine Beziehung zu einer Frau in unweigerlich verschlingenden Treibsand zu geraten, ist hier gegenstandslos.

Es geht hier nicht um *ihn* und *seine Angst*, Katharina, sondern um *dich* und *deine Angst*. Von dieser Seite her musst du auf deine Begegnung mit ihm blicken, wenn du das, was dir das Leben in dieser Begegnung gewährt, für dich ehrlich erschließen willst. Du erliegst deiner Angst, ihr musst du dich stellen und dich ehrlich aussetzen, denn du tust das, was du ihm vorwirfst. Du gibst Doppelbotschaften und vielleicht reagiert auch er auf *deine Art,* ihm so entgegenzukommen. Für die Unentschlossenheit und Verwirrung, die du fühlst, bist du selbst verantwortlich. Vielleicht hast du Angst zu erkennen, dass er ein bereits Verlorener ist. Vielleicht ist es aber auch deine Blockade, die den Prozess zwischen euch, wo auch immer euch dieser hinführen mag, einfriert."

Als er Katharinas hilflos bestürzten Blick bemerkte, fügte er noch etwas kryptisch hinzu: „Vergiss deine schiffbrüchigen Gedanken. Koinzidenzen haben ihren Sinn, der Schritt ins Nichts ist ein Gewinn und jener über den Rand ein Beginn. Ich empfehle dir ernsthafte Leichtigkeit! Unseren Dienst zu erkennen ist die wahre Botschaft, der Schlüssel zu Geborgenheit und Zufriedenheit."

Damit erklärte Nestor den fachlichen Teil des Abends für ausgeschöpft und wandte sich Antonios Gästebuch zu, das dieser, der den Moment mit dem trainierten Feingefühl des geborenen Lakaien richtig abschätzte, bereits aus dem Hintergrund herbeigeschafft hatte. Mehrere Fotos mit dem „Presidente" und der „Professoressa" wurden ebenfalls noch geschossen. Antonio stand dabei in der Mitte, etwas gebückt zwischen seinen beiden sitzenden, strahlenden Gästen. Das Foto wirkte ungezwungen, wenn auch gestellt. Aber das war weder anders zu erwarten noch möglich zu arrangieren.

Nestor behielt natürlich recht und so landeten sie beide gemeinsam mit Antonio nach einem anerkennenden Blick in dessen blitzblanker Küche im sakrosankten Heiligtum seines Weinkellers, der sich über erstaunliche zwei Stockwerke des an Katakomben erinnernden Kellers dieses mittelalterlichen Gebäudes zog.

Nach einer weiteren Stunde und verschiedenen Referaten zu den einzelnen Weinen fanden sie sich endlich nach einer überschwänglich herzlichen Verabschiedung von Antonio auf der engen Straße vor dem Lokal wieder. Es war weit nach Mitternacht. Das alte Kopfsteinpflaster hallte in der Enge der Gasse besonders deutlich unter ihren Schritten wider.

„Du hast zwar ganze Arbeit geleistet", begann Nestor mit Hinweis auf den Lokalbesitzer ihr Gespräch erneut, „aber emotional ist Antonio mit seiner Scheidung noch nicht wirklich durch. Die neue Einsamkeit, die er schmerzlich erfährt, drückt ihn sehr."

„Das stimmt, Nestor. In Wirklichkeit liegt eine Scheidung außerhalb seines Vorstellungshorizonts als Süditaliener. Allerdings hatte seine Gattin die Nase von seiner Eifersucht und emotionalen Sprunghaftigkeit gehörig voll und sich bereits anders orientiert. Die Ehe hatte von ihrer Seite her absolut keine Chance mehr. Ich musste ihm klarmachen, dass der Handel nur mit einem ‚Sie gehen lassen' und dafür den Zugang zu den Kindern erhalten abschließbar war, er sonst alles verloren hätte. Er wird sich sicher stabilisieren. Er hängt ungemein an den Kindern, und seine Frau war ihrerseits wirklich eine absolute Plage."

„Auf jeden Fall ein sehr leidenschaftlicher Mann", meinte Nestor. „Er lebt für das Lokal. Das ist gut für ihn, denn so lässt sich für ihn noch viel Freude in seinem Leben entwickeln. Es waren gute, dichte Momente mit ihm, schlicht und dabei authentisch im Gefühl, seine Begeisterung ist sehr unverstellt. Das hebt ihn über all den ‚Mind Fuck' vieler seiner Gäste weit hinaus. Ich danke dir für diese neue Bekanntschaft."

Katharina ging einige Minuten schweigend neben Nestor her, fühlte Dankbarkeit, ihn als Mentor und unbarmherzigen Freund in ihrem Leben zu wissen, und war voller Bewunderung für seine Fähigkeit, trotz seiner hohen akademischen Würden nie den Blick für das Unmittelbare, Direkte verloren zu haben. Die kompromisslose Ehrlichkeit, mit der er Begegnungen lebte und die Menschen nach ihrer Tatsächlichkeit und nicht nach ihrer gesellschaftlichen Maske beurteilte, beeindruckte und berührte sie immer wieder gleichermaßen.

Nestor war vor dem Schaufenster einer renommierten internationalen Bekleidungsmarke stehen geblieben und betrachtete das Angebot, das mehr einer künstlerischen Installation als einer Präsentation hochwertiger Kleidungsstücke entsprach. Auf einer gesichtslosen kachektischen weißen Kleiderpuppe fand sich eine für Katharina schrill wirkende Kombination, die Verzierungen mit Kristallen und Pelzstücken aufwies. Vom Schnitt und der Rocklänge her wirkte es jedoch wie ein festliches Kleid oder Talar. Die ganze Komposition wurde von mehreren Scheinwerfern angestrahlt. Daneben, etwas zur Seite gerückt, standen augenscheinlich als dazu passend empfundene, im Schnitt und Absatz klobig wirkende Pumps aus Schlangenleder und eine dazugehörige Tasche im fünfstelligen Preisniveau. Ein winziges Schild, das den dezenten, aber nötigen Preisangaben aller ausgestellten Stücke gewidmet war, erklärte unmissverständlich, dass man sich im oberen Couture-Segment befand. Katharina hätte sich nie so gekleidet. In der ganzen Aufmachung wäre sie sich komplett lächerlich, als Präsentationsobjekt der Selbstdarstellung eines idiotischen Designers vorgekommen. Und die Preise ärgerten sie. Die Näherinnen in Fernost oder Rumänien bekamen einen Hungerlohn. Mit einer dieser Taschen umherzugehen hätte sie obszön gefunden.

Nestor war augenscheinlich mehr in das Studium der Kleiderpuppe versunken. Plötzlich stieß er ein glucksendes Lachen aus: „Als ich ein junger Mann war, waren die Schaufensterpuppen möglichst naturgetreue Nachbildungen unserer männlichen Träume von Frauen. Sie hatten sonnengebräunte Haut, volle, rote Lippen und trugen eine sehr natürlich wirkende Perücke. In den Proportionen kamen sie so auf neunzig – sechzig – neunzig hin. Man konnte echt noch ins Träumen kommen. Das hat es erträglicher gemacht, wenn dich eine Frau zum Einkaufen mitgeschleppt hat. Ich glaube kaum, dass es *irgendeinem* Mann gelingen kann, anlässlich dieser Schaufensterpuppe eine Erektion zu bekommen. Wie soll er denn dann auch noch zahlen wollen?“, ergänzte er in einem weiteren Heiterkeitsausbruch.

Katharina lachte ebenfalls. Sich Nestor als Papiertaschen und Hutschachteln balancierenden, leidenden jungen Psychiater im Schlepptau einer affektierten Oberschichtstochter vorzustellen amüsierte sie. Gleichzeitig war dies doch auch die Zeit gewesen, in der er sich als Jungspund heftige Gefechte mit den damaligen Granden und dogmatischen Chefärzten der psychiatrischen Kliniken geliefert hatte. Die hatten in der Tiefe ihres Herzens am liebsten noch an Elektroschock und Wegsperrpsychiatrie festgehalten.

Plötzlich schien Nestor etwas aufgefallen zu sein. „Warum haben wir heute solche Schaufensterpuppen?“ Was meinte er bloß? Katharina fühlte sich etwas ratlos, wusste mit der Frage nichts Richtiges anzufangen, doch Nestor setzte seinerseits bereits fort: „Der moderne Mensch ist dem Leben entfremdet. Rationales Sein und empathisches Fühlen müssen miteinander integriert existieren. Nur so kann es gelingen, als ganzer Mensch durch das Leben zu schreiten. Doch wir haben das empathische Fühlen abgespalten. Dieser neue Mensch des einundzwanzigsten Jahrhunderts hat die Akzeptanz der Ohnmacht, die jeder Lebendigkeit gleichzeitig durch ihre jederzeitige Sterblichkeit innewohnt und nur durch Vertrauen gemildert werden kann, verloren und sich der Angst ergeben. Wir haben so viele Angststörungen wie noch nie, meine Liebe. Aber das weißt du sicher genauso gut wie ich."

Während er sprach, wandte er sich zu Katharina und blickte ihr mit großem Ernst ins Gesicht. „Das Leben war noch nie so lang und sicher wie heute, und trotzdem verzeichnen wir eine Lawine von Angststörungen in einer breiten, für uns Analytiker recht unterhaltsamen Symptompalette. Jetzt erfinden wir gerade auch noch die Hypersensitiven, damit wir Wehleidigkeit und Angst *noch* salonfähiger machen können. Ist doch eigentlich alles verrückt. Unsere ganze Kultur ist heute der Abwehr der Angst und der Verleugnung unserer Sterblichkeit geweiht."

Er hielt kurz inne, schien zu überlegen. „Der Mensch will seine grundsätzliche Hilflosigkeit und Begrenztheit vergessen. Frühere Generationen hatten als Zuflucht ein Gottesbild, das ihnen Trost in ihrer Ohnmacht und Ausblick auf ein Jenseits gewährte. Doch dieser Gott ist heute tot. In unserer narzisstisch verliebten Größenfantasie, alles in der Natur aufgedeckt zu haben und beherrschbar sowie nach unseren Wünschen formbar zu machen, ist Gott zu einer verzichtbaren Sentimentalität, zu einem anekdotischen Kuriosum für Zurückgebliebene mutiert. Stattdessen setzen wir heute auf Technologieexplosion. Die Technologie verfolgt das Ziel von vollständiger Berechenbarkeit und Kontrolle und suggeriert so das Gefühl von totaler Allmacht. Die Visionen der Philosophen des Silicon Valley zielen allesamt auf die Unsterblichkeit dieser neuen Superrasse."

Nestor strich sich mit einer Hand über den Schädel, so als wolle er ein Insekt verscheuchen. „Ist schon ein seltsamer Marschplan", meinte er daraufhin. „Der Mensch sucht seine Angst damit zu überwinden, indem er aufgibt, Mensch zu sein, *trans-human* wird." Er sprach den Begriff betont langsam in seiner Zweiteiligkeit aus.

„Der Algorithmus wird in dieser vaterlosen Gesellschaft zum neuen großen Vater. Er ist gänzlich unbestechlich und objektiv und wirkt dadurch richtig und wahr. Damit werden durch seine rationale, berechenbare und kontrollierbare Basis scheinbare Sicherheit und Verlässlichkeit suggeriert. Doch er ist dem Leben entfremdet, der Lebendigkeit mit ihren Geißleinsprüngen und Unberechenbarkeiten, ihren Zufällen, kreativen Verwerfungen und ihren Anachronismen, denn er nährt sich aus der Angleichung und Reduktion menschlichen Verhaltens an die Maschine mit ihrer Linearität und scheinbar einzig gültigen Logik.

Es ist ein System, in der Konvention zur Wahrheit und der Mensch nach der Maschine geformt wird.

Du wirst sehen. Bald werden sie uns vorschreiben, wie viele Therapieeinheiten man für die Behandlung einer Zwangsstörung und wie viele man für eine Depression mittlerer Schwere verbraten darf."

Katharina fühlte solides Unbehagen. Sie erinnerte sich, in letzter Zeit einige Fachartikel zu dem Thema einer optimalen Ressourcenplanung der Krankenversicherungsträger gelesen zu haben. Darin waren ähnliche Überlegungen diskutiert worden. Noch war die Autorenschaft geteilt in ihrer Einschätzung, doch mehrten sich Stimmen, die auf diese Art Transparenz im therapeutischen Dickicht versprachen und eine verbesserte Positionierung der Psychotherapie in der Wissenschaftsgemeinschaft in Aussicht stellten.

Doch der alte Analytiker sprach bereits weiter: „Diese Unterwerfung der Lebendigkeit unter die absolute Rationalität der Maschine hat den Vorteil, dass sie die Angst einzudämmen vermag. Die Menschen werden zu lebenden Toten, sind aber furchtbefreit, alles ist linear, vorausplanbar organisiert, von der Wiege bis zur Bahre. Was bleibt und Individualität und Selbstbestimmtheit vorspiegelt, ist die Wahlfreiheit im Design. Und diese Berechenbarkeit im Spielplan des Stücks verleiht Textsicherheit für jede Lebenslage." Damit wandte er sich von der Schaufensterpuppe ab, die seine Überlegungen hervorgerufen hatte.

Katharina blickte ihn jetzt fragend an. Wo war die Lösung? Sah er überhaupt eine? Nestors Gesicht wirkte nachsichtig und mild – ein grundsätzlich liebevoller, mit dem Leben versöhnter Ausdruck.

„Du fragst mich nach einer Lösung, ob ich eine habe, wenn ich deinen Blick richtig deute?", fragte Nestor. Katharina sah ihn aufmerksam an. „Selbstwirksamkeit", verriet er kurz. Dabei grinste er sie jetzt sehr jungenhaft und gar nicht zu seinem Alter passend an. „Durch die Erfahrung von Selbstwirksamkeit ist eine Verankerung im Realen zu erreichen. Selbstwirksamkeit lässt einen die Angst, die eigene Existenz könnte nur Illusion sein, durch die Erfahrung, *etwas real in der Umgebung zu bewirken*, überwinden.

Selbstwirksamkeit ist unsere einzige, reale Identitätsbestärkung. Ich spreche von jenem Moment, in dem das ‚Ich' sich aus der Fiktion seiner Existenz durch gelebte Bewährung in eine bestätigte Realität verwandelt.

Dazu braucht es Mut, sich auszusetzen, zudem die Bereitschaft, sich seinem Ziel mit Leidenschaft hinzugeben, und gleichzeitig die Stärke, das Risiko des möglichen Versagens auf sich zu nehmen. Auch Disziplin und Anstrengungsbereitschaft sind unverzichtbar. Aber es lohnt sich, denn Selbstwirksamkeit ist der einzige Weg, ein Talent zu dauerhaftem Glücklichsein zu entwickeln.

Und hier kommt auch wieder unser Thema des heutigen Abends ganz prominent zum Zug." Nestor zog ein Taschentuch aus seinem Mantel, um sich geräuschvoll die Nase zu putzen, ehe er weitersprach.

„Die Liebe, dieses unordentliche, weil der Lebendigkeit folgende Gefühl. Das meint jetzt nicht nur die Geschlechterliebe und die Taschenspielertricks, mit denen du und Stefan an euren Ängsten entlangturnt, sondern die Liebe als Schlüsselkraft von Bindung und Beziehung im Universum, die sich selbst in unserem Bauplan und unserer Funktionsweise abbildet.

Wir sind als hochsoziale Säugetiere angelegt, ja unser Überleben hängt von der Gemeinschaft ab. Nur dann, wenn wir ein ‚Miteinander leben', können wir das Leben befriedigend gestalten. Denn erst wenn wir durch ein Gegenüber Beantwortung erhalten, erleben wir ein Ankommen, weichen Unsicherheit, ob wir real in der Welt stehen, und Einsamkeit und können wir uns auch allein ganz und sicher fühlen. Das Gegenüber ist der Bezugspunkt der Wirklichkeit unseres Seins.

Denke an die ersten Bewegungen des Kleinkinds von der Mutter weg. Du hast sicher diese Videos gesehen und es selbst erlebt. Das Kind löst sich von der Mutter, versucht die ersten selbstständigen Krabbelbewegungen und traut sich damit ein erstes, selbst initiiertes Getrenntsein von der Mutter zu, erlebt also Selbstwirksamkeit und erstes Alleinsein. Und was tut jedes Kind?“

Nestor atmete tief durch und schwieg für einen Moment, denn die Antwort war ihnen beiden klar, seine Frage nur eine rhetorische gewesen.

„Das Kind wirft einen Sicherungsblick zurück zur Mutter, holt sich in ihrem Gesicht Bestätigung, Zustimmung, Zuversicht, Anteilnahme, Aufmunterung, Antrieb und ein Stück Mut, es weiter zu versuchen, wenn es gerade auf die Nase gefallen ist. Es ist der besichernde Blick, den wir unser ganzes Leben lang im anderen Menschen suchen! Das ist das tiefere Wesen des Liebens, gewährendes Annehmen, und zwar immer wieder, wie auch immer du alles andere rundherum gestalten magst. Und nur diese Haltung, auf allen unterschiedlichen Lebensebenen gelebt, vom Umgang im öffentlichen Raum über unsere Krankenkassen und Politik bis in die intime Erotik und das Mysterium der jeweiligen Zweierbeziehung hinein, kann uns retten, wenn wir lebendige Menschen bleiben wollen. Denn die Liebe ist die Suche nach dem Leben vor dem Tod.“ Im Ton seines letzten Satzes schwang eine gewisse Endgültigkeit mit.

Plötzlich erloschen die Scheinwerfer im Schaufenster, vor dem sie noch immer standen. Es schien auf einmal sehr dunkel um sie herum, bis sich ihre Augen wieder an die alleinige Beleuchtung durch die Straßenlaternen gewöhnt hatten. Vielleicht mussten Nobelboutiquen heute auch Strom sparen. Oder aber sie leisteten es sich, einem Impuls von politischer Korrektheit und Umweltschonung zu folgen, weil um diese Zeit ohnehin kaum mehr potenzielle Kunden unterwegs waren.

Vor dem großen Dom ganz im Zentrum der Stadt trennten sich ihre Wege. Sie umarmten einander innig, zufrieden und satt, jeder in seiner Art dankbar für den Abend. Nestor hatte sich bereits zum Gehen gewandt, als er sich noch einmal zu Katharina umdrehte, sie an beiden Schultern fasste und sie nahe an sich heranzog: „Die Liebe, Katharina, ist das gestaltende Prinzip des Universums. Bindung und Beziehung sind ihre Kräfte, durch die sie wirkt. Wenn du konsequent bis zur tiefsten Wurzel hinabgräbst, wirst du herausfinden, dass alles, was konstruktiv geschaffen wird, in der

Liebe seinen Ursprung nimmt. Die Liebe folgt der Lebendigkeit in ihrem beständigen Spiel von Anpassung und Reaktion auf die Umwelt, um das Leben weiterzutragen. Die geschlechtliche Liebe ist damit – und das ist das Schwierigste, zu verstehen – kein lineares, sondern eben auch ein für uns unberechenbares Prinzip. Darum, wegen dieser Eigenschaft hat jede Gesellschaft bisher versucht, sie einer Konvention zu unterwerfen. Die gelebte Herzenskraft zweier Menschen befreit sie und lässt sie jederzeit zu ihrer allmächtigen Größe aufsteigen. Erst dann bist du im lebendigen Leben. Vielleicht solltest du etwas in der Weltliteratur nachschlagen. Ich bin in Gedanken bei dir, Katharina."

Damit küsste er sie sanft auf die Stirn und ging, mit einem Strahlen im Gesicht, seines Wegs. Katharina blickte der hohen Gestalt des alten Analytikers, die mit ihrer Vitalität zu einem so viel jüngeren Mann zu passen schien, noch nach, bis Nestor zwei Gassen weiter, hinter einer Hausecke verschwand.

Der Sommerabend war trotz der späten Stunde von besonderer Wärme, und Katharina selbst wohnte ebenfalls nur wenige Quergassen entfernt. Die letzten Worte Nestors lösten tiefe Resonanz in ihr aus und verbanden sich mit vielem, was tief in ihrem Inneren gewartet zu haben schien, und mit ihren Erkenntnissen über sich selbst, zu denen ihr Nestor im Laufe dieses Abends verholfen hatte.

Sie spürte eine erhebende Leichtigkeit und Klarheit, ja Beschwingtheit in sich, wie sie sie seit Wochen vermisst hatte. Ihr Entschluss stand fest. Sie musste ihren Beitrag leisten, wollte sie wirklich lebendig sein und nicht nur davon träumen. Egal wie es um Stefan stand, sie musste ihren Teil der Hausaufgaben erledigen, statt scheel auf ihn und seine mögliche Begrenztheit zu schielen. Es ging um *ihre* Angst. Sie würde sich aussetzen, sich in das offene Spiel der Kräfte werfen und die ehrliche Begegnung mit Stefan suchen, was auch immer daraus resultieren mochte. Sie, dessen war sie sich nach diesem Abend mit Nestor nun vollkommen sicher, wollte für ihr Leben vor dem Tod kämpfen.

Morgen flog sie für wenige Tage in ihr Haus nach Italien. Sie würde ihre Gedanken und Gefühle ordnen, einer neuerlichen Prüfung unterziehen und nach ihrer Rückkehr Stefan treffen. Morgen früh könnte sie ihm vor ihrem Abflug noch eine entsprechende Nachricht mit ihrem Wunsch nach einem Treffen senden. Ihr war nun klar: Sie wollte keine Affäre, kein Verhältnis, wie es so hieß, keine Freundschaft mit Benefits oder eines dieser sterilen Mixed-Single-Arrangements, die mit ihrer Unverbindlichkeit heute so modern waren. Und sie wollte ganz sicher gerade nicht in ihm, mit dem sie in der körperlichen Begegnung so intimen Austausch erlebte, einen „Fuck Body" sehen.

Sie wollte diesen Raum, der sich durch die Zuneigung ihrer beider Lebensbögen ergeben hatte, leben und gestalten, getragen aus der eigenen Kraft, ohne jeden Anspruch von Konvention, Versicherung oder Rechten. Sie wollte Anteil nehmen, dort wo es ihm möglich war, Anteil zuzulassen, und ihm Anteil an ihrem Leben geben, wo sie es konnte. Der Respekt vor dem Liebenden war Kompass in der akzeptierenden Annahme des anderen.

Ob Stefan verstehen könnte, dass damit weder eine Einschränkung seines Lebens noch ein Verlangen an ihn einhergingen, dass die Veränderung eine der inneren Haltung wäre und einem äußeren Beobachter vielleicht wenig Unterschied auffiele, musste er allein klären. Sollte er nicht imstande sein, die Schatten seiner Ängste abzustreifen und bei seinem vernichtenden Frauenbild eingerastet bleiben, also unfähig sein zu kontinuierlicher Achtsamkeit und Hingabe aneinander, so konnte sie nichts daran ändern.

Katharina war entschlossen, sich ihrer eigenen Angst stellen zu wollen, statt Lebendigkeit mit weiterem Aktionismus zu imitieren und dies auch von Stefan zu fordern, wenn er die Fortsetzung ihrer Begegnung wollte. Vielleicht würde sie oder würden sie beide scheitern, aber es wäre Gestalt geworden. Das würde sie Stefan verdeutlichen. Allein ihre Bereitschaft zur vollen menschlichen Konfrontation. Sollte kommen, was wollte.

Sie war knapp vor ihrer Haustüre, als sie den Kopf hob und im nachtschwarzen Himmel, der in der Stadt von so viel anderem Licht überstrahlt wurde, bemerkte, wie ein fast voller Mond langsam hinter einer ihn bisher verdeckt haltenden Wolke zum Vorschein kam. Sein Licht fiel seltsam hell und, wie ihr schien, präzise auf sie. Katharina dachte sich, dass wohl bereits morgen Vollmond sein müsse.

X

Jene Stunden, bevor die Sonne endgültig versank, waren Katharina die liebsten. Das rötliche Licht verströmte eine Milde und Geruhsamkeit, die selbst einem von glutheißer Schärfe geprägten Sommertag einen sanften Abschluss verlieh. Zu diesem Zeitpunkt saß sie gerne auf der Terrasse ihres Hauses.

Es war ein mehr als dreihundert Jahre altes Rustico, erbaut auf einem der zahllosen toskanischen Hügel, die in wild wogenden, aufgetürmten Wellen hintereinander gereiht waren, bis der Horizont sie verschluckte. Im goldenen Licht des Abends und noch viel mehr mit beginnender Dämmerung glichen sie mit ihrer sanften Formation einer unendlichen Menge an Brüsten. Vielleicht lag es daran, dass diese Landschaft so viel Ruhe und Geborgenheit verströmte.

Im Haus fügten sich massive Steinquader in traditioneller Weise zu einem Steinbau, der mit seinen wohlüberlegten, sparsamen Fensteröffnungen mehr einer Burg glich. Massive Holzläden vor den Fenstern hielten die rauen Unwetter genauso wie die sengenden Sonnenstrahlen zuverlässig von den Innenräumen fern.

Der Hintergrund dieser Stimmung des weichenden Tages und der aufsteigenden Nacht eignete sich hervorragend, wie Katharina immer wieder fand, das eigene Innere aufsteigen zu lassen, nachzuspüren, die eigene Langsamkeit und ihre integrative Kraft zu entdecken. Bald würde der Abend mit der heraufziehenden Dämmerung das Zepter übernehmen, bis sich die samtschwarze Kuppel eines strahlenden Sternenhimmels, der aus einem Märchenbuch für Kinder entnommen zu sein schien, aufspannen würde.

Sie genoss den Abend. Schließlich hatte sich alles noch gut gefügt. Auch mit ihrem früheren Liebhaber, diesem kompromisslosen Außenseiter, schien nun alles ins Reine gekommen zu sein. Die letzte, Katharina so unangenehme Begegnung, als er sie bedrängt hatte, zu ihr zurückzukehren, schien im Nachgang positive Wirkung entfaltet zu haben. Wahrscheinlich hatte es gerade diese Aussprache noch gebraucht, damit er die

Unmöglichkeit einer neuerlichen Beziehung hatte verstehen können. Beharrende Sturheit war ja eine seiner herausragendsten Charaktereigenschaften, erinnerte sich Katharina nun mit jenem Lächeln, das sich durch die gewonnene Distanz ermöglicht. Doch schließlich hatte auch er vermocht, den Sturm seiner Gefühle zu glätten, und war in eine neue Alltagsrealität eingetaucht. Die Wunde der Trennung war, wie es schien, nun auch für ihn endlich vernarbt. Nach einem schmerzvollen Destillationsprozess waren aus dieser nicht lebbaren Liebe die Ansätze einer respektierenden Freundschaft geworden. Katharina freute sich sogar auf das Abendessen mit ihm. Er hatte sie angerufen, heute am Nachmittag, noch am selben Tag, an dem sie angekommen war und in der Bar auf der Piazza ihren ersten Cappuccino getrunken hatte.

Er war sehr aufgeräumt gewesen, recht entspannt, hatte ihr von seinem „neuen Leben" kurz einige Rasterpunkte vorgestellt. Ein wenig scheu und beschämt hatte er versucht, zu seinen vormaligen Schwierigkeiten, sie loslassen zu können, Stellung zu nehmen. Das hatte sie berührt und war mitverantwortlich dafür, dass sie seine Einladung für dieses Abendessen gleich für heute dann akzeptiert hatte. Es sollte, seinem Vorschlag entsprechend, ein sehr persönlicher Agroturismo sein, Slow Food, alles regional, selbst gefertigt und äußerst persönlich. Es gab keine Speisekarte, sondern für einen Obolus wurde gekocht, was sich aus den saisonal gerade in Haus und Garten vorhandenen Rohstoffen ideal zueinander fügte. Das Ganze wurde von einem Haubenkoch mit starker ökologischer Ausrichtung betrieben. Eine spannende, durchaus außergewöhnliche Erfahrung, dort zu essen, aber sehr intim. Das wäre doch ein guter Hintergrund, um sich ungestört austauschen zu können.

Ein wenig war sie skeptisch gewesen, doch er hatte so authentisch und abgeklärt freundschaftlich geklungen, dass sie, erfreut über diesen Wandel in seiner Gesinnung und die augenscheinlich wiedergefundene innere Balance und Ausgeglichenheit ihres früheren Liebhabers, eine Ablehnung sogar als Beleidigung von ihm empfunden hätte. Er würde sie abholen, hatte er versprochen, denn natürlich lag dieser Agroturismo, der jedes Navigationssystem sicher in die Irre führte, ziemlich abgelegen und war nur über eine staubige Zufahrtsstraße erreichbar, irgendwo zwischen den unergründlichen umgebenden Hügeln. Man aß spät hier zu Abend, und so wollte er um einundzwanzig Uhr da sein.

Ihre Armbanduhr, jene Tyrannei des Handgelenks, die sonst ihr so getaktetes, von Terminen bestimmtes und durchreglementiertes Leben bestimmte, hatte sie bereits mit ihrer Ankunft abgelegt, eine rituelle befriedigende Geste und ein Symbol, nun ganz auf sich selbst eingehen zu können. Doch die hereinbrechende Dämmerung sagte ihr auch so, dass es Zeit wäre, die entsprechenden Vorbereitungen für den Abend zu treffen. Um über ihr so aufwühlendes Gespräch mit ihrem alten Supervisor und die sich daraus ergebenden Konsequenzen nachzudenken, würde sie in den nächsten Tagen Muse finden. Das musste erst seine endgültige Reifung nehmen, wie guter Wein oder Whisky seine Zeit im Fass brauchte. Vor ihrer Abreise hatte sie noch eine Verabredung mit Stefan nach ihrer Rückkehr über SMS angeregt. Er hatte zugesagt. Es war also alles auf Schiene.

Für heute Abend würde sie sich leger kleiden, beschloss sie, weiblich, aber dezent, alles als aufreizend Deutbare vermeiden. Ein leichtes Sommerkleid, schlicht und zumindest in Knielänge, flache Sandalen, eine Weste, wenn es am späteren Abend kühler werden würde, schienen ihr passend.

Sie war gerade fertig angekleidet und mit ein paar wenigen geübten Strichen in ein dezent geschminktes Abend-Make-up-Gesicht geschlüpft, als sie das Geräusch eines Fahrzeugs auf der zu ihrem Haus ansteigenden Kiesstraße durch das offene Fenster ihres Ankleidezimmers vernahm. Er war äußerst pünktlich, stellte sie fest. Ein gutes Zeichen für ihn, der während ihrer Beziehung zumeist mit Zeitorganisation gekämpft hatte. Es war ein Indiz dafür, dass seiner Erzählung von seiner neu gefundenen inneren Balance tatsächlich Glauben zu schenken war.

Das fühlte sich erleichternd an und Katharina bemerkte, dass sie sich auf den Abend mit ihm unter den neuen Voraussetzungen freute. Es war ihr wirklich ein Anliegen, dass es ihm gut gehen möge. Aus den Geräuschen des Wagens entnahm sie, dass er nun wohl auf dem großen Kiesparkplatz, der zwischen dem Haupthaus, der Garage und den Nebengebäuden lag, angekommen sein musste und geparkt hatte. Sie hörte das laute Zuschlagen einer Wagentüre und rief ihm durch das offene Fenster zu, einzutreten, während sie die Treppe hinunterlief.

Plötzlich, gerade in diesem Moment auf der Treppe wurde sie von einer animalischen Welle unerklärlicher Angst erfüllt und ihre eigene Aufregung wurde ihr bewusst. Dies geschah nur für den Bruchteil eines Moments, so als hätte sich ein flüchtiger Schmetterling für einen Augenblick niedergelassen, um sofort wieder weiterzuflattern, denn dann stand er bereits vor ihr und bestimmte die Szene.

Er sah gut aus, fiel ihr sofort auf, gepflegter, als sie ihn in Erinnerung hatte, mit bereits jetzt zu Sommerbeginn stark gebräuntem, sehr frisch anmutendem Teint, den mehr vom Weiß beherrschten vollen Bart kantig gestutzt. Seine Augen waren wachsam, doch gleichzeitig glaubte sie ruhige Gelassenheit und eine Weichheit in ihnen zu erblicken, die sie an die ersten so erfüllenden Monate ihrer Beziehung erinnerten. Er trug eine schwarze Jeans und ein ebensolches bügelfrisches Hemd, dessen oberste Knöpfe großzügig offenstanden. Er sah wirklich sehr gut aus, wiederholte sie für sich ihre Einschätzung, irgendwie erholt, sehr sicher und in sich ruhend, als ob es ihm nun gelungen wäre, seinen Lebenskompass auf eindeutig klare Orientierung und Zielsetzung einzustellen. Er trug das Haar nun auch geschnitten. Die ehemaligen Dredlocks, Symbol einer unbenannten Rebellion, waren verschwunden. Stattdessen war das feine, zu enger Kräuselung neigende Haar gerade schulterlang gekürzt und ordentlich gebürstet. Er wäre nun auf Anhieb als Intellektueller, Schuldirektor oder erfolgreicher Künstler durchgegangen. Kurz wunderte sie sich über seine enorme Wandlungsfähigkeit. Er war wie ein Chamäleon und wirkte dabei immer authentisch. In der Hand trug er eine kältebeschlagene Prosecco-Flasche.

„Du siehst fantastisch aus“, begrüßte er sie, mit einem breiten offenen Lächeln, während sie noch die letzten Stufen hinabeilte, im Ton höflichgalanter Freundschaft, in dem keinerlei Anzüglichkeit oder die Wahrnehmung ihrer Person als sexuell attraktiver Frau verborgen sein konnte.

Dass er sie so neutral sah, verwirrte Katharina jetzt fast ein wenig, obwohl damit die letzte Spannung von ihr abzufallen schien. Sie lief auf ihn zu und gab ihm einen ebenso neutralen hier üblichen Begrüßungskuss der Freundschaftlichkeit auf jede Wange, wobei sie ihn flüchtig umarmte.

Er hielt die mitgebrachte Flasche hoch. „Bestens gekühlt", beteuerte er, indem er mit einem Finger über die durch die innere Kälte beschlagene Flasche zur Demonstration fuhr. „War fast gefroren, als ich wegfuhr", erklärte er ihr und ergänzte charmant und ein wenig geheimnisvoll: „Warmer Prosecco ist ungenießbar, aber eisgekühlter für die Eröffnung eines großen Abends der rechte Schlüssel."

Katharina lachte kurz hell auf und als er erklärte, dass er erst für zweiundzwanzig Uhr einen Tisch hatte reservieren können, wies sie ihn an, die Flasche zu öffnen, während sie in die Küche eilte, um zwei der langstieligen Weißweingläser zu holen, aus denen man in diesem Abschnitt des Landes Prosecco trank. Großzügig goss er ihnen beiden ein und wenig später fanden sie sich auf der Terrasse ihres Hauses. Katharina genoss die entspannte Atmosphäre zwischen ihnen. Hinter der dichtbewaldeten Hügelkette im Westen wich das letzte Dämmerlicht des Tages und bereitete der aufsteigenden Nacht den Weg.

Immer wieder erschien es Katharina, als würde der sterbende Tag einen tiefen Moment des Anhaltens und völliger Lautlosigkeit in sich tragen, bevor das Orchester der Nachtgeräusche im vielstimmigen Chor der Nachttiere die Szene übernahm. Sie liebte diesen Augenblick, der oft von einem leichten Windzug hier auf der Kuppe ihres Hügels begleitet wurde und sich gerade jetzt im frühen Hochsommer lang hinauszögerte und mit fühlbarer Temperaturerleichterung nach der Tageshitze erfolgte.

Sie zündeten sich beide eine Zigarette an. Das markante Profil des Besuchers leuchtete im hellen Aufflammen des Streichholzes rasch und scharf auf, um wieder in der Milde der zunehmenden Dunkelheit zu verschwinden. Für einen Moment hatte sie, wie vorhin auf der Treppe, ein kurzer Anflug von Angst, fast Panik erfasst und es war ihr erschienen, als wäre in seinen schwarzbraunen Augen ein grausamer Ausdruck zu erkennen gewesen.

Wie absurd sie sich benahm, dachte sie. Vielleicht war sie noch immer ein wenig misstrauisch oder gar traumatisiert. Immerhin hatten sie heftige Streite miteinander ausgetragen und er war, wie auch ihr Vater, dabei sehr laut geworden. Darauf reagierte sie extrem. Das war ihr bewusst. Sie fiel dann in eine Art schmerzliche Paralyse. Wahrscheinlich brauchte sie noch ein wenig Zeit, um dieser neuen, positiven Entwicklung von respektvoller Freundschaftlichkeit echtes Vertrauen schenken zu können. Dieser Abend würde ein guter Anfang dafür sein.

Katharina nahm einen Schluck Prosecco und dachte kurz daran, ob sie wohl je mit Stefan hier genauso sitzen und den ausklingenden Tag gemeinsam erleben würde. Währenddessen erzählte ihr der frühere Liebhaber mit großem Enthusiasmus von seinem neuen Leben. Es wäre alles seine Schuld gewesen, was falsch zwischen ihnen gelaufen sei, und er habe seine Konsequenzen gezogen. Katharina fand diese Aussage sehr vage, doch spürte sie ein sie warnendes Unbehagen, hier tiefer nachzufragen. So war sie froh, dass er sogleich auf seine neue, berufliche Ebene zu sprechen kam.

Handwerklich war er sehr geschickt und er hatte einen der großen Weinhersteller der Umgebung davon überzeugt, ihm einen laufenden Auftrag für die Herstellung und Dekoration von Holzkassetten für teure Qualitätsweine zu erteilen. Er hatte so eine spezielle Technik für künstlerische Lasuren, die die Holzkästen sehr edel und antik aussehen ließen. Das war eine Arbeit, die Muse verlangte und gleichzeitig meditativ war und außerdem gut planbar, da er nach Stück bezahlt wurde, wie er fröhlich anmerkte. Es war ihm also gelungen, das Angenehme mit dem Nützlichen zu verbinden und gleichzeitig Lebenssicherheit in für ihn selbst ausreichendem und von ihm bestimmbarem Ausmaß zu erwirken. Mehr brauchte er nicht. Und genauso wollte er es. Diese Arbeit ließ ihm viel Freiraum, wie er ausführte, um ganz bei sich und seiner eigenen Entwicklung zu sein.

Katharina war aufs Neue beeindruckt von seiner Kompromisslosigkeit, unbeirrbar seine wirtschaftliche Randstellung zu akzeptieren, um seine Lebenszeit autonom nutzen zu können. Für seine lächelnde Unberührbarkeit gegenüber Konsumnormen und seinen Minimalismus in der Lebensführung hatte sie ihn schon damals, als sie einander kennengelernt hatten, bewundert.

Sie tranken ihre Gläser aus. Es war nun Zeit, aufzubrechen. Mit hausfraulicher Geläufigkeit nahm Katharina die beiden leeren Gläser auf, um sie zur Spüle zu tragen und ihre Handtasche und Weste aus dem Haus zu holen. Es verwunderte sie nicht, dass er ihr folgte, denn sie nahm an, dass er seinerseits die noch halb gefüllte Prosecco-Flasche in die Küche bringen würde. Und so traf es sie vollkommen unerwartet und umso schockierender, so als würde ein Blitz aus heiterem Himmel herabfahren, als er plötzlich mit hartem Griff seiner linken Hand ihren blonden Haarschopf packte und nach hinten riss, ihr mit der rechten Hand ins Gesicht schlug, sie vor sich umdrehte und mit der gesamten Gewalt seines Körpers hart gegen die neben der Eingangstür zur Terrasse stehenden Kommode drängte.

Sie schrie auf, vor Schmerz und Überraschung, während eine Welle von Panik sie überflutete. Beide Gläser zersplitterten schrill auf den dicken Cotto-Fliesen. In wilder Verzweiflung schlug sie mit ihren Fäusten auf ihn ein. Doch dies schien ihn nur noch mehr zu reizen. Er versetzte ihr mit der flachen Hand einen weiteren, nicht zu harten, fast spielerischen Schlag ins Gesicht, wobei er weiterhin fest ihr Haar gepackt hielt und sich brutal an sie drängte. Sie spürte seine harte Erektion gegen ihren Unterleib gepresst, und neben der sie durchflutenden Panik und Verzweiflung, sich nicht befreien zu können, erfüllte sie tiefe Wut.

„Lass mich los, was ist in dich gefahren? Hör auf!", schrie sie. Ihre Stimme klang Katharina selbst fremd und wenig überzeugend, denn die Heftigkeit seines Angriffs schloss ihrerseits bereits die Möglichkeit aus, dass er aus einem kurzen Übermannt-Werden seiner Sinne und seines Verlangens heraus gehandelt hatte und man noch mit Betretenheit und Scham, aber gleichzeitiger Nachsicht zur Normalität gesellschaftlichen Umgangs hätte zurückkehren können.

Doch es lag gar nicht in seinem Sinn, beschämt und reuig für die Ungeheuerlichkeit seines Tuns zurückzuweichen und mit niedergeschlagenen Augen um Entschuldigung zu bitten oder um Verständnis für seine tiefe Gram und Trauer zu ersuchen, die ihn sich wie ein rasendes Tier hatten benehmen lassen. „Du gehörst mir, Katharina", gab er ihr zur Antwort. „Du kannst nicht einfach gehen. Ich habe es dir versprochen." In seiner Stimme vereinte sich die kalte Härte von scheinbar bestehender Berechtigung mit der Schärfe, dass Züchtigung angebracht sei, weil sie es gewagt hatte, sich seinem Gebot zu widersetzen.

„Ich war immer bei dir, Katharina“, erklärte er, und seine Stimme hatte einen fremden, wirren, fast heiser anmutenden Klang dabei. „Immer“, wiederholte er. „Ich habe dich beobachtet. Wann immer du hier warst, war ich da. Nur du hast mich nicht wahrgenommen, warst blind.“ In seiner Stimme lag Härte.

„Ich habe dir zugesehen, wenn du nackt im Pool gebadet hast, habe dich in der untergehenden Sonne abends, wenn du auf der Terrasse gesessen und dem Tag im Verlöschen gefolgt bist, beobachtet und in deinem Gesicht deine Gedanken gelesen und deine Sehnsucht nach mir gespürt. Ich habe in der Nacht gewartet, bis das Licht in unserem Zimmer ausgegangen ist und ich deinen schlafenden Atem draußen in der Nacht gespürt habe. Ich war immer in deiner Nähe. Immer, seit du geglaubt hast, du könntest gehen und mich einfach aus deinem Leben verbannen.“

Katharina spürte, wie ihr ein eisiger Schauer den Rücken hinunterlief. Ihr Haus lag sehr einsam hier. Der Gedanke war beängstigend, dass er die ganze Zeit ungesehen um das Anwesen geschlichen war. Oft hatte der Hund, wenn sie ihn mit sich gehabt hatte, unvermutet und heftig angeschlagen und in die umgebende Wildnis hinausgebellt. Sie hatte damals gemeint, er würde ein Tier wittern. *Er* war gefährlich, gefährlicher als ein wildes Tier. Das wurde ihr jetzt bewusst. Aber es war zu spät.

Wie ein böses Kind, das achtlos seine Puppe neben sich her schleift, hielt er mit eisernem Griff ihren Haarschopf weiterhin fest und zerrte sie durch den Raum zu einem schmalen Sekretär, der etwas hereingerückt in den Raum stand und ihr als Schreibtisch diente. Mit einem Arm fegte er über die Tischplatte, um sie zu leeren. Papiere, Schreibzeug, Akten und der Postablagekorb fielen zu Boden – wie tote Vögel vom Himmel. Ein großer gläserner Briefbeschwerer, eine Miniatur des Arc de Triumph in einen Glasmantel gegossen, zerschellte mit lautem Knall auf den Cotto-Fliesen.

Er warf sie bäuchlings vor sich auf den Schreibtisch und zog mit einer raschen Bewegung zwei Paar Handschellen aus der Seitentasche seiner Jeans, die er eng um Katharinas Handgelenke einrasten ließ. Sodann bog er ihre Arme hinunter und umschlang mit dem jeweils anderen Metallring die zarten geschwungenen Beine des Sekretärs. Er ging dabei so flink und ohne Zögern vor, dass es den Anschein hatte, als wäre ihm dies durch dutzendfache Übung oder zumindest Vorstellung vollkommen geläufig, als folgte alles einem klaren Schema ohne jede Improvisation.

Daraufhin nahm er zwei schwarze Kabelbinder aus der Tasche und zwang mit derbem Drängen seiner Knie ihre Beine auseinander, um ihre Knöchel an den beiden anderen Beinen des Sekretärs zu fixieren. Damit stand sie, vornüber den Oberkörper auf die Tischplatte ihres Sekretärs gespannt und die Beine gespreizt, an Armen und Beinen gefesselt, bewegungsunfähig vor ihm. Was hatte er mit ihr vor? Was sollte das alles?

Ihre erste Panik hatte sich gelegt und war wildem Ärger und Überlegung gewichen. Noch weigerte sich Katharina anzuerkennen, dass das, was sie eben erlebt hatte, real wäre. Wollte er sie etwa mit einer großen erotischen Inszenierung jenseits aller Grenzen überzeugen, dass sie doch zusammengehörten? Wollte er dies nun in einem Rollenspiel, in dem er sie mit einer bestrafenden Note unterwarf, deutlich machen? Sie waren in ihrer erotischen Begegnung während ihrer Beziehung nicht zimperlich gewesen. Doch was er gerade getan hatte, war vollkommen unangemessen, hatte neben dem Aufflammen von animalischer Panik nur Ekel und Abscheu in ihr bewirkt.

Als könnte er ihre Gedanken lesen, packte er von Neuem ihren Haarschopf und riss ihren Kopf von der Platte des Sekretärs. Ihre Blicke trafen einander und in der schneidenden Kälte seiner Augen erkannte sie, dass es ihm bitterernst war. Ihre Vermutung, es könnte sich um einen fehlgeleiteten Versuch handeln, über die sie einst so stark verbindende erotische Brücke wieder Zugang zu ihr zu finden, war falsch. Was er hier tat, folgte einem anderen Drehbuch.

Dann trat er etwas zurück. Sein Atem ging schwer. Katharina fühlte in sich die wieder mächtig aufwallende Panik, die sie völlig verstummen ließ. Ihr Kopf war seltsam leer, kein Wort der Gegenwehr schien mehr in Reichweite. Allein ihr Herzschlag wurde ihr seltsam deutlich in dieser Situation bewusst, wie ein aus dem Nest gefallener Vogel, dessen flatternde Panik nicht einzuschätzen vermag, ob die Hand, die ihn hält, Vernichtung bedeuten wird.

Sie spürte, wie er sie betrachtete. Katharina hörte das Klicken seines Feuerzeugs, als er sich eine Zigarette anzündete. Schließlich meinte sie zu hören, wie er durch den Raum ging. Bedächtig, so als hätte er alle Zeit der Welt, entzündete er langsam alle Kerzen, die sie auf zwei großen Leuchtern für stimmungsvolle Abende gerichtet hielt. Als er damit fertig war, löschte er das elektrische Licht und zündete auch noch die beiden großen Kerzen an, die auf der Kommode in ihren Halterungen standen. Ein mildes, zur Brutalität der Szene vollkommen unpassendes Licht erfüllte zunehmend das große Wohn- und Studierzimmer.

Kurz war er in der Küche verschwunden gewesen, und sie nahm wahr, wie er den Rest des Proseccos nun in ein frisches Glas goss. „Du bist so ungeschickt", sagte er währenddessen in ruhigem, feststellendem Ton und trat die Scherben der auf dem Boden liegenden Gläser dabei zur Seite. „Was du wieder angerichtet hast. Es wäre nicht nötig gewesen, dass du die Gläser fallengelassen hast. Du bist so unachtsam." Er sprach jetzt wie ein maßregelnder Lehrer.

„Ja, unachtsam bist du in allem, unachtsam und egoistisch. Glaubst, du kannst tun, was du willst."

In seiner Stimme war nun eine sich selbst befeuernde Wut zu hören. Katharina fühlte sich starr. Was hatte er vor? Er war nun wieder hinter sie getreten und versetzte ihr plötzlich mit der flachen Hand einen Schlag auf den Hintern.

„Du musst deine Strafe bekommen." Er beugte sich über sie, und sie spürte zuerst seinen Atem im Nacken, bevor er wieder ihren Haarschopf packte und ihren auf der Tischplatte ruhenden Kopf hoch- und nach hinten riss. Katharina schrie auf.

Er lachte und hielt ihr das Glas an die Lippen. Dann trank er den restlichen Inhalt in einem Zug, ehe er das Glas zu Boden warf, wo es zerschellte.

„Du bist so ungeschickt, meine Liebe", wiederholte er wiederum, „so verdammt nachlässig, ungeschickt und unzuverlässig."

Seine Stimme war weich, fast schmeichelnd. Gleichzeitig lag eine lauernde Drohung in ihr. Teile des Getränks waren ihr über das Kinn auf die Brust gelaufen und hatten einen dunklen Fleck auf dem hellblauen Seidenkleid hinterlassen.

Mit wüsten Bewegungen fuhr er Katharina durchs Haar, um es hoch auf ihrem Scheitel zusammenzufassen. Er schlang unter großem Zug einen dicken schwarzen Gummiring um den so gebildeten Zopf, der steil in die Höhe stand und mit seiner Steife einer seltsamen Entwürdigung gleichkam.

„Ja, so ist es gut", meinte er zufrieden und dirigierte, als wäre sie eine Puppe, ihren Kopf sogleich derb und zwingend in die eine, daraufhin in die andere Richtung, wobei er den hart gespannten Schweif als Griff benutzte.

Er tat ihr Gewalt an, machte sie zu seinem Objekt, demütigte und entwürdigte sie. Was würde folgen? Er schob den unteren Teil ihres dünnen Sommerkleids in die Höhe und zerrte grob an ihrem Slip, sodass ihr Po freilag. Wieder schlug er ihr mit der flachen Hand auf den Hintern. Katharina stöhnte auf.

„So ist es besser. Ich mag das Geräusch", meinte er. „Das Klatschen von Haut auf Haut hört sich vielversprechender an als auf Stoff." Seine Stimme hatte den neutralen Klang eines gnadenlosen Experimentators. Er legte den Kopf schief, so als wolle er sich auf das Geräusch mit größerer Intensität und Wahrnehmungsschärfe konzentrieren können, und schlug nochmals zu und dann immer wieder in steigernder Geschwindigkeit, bis er plötzlich abbrach.

Sein Tun schien ihn erregt zu haben, denn er drängte sich von hinten zwischen ihre gespreizten Beine, beugte sich über sie, und während er sie mit einer Hand am Haarzopf hochzerrte, begann er ihre Brüste grob zu kneten. „Das gefällt dir doch, Katharina. Ein wenig rau, aber du warst ein böses Mädchen."

Er war verrückt. In Katharina mischten sich Angst, Abscheu und Wut. Zwischen ihren Pobacken spürte sie seine harte Erektion durch die Jeans hindurch. War er nur brutal und wollte sie nun zum Geschlechtsverkehr zwingen oder schwebte sie in Lebensgefahr? Katharina bemerkte ein Aufbäumen in sich und schrie ihn an, er solle sie losbinden – vergebens. Sie versuchte ihre Kraft zusammenzunehmen und ihre Panik durch autoritäre Forderung zu überspielen.

„Du bist nachlässig – und egoistisch – und auch dumm", gab er ihr nur zur Antwort. „Du verkennst die Situation. Ich bin zurück."

In seiner Stimme war wieder diese ruhige, sanfte Gelassenheit, die sich allein aus der Sicherheit der Beherrschung der Situation ergab. Und auch eine Drohung, die im Ton bereits eine zukünftige, erschreckende Planung beinhaltete, schwang mit.

„Wir fangen erst an.“ Damit ließ er sie auf die Tischplatte zurücksinken und trat wieder zurück, ganz so wie man es tut, um ein Kunstwerk in seiner Gesamtkomposition zu betrachten.

Er zündete sich erneut eine Zigarette an und trat an eine neben dem Terrasseneingang gelegene Kommode, die Katharina auch gleichzeitig als Bar diente, um die dort gesammelt stehenden Whisky- und Cognac-Flaschen zu begutachten.

Für einen Moment schien er sie vergessen zu haben, war ganz vertieft ins Studium der verschiedenen Getränke. „Ah, Single Malt, Glen Mhor, Northern Highlands.“ Er schien erfreut. „Ein wirklich edles Destillat. Die Flasche muss wohl fast fünfhundert Euro gekostet haben. Du hast dir einiges geleistet, seit du meintest, mich verlassen zu können“, meinte er doppeldeutig. Er goss sich in eines der auf einem silbernen Tablett neben den Flaschen stehenden Whiskygläser ein und nahm einen genießerischen Schluck. „So stelle ich mir einen großen Abend vor.“ Danach zog er intensiv an seiner Zigarette und führte das Glas erneut zum Mund.

„Aber du bist hässlich in diesem Aufzug“, wandte er sich wieder ihr zu. „Dieses Kleid ist lächerlich. Das bringt deine Erotik nicht zum Schwingen.“ Abschätzig hob er den hochgeschlagenen Kleidersaum hoch und ließ ihn danach wieder herabfallen.

Er hatte immer ein Messer bei sich. Über die Faszination, die Messer für ihn ausstrahlten, hatte sie sich schon früher gewundert, sich dies aber damit erklärt, dass er sich überwiegend mit landwirtschaftlichen oder handwerklichen Dingen befasst und viel in der Natur bewegt hatte. Jetzt klappte er ein Taschenmesser mit großer Klinge auf, während er es ihr technisch beschrieb.

„Ich darf dir einen guten Freund vorstellen – Hunter, ein Jäger mit echtem Nussholzgriff. Der ideale Wegbegleiter, sechzehn Millimeter Höhe und einhundertsechsunddreißig Millimeter Länge, hochwertig und auf das Wesentliche reduziert. So sollte alles sein – auf das Wesentliche reduziert. Eine extrem robuste Klinge, kann ich dir versichern. Die vollkommen ergonomische Form sorgt für sichere Handhabung. Es macht schon beim Betrachten viel her, aber wenn du es in der Hand hast und in voller Aktion erreicht es wahre Meisterschaft. Du wirst es gleich sehen."

Seine Stimme hatte einen gespenstisch-schwärmerischen Ton, den eines erfolgreichen Handelsvertreters, angenommen. Katharina fühlte von Neuem, wie solide Panik sie überflutete. Er war von Sinnen, ohne Zweifel. Er hatte eine dünne Strähne, die sich herausgelöst hatte, als er ihr Haar in den straffen Zopf gezwungen hatte, zwischen seine Finger genommen. Mit einer raschen Bewegung schnitt er sie nun knapp an ihrer Kopfhaut ab und hielt sie hoch. Katharina hatte aufgeschrien, doch es beeindruckte ihn nicht.

„Siehst du? Ein wunderbares Werkzeug. Und jetzt wirkst du auch gleich viel ordentlicher und adretter, du liederliches Mädchen."

Er trat nun mit dem Messer wenige Schritte zurück und wieder hinter sie. Als er damit aus ihrem Blickfeld verschwand und sie ihn nur hinter sich fühlte, spürte sie, wie sie von vollkommener Starre erfasst wurde.

Aus dem Augenwinkel sah sie die Klinge des Messers im warmen Kerzenschein silbern aufleuchten. Mit zwei raschen Griffen fuhr er danach mit der Messerklinge unvermutet unter die Träger ihres Seidenkleids und schnitt sie auf. Danach fasste er das Kleid am hinteren Ausschnittrand und führte über dessen gesamte Länge, von oben beginnend, in der Mitte das Messer hinunter. Der Stoff zerriss unter der Messerklinge mit einem seltsam hohen, flachen Ton. Katharina schrie auf, als die Messerspitze ihren Rücken berührte und sie einen scharfen, hellen Schmerz fühlte. Er musste ihr oberflächlich eine lange Schnittwunde im Lendenbereich zugefügt haben.

„Oh, mein Begleiter hat dich wohl ungestüm begrüßt", meinte er säuselnd und riss mit einer einzigen abrupten Bewegung den hellblauen Stofffetzen ihres Kleids hinunter. Mit wenigen weiteren Schnitten, mit denen er Träger und Hüftstege eröffnete, entledigte er sie ihres Büstenhalters und Slips.

Dann beugte er sich über die Wunde auf ihrem Rücken, um sie zu begutachten. Es war ein etwa fünfzehn Zentimeter langer Schnitt, der mit einem feinen Rinnsal blutete. Er leckte das Blut ab. Er war dabei fürsorglich und zart, so als würde es ihm leidtun, dass er sie verletzt hatte. Jetzt war sie vollkommen nackt und entblößt. Er schien sie erneut zu betrachten und strich sanft über die Kontur ihres unteren Rückens, als wollte er sie beruhigen.

Als er gekommen war, hatte er einen großen Stoffbeutel mit sich geführt. Katharina hatte diesen bemerkt, jedoch über die Begrüßung hinweg vergessen. Nun fischte er selbsthaltende schwarze Netzstrümpfe und nuttige, hochhackige Riemchenschuhe mit dicker Plateausohle und Strassbesatz aus dem Beutel. Gemeinsam mit dem Absatz mussten sie die Trägerin mindestens zwanzig Zentimeter an Größe gewinnen lassen.

Er bückte sich und streifte ihre braunen, flachen Ledersandalen von den Füßen, wobei er ihr mit geübten Bewegungen die Strümpfe und die beiden mitgebrachten Schuhe anzog. Die Fesselriemen der Schuhe schloss er eng um ihre Fußgelenke, genauso wie er sie wieder mit neuen Kabelbindern am Schreibtisch aufspannte.

„Ich mag deine Beine“, meinte er in fast zärtlichem Ton, „und ich mag es, wenn sie in diesen Schuhen so unwahrscheinlich endlos wirken. Und ich mag es noch viel mehr, wie sich damit das Vorspiel des Blicks, der sich vom Fuß bis zum Zentrum des Begehrens hinauftastet, so lustvoll verlängert.“

Während er sprach, hielt er ihr Bein umfasst, strich sanft, sich fast schwärmerisch verlierend vom Fuß aufwärts über ihren Unterschenkel und die Innen- wie Außenseite ihrer Oberschenkel, bis er ihr Geschlecht berührte und ihre Schamlippen plötzlich grob teilte.

Katharina fühlte sich vollkommen erstarrt. Es war eine fremde, technisch sie berührende Hand, die kein anderes Gefühl als ängstliches Beben in ihr auslöste.

„Du bist ganz trocken“, kritisierte er sie mit der enttäuschten Stimme eines trotzigen Kindes, und sie dachte wieder, dass er verrückt sei oder wohl ein sadistisches Spiel mit ihr triebe.

Sie bemerkte, wie er hinter ihrem Rücken im Stoffbeutel kramte und plötzlich wieder in ihr Gesichtsfeld trat. Gleichzeitig fiel ihr auf, dass der Schmerz des Schnittes in ihrem Rücken schwächer geworden war. Die Blutung musste endgültig gestoppt haben.

Er entnahm der Stofftasche eine große Rolle einer schwarzen runden Lederschnur, die er bedächtig und mit großer Aufmerksamkeit, um jede

Verschlingung zu vermeiden, mehrere Meter abzuwickeln begann. Die Oberfläche glänzte spiegelglatt, als wäre sie gewachst.

Katharinas Herzschlag war wieder ruhiger geworden. Für diesen einen Moment, in dem er so vertieft war und sie vergessen zu haben schien, fragte sie sich, ob wohl das Nachlassen des Schmerzes das Wiedergewinnen ihrer Fassung bewirkt hatte, oder ob sie sich bereits der Resignation ergeben hätte, die sie betäubte.

Er hatte die Mitte der Länge der gesamten Schnur gesucht, wollte zwei gleich lange Teile für sein Unterfangen bereitgestellt wissen und schien nun zufrieden, als er hinter sie trat, die Schnurmitte in beiden Händen, und neben sich auf jeder Seite die gleichen Teile, die wie sich ringelnde, dünne nachtschwarze Nattern in Schlaufen angehäuft auf dem Boden warteten. „Ich werde dich schmücken, dir dein wahres Hochzeitsgewand anlegen", flüsterte er erregt in Katharinas Ohr.

Dann legte er die Mitte der Lederschnur in ihr Genick, überkreuzte die Schnüre vorne an ihrem Hals, sodass sich dieser von einer straffen Schlinge umfasst fand, und zog mit flinken Fingern an beiden Seiten den Riemen fest. Mit zahlreichen Kreuzungsrunden und aufwändigen Verknotungen umspann er mit dem Lederfaden ihren Brustkorb und Bauch bis auf die Höhe der deutlich sichtbaren knöchernen Kontur ihres Beckens, wobei er auf so straffe Spannung achtete, dass unverrückbarer Sitz gesichert war.

Danach schlang er auf jeder Seite die Lederschnur um ihren Oberschenkel, überkreuzte die Fäden vor ihrem Schamhügel und führte beide Fäden durch ihr Geschlecht nach hinten, wobei er dabei ihre Schamlippen spreizte, als würde er damit eine Blume oder ein Operationsfeld eröffnen.

Er ging systematisch und mit großer Geläufigkeit und Übung vor. Das Ganze vermittelte den Eindruck, als folge er einem fixen Arbeitsplan. Dabei arbeitete er vollkommen konzentriert und ruhig, vertieft, ja andächtig, als würde er eine heilige Handlung begehen. Schließlich fügte er noch zahlreiche Runden von Verschnürung, kunstvoller Bindung und komplizierter Knotenmuster, die an ein Makramee-Gebilde erinnerten, seiner Bondage hinzu. Es war, als würde ein lebendiger Körper als Material in ein Kunstwerk von Flechtarbeit eingebunden worden sein.

Endlich war er zufrieden. Der Ausdruck, die Aussage seiner Installation war gelungen. Ihr Körper – mit dem in gespreizter Fixierung weit eröffnetem Geschlecht, den niedergebundenen auseinandergetriebenen Schamlippen und den mit einem Spinnennetz des einschneidenden Lederfadens umsponnenen Brüsten – gab eindeutiges Zeugnis ihrer Ohnmacht, die mit jeder Bewegung ihres Kopfes oder weiterem Zug an ihrem Geschlecht zu einer sich steigernden vitalen Einschränkung führen musste und stillhaltende Unterwerfung als einzigen Ausweg zuließ.

Sie fühlte, wie er sie nun wieder betrachtete. An seinem Atem konnte sie seine Erregung hören. Er sprach nichts, trat zurück, ging zur Kommode und goss sich erneut einen großen Whisky ein. Kurz leuchtete fast grell sein Feuerzeug auf, als er sich eine Zigarette ansteckte. Dann rückte er ihren Lese-Fauteuil so zurecht, dass er sie im Schein der flackernden Kerzen bequem im Blickfeld hatte. Er ließ sich darin nieder und begann sich sogleich mit geübter Bewegung einen Joint zu drehen. Während er rauchte, trank er seinen Whisky rascher, als es bewusster Genuss vorgeben würde, und betrachtete sie, wie sie sich niedergebunden als Teil seiner Installation vor ihm fand. Er hatte sein Hemd ausgezogen. Der breite, muskulöse Rahmen seines Oberkörpers und seiner Arme, an denen sich die einzelnen Muskelpartien wie Schiffstaue unter der Haut zu verknoten schienen, verlieh ihm im flackernden Schein der Kerzen eine virile Atmosphäre.

Nach seinem ersten Joint steckte er sich sogleich einen zweiten an. Mit einer harten Bewegung öffnete er den groben Gürtel seiner Hose und sodann den Hosenbund. Sein erigierter Penis drängte in seine Hand und er masturbierte mit spielerisch abwesendem, leichtem Griff an der Grenze von wohliger Entspannung und Erregung entlang. Er ließ Katharina nicht aus den Augen, schien seine Geilheit an dem sich ihm bietenden Bild ihrer Auslieferung und der von ihm gefertigten Bondage ihres Körpers zu nähren. Während sich seine Erregung steigerte, sprach er kleine Obszönitäten und erotische Intimitäten, die nur sie miteinander geteilt hatten, vor sich hin. Doch er hatte sich im Griff, ließ seine Lust zu einem Maximum anschwellen, ohne Entladung zuzulassen. Was auch immer er vorhatte, es folgte einem planvollen Ablauf. Mit raschen Bewegungen drehte er einen dritten Joint und kam zu ihr, um ihr diesen an die Lippen zu halten.

„Es wird dich entspannen", meinte er mit fast liebevoll anmutender Stimme, die zu einem Vater, den Besorgnis für das Wohlergehen seiner Tochter quälte, gepasst hätte.

Katharina hielt die Lippen jedoch fest aufeinandergepresst. Ihr Widerstand schien seinen Zorn zu reizen.

„Du tust, was ich sage!", schrie er sie an. Grob griff er nach dem steifen Zopf, zu dem er ihr Haar gewunden hatte, und riss ihren Kopf hoch. Katharina stöhnte auf. Er drängte erneut den Joint zwischen ihre Lippen und herrschte sie an, an ihm zu ziehen. Die Spitze glühte kurz auf. „Mehr, los, verarsch mich nicht, du Schlampe!" brüllte er böse, war plötzlich heftig aus der Fassung geraten. „Ich will, dass du inhalierst." Seine Reaktion war vollkommen überzogen. Ihre vormalige Weigerung schien unbeherrschbare, irrationale Wut in ihm ausgelöst zu haben. Katharina fühlte neuerlich, wie sie von grenzenloser Panik überflutet wurde. Er musste irr geworden sein. Seine Reaktionen waren völlig unberechenbar. Um jede weitere Reizung zu verhindern, zog sie gehorsam neuerlich an seinem Joint, worauf sie von einem heftigen Hustenanfall erfasst wurde.

„Du Idiotin", herrschte er sie daraufhin an, „du bist zu blöd, um einen Joint zu rauchen. Nachlässig, ungehorsam, ungeschickt, unzuverlässig, faul und dumm bist du, Katharina", zählte er monoton auflistend in abwertendem Ton gleichsam die negativen Eigenschaften ihrer Persönlichkeit auf. Er verhielt sich wie ein Schulmeister, der selbstgefällig den nachfolgenden Schulausschluss eines Schülers rechtfertigt.

„Ich habe mir so viel Mühe mit dir gegeben, Katharina", setzte er nun mit der bedauernden, fast leidend anmutenden Stimme eines tief enttäuschten Pädagogen fort, der sich von seinem unbelehrbaren Schüler hintergangen fühlt. „So viel Mühe", murmelte er nun langsam, als würde er die zahlreichen Situationen seiner Anstrengungen an sich vorbeiziehen sehen, „und *das* ist das Ergebnis." Die letzten Worte waren vollkommen unvermutet, mit unvorhersehbarer Wucht plötzlich aus ihm herausgebrochen und seine Stimme drohte sich in rasender Wut zu überschlagen, als er sie neuerlich anbrüllte: „Du gehörst mir, Katharina! Du kannst nicht einfach gehen! Hast du das noch immer nicht begriffen?" Neuerlich hatte tiefe Wut, ja vielmehr noch eine Raserei, wie sie für jenen Zustand des Außer-sich-Seins in griechischen Heldenepen der Antike beschrieben wird, von ihm Besitz ergriffen.

Er hatte das Messer zuvor, als er ihr Kleid zerschnitten und sie vollständig entblößt hatte, auf dem Sekretär neben ihr liegen gelassen und nahm es jetzt in die Hand. „Du gehörst mir", wiederholte er neuerlich mit lauter Stimme. Im nächsten Moment schrie Katharina gellend vor Schmerz auf, denn er schnitt ihr mit wenigen raschen, gezielten Bewegungen den ersten Buchstaben seines Namens in ihren Rücken. Es war keine tiefe Wunde, doch sie maß ungefähr Handtellergröße.

Panik, Schmerz, Hilflosigkeit und Demütigung mischten sich in Katharina zu einem Gefühl endloser Verlorenheit, zu einem Zustand, in dem man nicht mehr Handelnder ist, sondern zum Zeugen des eigenen Seins degradiert wird. Es schien ihr, als würde nicht mehr sie aufschluchzen und rasenden Schmerz erleben, sondern als würde *es* schluchzen und eine fremde Frau schrecklichem Schmerz ausgeliefert sein, sie zur abgespalteten Chronistin mutieren.

Er betrachtete aufmerksam die Wunde, die er ihr geschnitten hatte. Mit dem aufsteigenden, aus den Wundrändern tretenden Blut formte sich schwarzrot der Anfangsbuchstabe seines Namens. Das machte ihn zufrieden. Er kommentierte dies plötzlich jovial und mit einem befriedigten Lachen. Dann schien der sich bildende Blutsee die Kenntlichkeit zu überlagern. Dies schien ihn nun zu verärgern. Er griff sich den blauen Seidenfetzen von Katharinas Kleid, den er achtlos auf einen Stuhl geworfen hatte. Dann beugte er sich über sie und drückte mit fester Kraft zur Tamponade mit dem zusammengeknüllten Stoff auf die Schnitte in Katharinas Haut, bis die Kontur der Wunde wieder deutlich wurde. Katharina schrie neuerlich auf. „Du musst lernen, gehorsam zu sein, Katharina", maßregelte er sie lautstark.

Er hielt ihr nun das Whiskyglas an die Lippen und forderte sie auf, zu trinken. Grob nötigte er ihr den gesamten Inhalt auf. „Das wird dir guttun", meinte er nun wieder versöhnlich, „du wirst den Schmerz nicht mehr so spüren und endlich lockerer sein. Du bist mit mir hier zusammen an unserem großen Abend. Das solltest du doch genießen." Sein Tonfall hatte am Ende einen deutlich sarkastischen Unterton angenommen.

Schließlich trat er vor sie, nahm sie unter den Achseln und zog sie auf dem schmalen Sekretär noch ein klein wenig nach vorne bis zur Kante, fasste mit hartem Griff seiner rechten Hand ihren Unterkiefer, während er mit der linken Hand den steifen Haarzopf ergriff und grob ihren Kopf dirigierte. So zwang er sie, ihren Mund zu öffnen, und stieß seinen Penis in ihre Mundhöhle. „Du gehörst mir, Katharina", sprach er dabei in sehr kaltem, beherrschtem Ton, der zur Erregung seines Penis seltsam asynchron wirkte. „Ich tue mit dir, was ich für richtig halte. Begreife das endlich. Du wirst jetzt meinen Schwanz genau so aufnehmen, wie es mir passt. Verstehst du das, du Schlampe?"

Während er sprach, hielt er nun mit beiden Händen Katharinas Kopf fixiert und dirigierte sie, wie eine Marionette. Er erteilte ihr eine Lektion, machte sie zu seinem Objekt, demütigte sie wiederum und gab ihr zu verstehen, dass sie ein Gegenstand war, der dazu diente, ihm und seinem Willen zu gehorchen. Hart stieß er ihr seinen Penis in die Kehle, ihr Würgereflex ließ ihn gleichgültig sein. In den nächsten Minuten folgte er mit großer Härte und Ausschließlichkeit allein seinem Rhythmus und Wunsch. Und Katharina spürte, wie unter dieser Behandlung und Aussichtslosigkeit eine weiche Gleichgültigkeit des Aufgebens immer mehr Besitz von ihr zu ergreifen begann, die in ein sich ergebendes Geschehen-Lassen münden würde.

Doch das wollte er noch nicht. Er wollte ihr die Hingabe in ein Aufgeben noch nicht gönnen, sondern sie zurück zu ihren eigenen Sinnen und damit in die Wahrnehmung der Qual bringen. In ihrer Beziehung war er ein sehr achtsamer, wahrnehmungsstarker Partner von hoher Einfühlung gewesen. Diese Qualität bestimmte nun auch ihre Folter. Er löste sich von Katharina, ließ ihren Kopf auf die Platte des Sekretärs sinken und ging zurück zur Kommode, um sich einen neuen Whisky einzuschenken. Danach nahm er wiederum in ihrem Lese-Fauteuil seinen Beobachtungsplatz ein und begann sich einen weiteren Joint zu drehen.

„Erhol dich, meine Liebe", kommentierte er die Szene ihrer Erschöpfung. Seine Stimme war jetzt sanft einfühlsam. „Du musst erst wieder zu dir kommen, bevor wir weitermachen. Das ist eine große Party heute Abend. Da sollst du doch alles ausreichend mitbekommen."

Für mehrere Minuten beachtete er sie nicht, rauchte den Joint, trank Whisky, ging kurz aus dem Haus, um irgendetwas aus dem Wagen zu holen, und trat schließlich zur Stereoanlage, wo er aufmerksam die dort liegenden CD-Stapel begutachtete, bevor er sich für eine mystische Popgruppe entschied, deren Klänge sodann den Raum füllten.

Daraufhin kam er zu ihr, hob ihren Kopf und blickte ihr lange in die Augen, so als wolle er begutachten, ob sie wieder genügend gefasst sei.

„Was willst du?", fragte sie ihn mit schwacher, rauer Stimme. Ihre Kehle schmerzte. Er ließ mit seinem Blick ihre Augen nicht los, als wolle er über diese Tiefe seines Blickes sicherstellen, dass das, was er nun antworten würde, sicher in ihren tiefsten Seelengrund dringen könnte.

„Was ich von dir will?", wiederholte er gedankenverloren ihre Frage. „Ich liebe dich, Katharina, und deswegen will ich alles von dir. Die Liebe verbindet uns unauflösbar, im Leben und im Tod." Er hatte im Ton von vollkommen ruhiger und klarer Überzeugung gesprochen und mit einer so durchdringenden Ernsthaftigkeit, wie sie nur ein religiöser Eid hervorzubringen vermag. Und gleichzeitig war auch deutlich, dass er sich eindeutig in einem Universum jenseits der Realität befand.

Ungebrochen hielt er noch immer ihren Blick mit seinen schwarzbraunen Augen fest und die Schwere seiner gesamten Ausstrahlung verlieh ihm im flackernden Licht ein fast priesterliches Auftreten.

„Du kannst nicht gehen, Katharina", erklärte er weiter, „was du versucht hast, hat den heiligen Bund der Liebe beschmutzt. Das muss gesühnt werden. Du bist meine Principessa, Katharina, die hohe Frau." Er verneigte sich vor ihr mit einer ausladenden Geste, die eine mittelalterliche höfische Etikette imitieren sollte. „Du musst rein sein. Und jetzt hast du so viel Schuld auf dich geladen, durch deine Unzuverlässigkeit und Achtlosigkeit. Du bist so schmutzig und unwürdig. Du musst geläutert werden. Ich muss dich reinigen – bestrafen. Das unauflösbare Gleichgewicht der aufrichtigen Liebe muss wiederhergestellt werden."

Nachdem er geendet hatte, strich er ihr mit aufmerksamer Zärtlichkeit in sanfter Liebkosung über die Stirn. Er wartete nicht auf eine Antwort von Katharina. In seiner Realität war das nicht vorgesehen. Stattdessen trat er nun, da er sich überzeugt hatte, dass sie wieder wach und bewusst war, hinter sie. Grob griff er an ihr unter der Schnürung seiner Bondage gespreiztes, weit klaffendes Geschlecht und stieß ihr mit zwei Fingern tief in die Scheide.

„Du bist noch immer trocken", kommentierte er emotionslos seine Prüfung. Dann fasste er ihren steifen Zopf, riss ihren Kopf hoch und bog ihn nach hinten. „Los, gib mir deinen Speichel", herrschte er sie an, während er ihre Lippen auseinanderdrängte.

Sie brachte keine Widerstandskraft mehr auf, tat wie ihr geheißen. Auch er spuckte sich danach noch auf dieselben Finger, wobei er meinte, dass dies ein Zeichen ihrer Gemeinsamkeit sei. Daraufhin verteilte er die glitschige Feuchte in ihrem Schritt, während er weiterhin ihren Kopf hoch und weit nach hinten gebogen hielt, wobei er den steif in die Höhe stehenden Zopf als demütigenden Griff für sein Tun benutzte. Erst dann holte er seinen hart erigierten Penis aus seiner Jeans und stieß ihn in Katharina mit einer einzigen scharfen Bewegung hinein. Er ging mit großer Brutalität vor, als wäre dies allein ein technischer Vorgang, der einer Bearbeitung eines Werkstücks diente. Er war ein Dampfhammer, der seelenlos im Rahmen seiner physikalischen Kräfte einen Auftrag erfüllte.

Katharina hatte heftig aufgeschrien, als er so gewaltsam in sie eingedrungen war. Seine harten Stöße versetzten die Verzurrung an ihrem Geschlecht in weitere qualvoll schmerzhafte Spannung und in ihrem Inneren schien alles zu zerreißen. Er hatte ihr Haar inzwischen losgelassen und sie stattdessen mit einer Hand am Genick gepackt. Mit großer Kraft drückte er Katharina nun hinunter gegen die Tischplatte des Sekretärs, sodass sie durch diese beherrschende Geste nicht nur in maximale Unterwerfung gezwungen wurde, sondern sich die Verschnürung der Bondage rund um ihren Hals noch weiter anspannte, Blutfluss und Atem eingeschränkt wurden.

Und während er all dies unermüdlich und wie von Sinnen tat, wie ein Rasender, dessen gesamte, ungezähmte Urkraft sich in seinem Handeln manifestiert, stieß er immer wieder ein Mantra aus, das ihn konzentriert sein Werk tun ließ: „Ich vergebe dir, Katharina, ich vergebe dir." Er sprach die Formel in Latein.

Irgendwann musste sie das Bewusstsein verloren haben.

Als er dies merkte, hielt er inne, denn was er tat, vollzog er nicht für sich, sondern für sie. Er trat zurück, schloss seinen Hosenbund und nahm seinen Beobachtungsplatz in ihrem Lese-Fauteuil wieder ein. Er würde warten. Sie brauchte etwas Ruhe. Wie sie so in ihrer Ohnmacht vor ihm lag, meinte er in ihren Zügen wieder eine Reinheit zu erblicken, die ihn anrührte. Er liebte sie. Mit jeder Faser seines Seins liebte er sie. Er fühlte dies als kraftvolle Gewissheit in sich. Alles was er eben getan hatte, stimmte ihn schwermütig. Er hatte keine wirkliche Freude dabei empfunden, nur jene Gewissheit, die es nötig machte, die Dinge wieder ins Lot zu bringen, Katharina zu läutern, von ihrer Sünde zu reinigen. Denn die Liebe, ihre Liebe, war absolut. Und er würde alle weiteren Schritte vollziehen müssen, alles zu seiner großen Vollendung bringen. Er müsste sie noch weiter vorbereiten, alles richten und ihnen dann die große Vereinigung ermöglichen.

Er zog an seinem Joint und nahm einen weiteren Schluck der bernsteinfarbenen Flüssigkeit, die seine Kehle mit wohliger Wärme durchströmte. Sein Blick ruhte weiterhin auf ihr, ruhig, liebevoll, besorgt, ja mit Wärme. Ihre Ohnmacht schien noch anzuhalten. Als sie zuvor schrie, hatte es ihn geschmerzt. Doch er hatte sie züchtigen müssen, ihr verdeutlichen müssen, wo ihr Platz wäre.

Langsam wandte er sich von Katharina ab und stand auf, um seine Vorbereitungen zu treffen. Der Wohnbereich wurde vom Speisezimmer durch einen Bogen, dessen Wölbung die ganze Querseite des Raumes einnahm, getrennt. Links und rechts der Öffnung waren schmiedeeiserne Ringe eingelassen, in denen zur Zierde Wachsfackeln steckten, die er nun entzündete. Ihr Licht warf große Schatten an die Wand. Das schien ihm angemessen und passend. Auf dem Marmortisch des Speisezimmers platzierte er einen Feuerkorb, in dem er in geübter Manier ein Feuer in Gang brachte, bis mehrere Scheite kräftig loderten.

Bevor er sich Katharina wieder zuwandte, prüfte er das schwere Brenneisen mit seinem Zeichen, das er zuvor in den Feuerkorb gelegt hatte. Es hatte sich in den starken Flammenzungen bereits deutlich aufgeheizt und glühte weißgelb. Er spürte ein schmerzliches Zusammenziehen seiner Eingeweide bei dem Gedanken an den Geruch ihres verbrennenden Fleisches. Doch er würde es tun müssen. Nur das durch Feuer gesetzte Zeichen reinigte und unterwarf auf ewig. Sie würde danach nicht mehr lange zu leiden haben. Das tröstete ihn. Und er würde ihr helfen, sie beruhigen, ihr übers Haar streichen und sie trösten.

Als er wenig später, als er mit allem fertig war, spürte, dass sie wieder zu sich zu kommen begann, verschwand er in der Küche und kehrte mit einer kleinen Espressotasse zurück. „Du bist ohnmächtig geworden", klärte er sie in bekümmertem Ton auf. „Dein Kreislauf ist schwach. Alles zusammen war wohl zu viel für dich – der Joint, der Alkohol, die Anstrengung, alles zu verstehen, und die Freude, wieder zusammen zu sein."

Er hielt ihr den stark gesüßten Espresso an die Lippen und sie trank. „Du darfst doch den Höhepunkt des Abends nicht verpassen. Da sollst du vollkommen klar sein." Er hatte besorgt gesprochen und gleichzeitig in seine Stimme so etwas wie aufbrechende Vorfreude gelegt.

Nun stellte er die Tasse ab und strich Katharina unvermutet sanft über das Gesicht. Dann löste er die Handschellen, mit denen sie an den Beinen des Sekretärs gefesselt war. Fürsorglich rieb er ihre Hände, nahm sie zwischen seine, um ihnen Wärme zu geben, und küsste behutsam ihre Fingerspitzen. Dieser Wechsel von zerstörerischem Wüten in barbarischer Brutalität mit achtsamer Zuwendung seiner liebevollen Berührung zerriss sie in seiner Unmöglichkeit, die nur in einem kranken Geist Vereinigung finden konnte.

Katharina schluchzte hemmungslos auf. Tränen des Schmerzes und der Verwirrung brachen aus ihr hervor. Sie spürte, wie ihr Geist zu brechen im Begriff war, sie sich an ihn schmiegen und seinem Spruch unterwerfen wollte, um die Pein zu beenden.

Es war ihm nicht entgangen und er küsste sie sanft auf den Mund, straffte sich dann jedoch wieder und meinte: „Alles wird gut, Principessa." Er hatte den italienischen Begriff benutzt, so wie in ihren ersten glücklichen Monaten.

Dann tat er, was er sich vorgenommen hatte und im festen Glauben, dass ihn ein höherer Auftrag dazu leitete. Längst hatte die Qual begonnen, einen dumpfen Nebel wie die erste Ahnung der Auslöschung über Katharinas Bewusstsein zu werfen, als er den Lese-Fauteuil in etwa zwei

Meter Abstand so vor sie hinrückte, dass er auf sie, die vor ihm kniete, hinabblicken konnte.

„Du musst das Gesetz respektieren, Katharina, es steht über uns allen", begann er mit sehr sanfter, fast bedauernder, schmelzender Stimme. „Es schmerzt mich, dass du für diese Erkenntnis leiden musstest." Sein Gesicht hatte einen sehr ernsten, feierlichen Ausdruck. Seine Augen blickten sie klar und voller Überzeugung an und niemand, der ihm begegnet wäre, hätte die feinste Spur von Wahnsinn in ihnen erblicken können.

„Die Liebe, Katharina, wahre Liebe, unsere Liebe, meine Principessa, ist unauflöslich – im Leben wie im Tod, der sie auf ewig besiegelt", belehrte er sie. „Wir werden gemeinsam gehen, du und ich, wie dies der einzig würdige Weg für große Paare ist. Jetzt, wo du geläutert bist, hast du es verdient."

Katharina starrte ihn voller Grauen an. Plötzlich hielt er wieder das Messer in seiner Hand, kam auf sie zu und mit zwei raschen, geläufigen Bewegungen eines Menschen, der weiß, wo er den Schnitt setzt, eröffnete er ihre Pulsadern, bevor sie noch begreifen konnte, was vor sich ging. Katharina schrie auf. Letzte heiße Verzweiflung, die von einem beständigen feinen, pumpenden Blutstrahl an ihren Handgelenken an ihre Aussichtslosigkeit gemahnt wurde, schoss in ihr hoch.

Daraufhin ging er zurück zu seinem Platz und öffnete sich ohne jede Regung selbst beide Pulsadern breit. Rasch färbte sich der helle Stoff mit einem grell abstechenden, dunkelroten Blutsee. „Wir gehen zusammen, ich vor dir. Du folgst mir nach", sagte er lächelnd. „Es ist so wunderbar, die Erfüllung der Liebe zu erleben." Er legte seinen Kopf zurück, ließ ihn an die Lehne sinken und schloss die Augen, als würde er genießen.

Gerade begann sich die letzte Nummer der CD, die er eingelegt hatte, mit ihren mystischen Klängen abzuspielen. Links wie rechts von Katharina hatten sich bereits kleine, nahezu symmetrische Blutlachen auf den Cotto-Fliesen gebildet, in die beständig neues Blut hinzutropfte.

Katharina war keines sinnvollen Gedankens mehr fähig, fühlte nur, dass eine gnadenvolle Schwäche wie eine Verheißung von Ruhe Besitz von ihr zu nehmen begann. Welche Paradoxie: Er tötete sie aus Liebe und sie hätte doch einen anderen lieben wollen.

Einzelne Ereignisse ihres Lebens zogen plötzlich an ihr vorbei, die Bilder ihrer toten Eltern, ihres ehemaligen Mannes, ihrer Kinder und damit die Traurigkeit, sie nie mehr zu sehen – und dann auch ein Bild von Stefan, dem sie nie mehr begegnen könnte, um sich der Liebe, diesem atemberaubenden, zufälligen, sinnstiftenden Prinzip, auszusetzen. *Die Liebe ist die Suche nach dem Leben vor dem Tod,* dachte sie noch, bevor sie ein letztes Aufbäumen erfasste und sie sich einfach fallen ließ …

XI

Das unermüdliche Piepen der Herzüberwachung und die rhythmisch pulsierende Anzeige des Pulsoxymeters, der die Sauerstoffsättigung des Blutes kontrollierte, bildeten den monotonen, wenngleich beruhigenden Hintergrund der Intensivstation. Solange die Geräte ihre Normsignale produzierten und kein Alarm losging, standen sie für Lebendigkeit.

Vor einer Stunde hatte er noch mit Massimo, dem Polizisten, der sie gefunden hatte, gesprochen, einem energischen, höchst intelligenten Mann, den man eher in einer Führungsfunktion in einem großen urbanen Kommissariat vermutet hätte denn als Postenkommandanten einer kleinen Carabinieri-Station eines verschlafenen toskanischen Dorfes.

Massimo hatte nicht genau gewusst, wie er den Fremden und dessen Rolle einstufen sollte. Nachdem Stefan sich vorgestellt und ihm seine Karte überreicht hatte, hatte er im forschenden Blick des Kriminalisten erkannt, dass dieser sich fragte, ob er als Anwalt der Familie vor Ort wäre, oder ob ihn wohl eine wie auch immer geartete Nahbeziehung mit dem Opfer verband. Sein Gesicht hatte verraten, dass er die Entscheidung dazu nicht hatte treffen können. Aber wie hätte es Massimo auch wissen können? Wusste er es denn selbst?

Der Polizeibeamte hatte die Situation damit gelöst, dass er sich entschlossen hatte, zu jener strikt sachverhaltsbezogenen Beschreibung des Vorfalls Zuflucht zu nehmen, die für Angehörige militärisch organisierter Institutionen, als für jede Gelegenheit anwendbar und ihm damit als höchst vertraut einzustufen war. In kühlen Worten und mit Einflechtung technischer Fachbegriffe hatte er also in einem knappen Bogen seinen Bericht und die Analyse der Vorkommnisse in Katharinas Rustico gespannt.

Doch Massimos Stimme hatte gezittert, als er an jene Stelle gekommen war, an der er an der vermeintlichen Toten einen feinen fadenförmigen Puls, fast nur mehr einen Hauch an der Halsschlagader festgestellt hatte. Der Täter hatte sie kniend, mithilfe eines Stangengerüsts am Boden fixiert und an Ketten aufgehängt. Sie war nahezu ausgeblutet gewesen. So lange überlebt hatte sie nur, weil sie schwer nach vorne gesunken war und die ihr angelegten Handschellen damit zu einer unerwarteten Tamponade wurden. Er hatte ihr die Pulsadern aufgeschnitten. Fein säuberlich, gerade so weit, dass die Blutung nicht zum Stillstand kommen konnte und damit der Zeitraum bis zum Tod maximal verlängert wäre. Bei sich selbst hatte der Täter gröber Hand angelegt. Der ursprünglich cremefarbene Lese-Fauteuil, auf dem sitzend er ihn vorgefunden hatte, war bis auf die Kontur seines Körpers – dort wo sein Gewicht tief in die Polsterung gedrückt hatte – mit Blut durchtränkt und dunkelrot durchgefärbt gewesen. Er hatte ihr seinen erweiterten Suizid aufzwingen wollen, nicht ohne sie zuvor zu missbrauchen und zu foltern.

An dieser Stelle hatte Massimo sich bewusst bedeckt gehalten, nichts von den inneren Verletzungen erzählt und auch die Schnittwunden, das grobe Brandzeichen und die zahlreichen Hämatome ausgespart, die Katharinas Körper überzogen hatten. Es war ihm auch eindeutig lieber gewesen, von Missbrauch als von Vergewaltigung zu sprechen. Es könnte ja doch sein, dass der Avvocato mehr als der Anwalt der Familie wäre. Der Täter war eindeutig ein Wahnsinniger, der Tatort, wie er sein Vorgehen aufgebaut hatte, sprach eine unmissverständliche Sprache.

Der Brief, den er hinterlassen hatte, war eigentlich nur eine Bestätigung seines Irrsinns gewesen. Von unauflöslicher, wahrer Liebe hatte er da geschrieben und von seinem Auftrag als Wächter, der Rächer sein zu müssen, der das heilige Gleichgewicht des Miteinander-Verbundenen wiederherzustellen hatte. Es war eindeutig, dass sein Handeln vollkommen auf Katharina ausgerichtet gewesen war.

Massimo hatte den Kopf in Abscheu über die abartigen Arabesken und Abwege des menschlichen Geistes geschüttelt, und der Avvocato, egal ob er der Familienanwalt war oder auch eine andere Rolle einnahm, hatte es ihm gleichgetan. Massimo war froh gewesen, dass er kaum nachgefragt und rasch sein Büro verlassen hatte, um zur Universitätsklinik zu fahren.

Jetzt stand Stefan hier in Begleitung eines jüngeren Assistenzarztes und versuchte sich selbst zu ordnen. Katharinas Tochter hatte ihn angerufen und von dem Verbrechen an ihrer Mutter berichtet. Er hatte gespürt, wie ihre Stimme zitterte und sie um Beherrschung mit sich rang. Spontan war er seiner Eingebung gefolgt und hatte sie gefragt, ob er zu ihr könne. Ihre Tochter hatte ohne Zögern bejaht und gemeint, dass ihre Mutter dies sicher gewollt hätte, auch wenn sie vor sich selbst wohl verleugnet habe, dass er in ihrem Leben eine bedeutende Rolle gespielt hatte. Sie war Gesprächen über ihn stets ausgewichen. Er hatte das nächste Flugzeug genommen.

Ihr Gesicht schien ihm so weiß wie die sie umgebenden Bettlaken. Er hatte nicht gewusst, dass ein Gesicht so blutleer wirken konnte. Das erschreckte ihn. Derzeit hielt man sie in künstlichem Tiefschlaf. Es war besser so, hatte das Konsilium der Ärzte der Intensivstation des Universitätsspitals entschieden. Ihre Verletzungen waren beträchtlich und schockierend gewesen. Der Carabinieri hatte ihn schonen wollen und es beschönigend beschrieben. Er wusste aus jahrzehntelanger Berufserfahrung einzuschätzen, wenn selbst hartschalige Kriminalisten an ihre Grenzen kamen.

Sie war nicht missbraucht worden, sondern auf brutale Weise vergewaltigt und in Etappen, die systematischer Gewalt folgten, psychisch und physisch von diesem wahnsinnigen Schwein gefoltert worden. Zum Zeitpunkt des Eintreffens der Polizei in ihrem Haus war sie stark ausgeblutet und der Blutdruck und die Versorgung lebenswichtiger Organe für geraume Zeit bereits stark gedrosselt gewesen. Zu den Schäden, allen voran, was ihr Gehirn betraf, ließ sich zum jetzigen Zeitpunkt noch nichts sagen.

Stefan trat nahe an sie heran und betrachtete aufmerksam ihr regloses Gesicht, das einer fremden Maske glich, hinter der die ihm vertraute Frau verborgen sein musste. Dann nahm er ihre schmale Hand, die ihm gerade jetzt, da sie so ohne fühlbares Leben schlaff in seiner Hand lag, noch viel fragiler erschien, und strich zart über ihre kühle Haut. Unter dem Bettlaken sah er den straffen Verband, der auf der Höhe ihres Handgelenks begann und dieses breit umhüllte. Unter ihren geschlossenen Lidern begann sich Bewegung abzuzeichnen und ein Zucken rann über ihre Augendeckel.

„Sie träumt", merkte der Arzt, der neben ihn getreten war, mit aufgeräumter Stimme an. „Das ist ein gutes Zeichen, was die Hirnaktivität angeht. Wir werden morgen die entsprechenden Untersuchungen einleiten." Sie träumte also, dachte Stefan und ließ ihre Hand nicht los und seinen Blick nicht von ihren Augen. Was träumte sie wohl?

Katharina träumt ... sie träumt von ihm, vielleicht, weil er ihre Hand hält und ihr jetzt gefahrlos nahe ist, weil nichts mehr eine Gefahr sein kann nach dem, was sie erlebt hat, und weil das Leben so und so an einem seidenen Faden hängt. Das tut es immer, doch für normal gelingt es, das zu verdrängen. Der Preis dafür ist die kleinliche Angst vor Verletzung, die uns das Leben aussaugt wie ein Vampir. Also ist nichts zu gewinnen mit dieser Verdrängung, doch das wissen wir erst, wenn wir dem Tod ins Auge schauen müssen, und dann ist es meistens zu spät, all das zu bedauern, was wir aus Angst versäumt haben ...

Sie war auf dem Weg zu ihm, bestieg gerade den kleinen silbernen Lift zu seiner Wohnung. Die Liftkabine wirkte heute irgendwie anders, sehr viel heller und sauberer, schien von innen aus den Wänden herauszuleuchten. Sie wunderte sich ein wenig und auch darüber, warum diese Helligkeit so viel Freude in ihr auslösen konnte. Der Lift fuhr an, und während die Stockwerke, eines ums andere an ihr vorbeizogen und sie immer höher stieg, fühlte sie sich leichter werden, wurde der tatsächlichen Leichtigkeit des Seins gewahr, so wie sie es bei den Tauben und Quallen erahnt hatte, und verspürte gleichzeitig die köstliche Aufregung vollkommener Präsenz, die sie mit allen Sinnen erregte.

Ihr war klar, es würde etwas Entscheidendes geschehen. Sie fuhr und fuhr in diesem Lift immer weiter und hinauf zu ihm. Es schienen endlos viele Stockwerke zu sein. Während dieser so unergründlich langen Fahrt sprach sie wie in einer Generalprobe vor sich hin, was sie ihm sagen würde, denn es lag ein großer Moment vor ihr. Sie wusste, sie würde diesmal ganz offen sein, und es würde heute auch ganz einfach sein, denn da war kein Raum für Verstellung oder Koketterie, die ihre Kraft allein aus der Distanz bezog, die es erst zu überwinden galt. Da war auch kein Raum mehr für Doppeldeutigkeit oder ein taktisches Sich-bedeckt-Halten. All das würde jetzt lächerlich anmuten.

Allein schonungslose Klarheit, die bereit ist, alle Konsequenz ihrer Offenbarung unaufgeregt anzunehmen, war die einzige Möglichkeit echter Begegnung.

Während der Lift immer weiter nach oben fuhr, probte sie also innerlich ihr Bekenntnis, wie sie vor ihn treten und mit dem Banalen beginnen würde: „Du bist körperlich ganz und gar nicht der Mann, der mich normal erregt. Mein Mann und alle meine Liebhaber waren immer breitschultrig und muskelstark. Deine Schultern sind schmal.

Dennoch sehe ich dich ganz anders, denn wenn du mich berührst, bringst du mein Inneres zum Schwingen und mein Kern vibriert. Die Erregung, die deine Körperlichkeit in mir verursacht, ist brennend und dominant, sie transzendiert mühelos alle Kategorien und findet ihre Resonanz in meiner Seele.

Ich mochte diese Mischung von Romantik und Pornografie zwischen uns. Sie fühlte sich sogar so gefahrlos an, dass ich zulassen konnte, dich dazwischen für Momente zu lieben. Ich hoffte, dass es auf diese Weise wirklich gefahrlos sei, denn ich hatte verdammte Angst vor Bindung, Nähe, Wärme, zuverlässiger Zugehörigkeit, nein, noch viel schlimmer: Ich hatte Angst, mich darauf einzulassen und es zu verlieren.

Ich muss dir also bekennen, dass ich szenische Bilder inszeniert habe. So kondensierte ich meine Sehnsucht, mein Verlangen und meine Hingabe in der Intensität des Moments und minimalisierte das Risiko mit einer Einschränkung auf diese Bühne. Das war mein Beitrag zur generalisierten Oberflächlichkeit der Gesellschaft, die wir heute leben.

Doch du hast mir in den Tuilerien die *Metapher des ‚Nichts‘* geschenkt, und das hat eine Mechanik in mir in Gang gesetzt. Wenn du das *‚Nichts‘*

bereit bist, in seiner gesamten Tiefe zu leben, dann sind wir ein großes Paar; wenn du dieses *'Nichts'* in der Oberfläche der Blinden, die des Kitts der Materie bedürfen, in dir eingepflockt trägst und es für Bedeutungslosigkeit steht, trennt uns nicht weniger als ein ganzes Universum.

Denn das *'Nichts'* ist alles, ist der große, freie, gestaltbare Raum zwischen dir und mir. Es ist jener Raum, der alles bestimmt, denn selbst deine oder meine Masse ist auf eine Nadelspitze komprimierbar. Das *'Nichts'* ist somit das alles, was allein durch die Bindungskräfte definiert ist. Ich will nichts mehr als dieses *'Nichts'*, gehalten aus der Bindung, mit dir leben, und somit alles. Es mit dem Moment und unserer Kraft zur Gestaltung füllen, unserem Vertrauen und unserer Hingabe ans Leben. Allein das ist mein Wunsch. Im Glauben, einander zu treffen und Neues zu schaffen, will ich dir mutig begegnen, so wie Atome, die für sich genommen nur ihre Eigenschaften besitzen, doch in der Bindung zu anderen Atomen zum Molekül und größeren Ganzen mit vollkommen neuen Möglichkeiten und Bedeutungen werden. Die freie Begegnung im Raum ersehne ich mir mit dir als einzige Form wirklichen Liebens."

Endlich bremste der Lift, gerade als sie mit der Probe ihres an ihn gerichteten Monologs geendet hatte. Es war, als müsste sie hundert Stockwerke durchfahren haben. Sie warf einen Blick in den ihr gegenüberliegenden Spiegel. Ihre Klienten, der kleine Peter Pan, seine Frau, der Diplom-Ingenieur, die ihrem Liebhaber hörige Ehebrecherin, das schwule Paar, ihr langjähriger Klient, die Kinder aus dem Kindergarten im Hinterhof, jener Wahnsinnige, der ihr auf der Straße begegnet war, als sie das erste Mal wieder zu Stefan fuhr, ihr Verleger, der gar nicht paranoide Experte für Internet-Marketing, ein Taxifahrer und sehr schemenhaft ein italienischer Polizeioffizier blickten ihr alle auffordernd aus dem Spiegel entgegen. Befreie uns, lag in ihrem Blick.

Die silbrige Tür schwang, wie ihr schien, ein wenig feierlich auf. Es wunderte sie gar nicht, denn es passte zu ihrer hohen Stimmung. Das ebenfalls silberne Portal seiner Wohnungstüre war bereits geöffnet.

Er stand in der Tür. Ein ungewöhnlich strahlender, starker Lichtschein drang aus dem Inneren der Wohnung, so als würde dort die Sonne gerade aufgehen. Für einen Moment war ihr, als würden feine Nebelschwaden um seine Beine streichen. Er war in Freizeitkleidung und trug ein dünnes, langes weißes Leinenhemd über ebensolchen locker sitzenden Hosen. Seine Füße waren nackt. Er hatte, wie ihr schien, bereits auf sie gewartet, und in seiner Haltung glaubte sie gewährende Zuversicht zu lesen, aber auch das war allein seine Sache.

Mit vollkommener Ruhe legte sie die wenigen Schritte, die sie von ihm trennten, auf dem spiegelnden Granitboden in ihren eleganten halbhohen Pumps zurück.

Sie wusste, dass sie die eigene Tiefe nur in der Spiegelung des Blicks des anderen erkennen würden.

Als sie so vor ihm stand, verschränkten sich ihre Hände ineinander, so wie es oft geschah, wenn sie einander liebten. Er zog sie ein wenig näher zu sich heran und küsste sie sanft zur Begrüßung. Dann blickten sie einander lange in die Augen …

Der Arzt neben Stefan war ungeduldig geworden. Er meldete sich mit einem leichten Räuspern. Wahrscheinlich hatte er noch anderes zu tun. Das Flattern ihrer Lider war erloschen. Unbeweglich lag ihr Gesicht nun wieder zwischen den weißen Laken. Ihr Brustkorb hob sich im Takt der Beatmungsmaschine. Auch die anderen Überwachungsgeräte arbeiteten in ihrem unermüdlichen, gedämpften Orchester im Hintergrund. Behutsam packte Stefan ihre Hand wieder unter das Laken und strich noch einmal sanft über ihre Haut.

Er hatte in zahlreichen Berufsjahren als Anwalt gelernt, in seiner eigenen Empfindungswelt nicht beeindruckbar und in jeder Situation für ein Gegenüber undurchdringbar zu sein, ja noch viel mehr, die äußere Oberfläche seines Verhaltens an die Erwartungen der Umgebung anzupassen. Wie ein perfektes Messinstrument war er immer einjustiert auf die speziellen Gegebenheiten der Umgebung und konnte jeden so abholen, wie er es brauchte. Oft fragte er sich, wo er selbst in all dem denn noch sei?

„Sie haben sicher noch viel zu tun." Stefan straffte sich und wandte sich mit diesen Worten verständnisvoll für dessen notwendiges Drängen an den Assistenzarzt. Der Arzt schien erleichtert, beteuerte sogleich, dass er natürlich wiederkommen könne, murmelte entschuldigend etwas vom

Krankenstand eines Kollegen und versuchte sich in einem optimistischen Ausblick für Katharinas morgige Hirnuntersuchungen. Stefan lächelte angedeutet. Die meisten Menschen waren so berechenbar und gleichzeitig so lenkbar.

Er verabschiedete sich und wenig später trat er aus dem Portal der Intensivstation ins Freie. Die südliche Nachmittagshitze umhüllte ihn in Sekundenbruchteilen, obwohl das Licht bereits die charakteristische rötliche Färbung des ausklingenden Tages angenommen hatte.

Die Universitätsklinik war ein weitläufiger historischer Bau im Stil eines Pavillonkomplexes, der in eine großzügige Parkanlage mit Kieswegen eingebettet lag. Breitere Asphaltstraßen verbanden die einzelnen Gebäude der verschiedenen Abteilungen und schlängelten sich wie träge Schlangen durch Grünflächen, die von Platanen und Zypressen beschattet und gleichzeitig mit eingestreuten Parkbänken in Ruheinseln gegliedert wurden. Einzelne Patienten in Schlafröcken saßen auf ihnen. Die meisten wirkten gedämpft, machten einen seltsam nachdenklichen, wartenden Eindruck. Aber welcher andere Gemütszustand wäre denn auch zu erwarten gewesen, als über das Leben nachzusinnen und zu warten, ob die Krankheit wieder weichen würde?

Stefan hatte Zeit, fühlte plötzlich nach diesem Krankenbesuch eine große Langsamkeit in sich. Er wählte einen der Kieswege zwischen den Rasenflächen, der in der Richtung des Ausgangs des gesamten Komplexes lag. Was hatte er gefühlt, als er sie so blass und totengleich vor sich hatte liegen sehen? Das fragte er sich jetzt. Hatte er überhaupt etwas gespürt? Oder war die Abspaltung jeden Fühlens schon längst sosehr zu seiner Verteidigung in diesem schmerzvollen Leben geworden, dass sie ihm als zweite Natur aufgeschweißt war? Erst jüngst war eine Frau, mit der er vor Jahren eine Affäre unterhalten hatte, einem Hirntumor erlegen. Er hatte es nur zur Kenntnis genommen, ihren Tod als einen der erwartbaren Geschäftsfälle ihres Lebens gesehen, in dem er für eine Periode vorgekommen war. Ihr Begräbnis hatte ihn sogar gelangweilt.

Katharinas kalte Hand hatte ihn berührt. Er hätte sie wärmen mögen, und das Zucken ihrer Lider war ihm vorgekommen, als wäre es eine Antwort auf seine Berührung gewesen. Auch das hatte ihn seltsam berührt.

Plötzlich waren Bilder in ihm aufgetaucht. Fetzen ihrer gemeinsamen Abende, einzelne Momente, Perspektiven ihres Körpers, als sie einander liebten und die ihn erregt hatten, und dann Gefühlssplitter, so wie diese verdammte Offenheit für einzelne Momente, wenn sie sich nicht sofort nach der Liebe voneinander gelöst hatten, sondern verschlungen blieben oder wenn ein gemeinsamer irisierender Augenblick absoluter Gleichschwingung sie atmosphärisch erfasst hatte, ja ihnen ohne Zutun geschehen war. Das hatte ihn erschreckt und er hatte Distanz gesucht. Aber sie hatte es genauso gehalten.

Was sie wohl geträumt hatte? Handelte es sich dabei um mehr als namenlose elektrophysikalische Zuckungen ihres Gehirns, deren Kurvenbilder morgen kartografiert und katalogisiert werden würden? Und würde dem Hirnstrombild überhaupt eine zuverlässige Voraussage einer Wahrscheinlichkeit zukünftiger Gemeinsamkeit abgerungen werden können? Gemeinsamkeit – das Wort hing plötzlich ungebeten in seinem Hirn.

Ihre bisherige Begegnung war von hoher Ungewöhnlichkeit geprägt gewesen, irritierend und inspirierend zugleich. Als einzige unausgesprochene Regel wirkte die rückhaltlose Hingabe an die Gestaltung des Moments, in dem sich ihr Miteinander immer aufs Neue zu bewähren hatte.

Hätte man einen von ihnen gefragt, was zwischen ihnen liefe, so hätte man es abfällig als bedeutungsloses Nichts, als „Casual Sex" bezeichnen können, aber mit Berechtigung auch als bedeutungsvolles Nichts, als den großen Raum freier Begegnung, der ohne äußere Form aus ihrer beider Kraft seine jeweilige Gestalt nahm. Sollte das Liebe sein? Eine, wie sie nur in der Weltliteratur als Sehnsucht einer durch Angst verdammten Menschheit umhergeisterte? Sie waren beide tief verletzte Menschen und in der Liebe erschüttert worden. Das bereits lange, bevor sie ihre erste Umarmung durch einen Mann oder eine Frau erlebt hatten.

Diesen Umstand verleugneten sie beide. Ihre Waffe war der Intellekt und sie nahmen antipodische Standpunkte im Umkreisen des Themas ein. Sie wollte, wie ihm die ganze Zeit über erschienen war, mit beharrlicher Naivität an die romantische Liebe glauben. Er seinerseits hatte mit ebensolcher Beharrlichkeit die Entlarvung dieser Fiktion betreiben wollen, wie ihm jetzt vor Augen stand, wahrscheinlich deswegen, um jedes Fühlen unter Erhalt seiner Selbstachtung abspalten zu können.

Jetzt, angesichts des eben absolvierten Krankenbesuchs, beschlich ihn das Gefühl, dass sie beide mangelhaft erfolgreich gewesen waren. Das Experiment hatte sie gefordert.

Situativ erwünschte Nähe und gleichzeitig nicht zu verhindernde Vertrautheit und sogar Ansätze einer angsterregenden Bindung waren zwischen ihnen entstanden.

Das Experiment hatte seinem Empfinden nach gerade jetzt eine Entwicklung erreicht, in der es drohte, aus dem Ruder zu laufen. Denn im nächsten Schritt würde unweigerlich Verbindlichkeit entstehen, die rasch in den Bereich von nachfolgenden Erwartungen rücken könnte, aus denen sich nur allzu leicht Ansprüche formieren könnten, die dann zur eigenen Legitimation und Durchsetzung vom Gespenst heftiger Moralisierung begleitet werden würden. Was mit Leichtigkeit und Offenheit, Aufregung und Sehnen, Freiwilligkeit, Entgegenstreben und Hingabe begonnen hatte, verlor sich auf diesem Weg in Beschwerlichkeit und Einschränkung, Kontrolle und Selbstverlust, Abkehr, Zwang und Betrug. Immer wieder transformierte sich diese sogenannte *„Liebe“* von etwas Zartem, Erhebendem in ein niederschmetterndes Zerrbild von Grobheit, wenn nicht Hass. Für diesen Wahnsinn wollte er keine Kraft mehr aufbringen. Am Ende sie wahrscheinlich auch nicht. Da war sie anders als die anderen Frauen, die er, wie reife Früchte auf seinem Weg, immer wieder gepflückt hatte. „Ich falle nicht, Herr Doktor, denn ich fliege bereits“, hatte sie schon vor Jahren, ganz am Anfang, noch bevor sie miteinander geschlafen hatten, gesagt. Es war damals Teil des erotischen Spiels gewesen. Sie hatte seine Provokation meisterlich pariert.

Er fühlte sich plötzlich sehr müde und ließ sich auf einer der Bänke, die den Kiesweg säumten, nieder. Glücklicherweise war sie leer. Er wäre nicht gerne neben einem der Patienten zu sitzen gekommen. Das wäre ihm zu nahe gewesen.

Ihre gemeinsame Reise nach Paris fiel ihm ein. War auch so eine spontane Eingebung gewesen. Warum hatte er sie eigentlich gefragt, ob sie mit ihm kommen würde? Warum hatte er sie in *sein* Paris mitnehmen, *seine* Plätze und Orte mit ihr teilen wollen? Er war mit ihr sogar in *seinem* kleinen Hotel im Künstlerviertel abgestiegen. Hatte er das überhaupt gewollt? Er hatte das mit keiner anderen Frau, auch nicht mit der Dämonin gemacht. Er fand keine Antwort.

Er folgte oft plötzlichen Eingaben, die ihn zu diesem Zeitpunkt reizten. Und er überlegte nicht, wie seine Handlungen für ein Gegenüber wirken könnten oder spielte sogar damit. Auf jeden Fall war es ihm egal. Das war der Vorteil, sich auf kein Fühlen einzulassen.

Er erinnerte sich, dass er mit ihr über den Pont Neuf gegangen war. Es war ein langer Spaziergang geworden. Die Hunderten an den Gittern und Verstrebungen der Brücke angebrachten Schlösser hatten ihre Neugier geweckt. Er hatte ihr erklärt, dass es sich hier jeweils um die Hinterlassenschaft zweier Liebender als Symbol ihrer Liebe handelte. Das hatte sie sehr befremdet. Sie hatte es schrecklich gefunden, gemeint, dass ein Schloss doch versperre, verschließe und Liebe den Menschen befreie und öffne. Er hatte heftig dagegen argumentiert, die Metapher des Schlosses als eine goldrichtige verteidigt, weil es in der Natur der Frau läge, den Mann verschlingen und nicht mehr loslassen zu wollen.

Um sie zu provozieren, hatte er es auf die simple Formel reduziert: „Verliebtheit macht vögeln wollen, macht Kinder, macht Gefängnis für den Mann, weil er die Alte nicht mehr verlassen kann", und damit begründet, dass man sich daher am besten nicht verliebe.

Sie hatte dann irgendetwas dagegen argumentiert, so in der Art, dass dies gesellschaftliche Konventionen seien, von denen er spreche und nichts mit Lieben zu tun hätte. Das hatte er nicht gelten lassen, war einfach darüber hinweggegangen.

Im Anschluss war sie schweigsam gewesen. Ob sie ihn für einen Trottel gehalten hatte? Die Frage kam ihm jetzt.

Wenig später, sie waren da schon in diesem ersten hellen Frühlingslicht jenes Sonntags durch die Tuilerien spaziert, hatte er noch gesagt, dass er es angenehm finde, dass ihnen dies alles nicht passieren könnte, da zwischen ihnen ja *„nichts"* sei. Er erinnerte sich noch genau, dass sie kurz erstarrt war, sich mit ihrer Handykamera abrupt abgewandt und den gerade neben ihnen liegenden winzigen, idyllischen Teich mit seinem Entenbesatz und den ersten blühenden Sträuchern fotografiert hatte. Als sie sich wieder zu ihm umwandte und der Schild des Geräts vor ihrem Gesicht verschwand, hatte sie ihn ganz offen angelächelt und gemeint: „Ja, du hast recht. Es ist gut, dass ‚nichts' zwischen uns ist. Es steht nichts zwischen uns, nur der große freie Raum der Gestaltung."

Sie hatten es dabei belassen.

Er war sich nicht sicher gewesen, ob er sie zuvor verletzt hatte, und wenn dies so wäre, ob er dies eigentlich beabsichtigt hatte, wie er es sonst so gerne mit Frauen tat, oder es ihm in ihrem Fall leidtäte. Und irgendwie war er auch in einer anderen Art verwirrt gewesen.

Ein Patient der Klinik steuerte gerade zielsicher Stefans Bank an. Er steckte in blauweiß gestreiften Pyjamahosen und einem grauen dünnen Schlafmantel, der locker um die Taille verknotet war. Da er wegen der Hitze kein Pyjamaoberteil trug, quoll sein üppiges dunkles Brusthaar aus dem tiefen Ausschnitt, der sich durch die überschlagenen Teile des Schlafrocks ergab. Eine breite Goldkette lag um seinen Stiernacken. Er musste ungefähr fünfunddreißig Jahre alt sein und wirkte auf Stefan wie ein Bauarbeiter oder Fernfahrer. Ein breiter weißer Kopfverband, an dessen Rändern noch die Ablaufspuren des orangefarbenen Desinfektionsmittels zu sehen waren, erklärte seine Anwesenheit.

Der Mann hatte eine Zigarette aus dem weichen Päckchen einer billigen Marke herausgeklopft und seine Gestik machte, neben der auf Italienisch gemurmelten Bitte, deutlich, dass er Stefan um Feuer bat.

Der würde sich jetzt sicher neben ihn setzen und ihm die gesamte Geschichte seiner Verletzung erzählen wollen. So erging es ihm häufig, doch daran hatte er jetzt wirklich kein Interesse. Stefan gab dem Mann bereits im Aufstehen noch Feuer und setzte seinen ursprünglichen Weg weiter fort.

Seine Gedanken kehrten zu ihrem Ausgangspunkt zurück. Hatten sie einen Fehler gemacht? Bis vor Kurzem war es ihnen gelungen, Nähe und Vertrautheit in angenehmem Ausmaß zu genießen und damit, dass sie zwischen ihren Begegnungen Zeit verstreichen ließen, die so gefährlich anmutende Bindung zu verhindern. Immer trennten sie sich voneinander ohne Ausblick und warteten beide, wie ihm schien, auf den richtigen Zeitpunkt, an dem sie ihre innere Neutralität wiedergefunden hatten.

Es war dennoch ein Spiel mit dem Feuer gewesen, musste er sich nun eingestehen, während er dem Ausgang des Hospitalkomplexes zustrebte und seine eleganten rahmengenähten Schuhe langsam von einem sachten Staubschleier des sommerlich trockenen Kieswegs überzogen wurden. In Wirklichkeit hatten sie sich wie Schüler, die bei einer Prüfung tricksen wollten, verhalten. Und der Lehrer hatte sie erwischt. Die Bindung zwischen ihnen war trotzdem, als wäre sie ein geduldiger Chronist, der nichts vergisst, entstanden, und als noch gefährlicher hatte sich in der Gefühlswelt Verbindlichkeit zu formieren begonnen.

Sie waren beide zunehmend ratlos geworden. Dessen war er sich sicher. Er hatte es gespürt. Hatte sie darüber mit ihm sprechen wollen? Und hätte die Benennung des Gefühls ihnen geholfen, die Freiheit, an die *sie* glaubte, zu entwickeln? Wären sie imstande gewesen, sich der Zwangsgewalt der äußeren Form und Erwartung zu entziehen?

Oder war ihre bisherige Verleugnung der einzig freie Raum, zu dem sie fähig gewesen waren, und hätte die Benennung der tödlichen Mechanik zu ihrem routinemäßigen Abspulen verholfen? Hätte das von ihr geforderte Gespräch nach ihrer Rückkehr bedeutet, dass sie sich endgültig trennen müssten?

Stefan seufzte und fuhr sich mit dem Handrücken über die Stirn, auf die ein paar Schweißperlen getreten waren. Sein Hemdkragen schien ihn plötzlich in spürbarem Würgegriff zu halten. Die offizielle Verkleidung seiner dunklen Seriosität brauchte er nun nicht mehr. Er nahm die Krawatte ab und lockerte den obersten Knopf seines weißen Anzughemds. Daraufhin drehte er sich um und warf einen Blick zurück zum Gebäude der Intensivstation.

Ein Stück seiner Geschichte und auch seiner Zukunft lag dort hinten, egal was geschehen würde, denn sie war ihm nicht mehr gleichgültig. Auch wenn sie sterben würde, müsste er sich nun mit sich selbst auseinandersetzen. Obwohl ihn dies ängstigte, war ihm klar, dass er sonst seine eigene Lebendigkeit aufgegeben hätte.

„Für staatenbildende Organismen ist die Individualität nur ein passagerer Zustand", erinnerte er sich irgendwo gelesen zu haben.

Dann passierte er das breite Eingangsportal des Universitätsspitals mit seiner Balkenschranke und dem sehr ernsthaft und wichtig dreinblickenden Portier, der in ihm, vielleicht wegen seiner eleganten Kleidung und seiner gestrafften Haltung, eine Obrigkeitsperson zu erkennen glaubte und ihn mit Beflissenheit grüßte.

Stefan entnahm einer flachen, metallenen Schachtel die letzte Zigarillo, zündete sie an und inhalierte tief. Danach steckte er die leere Schachtel wieder ein. Er würde sie als letzte in den letzten noch freien Platz des letzten Turms aus lauter gleichartigen Metallbehältern stellen, der sich in seiner Wohnung auf seinen Küchenkästchen befand und wie ein Balken den gesamten Raum zwischen diesen und der Decke ausfüllte.

Während er die Straße zwischen den hohen Jahrhundertwendehäusern des Universitätsviertels hinunterging und die Spätnachmittagssonne die erdfarbenen Töne der Fassaden in leuchtendes Glühen versetzte, dachte er, dass die Liebe wohl einer Suche nach dem Leben vor dem Tod gleichkomme …

XII

Psychotherapie hilft! Doch wie? Was wirkt in der Psychotherapie wirklich? Was bewirkt Heilung? So unterschiedlich die verschiedenen Schulen in ihren Gedankengebäuden zur Psyche und den komplexen Leidenszuständen der Seele auch sein mögen und ihre jeweils dazu passenden Methodenkoffer entwickelt haben, so eindeutig ist eines: Der *therapeutischen Beziehung*, jenem magischen Raum des Aufeinandertreffens und In-Kontakt-Tretens von Patienten und Therapeuten, kommt wesentliche Bedeutung für den therapeutischen Prozess zu.

Jeder erfahrene Psychotherapeut weiß das. Und die Psychotherapieforschung hat in ihrem Bestreben, im Wertekanon traditioneller Wissenschaften Anerkennung zu erlangen, dieses Phänomen vielfach beforscht und letztendlich erwiesen, dass der therapeutischen Beziehung die eigentliche Schlüsselrolle des therapeutischen Prozesses zuzuordnen ist. Damit ist die Bedeutung der therapeutischen Beziehung sozusagen auch „amtlich" bestätigt.

Ist ja auch irgendwie nachvollziehbar, denn unsere Beziehungen sind jener Raum, wo wir mit unserer Umwelt und anderen Menschen in Kontakt und Austausch treten. In Gestalt unserer Beziehungsmuster, in der spezifischen Art, wie wir die Begegnungssituation also „ansprechen und gestalten", offenbaren wir unser inneres Bild von der äußeren Wirklichkeit und welche Erwartungen wir auf Basis unserer bisherigen Erfahrungen und daraus gewonnenen Überzeugungen hegen.

Ein in seiner früheren Schulklasse gehänseltes Kind wird vielfach zwar mit Erleichterung, doch auch mit Vorsicht und Ängstlichkeit einer Umschulung entgegenblicken – ganz so wie ein geschlagener Hund eventuell noch genug Antrieb aufbringt, auf unsere freundlich einladende Geste mit vorsichtiger Neugier, aber gleichzeitig furchtsam zwischen den Beinen eingeklemmter Rute auf uns zuzukommen.

In unserem Beziehungsleben als Erwachsene – und das betrifft unsere Alltags-, Berufs- und Freundesbeziehungen genauso wie unsere Liebesbeziehungen, die einfach am lautesten die Glocke der Wunden unserer Primärbeziehungen anzuschlagen vermögen – manifestieren sich letztendlich sowohl ein gelingendes Gefühlsleben als auch unser Leiden und die mannigfachen Behelfskonstruktionen, zu denen wir greifen, um weitere tiefe Vernichtungsgefühle zu vermeiden. Die Beziehungen unseres Erwachsenenlebens haben also allesamt in der Übertragung des in uns durch unsere *frühen Prägungen und Erfahrungen* manifestierten Selbst- und Weltbildes auf die jetzige äußere Begegnungswelt ihre Wurzel.

Unbewusst sind die oftmals verdrängten Gefühle, Erwartungen, Befürchtungen oder Wünsche aus unserer Kindheit, die nach der Ablösung vom Elternhaus in unserer Seele durch die gemachten Erfahrungen lebendig bleiben, federführend und werden auf unsere erwachsenen sozialen Beziehungen übertragen.

Entsprechen die daraus erwachsenden Erwartungen an ein Gegenüber nicht der tatsächlichen Realität einer gemeinsamen Schnittmenge der Interessen und Bedürfnisse, entstehen unausweichlich gravierende Konflikte und neuerliche Verletzungen. Man spricht und handelt bei bester Intention aneinander vorbei, stets in der Überzeugung, selbst „alles richtig" zu sehen. Auf diese Art verwandeln sich die märchenhaftesten Lovestorys oftmals in eine Beziehungshölle, sobald die beiden Partner „einander sicher haben" und die Bühne gerichtet ist, damit die jeweiligen Erwartungen an eine Liebesbeziehung Gestalt annehmen können. Viele von uns haben dies erlebt oder zumindest bei anderen kopfschüttelnd beobachten müssen.

Die therapeutische Beziehung ist keine Ausnahme. Auch sie ist eine intime, von starken bewussten wie unbewussten Wünschen aufgeladene Beziehung. Der Patient/die Patientin sucht Linderung, im besten Fall Heilung von seelischem Leiden und meist noch viel mehr. Denn auch in der therapeutischen Beziehung werden jene unbewussten, verdrängten Gefühle, verbotenen Bedürfnisse, schamvoll verleugneten Wünsche, ungerechtfertigten Erwartungen sowie peinlichen oder gar bloßstellenden Befürchtungen vom Patienten unbewusst übertragen. Und im Kontext der therapeutischen Beziehung liegt darin eine große Chance. Denn es ist die Aufgabe der therapeutischen Arbeit in einem Beziehungsraum von echter vertrauensvoller Annahme des Gegenübers, die in der Übertragungsbeziehung sichtbar werdenden Konflikte des Patienten achtsam bewusst werden zu lassen, um dann mit Takt und liebevoller menschlicher Anteilnahme den schmerzhaften Prozess eigenen Erkennens positiv zu begleiten.

Erst dann, wenn wir „uns selbst" statt „den anderen sicher haben", wenn wir also fähig werden, uns selbst in der Nacktheit unserer Existenz mit ihren Beschädigungen und Narben, aber auch ihrer Einmaligkeit in annehmender Bescheidenheit zu akzeptieren, können wir einem Gegenüber wirklich begegnen, ohne immer nur auf den Schatten unserer Erwartungen zu treffen.

Dass dieser Selbstwerdungsprozess ein äußerst mühsames, von zahlreichen Abwehrmechanismen flankiertes Unterfangen ist, habe ich in dieser Geschichte mit der Gestalt Katharinas zu illustrieren versucht, anhand der Mühsamkeit und Verwirrung, mit der sie jede Begegnung mit Stefan im Trommelfeuer ihres analytischen Waffenarsenals zu entschärfen versucht, ohne an den Kern ihrer eigenen Angst zu gelangen. Glücklicherweise hatte sie Nestor!

Dass ich Katharina selbst Psychotherapeutin sein ließ, darf mit einem Schmunzeln ruhig als ein Seitenhieb auf die so schillernde und gegen Selbstüberhebung nicht gefeite Berufskollegenschaft und damit natürlich auch auf mich selbst aufgefasst werden. Vor allem bot sich mir so die Möglichkeit, die wissenschaftlich-psychotherapeutischen Reflexionen entsprechend zu artikulieren.

Ein Buch setzt ebenfalls ein Beziehungsangebot. Lesende, die sich offen und bereitwillig den Eröffnungen des Buches über das geschriebene Wort hingeben, treten gleichfalls in einen sehr persönlichen, intimen *Beziehungsraum*, wenn es dem Text gelingt, sich mit der Innenwelt der Rezipierenden in Verbindung zu setzen. Dies kann, achtsam und reflexiv genutzt, ein therapeutischer Raum sein.

Kennen Sie jenen magischen Zustand von höchst privater Exklusivität und Intensität, der Sie trancegleich im Buch versinken lässt? Die Welt um einen herum ist gewissermaßen verschwunden. In der eigenen Wahrnehmung, im Denken und Fühlen befinden wir uns dann gleichsam im Buch, oft in einer Figur. Dank unserer Spiegelneuronen erschaffen wir ein emotionales Kaleidoskop von Jammer, Schrecken, Freude und Spannung im Miterleben einer Geschichte. Wenn Sie diese Beziehungskraft des Buches kennen, dann wissen Sie auch um das wehmütige Gefühl und die sorgenvolle Orientierung an der Seitenzahl, wenn es ans Abschiednehmen geht, denn Trennungen und Abschiede fallen den meisten Menschen als radikal soziale Wesen, wenn sie empfindsam geblieben sind und sich nicht gepanzert haben, schwer.

Im Miterleben einer Geschichte als Lesende ergibt sich über die unbewusste Identifikation und Projektion ein Probehandeln mit Sicherheitsnetz. Dies ist der Ansatz therapeutischer Geschichten. Gleichsam über die Hintertüre gelingt es durch die Verfolgung des Erzählfadens und die dabei ausgelösten komplexen spontanen Empfindungen und Gedanken, definierte Fragestellungen und ihre Lösungsmöglichkeiten zur Entwicklung anzustoßen, ohne sich explizit mit dem eigenen Problem konfrontieren zu müssen. Der viel zitierte Widerstand als scheinbar selbstbewusster Wächter am glänzenden Eingangsportal einer in Abwehr wohlgeformten Persönlichkeit vermeint währenddessen erfolgreich jeden Zutritt zu einer mit Angst besetzten Veränderung der eigenen Person abzuwehren. Denn die Furcht vor neuerlicher Verletzung, wenn man sich als ein Staunender und Lernender ins lebendige Leben begeben würde, ist allgegenwärtig, auch wenn laute Großspurigkeit auf den ersten Blick erfolgreich täuschen kann.

In unserem Fall der so grundlegenden Thematik der eigenen Liebesfähigkeit als zentraler gestaltender Kraft, an die sich auch Fragen über Moral und ethische Grundsätze knüpfen, gilt es daher besonders zartfühlend und nachsichtig zu sein.

Ich habe versucht, mir die oben beschriebenen Mechanismen zunutze zu machen, um Ihnen die Auseinandersetzung mit der brisanten Frage des Liebesglücks in sehr persönlicher Form nahelegen zu können. Ich möchte Sie deswegen nun einladen, im Beziehungsraum dieses Buches, dem Sie sich dadurch ausgeliefert haben, dass Sie ein offen und bereitwillig Lesender waren, Ihren unbewussten Identifikationen und Projektionen durch reflektierendes Nachspüren zu begegnen. Schürfen Sie das Gold Ihrer Seele, trennen Sie es vom Geröll alter Wunden, waschen Sie den Schlick kalter Rationalisierung oder ernüchterter Resignation vom Sieb Ihres Seins und bringen Sie das Edelmetall Ihrer Liebesfähigkeit zum Strahlen!

Meine Vorschläge und Fragen wollen dabei respektvolle Versuche sein, für dieses Unterfangen dienlich zu sein, denn ein Therapeut ist, so wie es sein Name sagt, ein Diener des Prozesses und nicht sein Gestalter.

Lassen Sie uns also Ihre unbewussten Überzeugungen, Haltungen und möglichen Konflikte mit Ihrer Liebesfähigkeit, die verantwortlich ist für Ihr persönliches Liebesglück, anhand Ihrer entstandenen Übertragungsbeziehung zur vorliegenden Geschichte aufspüren. Dazu steigen wir ganz konkret mit der offensichtlichsten Fragestellung ein: Was passiert weiter?

Die Geschichte endet mit Vorbedacht offen. Dies folgt dem Kalkül, Sie bestmöglich mit einer Gestaltwerdung Ihrer eigenen Überzeugungen konfrontieren zu können.

Katharina liegt also im Universitätskrankenhaus von Pisa im Koma. Noch ist nicht klar, ob sie versterben, mit schweren Schäden überleben oder nach einer möglichen Genesung physisch vollständig rehabilitiert das Krankenhaus wird verlassen können. Stefan kommt, einem spontanen Drang folgend, an ihr Krankenbett. Doch bleibt es ungewiss, was dies bedeutet und welchen Einfluss Katharinas Tod oder Weiterleben auf sein weiteres Leben nehmen könnte.

Das Ende der Geschichte ist in verschiedenen Versionen denkbar. Ausgehend von zwei Grundannahmen, dass nämlich Katharina entweder stirbt und damit eine weitere entwickelnde Begegnung mit Stefan unmöglich wird, oder aber wieder gesundet, ergeben sich unterschiedliche Möglichkeiten für den letztendlichen Ausgang der Geschichte zwischen Katharina und Stefan. So wie die beiden Hauptprotagonisten als Charaktere in ihrer Entwicklung gezeichnet sind, scheinen vier typische Konstellationen naheliegend.

Gehen wir zunächst von Katharinas Tod aus:

1

Während Stefan die Straße zwischen den hohen Jahrhundertwendehäusern des Universitätsviertels hinunterging und die Spätnachmittagssonne die erdfarbenen Töne der Fassaden in leuchtendes Glühen versetzte, dachte er, dass die Liebe wohl einer Suche nach dem Leben vor dem Tod gleichkomme …

Der Krankenbesuch hatte ihn angestrengt. Er fand sich seltsam erschöpft. Irgendwie hatte er geahnt, dass diese Reise die Kraft hätte, etwas in ihm tiefer anstoßen zu können. Er würde die nächsten beiden Tage einfach noch hierbleiben, ziellos in der Stadt umherstreifen und seine Empfindungen und Gedanken ordnen. Das empfand er als passend und für sich selbst notwendig. Rasch traf er die unvermeidbaren Absprachen mit seiner Kanzlei.

Es war am späten Nachmittag des nächsten Tages, als er gerade auf einer der malerischen Arno-Brücken stand. Er genoss die besondere Stimmung der Stadt, die mit dem hier so speziellen Licht einherging und den Eindruck erweckte, sich inmitten eines Renaissancegemäldes zu befinden. Da spürte er das Vibrieren seines Handys. Es war Katharinas Tochter, und der Tonfall ihrer Stimme, die ihn an schwere dunkle Erde erinnerte, verriet sofort, was nun kommen würde. Der Befund der Untersuchung war niederschmetternd gewesen. In Katharinas Schädel hatte die Springflut einer riesigen Blutung gewütet. Bis hin zu den Stammganglien und damit jenem Bereich, der für selbstständige Atmung und Blutdruckregulation zuständig war, fand sich ein Bild der Verwüstung. Die Tochter hatte ihre erstarrte Fassungslosigkeit mit dem akkuraten Hinunterbeten des medizinischen Befundes verhüllen wollen. Doch es stand eindeutig fest: Alles, was Katharina als Person ausgemacht hatte, war bereits jetzt ausgelöscht. Kurz wirbelte ein Kaleidoskop von Momenten, die er mit ihr erlebt hatte, in ihm auf und er schob es energisch von sich, indem er im Gespräch einhakte und sein Bedauern mit dieser Stimme, die wie ein Samthandschuh war und für einen Moment auch Nähe zu dieser fremden jungen Frau herstellte, ausdrückte.

Katharinas Zustand hatte sich seit gestern deutlich verschlechtert und man war zu der Einsicht gelangt, keine weiteren lebensverlängernden Maßnahmen angesichts der bestehenden Tatsachen mehr ergreifen zu wollen. Shutdown, dachte Stefan, als die Tochter ihm dies berichtete. Er hatte ihre Frage, ob er Katharina nochmals würde sehen wollen, vorausgeahnt und war ihr galant ausgewichen, indem er sagte, die Familie beim Abschied nicht stören zu wollen. Doch er ersuchte sie, ihn vom Begräbnistermin in Kenntnis zu setzen. Er würde sicher kommen wollen. Jetzt hatte er viel Wärme in seine Stimme gelegt, wie ihm auffiel.

Nachdem er aufgelegt hatte, stützte er sich auf die Steinbrüstung, die vor ihm lag, und ließ seinen Blick vom trägen Fluss auffangen. Ein bemoostes Holzstück trieb langsam auf die Brücke zu. Der zähe Strom entzog es schließlich seinem Blick. Was fühlte er, fragte er sich. Fühlte er überhaupt etwas oder zog der Strom des Lebens so wie der Fluss hier an ihm vorbei, ohne ihn überhaupt berühren zu können? War Katharina dem kleinen Holzstück gleich für einige Zeit in den Kegel seiner Aufmerksamkeit geraten und nun verschwunden? Konnte er, ja wollte er überhaupt mehr als ein genießender Zuschauer seines Lebens sein? Der Tod einer früheren Geliebten, die einem Hirntumor erlegen war, fiel ihm ein. Ihr Begräbnis. Er war auch hingegangen, hatte genau den richtigen Ton von eleganter distanzierter Trauer und Kondolenz für die Angehörigen getroffen. Darin war er gut, nein, ausgezeichnet! Er traf immer genau den richtigen Ton, den die Situation erforderte. Innerlich war er weit weg gewesen. Nachher war er in die Kanzlei gegangen und hatte sie vergessen. Abends hatte er sich mit irgendeiner Frau getroffen. Jetzt fühlte er genauso, wie er zunehmend Distanz nahm. Katharinas Tod war eine pragmatisch einzuordnende Konsequenz der Straftat eines Verrückten, sie selbst letztendlich ein Opfer ihrer romantischen Naivität und Gutgläubigkeit. Das war das Leben. Unberechenbar, grausam, sinnlos. Am besten, man ließ sich nicht ein. Und auf Frauen schon gar nicht, denn die trachteten stets danach, den Spaß, die einzige zu erlangende Abwechslung einzuschränken, auf die man als Mann und Objekt evolutionärer Programmierung setzen konnte.

Katharina hätte ihn nach ihrer Rückkehr treffen wollen. Er hatte ihre Aufforderung zu einem Treffen positiv beantwortet, doch ein flaues Gefühl dabei empfunden. Ihre Begegnung hatte aus dem Ruder zu laufen gedroht, nein, sie war bereits aus dem Ruder gelaufen. In den letzten Monaten hatten sich Nähe und Dichte nicht nur als genießende Situationen, sondern als Vertrautheit und Bindung zwischen ihnen eingestellt. Er hatte öfter an sie gedacht, öfter als es ihm lieb war und nicht nur, weil er geil auf sie war. Das hatte ihn verwirrt, in Alarm versetzt. Wenn sie das jetzt in diesem Treffen angesprochen hätte, wäre alles vorbei gewesen. Er hätte es nicht zugelassen, dass sie seine sorgfältige Mauer weiter eingerissen hätte. Dieser Gefahr würde er sich nie mehr aussetzen wollen. Sie hätten Schluss machen müssen. Er würde lieber sein lächerliches Narrativ des tragischen Jägers weiterentwickeln, als sich ernsthaft berühren zu lassen. Ein paar Jahre könnte er noch so weitermachen, obwohl ihm seine selbst gewählte Rolle des Verführers zunehmend weniger Spaß machte. Später, wenn ihn Menschen noch mehr anwidern und sein triebhaftes

Funktionieren endgültig erliegen würde, könnte er sich ein weiteres Hobby zulegen. Vielleicht Orgelspiel; das klang sehr ernsthaft, intellektuell und nach einer Zuflucht. Verdammt, warum hatte sie ihn so zu berühren vermocht? Katharina war wirklich die Gefährlichste von allen gewesen. Aber jetzt war es vorbei. Mit einer energischen, fast zornigen Bewegung schnippte Stefan den Rest seiner fast aufgerauchten Toscanello ins braungrüne Wasser des Flusses unter ihm und stieß sich von der Steinbrüstung ab, um mit hartem unnahbarem Schritt dem Stadtzentrum zuzustreben …

2

Während Stefan die Straße zwischen den hohen Jahrhundertwendehäusern des Universitätsviertels hinunterging und die Spätnachmittagssonne die erdfarbenen Töne der Fassaden in leuchtendes Glühen versetzte, dachte er, dass die Liebe wohl einer Suche nach dem Leben vor dem Tod gleichkomme …

Der Krankenbesuch hatte ihn angestrengt. Er fand sich seltsam erschöpft. Irgendwie hatte er geahnt, dass diese Reise die Kraft hätte, etwas in ihm tiefer anstoßen zu können. Er würde die nächsten beiden Tage einfach noch hierbleiben, ziellos in der Stadt umherstreifen und seine Empfindungen und Gedanken ordnen. Das empfand er als passend und für sich selbst notwendig. Rasch traf er die unvermeidbaren Absprachen mit seiner Kanzlei.

Es war am späten Nachmittag des nächsten Tages, als er gerade auf einer der malerischen Arno-Brücken stand. Er genoss die besondere Stimmung der Stadt, die mit dem hier so speziellen Licht einherging und den Eindruck erweckte, sich inmitten eines Renaissancegemäldes zu befinden. Da spürte er das Vibrieren seines Handys. Es war Katharinas Tochter, und der Tonfall ihrer Stimme, die ihn an schwere dunkle Erde erinnerte, verriet sofort, was nun kommen würde. Der Befund der Untersuchung war niederschmetternd gewesen. In Katharinas Schädel hatte die Springflut einer riesigen Blutung gewütet. Bis hin zu den Stammganglien und damit jenem Bereich, der für selbstständige Atmung und Blutdruckregulation zuständig war, fand sich ein Bild der Verwüstung. Die Tochter hatte ihre erstarrte Fassungslosigkeit mit dem akkuraten Hinunterbeten des medizinischen Befundes verhüllen wollen. Doch es stand eindeutig fest: Alles, was Katharina als Person ausgemacht hatte, war bereits jetzt ausgelöscht. Kurz wirbelte ein Kaleidoskop von Momenten, die er mit ihr erlebt hatte, in ihm auf. Plötzlich fühlte er sie ganz nahe, ihre Wärme, die Momente von Zärtlichkeit, auch jene, die er für sie empfunden hatte. Die Art, wie sie ihn umschlungen hatte, wenn sie einander liebten, war besonders gewesen, als hätte sie sich an ihm festgehalten und gleichzeitig ihn wie eine Mutter im Arm gehalten. Er spürte, wie ein Schmerz durch sein Inneres jagte, er Kraft aufbringen musste, das Gefühl zu unterdrücken, um mit ihrer Tochter weitersprechen zu können.

Katharinas Zustand hatte sich seit gestern deutlich verschlechtert und man war zu der Einsicht gelangt, keine weiteren lebensverlängernden Maßnahmen angesichts der bestehenden Tatsachen mehr ergreifen zu wollen. Shutdown, dachte Stefan, als die Tochter ihm dies berichtete.

Dann fragte sie ihn, ob er nochmals zu Katharina kommen wolle. Er war ihr dankbar für die Möglichkeit und stellte fast neidvoll fest, in welchem Nahverhältnis Katharina mit ihren Kindern wohl gewesen sein musste, sodass ihre Tochter ahnte, wie wichtig dies für ihn und ihre Mutter sein könnte. Eine solche Intimität hatte er nie mit seinem Sohn erreicht. Rasch sagte er zu.

In seiner Stimme schwang so viel Trauer und Dankbarkeit mit, dass zwischen ihm und dieser fremden Tochter nun plötzlich keine Trennwand mehr bestand. Es wäre besser, wenn er eher sehr bald käme, hatte sie noch mit einer zögerlichen Kleinmädchenstimme, die dabei fast gebrochen war, hinzugefügt, bevor sie das Gespräch beendeten.

Er nahm einen tiefen Zug aus seiner Toscanello und fühlte das Bedürfnis, sich auf der vor ihm liegenden Steinbrüstung abzustützen. Der träge Fluss sog seinen Blick in sich auf. Ein bemoostes Holzstück trieb langsam auf die Brücke zu. Schließlich entzog es der zähe Strom seinem Blick. Er würde hingehen. Gleich jetzt. Doch zuvor brauchte er ein paar Momente, um sich zu fassen, wieder Kraft zu finden. Plötzlich fiel ihm der Tod einer früheren Geliebten, die einem Hirntumor erlegen war, wieder ein. Natürlich war er bei ihrem Begräbnis gewesen, hatte genau den richtigen Ton von eleganter distanzierter Trauer und Kondolenz für die Angehörigen getroffen. Darin war er gut, nein, ausgezeichnet! Er traf immer genau den richtigen Ton, den die Situation erforderte. Innerlich war er damals weit weg gewesen. Nachher war er in die Kanzlei gegangen und hatte sie vergessen. Abends hatte er sich mit irgendeiner Frau getroffen. Jetzt fühlte er gänzlich anders. Da war Panik, wenn er an das Begräbnis dachte.

Katharina hätte ihn nach ihrer Rückkehr treffen wollen. Er hatte ihre Aufforderung zu einem Treffen positiv beantwortet. Was hatte sie mit ihm besprechen, ihm eröffnen wollen? Es war eindeutig, dass ihre Begegnung bereits aus dem Ruder zu laufen begann. In den letzten Monaten hatten sich Nähe und Dichte nicht nur als genießende Situationen, sondern als Vertrautheit und Bindung zwischen ihnen eingestellt. Er hatte viel öfter an sie gedacht, als er es für möglich gehalten hatte und nicht nur, weil er geil auf sie war. Er wollte Dinge mit ihr teilen, oftmals Banales, Spontanes. Was wäre gewesen, wenn sie das jetzt in diesem Treffen angesprochen hätte? Im Laufe ihrer Begegnung hatte sie seine sorgfältig errichtete Mauer immer weiter eingerissen. Ob ihr das bewusst war? Ob sie es genauso erlebt hatte wie er?

Denn beide hatten sie Angst gehabt. Sie genauso wie er, obwohl sie immer so mutig ihr Liebesideal der freien begegnenden Liebe verteidigt hatte. Dessen war er sich sicher. Sie hatten sich wie Kinder benommen, die ein erwachsenes Spiel begonnen hatten und dabei ihre eigene Angst vor dem Versagen vor dem anderen verbergen wollten. So hätte es nicht mehr weitergehen können. Er hätte dies bei dem Treffen ansprechen wollen. Seit seiner Krise, durch die sie ihn begleitet hatte, war ihm zunehmend klar geworden, dass er an seinem lächerlichen Narrativ des tragischen Jägers nicht mehr festhalten wollte. „Jetzt müssen wir die ernsthafte Berührung in freiem Lieben zulassen", hätte er zu ihr gesagt. Und dann hätte er irgendeinen Witz darüber gemacht, damit es nicht zu schwer geklungen hätte, und wäre sofort mit ihr ins Bett gegangen. Und sie hätte ihn in seinem lauten Herumhampeln verstanden, ihn einfach tief angeblickt und sich als Mädchen an ihn geschmiegt, damit er den eigenen Mut ausgehalten hätte. In gewissem Sinn war Katharina wirklich die Gefährlichste von allen gewesen. Aber jetzt war es vorbei.

Stefan fühlte, dass er ihr dies alles noch mitteilen musste. Er musste noch ihre kalte schmale Hand in der seinen fühlen können und auf dieses so schrecklich blasse Gesicht, das sich von den Laken kaum mehr abhob, blicken, auch wenn das Flackern ihrer Lider nur mehr einer sinnlosen elektrochemischen Zuckung entsprochen hatte und hinter ihrer hohen Stirn jedes Denken schon verloschen war. Er musste ihr noch sagen, dass er sie verstanden hatte und er ihre Begegnung in seine neue Lebendigkeit mitnehmen würde. Mit einer energischen Bewegung schnippte er den Rest seiner fast aufgerauchten Toscanello ins braungrüne Wasser des Flusses unter ihm und stieß sich von der Steinbrüstung ab, um mit getrieben raschem Schritt dem Universitätskrankenhaus zuzustreben …

Gehen wir jetzt von Katharinas Gesundung aus:

3

Katharina passierte das breite Eingangsportal des Universitätsspitals mit seiner Balkenschranke und dem sehr ernsthaft und wichtig dreinblickenden Portier, der in ihr diese besondere Patientin eines schrecklichen Verbrechens erkannte und sie, die heute entlassen wurde, mit Enthusiasmus grüßte. Alle hier, das gesamte Personal, hatten sie in den letzten Wochen mit ausgesuchter Höflichkeit, ja mit ängstlicher Vorsicht behandelt. Eine Aura unaussprechlicher, aber konstanter Achtsamkeit, die gleichzeitig einen unsichtbaren Raum von scheuer Distanz zwischen ihr und allen anderen begründete, hatte Katharina umgeben.

Wer das erlebt hatte, was Katharina durchgemacht hatte, schien nicht mehr berührbar. Ihr war dies nur recht gewesen. Sie hatte sich selbst für andere verschließen wollen. Sie musste jetzt ganz für sich sein, wollte sie später wieder hinein in die sie umgebende Welt treten können. Nur mit Nestor hatte sie gesprochen, später geskypt. Nur in ihm konnte sie genügend wärmende Geborgenheit und zur Realität zwingende Stärke erkennen, um das erlebte Grauen zu teilen. Kaum ein anderer als er, ein jüdisches Kind der Nazizeit, wusste besser, was Grauen bedeutete.

Katharinas Leben hatte an einem seidenen Faden gehangen, war nahezu verloschen gewesen, als sie der Carabinieri-Offizier des toskanischen

Dorfes zufällig aufgefunden hatte. War es wirklich Zufall gewesen? Was hatte ihn angetrieben, mitten in der Nacht hinaus zu ihrem einsamen Haus auf den Hügeln zu fahren? Bei einem Lokalbesuch war ihm Katharinas Ex-Liebhaber aufgefallen, der mit fiebrig glänzenden Augen dem Barbesitzer von einer unmittelbaren großen Lebensveränderung für sich erzählt hatte. Das und die Tatsache, dass sie an diesem Tag angekommen war, hatten ihn stutzig gemacht. Eine kleine seismische Verwerfung in der sozialen Landschaft des Dorfes, dessen rechtmäßige Abläufe er mit bedingungsloser Ernsthaftigkeit bewachte.

Denn er liebte das Recht. Seit er selbst in seiner süditalienischen Heimatprovinz einen Anschlag der Mafia, bei dem seine Frau zu Tode gekommen war, überlebt hatte, noch viel brennender. Das Ganze hatte ihn nicht schlafen lassen, und so war er losgefahren. Katharina verdankte ihr Leben der Achtsamkeit dieses Mannes, der seinem eigenen schweren Schicksal zum Trotz seine Liebesfähigkeit in sorgende Wachsamkeit für seine Gemeinde transformiert hatte. Ihm würde sie noch persönlich begegnen und danken wollen, bevor sie ihren eigenen Lebensfaden nun mit vollkommener Klarheit wiederaufnehmen wollte.

Katharina warf einen letzten Blick auf das hinter ihr liegende Gebäude des Universitätskrankenhauses. Während sie die Straße zwischen den hohen Jahrhundertwendehäusern des Universitätsviertels hinunterging und die Spätnachmittagssonne die erdfarbenen Töne der Fassaden in leuchtendes Glühen versetzte, dachte sie mit neuer Gewissheit, dass die Liebe wohl einer Suche nach dem Leben vor dem Tod gleichkomme …

Wenige Tage später traf sie Stefan. Sie hatte mit ihm vereinbart, zu ihm zu kommen. Das schien ihr passend so. Als sie in der engen Aufzugskabine dem Dachgeschoß zustrebte, blickte sie in den gegenüberliegenden Spiegel. Sie wirkte noch schmaler, als sie es vor dem Sommer gewesen war. Die feinen Linien des Gesichts schienen ihren Zügen eine neue Botschaft aufgeprägt zu haben. Manche hätten dies vielleicht als Härte bezeichnet. Sie selbst fühlte es als Klarheit. Aber Klarheit konnte unerbittlich sein.

Sie war vollkommen ruhig, als Stefan die silberne Metalltüre öffnete und sie in die Wohnung eintrat, so ruhig, als gäbe es nichts mehr auf der

Welt, das sie erschüttern könnte. Und genauso fühlte sie sich. Das Erste, das ihr an ihm auffiel, war seine Nervosität und die fahrige Ungeschicklichkeit, die an Verlegenheit erinnerte, als er ihr aus dem dünnen Mantel half, den sie übergezogen hatte, weil sie noch leicht fror. Sie lächelte, und das schien ihn noch mehr zu verunsichern.

Der Faden einer Konversation wollte sich nicht von ihm, der es gewohnt war, ihn behände abzuspulen, aufnehmen lassen. Sie wusste, dass er ganz zu Beginn, als sie noch im Koma lag, in Pisa gewesen war. Er hatte sicher den detaillierten Bericht zu ihren Verletzungen gelesen. Die daraus resultierende Intimität war ihm jetzt wohl unangenehm.

Schließlich, als das Schweigen bereits als zähe Masse, die alles zu ersticken drohte, spürbar wurde, rettete er sich mit einer Frage nach ihrem Befinden. Er klang jetzt bemüht leicht und lauerte auf ein Zeichen von Zustimmung von ihr, sich in dieser ersten Konversation mit dem Treibholz von Gemeinplätzen auf der Oberfläche halten zu können.

Er bot Katharina ein Getränk an, und während sie auf der mit so praktischem Piqué-Stoff überzogenen Couch Platz nahm und er zwei Rotweingläser füllte, merkte sie, dass sie sich langweilte.

Wieder versuchte er mit einer galanten Bemerkung zu ihrem Aussehen, die er mit einem Witz verquickte, gewohntes Terrain zu gewinnen. Katharina lächelte erneut. Noch nie hatte sie mehr Distanz zu ihm gefühlt als in diesem Moment. Es war ihr, als würde ihr im Fernrohr ihrer Gefühle die Scharfeinstellung nun gelingen und sich ihrem Blick endlich die ganze Landschaft des Horizonts dieser Begegnung mit klarem Erkennen eröffnen.

Sie konnte nichts Elegantes mehr an seiner Manieriertheit, mit der er ihr das Glas reichte, entdecken. Die Plattheit der Kapriolen seiner Großspurigkeit war unübersehbar. Jetzt, wo sie selbst keine Angst mehr verspürte, wurde ihr die seine mit vollkommener Deutlichkeit sichtbar. Stefan war befangen, unruhig, und seine Angst vor Intimität war greifbar für Katharina.

Seine Kompetenz lag darin, ein erotisches Arrangement zu führen und mit Intimität lediglich in einem nicht fassbaren Schattenkabinett zu spielen. Zu mehr reichte seine Lebenskraft nicht. Doch was Katharina widerfahren war, forderte nun echte Intimität, wahrhafte Begegnung und nicht die Lächerlichkeit von ängstlicher Unverbindlichkeit. Intimität musste ihm jedoch wie der verschlingende Sog eines Stromes erscheinen, der ihn über einen Wasserfall in die Tiefe reißen würde, dachte Katharina. Er ruderte verzweifelt.

Sie empfand Mitgefühl für ihn und gleichzeitig die Gewissheit, dass sie gleich leichten Herzens und ohne Bedauern gehen würde. Wieder lächelte sie und tat dann genau das.

4

Katharina passierte das breite Eingangsportal des Universitätsspitals mit seiner Balkenschranke und dem sehr ernsthaft und wichtig dreinblickenden Portier, der in ihr diese besondere Patientin eines schrecklichen Verbrechens erkannte und sie, die heute entlassen wurde, mit Enthusiasmus grüßte. Alle hier, das gesamte Personal, hatten sie in den letzten Wochen mit ausgesuchter Höflichkeit, ja mit ängstlicher Vorsicht behandelt. Eine Aura unausspréchlicher, aber konstanter Achtsamkeit, die gleichzeitig einen unsichtbaren Raum von scheuer Distanz zwischen ihr und allen anderen begründete, hatte Katharina umgeben.

Wer das erlebt hatte, was Katharina durchgemacht hatte, schien nicht mehr berührbar. Ihr war dies nur recht gewesen. Sie hatte sich selbst für andere verschließen wollen. Sie musste jetzt ganz für sich sein, wollte sie später wieder hinein in die sie umgebende Welt treten können. Nur mit Nestor hatte sie gesprochen, später geskypt. Nur in ihm konnte sie genügend wärmende Geborgenheit und zur Realität zwingende Stärke erkennen, um das erlebte Grauen zu teilen. Kaum ein anderer als er, ein jüdisches Kind der Nazizeit, wusste besser, was Grauen bedeutete.

Katharinas Leben hatte an einem seidenen Faden gehangen, war nahezu verloschen gewesen, als sie der Carabinieri-Offizier des toskanischen Dorfes zufällig aufgefunden hatte. War es wirklich Zufall gewesen? Was hatte ihn angetrieben, mitten in der Nacht hinaus zu ihrem einsamen Haus auf den Hügeln zu fahren? Bei einem Lokalbesuch war ihm Katharinas Ex-Liebhaber aufgefallen, der mit fiebrig glänzenden Augen dem Barbesitzer von einer unmittelbaren großen Lebensveränderung für sich erzählt hatte. Das und die Tatsache, dass sie an diesem Tag angekommen war, hatten ihn stutzig gemacht. Eine kleine seismische Verwerfung in der sozialen Landschaft des Dorfes, dessen rechtmäßige Abläufe er mit bedingungsloser Ernsthaftigkeit bewachte.

Denn er liebte das Recht. Seit er selbst in seiner süditalienischen Heimatprovinz einen Anschlag der Mafia, bei dem seine Frau zu Tode gekommen war, überlebt hatte, noch viel brennender. Das Ganze hatte ihn nicht schlafen lassen, und so war er losgefahren. Katharina verdankte ihr Leben der Achtsamkeit dieses Mannes, der seinem eigenen schweren Schicksal zum Trotz seine Liebesfähigkeit in sorgende Wachsamkeit für seine Gemeinde transformiert hatte. Ihm würde sie noch persönlich begegnen und danken wollen, bevor sie ihren eigenen Lebensfaden nun mit vollkommener Klarheit wiederaufnehmen wollte.

Katharina warf einen letzten Blick auf das hinter ihr liegende Gebäude des Universitätskrankenhauses. Während sie die Straße zwischen den hohen Jahrhundertwendehäusern des Universitätsviertels hinunterging und die Spätnachmittagssonne die erdfarbenen Töne der Fassaden in leuchtendes Glühen versetzte, dachte sie mit neuer Gewissheit, dass die Liebe wohl einer Suche nach dem Leben vor dem Tod gleichkomme …

Wenige Tage später traf sie Stefan. Sie hatte mit ihm vereinbart, zu ihm zu kommen. Das schien ihr passend so. Als sie in der engen Aufzugskabine dem Dachgeschoß zustrebte, blickte sie in den gegenüberliegenden Spiegel. Sie wirkte noch schmaler, als sie es vor dem Sommer gewesen war. Die feinen Linien des Gesichts schienen ihren Zügen eine neue Botschaft aufgeprägt zu haben. Manche hätten dies vielleicht als Härte bezeichnet. Sie selbst fühlte es als Klarheit. Aber Klarheit konnte unerbittlich sein.

Stefan stand bereits an der geöffneten Eingangstür, als die Tür der Liftkabine mit einem hellen scharrenden Geräusch zurückglitt und sie hinaus auf die spiegelnden Granitfliesen des Gangbereichs trat. Sie hatte ihre halbhohen schwarzen Pumps angezogen und die Absätze verursachten einen lauten klackenden Ton, der so viele Male die Ouvertüre ihrer erotischen Begegnungen eingeleitet hatte und im Gegensatz dazu heute so schlicht und normal klang.

Sein Blick war mit dem ihren in spürbarer Intensität verschränkt, und weil Stefan nicht zur Seite getreten war, blieb Katharina knapp vor ihm stehen. Da erst schien er aus der Trance dieses Moments zu erwachen und hob die Arme. „Du“, sagte er ganz sanft zur Begrüßung, während er sie umarmte. In dem einen Augenblick, als sie ihren Kopf hob und ihn küsste, sah sie seine Tränen. Es fühlte sich warm und klar an, wie ein selbstverständliches Ankommen, das keiner weiteren Erklärung mehr bedurfte.

Dann zog er sie in die Wohnung und schloss die Tür. Lange standen sie dann sprachlos und wieder umarmt und erzählten einander damit gleichzeitig alles. Sie brauchten keine Worte und lagen später genauso endlos in schweigsamer Erzählung der letzten Monate miteinander in seinem Bett. Er küsste die großen roten Narben, die von den Schnitten herrührten, die ihr der Ex-Liebhaber zugefügt hatte, und fuhr mit seinen Fingern vorsichtig die Spuren der großen Brandnarbe nach.

Sie würden später einmal wieder miteinander schlafen, dann wenn sie wieder soweit war. Zuerst aufmerksam und zart, so lange, bis das, was sich in das Gedächtnis ihres Körpers eingebrannt hatte, mit neuem Vertrauen überschrieben worden war, und erst dann mit Leidenschaft. Doch das war jetzt nicht wichtig. Wichtig war nur, dass sie nun wussten, dass sie in ihrer Suche nach einem Leben vor dem Tod miteinander erfolgreich sein konnten.

Nun, werte Leserin, werter Leser, liegt es an Ihnen zu entscheiden, welche der angebotenen Versionen eines Ausgangs der Geschichte Sie am meisten anzusprechen vermag.

Ist Katharinas Tod aus Ihrem Gefühl und Verlauf der Geschichte, den feinen Schwingungen und Nuancen, die Sie in dieser Figur während der Entwicklung dieser Geschichte unbewusst wahrgenommen haben, am passendsten für Sie?

Tut sie Ihnen leid und empfinden Sie ein wehmütiges Gefühl, das Sie aber mit einer inneren Mahnung zur Realität und Erwachsenheit beiseiteschieben, so wie wir unsere Kinder mit bedauernder Nachsicht und gleichzeitiger Strenge vom Träumen und Spielen zu Logik und Rationalität rufen?

Oder haben Sie vielleicht sogar das Gefühl, dass einer Person wie Katharina, die ein freies, selbstbestimmtes Lieben leben will, jenseits aller Regeln und damit administrierbaren Erwartungen und Versicherungen, genau dieses Ende gebührt? Dass sie es sich mehr oder weniger selbst zuzuschreiben hat? Denn eine Frau mit „normalen" Beziehungserwartungen hätte sich ja wohl dreimal überlegt, sich auf dieses Wagnis einer Beziehung mit einem Außenseiter wie ihrem Ex-Liebhaber überhaupt einzulassen. Und dann noch diese Leichtgläubigkeit, ihn wieder in ihre Nähe zu lassen! Jene verdammte Naivität, die in ihrem Liebesideal umhergeistert, wo doch Kontrolle und klare Machtverhältnisse eine Ordnung der Geschlechter viel sicherer zu regulieren wissen.

Und wenn Sie also Katharinas Tod beschlossen haben, so stellt sich die Frage, wie Sie Stefans jeweilige Entwicklung, die sich in seinen unterschiedlichen Reaktionen auf Katharinas Tod spiegelt, in ihrer jeweiligen Plausibilität aus Ihrem Blickwinkel beurteilen.

Liegt Ihnen jener Stefan näher, der sich dem tiefen emotionalen Einlassen auf eine Frau hartnäckig verschlossen hat? Geben Sie ihm recht, dass der Begegnung der Geschlechter kein tieferer Stellenwert zukommen soll, hier nur Übel, Knechtschaft, ja sogar Vernichtung wartet und das Leben besser als eine szenische Inszenierung der eigenen Lust mit den jeweils brauchbaren Statisten zu sehen ist?

Oder aber optieren Sie doch für jenen Stefan, der an der Begegnung mit Katharina Entwicklung zum Wagnis eines Bekenntnisses seiner Liebesfähigkeit genommen hat und sich mit Dank und neuem Mut in seine eigene Suche nach dem Leben vor dem Tod werfen will?

Vielleicht fühlen Sie sich aber auch mit der Idee wohler, dass Katharina überlebt. Vielleicht entspricht dieser Ausgang der Geschichte, dass sich Katharinas Glaube an die Liebe symbolisch durch ihre letztendliche Gesundung durchsetzt und sie der Zwangsgewalt widersteht, mehr Ihrer Überzeugung oder zumindest Ihrem Wunsch.

Welche Dynamik in der Beziehung von Katharina und Stefan halten Sie dann nach sorgfältigem innerem Abwägen für wahrscheinlicher? Es bieten sich hier zwei Möglichkeiten an:

Ist aus Ihrer Einschätzung heraus eher zu erwarten, dass Stefans Feigheit vor echter Begegnung zutage tritt, sobald Katharina ihn, nun geläutert von jeder Angst, zur Wahrheit herausfordert und sein tändelndes Scharadenspiel von Doppelbödigkeit unmöglich wird? Ist es aus Ihrem Blickwinkel und all den Nuancen und Stimmungen, die Stefan als Charakter im Laufe der Geschichte in Ihnen in Schwingung versetzt hat, am wahrscheinlichsten, dass sich nun seine Schwäche und ein Mangel an Glauben an die eigene Lebenskraft offenbaren und Katharina ihn verlässt?

Oder glauben Sie daran, dass es Katharina und Stefan im Laufe der Entwicklung ihrer Begegnung gelungen ist, die Ängste vor der Hingabe aneinander zu überwinden und den Glauben an ein selbstbestimmtes, selbstgestaltendes Lieben zu entwickeln, das nur dem eigenen Takt und keiner Konvention folgt, so wie es die letzte Konzeption eines Ausgangs der Geschichte nahelegt? Und spiegelt sich darin Ihre eigene Überzeugung, dass es möglich ist, wirkliches Leben vor dem Tod zu finden? Ganz so, wie dies im Yin und Yang mehr als tausend Jahre vor unserer Zeitrechnung bereits postuliert wurde, nämlich als zwei polare Kräfte, die sich in ihrer Gegensätzlichkeit ergänzen und ungetrennt und dabei unvermischt, eben vermittelt durch das Lieben, ein neues Ganzes bilden.

Doch wenden wir uns nach der Fahndung Ihrer Grundüberzeugungen dem Thema des Liebesglücks, Ihrer Resonanz zu den unterschiedlichen in der Geschichte auftauchenden Skizzen von Liebesfähigkeit zu, die Ihnen in Gestalt der verschiedenen Personen begegnet sind. Welche spontanen Reaktionen haben Sie bemerkt? Welche Gefühle haben Sie erlebt? Wer erschien Ihnen sympathisch, wen haben Sie abscheulich gefunden? Über wen haben Sie sich innerlich lustig gemacht? Wen haben Sie gut nachempfinden können oder sogar Identifikation mit der Person verspürt?

Katharinas Ex-Liebhaber, seine Gewalttätigkeit und die extensive Schilderung derselben, hat schon im Vorfeld der Entstehung des Buches starke Befindlichkeit ausgelöst. Die in ihm ausgedrückte dunkle Seite eines destruktiven, bis zur Vernichtung des Liebesobjekts bereiten „Liebens“, das in seiner Wurzel auf einen Mangel an Liebesfähigkeit und stattdessen Macht gegründet ist, verursacht großes Unbehagen und möchte am liebsten verleugnet werden. Doch will man ungeschminkt und nicht beschönigend der Realität und existierenden Wirklichkeit unserer Gesellschaft begegnen, ist es notwendig, die volle Härte zu schildern, selbst wenn manche es beim Lesen als Zumutung empfunden haben sollten. Und wer im zehnten Kapitel bei der Lektüre in Voyeurismus abglitt, der suchte Deckung statt Auseinandersetzung mit sich selbst. Denn diese Seite ist die gut maskierte Gegenspielerin wirklich befreiender selbstgestaltender Liebe und in zahlreichen sanften, wenngleich genauso vergiftend-zerstörerischen Spielarten allgegenwärtig. Am Ende von Beziehungen, dort wo Paare sich trennen und Eheleute die Unvermeidbarkeit ihrer Scheidung realisieren müssen, begegne ich immer wieder dieser dunklen Seite von enttäuschter Machtausübung in Gestalt von Rachsucht, kaum heilender Feindschaft oder gar Gewaltausübung.

Wie hat also Katharinas Ex-Liebhaber auf Sie gewirkt? Was waren Ihre inneren Reaktionen auf sein Auftreten? Er hat den Bogen gespannt von der sich unterwerfend vorgetragenen Bitte einer Rückkehr bis hin zu einer Katharina systematisch in ihrer Weiblichkeit demütigenden Gewalt mit dem Ziel, sie noch vor ihrem Tod zu brechen. Haben Sie ihn nachempfinden können? Oder ist er sofort von Ihnen abgewehrt worden? Gott sei Dank war er ja wohl wirklich verrückt!

Und wie ist Ihnen im Gegensatz dazu das so simple Verhältnis der Geschlechterbeziehung, wie es der Apachen-Serbe oder der Taxifahrer verkörperte, erschienen? Lösen derart gefügte Verhältnisse Sehnsucht in Ihnen aus?

Welche Empfindungen hat der pragmatische zielorientierte Ansatz von Katharinas Verleger verursacht? Ist er vorstellbar für Sie, oder bedauern Sie ihn, der das Thema Familie ganz rational als Sinnstiftungsanker erkennt und am liebsten mit einer Vertragsvereinbarung besichert sehen möchte?

Und wie ging es Ihnen mit dem Social-Media-Experten in Katharinas Büro, dem, von dem Katharina annahm, dass er mit Virtual Sex seine Beziehungsbedürfnisse umsetzen würde? Ist Ihnen das vorstellbar? Immerhin ist es ein zunehmender Markt, und manche behaupten sogar, dass Beziehungen ohne realen physischen Kontakt die besten seien.

Welche Glocke hat schließlich das Auftreten von Katharinas Ex-Mann in Ihnen angeschlagen, dieses Verfechters von Ritterlichkeit und einer Liebe, die eine Transformation in eine Lebensfreundschaft bewältigt hat? Hat der Schuss Patronanz, der in ihm steckt, in diesem Fall vielleicht sogar beruhigend oder zumindest verzeihbar auf Sie gewirkt, obwohl hierin ja doch die Quelle der Trennung gelegen sein dürfte?

Und welche Assoziationen haben schlussendlich die in Katharinas Praxis auftauchenden Patienten und Patientinnen bei Ihnen geweckt, diese völlig unterschiedlich charakterisierten Menschen mit ihren vielfältigen Problemen: der an den Marionettenfäden seines Mutterkomplexes hängende Strahlemann, der verräterische narzisstische Ehemann, der seine Frau demütigen will, das in wechselseitige Schuldzuweisungen verstrickte schwule Anwältepaar und all die anderen am Ringen um die Liebe seit ihrer Kindheit Erkrankten?

Wenn Ihnen diese Geschichte und die ein oder andere Frage hilfreich in der Beschäftigung mit Ihrer eigenen Liebesfähigkeit hin zu Liebesglück erschienen sind, bedeutet dies eine große Freude für mich, weil es ja eine lebensentscheidende Frage ist, mit der wir uns hier befassen. Denn im gesellschaftlichen Wandel des 21. Jahrhunderts findet sich die Liebesfähigkeit des Menschen zusätzlich und noch ganz grundlegend ihrerseits mit der existenziellen Frage einer möglichen Verdrängung durch eine von Empathie befreite Maschinenlogik des großen Algorithmus als letztgültiger Wahrheit konfrontiert.

Es ist deutlich sichtbar, dass heute zwar alle über umfassende Information bis in die Neurochemie der Liebe verfügen und kraft einer reduktionistischen Mechanik rasch zu einer Meinung gelangen können. Gleichzeitig aber droht, dass im rationalen Dickicht nur wenige das Wesen der Liebe begreifen und noch weniger es verstehen können, obwohl die Sehnsucht ungebrochen bleibt.

Gerade deswegen, weil die aus Verstehen und der Kraft der Sehnsucht angetriebene Entwicklung wirklicher Liebesfähigkeit den Gang unserer zukünftigen Welt bestimmen könnte, war es mir ein Anliegen, diese Geschichte hier zu erzählen.

Epilog

Natürlich ist es rechtschaffen und angemessen, wissen zu wollen, wie das weitere Schicksal von Odysseus und Penelope verlaufen ist. Homer belässt, was die späteren Jahre betrifft, alles im Dunkeln. Allerdings war eines glasklar vorherzusehen: dass die Sache mit dem Niedermetzeln der Freier von Penelope nicht ganz ohne Nachspiel sein könnte.

Und so wundert es nicht, dass Odysseus bereits beim ersten gemeinsamen Erwachen zu Penelope meint: *„Jetzt, nachdem wir die Nacht der seligen Liebe gefeiert, sorge du für die Güter, die mir im Palast geblieben; aber die Rinder und Schafe, die mir die Freier verschwelget, werden mir teils die Achaier ersetzen, und andere werd' ich beuten von fremden Völkern, bis alle Höfe gefüllt sind."*

Der Mann hatte Sinn für das Wesentliche, was natürlich auch gleichzeitig wieder nach einer Balgerei klingt, und eine nicht zu verleugnende Rastlosigkeit, die man heute als Hyperaktivität würde behandeln wollen.

Und natürlich sind wir alle, gut geschult durch Hollywood, einem Happy End deutlich zugeneigt.

Odysseus veranstaltet also nochmals schnell einen erfolgreichen Beutezug bei allen untreuen Gefolgsleuten, kehrt reich beladen heim zu Penelope, und beide genießen in der goldenen Abendsonne von Ithaka ihr auf sie zukommendes Alter, nicht ohne dass Penelope Odysseus noch einen weiteren Sohn mit Namen Poliporthes schenkt. Könnte tatsächlich so abgelaufen sein.

Interessanterweise finden sich allerdings durchwegs auch noch andere Versionen, je nach Überlieferungsstrang, auf den man vertrauen möchte.

Es könnte auch der Fall gewesen sein, dass Odysseus neuerlich ziemlich lange abwesend war, mit einer fremden Königin im Vorbeigehen einen Sohn zeugte, später, nämlich nach ihrem Tod, wieder nach Ithaka heimkehrte und dann durch die Hand seines eigenen Sohns, wieder einmal im Rahmen einer handfesten Männerprügelei, starb. Nicht Telemach ist dabei allerdings gemeint, sondern Telegonos, jener mit Kirke gezeugte und bisher unerwähnte Sohn. Daraufhin könnte Kirke Telemach und Penelope, sozusagen als Entschädigung, Unsterblichkeit geschenkt und sich Telemach als Gemahl geschnappt haben, nachdem dies ja mit Odysseus nicht geklappt hatte. Telegonos und Penelope hätten dann in dieser Version auch recht komplikationslos zueinander gefunden. Beide Frauen wären gewissermaßen auf das jüngere Modell, die Odysseus' Lenden entsprungenen Söhne, umgestiegen.

Denkbar ist allerdings auch, dass Odysseus sich gegen die Verwandten der getöteten Freier nicht durchgesetzt hat und verbannt wurde, womit er sich letztendlich auch partnerschaftlich oder zumindest seinem Hormonstatus entsprechend neu aufstellen musste.

Eine Version meint auch berichten zu können, dass Penelope Odysseus während dessen Abwesenheit nicht gänzlich treu gewesen sei. Immerhin sprechen wir von einer blutjungen Frau, die ihre besten Jahre mit Warten, Weben und Avancen abwehren zubringen sollte.

Nach einer Version könnte Odysseus dies herausgefunden und vom für derartige Fälle vorgesehenen Rückgaberecht an den Vater Gebrauch gemacht haben, wodurch Penelope in den Genuss des Beischlafs durch den Gott Hermes gekommen sein könnte und Mutter von Pan wurde.

Andere meinen, dass Pan eher ein Gemeinschaftsprodukt aller Freier mit Penelope sei, was einen dazu verleitet, bei Penelope eine gewisse Veranlagung zu orgiastischem Talent zu vermuten. Jedenfalls hätte dies Odysseus ganz und gar nicht geschmeckt, seiner Männlichkeit einen enormen Schlag versetzt und nach dieser Legende bewirkt, dass er sofort aus dem Haus geflohen und wieder auf Wanderschaft gegangen wäre.

Schließlich ist auch angedacht worden, dass Odysseus seine untreue Frau einfach getötet habe. Auch das ist nicht von der Hand zu weisen, sorgt diese Version einer Lösungsfindung ja heute noch für hochemotionale Debatten in Gerichtssälen.

Schließlich gibt es noch die Annahme, dass Athene oder eine gefällige tyrrhenische Zauberin Odysseus in ein Pferd verwandelt hätte und er in dieser Gestalt später an Altersschwäche gestorben wäre.

Wir wissen es also nicht sicher, was aus Penelope und Odysseus geworden ist, und das ist gleichzeitig doch sehr einleuchtend, denn die Liebe folgt der Lebendigkeit und ihren Anforderungen, ist sie doch die Suche nach dem Leben vor dem Tod …

Prof. Dr. Martina Leibovici-Mühlberger, *M.Sc., ist praktische Ärztin, Fachärztin und Psychotherapeutin. Neben ihrer Tätigkeit als Therapeutin in ihrer Wiener Praxis führt sie eine humanistische Unternehmensberatung, berät Institutionen sowie Ministerien und entwickelt und leitet OE-Prozesse für Unternehmen oder Verbände. Sie ist Autorin mehrerer Fachbücher und als Vortragende international geladen.*

Impressum

GRÄFE UND UNZER
EDITION

Gräfe und Unzer ist eine eingetragene Marke der GRÄFE UND UNZER VERLAG GmbH, www.gu.de

ISBN 978-3-8338-7969-2

1. Auflage 2021

Redaktion und Lektorat: Arnold Klaffenböck
Autorenfoto: Matthieu Munoz
Umschlaggestaltung und Layout: independent Medien-Design, Horst Moser, München
Coverfoto: GettyImages-1133015172 > © pinstock/GettyImages
Herstellung: Markus Plötz
Satz und Innenlayout: Björn Fremgen, KONTRASTE
Repro: Ludwig Media, Zell am See
Druck und Bindung: Livonia, Riga

Umwelthinweis: Dieses Buch ist auf PEFC-zertifiziertem Papier gedruckt. PEFC garantiert, dass Holz- und Papierprodukte aus nachhaltig bewirtschafteten Wäldern stammen.

Die GU-Homepage finden Sie unter www.gu.de

www.facebook.com/gu.verlag

GRÄFE UND UNZER

Ein Unternehmen der
GANSKE VERLAGSGRUPPE